통세계사

2

외우지 않고
통째로 이해하는

통 세계사

김상훈 지음　근 대 의　형 성 에 서　현 대 까 지　**2**

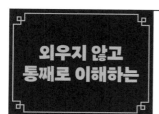

다산
초당

"광개토대왕과 알렉산드로스 대왕 가운데 누가 먼저 태어났어요?"

지금은 다 커서 어른이 된 첫째 아들이 16년 전 제게 던진 질문입니다. 초롱초롱한 눈을 크게 뜨면서 말이죠. 어린아이 특유의 호기심이 잘 드러납니다. 갑자기 이 질문이 꽤 흥미롭다는 생각이 들었습니다. '혹시 다른 사람들은 알까?'

주변 지인들에게 똑같은 질문을 해 보았습니다. 놀랍게도, 의외로 많은 이들이 오답을 내놓았습니다. 정답을 말하자면, 알렉산드로스 대왕입니다. 광개토대왕보다 600년 이상 앞서 지중해 일대의 유럽과 북아프리카, 서아시아를 정복했던 인물이죠.

분명 학교 다닐 때 세계사를 공부했을 겁니다. 그런데 왜 이런 사소한 문제 하나를 풀지 못하는 걸까요? 이유가 있을 겁니다. 혹시 학창시절에 국사와 세계사를 따로따로 공부했고, 세계사마저도 동양사와 서양사를 구분해서 공부했기 때문이 아닐까요? 그 결과 한지역의 역사를 다른 지역의 역사와 연결하지 못하는 겁니다. 무턱대고 역사를 암기만 하다 보니 동시대에 동서양에 각각 어떤 일이 일어났는지는 짐작조차 하지 못하죠.

문제의식이라 할까요? 혹은 오기나 도전 정신이라고 할 수도 있을 것 같습니다. 저는 동양사, 서양사, 한국사를 구분하지 않고 한꺼번에 이해할 수 있는 책, 외우지 않아도 쏙쏙 정리되는 책을 집필해보자고 마음먹었습니다. 수십 종의 책을 탐독하고 자료를 정리했죠. 그렇게 해서 2009년 나온 책이 바로『통세계사』입니다.

역사를 따로따로 암기하지 않고 통通으로 바라보면 세계사가 유기적으로 이해됩니다. 가령 로마가 이탈리아반도를 통일한 시기와 진시황제가 중국을 통일한 시기가 거의 일치한다는 사실을 자연스레 알게 됩니다. 또 기원전 5세기~기원전 2세기 무렵에 동양철학과 서양철학이 동시에 활짝 피었다는 사실도 알 수 있죠.

초판이 나온 후 14년 정도가 흘렀습니다. 그동안 독자 여러분에게 과분한 사랑을 받았습니다. 덕분에『통세계사』는 스테디셀러가 되었습니다. 청소년을 겨냥한 역사책이 적지 않음에도 불구하고『통세계사』를 찾는 독자들이 아직도 많습니다.

이런 점 때문에 책임감은 더 무거워졌습니다. 이미『통세계사』는 개정 작업을 벌였습니다. 하지만 개정판이 출간된 2015년 이후로 8년 가까운 시간이 흘렀습니다. 그동안 미디어 환경, 독서 환경, 청소년들의 공부 환경이 모두 많이 바뀌었습니다.

요즘에는 유튜브와 같은 소셜미디어가 큰 인기를 끌고 있습니다. 책을 읽는 청소년은 줄어들고 소셜미디어에서 정보를 구하는 이들이 늘어나고 있지요. 시대적 흐름이라고는 하지만, 역사 분야에서 이런 현상은 좀 걱정이 됩니다. 역사 공부에는 상상력이 필요하기 때문입니다. 소셜미디어에서 역사 정보를 얻기는 쉽겠지만, 그 결과 '주어진 정보'만 섭렵하는 형태로 변질이 될 수 있습니다. 책을 읽으면서 머리와 가슴으로 상상하는 그런 기쁨은 느낄 수 없죠. 이 또한 무턱대고 암기하는 역사 공부의 변형일 뿐입니다.

다만 이런 환경 변화를 무시할 수는 없습니다. 이 때문에『통세계사』의 이번 개정 작업은 독서와 소셜미디어 모두의 장점을 살리는 쪽으로 방향을 잡았습니다. 무엇보다 시각적 효과를 크게 높였습니다. 서체부터 청소년들의 눈높이에 맞는 것으로 바꿨습니다. 연표와 지도 등 다양한 정보를 곳곳에 배치해 역사 이해도를 더 높였습니다.

물론 외우지 않고 통으로 이해하는 이 책의 장점은 그대로 살렸습니다. 초판 및 전 개정판과 마찬가지로 동양과 서양, 한국을 구분하지 않고 역사를 서술했습니다. 역사적 사건이 발생한 순서대로 이야기를 풀어나가되, 시대마다 가장 중요해서 꼭 알아두어야 하는 사건은 각 장의 맨 앞에 '커버스토리'로 다루었습니다. 커버스토리만 이해해도 세계사의 흐름을 놓치지 않을 것입니다.

역사를 바라보는 관점을 사관史觀이라고 합니다. 어떤 사관을 갖느냐에 따라 역사를 바라보는 시선이 크게 달라지죠. 가령 똑같은 역사적 사건을 놓고도 정반대의 해석을 하면서 갈등을 빚기도 합니다. 이런 오류를 범하지 않기 위해『통세계사』는 특정한 사관을 내세우지 않았습니다. 이번 개정판에서도 이런 편집 방향은 고수했습니다.

사관이 불분명하니 어정쩡한 것 아니냐고 반문할 수도 있습니다. 하지만 제가 『통세계사』를 집필한 것은, 청소년들에게 내 과거 경험에 비추어 보았을 때 역사의 흐름을 가장 쉽게 이해할 수 있는 법을 제시하고 싶어서입니다. 특정 사관을 강요하면서 청소년의 역사적 상상력을 꺾고 싶지는 않습니다. 그래서 가능하면 객관적으로 역사를 펼쳐서 이야기하는 방식을 택한 겁니다.

좋은 대학에 가기 위해서는 국어, 영어, 수학 공부를 잘하는 게 중요하다고 합니다. 틀린 말은 아닙니다. 하지만 좋은 대학에 들어갔다고 해서 성공한 삶을 사는 건 아닐 겁니다. 명문대를 다닌다는 학생인데도 최소한의 역사 상식조차 모르는 이들을 숱하도록 봐왔습니다. 그들이 미래의 주인이 될지는, 솔직히 모르겠습니다.

역사는 인류가 살아온 발자취이자 미래에 대한 예언입니다. 역사를 아는 사람이 미래를 예측할 수 있지요. 그러니 저는 여러분에게 역사 공부를 하라고 말해주고 싶습니다. 여러분이 역사 공부를 하는데 『통세계사』 개정판이 도움이 되기를 바랍니다.

김상훈 드림

차례

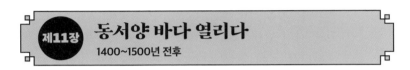

제11장 동서양 바다 열리다
1400~1500년 전후

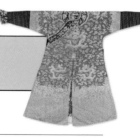

제17장 전쟁, 세계 파괴하다
1900~1950년 전후

제18장 냉전과 화합
1950~2010년 전후

통세계사 ❶권
차례

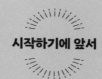

시작하기에 앞서

이 책은 동시대에 일어난 여러 가지 사건을 일목요연하게 보여주며, 서양사에만 치우치지 않고 골고루 세계 역사의 맛을 볼 수 있게 구성돼 있습니다. 그래서 일반 역사책과는 조금 다른 구성을 하고 있습니다. 책을 읽기 전 아래의 설명을 꼭 읽어 주시기 바랍니다.

①

전체적으로는 시대순으로 장을 나누어서 정리했습니다. 그리고 장마다 그 시대에서 꼭 알아야 할 중요한 역사적인 사건들을 먼저 정리한 커버스토리가 나옵니다. 총 두 권인 이 책에서 커버스토리만 읽어도 5000년 역사를 꿰어찰 수 있을 것입니다.

②

대륙별스토리에서는 대륙별로 어떻게 발전했고, 어떤 사건이 있었는지를 다뤘습니다. 이를 통해 역사가 대륙마다 어떤 유기성을 갖고 발전했는지를 이해할 수 있습니다. 세계는 유럽과 중국만 있는 것이 아니기 때문입니다.

③

〈통박사의 역사읽기〉라는 코너를 통해 역사상 재미있었던 일, 역사에 이름을 남긴 사람들의 이야기를 들려줍니다. 본문에 미처 설명하지 못했거나 역사에 대한 흥미를 돋우는 데 도움이 될 내용이니 흥미롭게 읽어 주시기 바랍니다.

④

내용과 함께 다양한 지도와 생생한 이미지를 첨부했습니다. 책 내용과 같이 보면 훨씬 이해하기 쉬울 것입니다. 단, 지도와 이미지를 굳이 외우려고 하지 말고 내용을 읽으며 함께 보기 바랍니다. 그러면 두 가지가 자연스럽게 연결돼 머릿속으로 쏙 들어갈 것입니다.

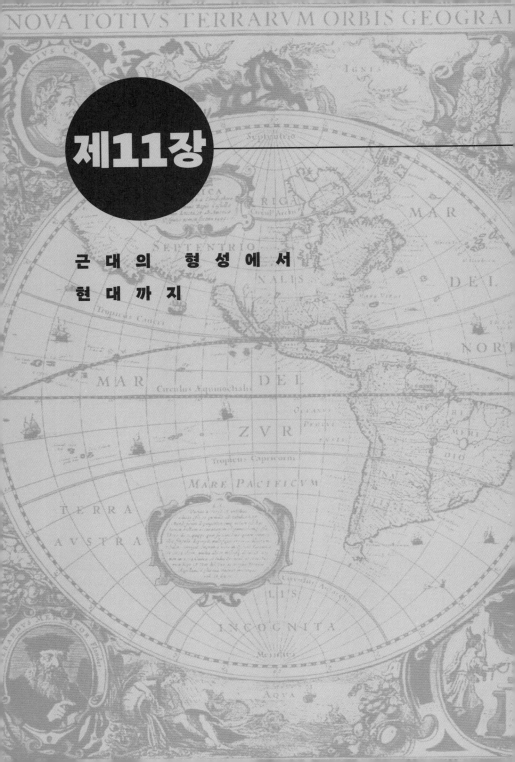

제11장

근대의 형성에서 현대까지

동서양
바다
열리다

1400~1500년 전후

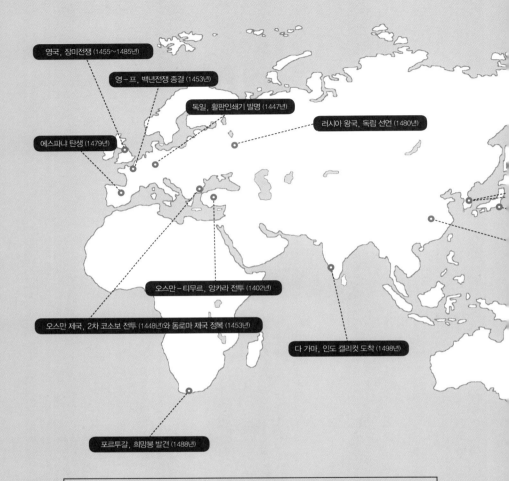

영국, 장미전쟁 (1455~1485년)

영 – 프, 백년전쟁 종결 (1453년)

독일, 활판인쇄기 발명 (1447년)

러시아 왕국, 독립 선언 (1480년)

에스파냐 탄생 (1479년)

오스만 – 티무르, 앙카라 전투 (1402년)

오스만 제국, 2차 코소보 전투 (1448년)와 동로마 제국 정복 (1453년)

다 가마, 인도 캘리컷 도착 (1498년)

포르투갈, 희망봉 발견 (1488년)

15세기가 되면서 세계는 새로운 역사를 맞게 됐어. 인류 문명이 탄생한 이후 동양 과 서양은 따로따로 발전하는 것처럼 보였지. 물론 동서양의 교류가 전혀 없었던 건 아냐. 이미 알고 있는 대로 초원길이나 비단길, 바닷길을 통해 교류가 이뤄지고 있었어. 그러나 15세기 이후의 동서양 교류는 차원이 달라. 세계가 명실상부한 하 나가 됐거든. 이 역사는 매우 중요하기 때문에 커버스토리로 상세하게 다룰 거야. 유럽으로 국한한다면 15세기 가장 중요한 역사적 사건은 르네상스가 시작됐다는 거야. 르네상스는 유럽을 중세에서 근대로 발전시키는 역할을 했거든. 전쟁도 많이 터졌어.

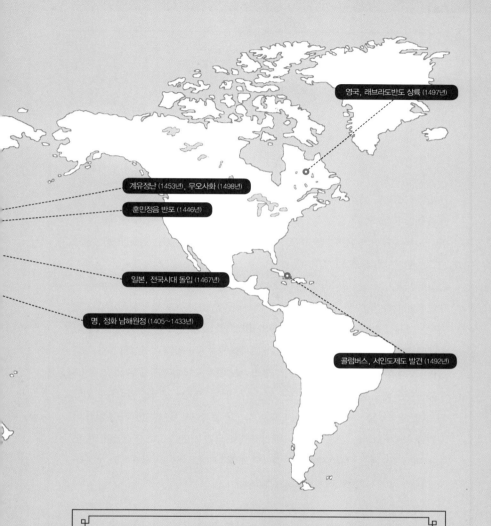

영국, 래브라도반도 상륙 (1497년)

계유정난 (1453년), 무오사화 (1498년)

훈민정음 반포 (1446년)

일본, 전국시대 돌입 (1467년)

명, 정화 남해원정 (1405~1433년)

콜럼버스, 서인도제도 발견 (1492년)

15세기 중반을 갓 넘어섰을 때 동로마 제국이 오스만 제국에 의해 멸망했고, 프랑스와 영국의 백년전쟁이 끝났어. 백년전쟁에 패한 영국에서는 장미전쟁이란 내란이 일어났고, 비슷한 시기 일본에서는 사무라이들의 전국시대가 시작됐지. 조선은 과학 강국으로 우뚝 섰어. 측우기를 처음으로 발명했을 뿐만 아니라 해시계와 물시계까지 발명했지. 바로 옆에 있던 명나라가 '과거로 돌아가자!'며 복고주의를 선언했던 것과 많이 다르지? 다만 조선에서는 삼촌이 조카의 왕위를 빼앗는 반란을 일으킨 후부터 정치 갈등이 조금씩 심해졌단다.

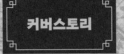

15세기 이전에도 동양과 서양은 교류를 했어. 그러나 중앙아시아의 유목민족들이 이 교류를 많이 방해했지. 유럽과 이슬람세계가 서로 전쟁을 벌이면서 동서양 중간지대에서의 무역도 어려워졌어. 정리하자면, 지금까지의 동서양 교류는 언제 막혀 버릴지 모르는 불안한 교류였다고 할 수 있어.

그러나 15세기부터는 아니야. 넓은 바닷길이 뻥 뚫렸어! 포르투갈과 에스파냐스페인는 바다를 항해하면서 세계로 뻗어 나갔어. 이 나라들은 그동안 서양 사람들이 알지 못했던 신대륙을 찾아냈어. 바다 끝은 지구의 바닥으로 떨어지는 절벽일 거라는 소문이 사실이 아님을 직접 증명하기도 했지. 바로 대항해시대가 열린 거야. 대항해시대를 유럽 국가들이 열었기 때문에 16세기 이후의 세계 역사도 유럽이 주도하게 돼.

이때까지만 해도 중국의 과학 수준은 세계 최고였어. 그러나 중국은 방심하고 있었지. 유럽이 무서운 속도로 따라오고 있다는 사실을 눈치채지 못한 거야. 사실 멀리 아프리카에까지 함선을 보내면서 전 세계의 바다를 누빈 것도 중국이 먼저였어. 큰 모험을 먼저 시도하고 성공했으면서도 중국은 대항해시대의 주인이 되지 못한 셈이지. 자, 이제 15세기 대항해시대의 풍경을 살펴볼까?

대항해시대

중국, 아프리카와 교류하다

중국 이야기부터 할게. 이미 말했었지? 중국이 먼저 세계의 바다를 누볐다고 말이야. 중국은 유럽이 대항해시대를 열기 100여 년 전부터 아프리카까지 가서 무역을 했단다.

명나라의 3대 황제 영락제가 통치할 때였어. 터키 앙카라에서 티무르 제국이 오스만 제국의 군대와 격돌하고 3년쯤 지난 후였지. 영락제는 정화란 인물에게 "명나라를 세계에 알리고 해상무역을 하라!"라는 황명을 내렸어. 정화 사령관은 배 200여 척을 이끌고 인도양으로 나아갔지. 그는 2년이 지나 중국으로 돌아왔고, 이 1차 항해를 시작으로 무려 28년간 일곱 번이나 해상 원정을 했단다. 이 사건이 바로 정화의 남해원정이야1405~1433년.

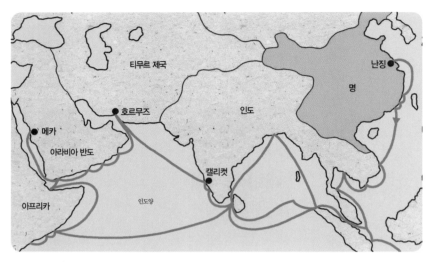

정화의 남해원정 · 남해원정을 통해 중국은 아프리카까지 진출했다.

　오늘날 중국 사람들은 남해원정을 자랑스럽게 여기고 있어. 2008년 베이징 올림픽 식전행사에선 이 남해원정을 표현하는 대대적인 퍼포먼스를 펼치기도 했지.

　중국 사람들이 자랑스러워할 만도 해. 유럽이 대항해시대의 문을 연 시점은 아무리 이르게 잡아도 포르투갈의 엔히크 왕자가 탐험을 시작한 1418년 무렵이야. 얼마 후 포르투갈은 인도양 항로를 발견하는데 이 항로는 정화 사령관이 1차 원정 때인 80여 년 전에 누볐던 길과 크게 다르지 않단다. 맞아, 서양에 앞서 중국이 대항해시대를 열었던 거야.

　남해원정을 통해 중국은 아프리카까지 진출했어. 오늘날 케냐에 속해 있는 말린디 왕국과 무역을 하기도 했지. 말린디 왕국에서는

중국에 사절단을 보내기도 했단다. 아
프리카에 사는 동물인 기린이 중국에
보내진 것도 이때야. 중국의 비단과
도자기 같은 특산품도 아프리카에 전
파됐어.

　오늘날 동남아시아에 사는 중국인
들을 화교라 불러. 이 화교가 생긴 것
도 남해원정 때란다. 명나라는 아무나
무역을 할 수 없도록 했어. 조정의 허
락을 받아야만 무역을 할 수 있었지.
남해원정을 통해 해상무역을 모두 정
부가 장악해 버리자 민간 무역업자들
은 살길이 막막해졌어. 그들은 정부가

남해원정에 나선 정화 · 중국 장쑤성 난
징 시에 있는 동상이다.

간섭하지 않는 곳으로 도망쳤지. 그곳이 바로 동남아시아였어. 동남
아시아에서 이 중국인들은 자기들끼리만 똘똘 뭉쳐 경제를 장악했
어. 그렇게 해서 오늘날까지 화교 집단이 동남아시아의 경제를 쥐고
흔들고 있는 거야.

　안타깝게도 중국의 해외 진출은 남해원정으로 끝나고 말았어. 명
왕조가 무역보다 농업을 더 장려하는 정책을 폈기 때문이야. 정화
사령관을 시기하는 무리들은 "그깟 해외무역이 무슨 이익이나 있
나?"라며 빈정대기까지 했어. 결국 모든 해외원정이 중단됐단다. 중
국은 세계의 주도권을 쥘 수 있는 기회를 스스로 걷어차고 만 거야.

포르투갈, 대항해시대 열다

명의 정화 사령관이 태평양과 인도양을 한창 누비던 1418년 무렵이었어. 포르투갈의 탐험대들도 아프리카 서해안을 탐사하고 있었지. 이 탐험대에게 돈을 대 주면서 전적으로 지원한 인물은 포르투갈의 엔히크 왕자였어. 엔히크 왕자는 모험심이 아주 강했다는구나. 그의 머릿속은 인도로 가는 뱃길을 찾고 말겠다는 생각으로 가득 찼지.

엔히크 왕자는 왜 인도양 항로를 개척하고자 했을까? 첫째, 후추 같은 인도의 향신료를 구하기 위해서였어. 둘째, 기독교를 전파하기 위해서였지.

이즈음 유럽에서는 향신료가 부족해서 난리였단다. 향신료가 어떤 과정을 통해 유럽으로 넘어왔는지 아니? 우선 동양과 서양의 중간지대에 있는 이슬람 상인들이 인도 상인들에게 돈을 주고 향신료를 사. 이슬람 상인들은 베네치아와 같은 지중해 상인들에게 향신료를 다시

후추(왼쪽)**와 계피**(오른쪽) · 대항해시대를 통해 거래된 대표적인 향신료이다.

팔지. 물론 웃돈을 얹고 말이야. 지
중해 상인들은 유럽 상인들에게 또
다시 웃돈을 얹고 향신료를 팔지.
몇 번의 유통 단계를 거치면서 향
신료의 가격은 몇 배나 비싸져. 고
기를 주로 먹는 유럽 사람들에게
고기의 비릿한 냄새를 없애 주는
향신료는 이미 없어서는 안 될 생
활필수품이 돼 버린 후였지. 아무
리 비싸도 살 수밖에 없는 거야.

엔히크 왕자 · 대항해시대의 서막을 열었다.

향신료가 항상 넉넉하게 공급된
다면야 비싸도 살 수는 있지. 그러나 1453년 오스만 제국이 동로마비
잔틴 제국을 멸망시키고 콘스탄티노플을 차지한 다음부터는 이런 무
역이 힘들어졌어. 오스만 제국이 향신료의 동서양 중개무역을 허용
하지 않았거든. 지중해와 아라비아 해 일대에서 향신료 무역을 할 수
없게 된 거야. 그러니 유럽 사람들은 아무리 돈이 많아도 향신료를 살
수 없게 됐어. 목마른 사람이 우물을 팔 수밖에 없겠지? 유럽은 향신
료를 구하기 위해서라도 아프리카를 돌아서 인도로 가는 뱃길, 즉 인
도양 항로를 개척해야 했어.

물론 엔히크 왕자의 탐험 정신이 없었다면 아프리카 해안을 돌아
인도로 가겠다는 모험도 없었을 거야. 게다가 엔히크 왕자는 멀리
동방 지역에 기독교를 모르는 미개한 나라들이 있다고 생각했어. 그

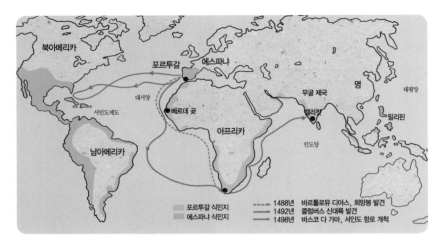

포르투갈과 에스파냐의 대항해시대 · 포르투갈은 인도양 항로를 개척하는 데 그쳤지만 에스파냐는 중
남미 대부분을 장악했다.

는 그곳에 기독교를 전파하는 것이 자신의 사명이라고 믿었단다. 포
르투갈은 독실한 기독교 국가였거든.

　아 참, 여기서 말하는 기독교는 가톨릭을 가리키는 거야. 보통 우
리나라에서 기독교라고 하면 개신교를 먼저 떠올리는 경향이 강한
데 기독교는 가톨릭과 개신교 모두를 포함하는 말이란다. 알아 두렴.

　엔히크 왕자의 활약에서도 짐작할 수 있겠지만 대항해시대의 문
을 연 나라는 바로 포르투갈이었어. 에아네스란 인물이 이끈 함대는
포르투갈을 떠나 남쪽으로 항해했어. 함대는 기나긴 항해 끝에 북회
귀선^{북위 23도 27분}을 돌파하는 데 성공했지^{1434년}. 북회귀선은 태양이 천
정을 지나는 위선이야. 온대와 열대의 경계선이기도 하지.

　유럽 사람들은 열광했어. 생각해 봐. 북회귀선을 넘어 내려가면 천

길 낭떠러지로 떨어진다고 믿던 시대야. 유럽 한복판에서는 프랑스와 영국이 백년전쟁을 벌이고 있었고, 잔 다르크는 마녀의 누명을 써 화형을 당하던 야만의 시대였지. 바로 그런 시대에, 포르투갈은 엄청난 발견을 한 셈이야.

그 후 여러 포르투갈 함대가 이 길을 따라 남쪽으로 내려갔어. 북회귀선을 돌파하고 50년 정도가 흘렀지. 바르톨로뮤 디아스의 함대가 남아프리카 남쪽 끝에 있는 희망봉을 발견했단다[1488년]. 10년이 더 흘렀어. 바스코 다 가마의 함대가 희망봉을 돌아 항해를 계속했고 마침내 함대는 인도양을 거쳐 인도의 캘리컷에 도착하는 데 성공했지[1498년]. 이제 포르투갈은 먼 길을 돌아가야 하는 불편이 있기는 하지만 오스만 제국의 위협을 받지 않는 바다 무역 항로를 찾은 거야. 결과는? 인도 향신료를 독점해 유럽에 팔았기 때문에 포르투갈은 금세 부자가 됐어.

포르투갈은 향신료무역만 한 게 아니야. 아프리카에서 흑인을 붙잡아 파는 노예무역을 하면서 많은 돈을 벌었어. 인간을 사고파는 이 야만적인 무역은 그 후 몇백 년이나 계속됐지. 사실 향신료무역보다 이 노예무역이 훨씬 많은 이익을 남겼단다.

에스파냐 "우리도 질 수 없다"

포르투갈의 활약에 가장 배가 아픈 나라는 어디였을까? 영국이나 프랑스였을까? 혹시 신성로마 제국? 아니야, 에스파냐였어.

유럽 역사를 살펴볼 때 알게 되겠지만 에스파냐는 15세기 유럽에서 상당히 강대국이었단다. 그런데 보잘것없는 포르투갈에 해상무역의 선수를 빼앗겼으니 배가 아플 법도 하지. 에스파냐는 그대로 해상무역의 주도권을 포르투갈에 모두 내줄 수는 없었어. 에스파냐의 여왕 이사벨 1세는 포르투갈이 찾지 못한 또 다른 무역항로를 개척하기로 결심했단다.

마침 이탈리아의 탐험가 콜럼버스가 흥미로운 제안을 해 왔어. 콜럼버스는 "대서양을 가로질러 항해하면 아프리카 해안을 따라 빙 돌아서 가지 않고도 바로 인도에 도착할 수 있다"라고 주장했어. 세계

「여왕 앞에 선 콜럼버스」· 엠마누엘 로이체의 그림으로, 콜럼버스가 이사벨 여왕에게 세 척의 배를 내어 달라고 요청하고 있다.

지형을 알고 있는 우리는 콜럼버스의 이 주장이 틀렸다는 사실을 알고 있지만 이때에는 아주 매력적인 주장이었단다. 이 주장이 사실이라면 새로운 항로가 만들어지는 거니까 말이야.

콜럼버스는 포르투갈 정부를 찾아가 자신을 지원해 달라고 했어. 그러나 포르투갈 정부는 그의 제안을 거절했지. 콜럼버스의 주장을 완전히 믿을 수 없었기 때문이야. 또 이즈음에 포르투갈은 이미 남아프리카의 희망봉을 발견한 상태였어. 곧 인도양 항로를 가지게 될 텐데 굳이 많은 돈을 들이고 새 모험을 할 필요가 없었던 거지.

콜럼버스는 에스파냐로 발길을 돌렸어. 이사벨 여왕은 포르투갈의 함대들이 계속 바다를 개척하는 것에 많이 마음이 상해 있었지. 여왕은 고민 끝에 콜럼버스의 제안을 받아들였어. 콜럼버스에게 세 척의 배를 내줬고 콜럼버스는 의기양양하게 바다로 나갔지.

1480년 러시아는 오랜 몽골의 지배로부터 독립하는 데 성공했어. 모스크바의 이반 3세가 그 대업을 이뤄 냈지. 1490년대로 접어들면 러시아는 본격적인 국가의 기틀을 갖추기 시작했어. 바로 그 무렵 콜럼버스가 서인도제도에 도착했어 1492년.

콜럼버스 동상 · 에스파냐 바르셀로나에 있는 콜럼버스의 동상이다.

콜럼버스는 자신이 인도 대륙에 도착했다고 생각했어. 그 땅이 신대륙일 거라고는 꿈에도 생각하지 못했던 거야. 콜럼버스가 도착한 땅이 신대륙이란 사실을 사람들이 인식하기 시작한 것은 아메리고 베스푸치가 다녀간 다음부터였어. 1507년에야 독일 지리학자가 그 땅이 신대륙이란 사실을 처음 인정했단다. 그 대륙의 이름은 아메리카라고 지어졌지.

콜럼버스는 1차 항해가 끝난 다음에도 세 번이나 더 서인도제도를 찾았어. 이때 쿠바와 아이티가 발견됐지. 그제야 콜럼버스는 자신이 도착한 땅이 인도가 아니란 사실을 직감했어. 그곳은 인도도 아니었고 목적했던 향신료도 구하지 못했지만 대신 에스파냐는 더 큰 것을 얻었어. 바로 금과 은이 풍부한 아메리카 대륙을 얻은 거야.

지금까지 살펴본 대로 포르투갈과 에스파냐는 대항해시대를 연 나라들이야. 두 나라는 새로 개척한 항로가 바다의 금광이란 사실을 잘 알고 있었어. 두 나라는 1494년 "서로 싸우지 말고 함께 바닷길을 독점하자"라고 협정을 맺었단다.

이 협정에 자극을 받은 섬나라 영국이 뒤늦게 대항해 대열에 뛰어들었어. 바스코 다 가마가 캘리컷에 도착하기 한 해 전, 영국의 지원을 받은 조반니 카보토는 영국을 떠나 북아메리카의 래브라도반도에 상륙했어1497년. 이때 발견된 바닷길을 북방 항로라 불러. 그러나 이 항로는 인도 항로와 서인도 항로처럼 무역에 큰 도움이 되지는 않았단다. 영국은 상당히 실망했겠지?

대발견시대냐 대항해시대냐

서양인들은 15세기를 대발견시대라고 부른단다. 지금까지 역사에 등장하지 않았던 대륙과 민족을 유럽 나라들이 발견했다는 뜻이 담겨 있을 거야.

그러나 이 말에는 유럽 중심의 역사관이 들어 있어. 생각해 봐. 포르투갈이 남아프리카의 희망봉을 발견하기 전에도 원주민들은 그곳에 살고 있었어. 에스파냐가 쿠바나 아이티를 발견하기 전에도 원주민들은 고유한 문화를 발전시키며 살고 있었지.

요약하자면, 유럽의 나라들이 아프리카와 아메리카를 발견한 게 아니라 그전부터 존재하고 있던 대륙이 대항해시대에 비로소 세계와 교류하기 시작했다는 거야. 역사가 발전하고 있었기 때문에 이때쯤이면 유럽이 굳이 발견하지 않았어도 자연스럽게 드러날 운명이었다는 이야기야.

정화의 남해원정을 떠올려 봐. 15세기 초반까지는 과학이나 문화 등 모든 면에서 동아시아가 유럽을 능가하고 있었지? 아프리카에 먼저 도달한 인물은 유럽 탐험가들이 아니라 명 왕조의 정화였잖아. 그러나 "아프리카까지 무역을 넓혔다"라고 말하지 "아프리카

나침반 · 대항해시대를 이끈 발명품이다.

를 발견했다"라고 표현하지는 않아.

문화는 상대적이야. 우리 문화가 우수하다고 해서 다른 문화를 짓밟는 것은 좋지 않아. 발견이란 표현도 듣는 나라들은 기분이 나쁠 거야. 유럽의 나라들이 "우리가 조선을 발견했다"라고 말한다면 우리도 기분이 좋지는 않겠지? 그래서 15세기를 대발견시대라고 부르는 건 적절하지 않은 것 같아. 포르투갈과 에스파냐가 해상 항로를 개척하면서 세계로 뻗어 나갔다는 사실에 초점을 맞춰야 해. 그렇기 때문에 대항해시대라는 표현을 쓰는 거야.

사실 교과서에는 요즘 대항해시대란 표현도 잘 안 쓴단다. 그 대신 신항로 개척이란 표현을 쓰지. 유럽이 바다를 통해 세계로 뻗어 나갔지만, 그 본래 목적은 새로운 항로를 개척하기 위한 것이었다는 뜻이 담겨 있는 표현이라고 볼 수 있어.

바다의 개척자
정화 vs 콜럼버스 vs 다 가마

대항해시대의 주역은 단연 이들 3명이야. 그렇다면 누구의 항해 규모가 가장 컸을까?

의심할 여지 없이 정화가 1위지. 남해원정 규모는 우선 적재 규모만 1500~2100톤으로 추정되고, 함선의 수만 60~200척이었어. 정화가 탄 메인 함선의 길이는 120미터에 폭 45미터. 정말 입이 쩍 벌어질 정도로 어마어마한 크기야.

그렇다면 콜럼버스는 어땠을까? 1차 원정에는 산타마리아호를 포함해 3척의 함선이 나섰는데, 3척을 다 합쳐도 400톤 정도밖에 안됐어. 산타마리아호는 길이 27미터에 폭 9미터 정도로, 정화의 함선과 비교 자체가 안 될 정도로 작았지. 희망봉을 돌아 인도의 캘리컷에 도착한 바스코 다 가마 역시 고작 4척의 함선을 거느렸대. 모두 정화의 남해원정과 비교도 안 되는 규모야.

콜럼버스

마지막으로 인원을 비교해 볼까? 정화는 2만 7000명의 선원을 거느렸어. 콜럼버스와 다

다 가마

가마는 각각 90~120명 정도의 선원을 거느렸어. 이 또한 비교가 안 되지?

그런데 왜 서양의 탐험가들은 잘 기억하면서 정화는 잘 모르는 사람이 많을까? 아마도 서양 위주의 역사 공부 탓이 아닌가 하는 생각이 들어.

15세기가 되면서 세계는 그 어느 때보다 한 덩어리가 돼 가고 있었어. 커버스토리를 떠올려 봐. 정화가 남해원정을 통해 아프리카까지 간 것, 포르투갈이 아프리카를 돌아 인도에 도착한 것, 에스파냐가 아메리카에 닻을 내린 것을 보면 "세계는 하나다!"는 말을 이때부터 써도 될 것 같아.

오스만 제국이 동로마 제국을 정복하는 바람에 무역 길이 막힌 유럽이 대항해시대를 열었다고 했지? 이때부터 유럽 중세시대가 끝났다고 볼 수 있단다. 왜 그런지는 곧 알수 있을 거야. 르네상스가 동로마 제국의 멸망과 무관하지 않다는 것만 알아 둬.

유럽 중서부는 여전히 전쟁의 소용돌이에 빠져 있었어. 프랑스와 영국은 15세기 중반에 가서야 백년전쟁을 끝냈지. 하지만 영국은 다시 내전을 치러야 했어. 포르투갈과 에스파냐가 세계로 뻗어 나갈 때 영국과 프랑스는 제자리에서 맴돌고 있던 거야.

15세기 중반은 조선이 가장 발달하고 있을 때였어. 훈민정음, 측우기, 해시계, 물시계… 모두 이때 발명된 거란다. 세종대왕이라는 역대 최고의 왕이 있었기에 가능했어. 이번 장에서는 유럽부터 시작해, 오스만 제국과 중국을 거쳐 한반도의 역사를 살펴볼 거란다.

유럽, 중세에서 근대로!

대항해시대! 포르투갈과 에스파냐는 세계로 진출하며 순식간에 유럽의 강대국으로 부상했어. 그러나 유럽의 모든 나라들이 이 두 나라처럼 해외로 뻗어 나간 것은 아니었어. 아직 전쟁과 내란에 허덕이는 나라도 많았지. 로마 교회는 점점 타락하고 있었어. 동로마 제국은 끝내 멸망하고 말았지.

눈을 크게 뜨고 봐. 어디선가 새로운 혁명이 시작되고 있었단다. 지중해의 피렌체 베네치아 같은 도시에서부터 르네상스가 일어나고 있었어. 르네상스는 곧 유럽 북부지역까지 확산됐지.

대항해, 그리고 르네상스! 이 두 사건을 보면 유럽이 정체된 대륙에서 역동적 대륙으로 바뀌고 있다는 사실을 알 수 있을 거야. 그래, 유럽은 근대로 치닫고 있었어!

프랑스, 백년전쟁 승리하다

1337년 시작된 영국과 프랑스의 백년전쟁은 아직도 진행 중이야. 15세기 초반에는 프랑스에 불리하게 돌아가고 있었지.

이때 프랑스의 왕은 샤를 6세였어. 그가 정신질환을 앓고 있었다는 이야기도 있어. 사실인지는 모르겠지만 확실한 것은 왕의 권력이

미켈란젤로의 다비드상 · 르네상스 미술을 대표하는 조각으로, 인간의 이상적인 모습이 형상화돼 있다.

강하지 않았다는 거야. 귀족들은 부르고뉴파와 아르마냐크파로 갈려 서로 싸우기만 했어. 당연히 영국은 신이 났겠지? 프랑스가 흔들리면 적국인 영국에 상대적으로 유리하니까 말이야.

1413년 영국의 왕이 된 헨리 5세는 프랑스의 부르고뉴파를 매수해 영국의 편으로 만들었어. 영국은 부르고뉴파의 도움을 받아 프랑스 북부 지방의 도시들을 정복하는 데 성공했단다. 매국노가 판치는 나라가 제대로 돌아갈 리 없겠지? 프랑스에게 큰 위기가 닥친 거야.

영국 왕 헨리 5세는 프랑스 왕 샤를 6세와 협상을 벌였어. 샤를 6세가 정말로 정신 질환이 있어서 판단력이 흐려진 걸까? 그는 순순히 프랑스 왕 자리를 넘겨주겠다고 약속했단다. 헨리 5세는 프랑스의 왕까지 겸하기 위해 우선 샤를 6세의 딸과 결혼했어. 그러나 헨리 5세는 프랑스의 왕이 되지 못했어. 그 꿈은 그의 아들인 헨리 6세가 이뤘지.

헨리 6세는 생후 9개월에 왕위에 올랐어¹⁴²²년. 영국은 헨리 6세가 프랑스 왕을 겸한다고 선포했지. 그러나 샤를 6세의 아들인 샤를 7세는 받아들이려 하지 않았어. 졸지에 왕의 자리를 빼앗기는데, 인정하고 싶겠니? 그는 아르마냐크파를 이끌고 프랑스 중남부 지역에서 저항을 이어갔어.

전쟁은 계속됐어. 대체로 영국이 우세했지. 몇 년 후, 영국의 군대가 프랑스의 마지막 요새인 오를레앙 성을 포위했어¹⁴²⁸ⁿ. 이 성마저 함락되면 프랑스도 사라지는 거야. 프랑스는 그야말로 풍전등화의 위기를 맞았지. 이때 구세주가 등장했어. 바로 잔 다르크라는 소녀였지. 그녀는 자신이 신의 계시를 받았다고 말했어. 그녀의 말을 믿고 샤를 7세가 군대를 내줬어.

정말로 신의 보호를 받은 것일까? 잔 다르크는 영국 군대를 격파했어. 샤를 7세는 즉시 대관식을 치러 "내가 프랑스 왕이다!"라고 선포했단다. 헨리 6세는 아직 대관식을 치르지 않

잔 다르크 등장 이전의 영·프 영토 · 프랑스 안에 영국령의 영토가 많았다.

잔 다르크 · 오를레앙 전투를 지휘하고 있다.

헨리 6세 · 랭커스터 왕조의 마지막 왕이다.

았기 때문에 샤를 7세가 공식적으로 프랑스 왕이 된 거야.

오늘날 성녀로 추앙받는 잔 다르크의 결말은 행복하지 않았어. 프랑스 부르고뉴파가 그녀를 영국군에게 넘겨 버렸거든. 샤를 7세도 그녀를 구하려고 최선을 다하지 않았어. 왕과 귀족들의 배신이 그녀를 죽음으로 내몰았던 거야. 잔 다르크는 마녀로 몰려 화형을 당하고 말았단다 1431년.

잔 다르크가 불에 태워져 죽었다는 소식이 알려지자 프랑스 국민들은 분노했어. 백성들이 무서웠던지 부르고뉴파와 아르마냐크파 귀족들도 힘을 합치기로 했지. 프랑스 군대가 다시 강해졌어.

흥미로운 이야기 하나 해 줄까? 프랑스가 부르고뉴파와 아르마냐크파의 내분 때문에 영국에게 많은 영토를 빼앗겼지? 똑같은 일이 이번엔 영국에서 벌어졌어. 영국의 왕 자리를 놓고 랭커스터 가문과 요크 가문이 싸우기 시작한 거야. 이젠 프랑스의 기회야!

1453년이 됐어. 프랑스 군대가 영국 군대의 최후 거점인 보르도를 함락했지. 이 전투가 마지막이었어. 영국은 프랑스에게 항복했고, 프랑스 안에 있는 영국 영토를 모두 내주기로 했어. 비로소 백년전쟁

이 끝난 거야. 같은 해 유럽의 동쪽 끝에
서는 동로마 제국이 멸망했단다.

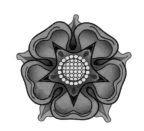

영국, 내전으로 이어지다

전쟁에서 이긴 나라는 축제 분위기겠지.
그러나 패한 나라는 종종 혼란에 빠질
때가 많아. 영국이 바로 그랬어.

 백년전쟁을 이끈 영국의 왕 헨리 4세
와 5세, 6세는 랭커스터 가문 사람들이
었어. 특히 헨리 6세는 다 이긴 전쟁을
놓친 인물이었지. 여러 귀족들이 랭커스
터 왕조에 대해 불만을 터뜨렸어. 전쟁
에서 패배한 책임을 지고 랭커스터 왕조
가 물러나야 한다는 거야. 특히 요크 가
문의 반발이 강했어. 랭커스터 왕조는
당연히 "말도 안 되는 소리 하지 마"라고

영국 왕가의 세 가지 상징 · 랭커스
터와 요크 왕가는 각각 붉은 장미와
흰 장미를 상징으로 삼았다. 이후, 튜
더 왕가에 이르러 두 장미가 하나가
됐다.

무시했어. 결국 두 가문 사이에 내란이 터지고 말았지.
 백년전쟁이 끝나고 고작 2년밖에 지나지 않은 때였어. 조선에서
는 반란을 일으켜 조카인 단종을 몰아낸 삼촌이 왕세조에 등극한 해
였지. 바로 1455년, 요크 가문은 랭커스터 가문에 전쟁을 선포했단

다. 이 전쟁이 바로 장미전쟁이야1455~1485년. 요크 가문의 군인들과 랭커스터 가문의 군인들이 각자의 가문을 상징하는 흰 장미와 붉은 장미를 몸에 달고 싸웠기 때문에 이런 이름이 붙었어.

1461년 요크 가문의 에드워드 4세가 랭커스터 가문의 헨리 6세를 내쫓고 왕위에 올랐어. 그가 요크 왕조를 열었지. 그러나 이 왕조는 고작 25년 만에 자리를 내줘야 했어. 장미전쟁의 최종 승자는 요크나 랭커스터 가문이 아니었어. 바로 튜더 가문이었단다.

이즈음 포르투갈의 배들은 아프리카 서해안을 탐험하고 있었어. 바르톨로뮤 디아스가 남아프리카 희망봉을 발견하기 3년 전이었지. 튜더 가문의 헨리 튜더가 왕위에 올랐어헨리 7세. 이로써 영국에서 튜더 왕조의 시대가 열렸어1485~1603년. 헨리 7세는 장미전쟁을 끝내고 요크 가문의 여성과 결혼했고 요크 가문과 랭커스터 가문도 화해했단다.

두 번의 전쟁, 유럽 정치사 바꿨다

백년전쟁이 터지기 전, 영국과 프랑스의 국경은 분명하지 않았어. 두 나라만 그랬던 건 아냐. 유럽 나라 대부분이 이슬람교 나라들에 대해서는 거부감이 있었지만 자기들끼리는 네 편과 내 편을 많이 따지지는 않았어. 한 명의 왕이 여러 나라의 왕을 겸하는 경우가 많았으니 국경이 별 의미가 없었던 거야.

그러나 백년전쟁 이후 유럽 사람들은 국가라는 개념에 대해 관심을 갖기 시작했어. 특히 모든 국민이 힘을 합쳐 영국을 몰아낸 프랑스가 그랬어. 프랑스 사람들은 이때부터 "우리는 프랑스인이다!"라는 생각을 가지기 시작했지. 이제 일반 민중들에게 '내 나라가 중요하다'는 국가관이 싹튼 거야.

백년전쟁 후에도 유럽의 여러 나라들은 서로 전쟁을 했어. 이런 전쟁은 대부분 종교 때문에 생겼어. 얼핏 보면 종교전쟁처럼 보였지. 그러나 실제로는 강한 나라가 약한 나라를 집어삼키려는 정치전쟁이었어. 모든 전쟁에 바로 이 국가 개념이 들어가기 시작한 거야.

영국 장미전쟁은 왕의 권력을 강화시킨 사건이기도 해. 그전까지만 해도 유럽의 거의 모든 나라에서 지방 영주와 귀족의 권력이 강했어. 200여 년 전의 사건이 떠오르지 않니? 귀족들이 왕에게 "권력을 모두 내놔!"라며 대헌장에 서명하게 했었지? 그 사건도 영국에서 일어났어. 그러나 장미전쟁을 끝낸 헨리 7세는 지금까지의 왕과 달랐어.

헨리 7세는 장미전쟁을 치르면서 강한 왕이 필요하다는 사실을 깨달았어. 마침 영국은 백년전쟁에 패하면서 왕보다 귀족이 더 많이 약해진 상태였어. 헨리 7세는 왕권을 강화하기 시작했지. 그러나 더 강한 왕은 바로 다음에 등장한 왕인 헨리 8세였어.

헨리 8세는 교회의 재산을 몰수하고 수도원을 해체해 버렸단다. 로마 가톨릭에서 벗어나 영국 국교회를 만들기도 했지. 영국에 절대왕정시대를 연 헨리 8세의 이야기는 12장에서 살펴볼 거야.

지중해 강자, 에스파냐 탄생

백년전쟁과 장미전쟁을 살펴봤어. 이즈음 포르투갈의 탐험 선박은 아프리카 해안을 항해하고 있었지. 에스파냐? 아직 이 나라는 바다로 뻗어 나가지 않았어. 커버스토리에서 살펴본 해상강국 에스파냐는 1469년 이후에 만들어진 거란다.

영국에서 장미전쟁이 한창이던 바로 이해, 이베리아반도에서는 성대한 결혼식이 열렸어. 유럽 전체가 이 결혼식 때문에 긴장할 정도였지. 왜 그런지 아니? 이 결혼식으로 인해 강력한 에스파냐 제국이 탄생했기 때문이야.

원래 이베리아반도에는 포르투갈, 카스티야, 아라곤 등 여러 나라가 있었어. 에스파냐란 나라는 존재하지도 않았지. 에스파냐는 바로이 결혼식을 통해 서서히 모습을 드러냈어. 카스티야의 이사벨 공주와 아라곤의 페르난도 왕자가 결혼했기 때문이지.

이 결혼으로 두 나라가 바로 한 나라로 합쳐지지는 않았어. 그들은 자신의 나라에서 여왕과 왕이 된 다음에야 두 나라를 합쳤단다. 왕이 된 이사벨 1세와 페르난도 2세는 넓어진 영

페르난도 2세와 이사벨 1세 · 둘의 결혼으로 에스파냐 제국이 탄생할 수 있었다.

토를 함께 다스리기로 하고 에스파냐 제국을 선포했지1479년.

에스파냐가 해상강국이 될 수 있었던 것은 이사벨 1세의 노력 덕분이야. 포르투갈이 버린 콜럼버스의 원정 계획을 지원한 인물이 바로 그녀였거든. 이사벨 1세가 없

에스파냐 탄생 전후의 이베리아 반도 · 이슬람권은 남쪽의 그라나다로 좁혀졌다.

었다면 중남미의 거의 모든 땅을 에스파냐가 정복할 수는 없었을 거야. 이 부분은 커버스토리에서 이미 말했지? 중부 유럽은 계속 전쟁이 터지면서 혼란스러웠어. 영국에서 왕의 권력이 서서히 강해지고는 있었지만 에스파냐는 그 이상이었지. 이사벨 1세가 강력한 중앙집권시대를 열었거든.

에스파냐는 이즈음 로마 가톨릭을 지켜 낸 유럽의 대표선수였어. 8세기 초반 이슬람 군대가 이베리아반도를 점령했던 거 기억하지? 이후, 대부분의 이슬람 세력이 이베리아반도에서 쫓겨났지만 일부 세력은 그라나다 왕국을 중심으로 여전히 잔존하고 있었어.

1492년 이사벨 1세의 지원을 받은 콜럼버스가 서인도제도에 도착했어. 바로 이해에 이사벨 1세의 군대는 그라나다에 있는 이슬람 세력까지 완전히 몰아내는 데 성공했단다. 무려 700년 만에 이슬람

세력을 유럽 땅에서 몰아낸 거야.

　이제 유럽에서 이슬람 왕조의 지배를 받는 지역은 발칸반도밖에 없어. 그러나 발칸반도를 장악한 오스만 제국을 몰아내는 건 쉽지 않을 거야.

르네상스 시작되다

15세기 유럽의 역사를 잠시 정리하고 넘어갈까?

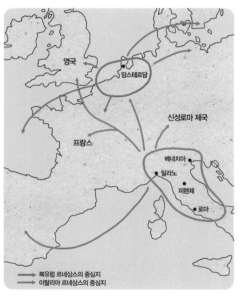

르네상스의 중심지 이동 · 이탈리아 반도에서 시작해 북유럽으로 옮아갔다.

　중서부에서는 백년전쟁과 장미전쟁이 터졌어. 영국과 프랑스가 전쟁의 소용돌이에 휩싸여 있을 때 에스파냐가 탄생했고, 포르투갈은 아프리카 해안을 탐사하고 있었지. 대항해시대가 서서히 열리고 있었던 거야. 이때 지중해를 끼고 있는 유럽 남부지역에도 큰 변화가 있었어. 바로 르네상스를 맞았다는 거야. 르네상스가 발생한 이탈리아반도에서부터 유럽은 중세시대가 끝나고 있었어.

이미 몇 번 이야기했을 거야. 해안의 몇몇 나라들은 세계로 뻗어 나가고 있었지만 유럽 중앙부는 고여서 썩은 물과 같았어. 발전도 없었고 교회는 타락해 있었지. 바로 이때 예술가와 학자들이 개혁을 외치기 시작했어. 15세기 후반부터 일어난 이 개혁이 바로 르네상스란다.

르네상스는 부활, 또는 재생이란 뜻이야. 그리스와 로마의 왕성했던 고전문화가 부활했다는 의미에서 이런 이름이 붙은 거지.

중세 유럽의 가장 큰 문화는 바로 가톨릭이었어. 가톨릭에서 중요한 것은 신이었지, 인간이 아니었단다. 그러나 르네상스가 활발해지면서 고전문화에서 중시했던 인간 중심 문화로 바뀌기 시작했어. 중세 문화에 대해선 여러 비판이 쏟아졌지. 이제 근대사회로 성큼 발을 내딛기 시작한 거야.

르네상스는 이탈리아의 도시들에서 가장 먼저 시작됐단다. 왜 그랬을까? 전쟁은 많은 것을 파괴하지만 이득을 보는 사람도 있어. 예를 들면 무기를 파는 상인들이 그럴 거야. 십자군전쟁이 한창일 때 이탈리아의 피렌체와 베네치아, 시칠리아도 그랬어. 이 도시의 상인들은 동서무역을 중개하며 막대한 돈을 벌었단다.

구텐베르크의 활판인쇄기 · 이 기계의 발명으로 종교개혁이 훨씬 앞당겨질 수 있었다.

무역을 하다 보니 우수한 동양의 문화와 과학기술도 수입됐어. 이탈리아의 지식인들은 감탄하고, 또 감탄했어. 중국을 비롯한 아시아의 선진문물은 정말 놀랄 정도였거든. 돈도 풍부하고 우수한 문화도 많은 이 도시들에 지식인들이 모였어. 그들은 중세에 얽매이지 않고 자유로운 정신을 갖고 있었단다. 이들이 훗날 시민계급으로 성장해 근대사회를 만들었지.

1453년 동로마 제국이 오스만 제국에 무너졌어. 그리스 학문을 연구하던 많은 학자들은 다 어디로 갔을까? 일부는 오스만 제국에 항복했겠지. 그러나 대부분은 이탈리아로 도망쳐 왔단다. 이 사람들이 그리스 문화를 유럽으로 다시 전파하는 역할을 했어.

자, 종합해 볼까? 이탈리아 도시들은 돈도 많고 자유정신도 충만했으며, 그리스 문화에 통달한 학자들까지 넘쳐났어. 또 이탈리아 도시들에는 고대 그리스로마 문화의 유산이 다른 곳보다 원래부터 많았어. 이 때문에 이탈리아에서 르네상스가 시작된 거란다.

이즈음 독일에서 유럽을 뒤흔들만한 발명이 있었어. 구텐베르크가 대량 활판인쇄기를 발명한 거야 1447년. 활자가 발명된 것은 훨씬 오래전의 일이야. 이미 고려에서는 13세기 초반에 금속활자를 발명했잖아? 그러나 구텐베르크와 같은 기계식 대량 인쇄는 이루어지지 못했어.

오늘날에는 상상할 수도 없지만 구텐베르크가 활판인쇄기를 발명하기 전까지 유럽에선 돈 많은 사람만 책을 살 수 있었단다. 직접 종이에 하나하나 글자를 써서 책을 만들었기 때문에 너무 비쌌거든.

그런데 구텐베르크의 발명으로 이제 종이 한 장 분량을 인쇄하는 데 2~3분밖에 안 걸리게 됐어. 이젠 누구나 책을 살 수 있는 시대가 된 거야. 훗날 종교개혁이 성공할 수 있었던 것도 대량인쇄가 가능했기 때문이란다.

르네상스가 배출한 작품들

이탈리아 르네상스 시기, 인문학과 미술, 건축 분야에선 많은 작품이 나왔단다. 이때 나온 작품 가운데 대표적인 것만 추려 볼까?

책으로는 근대소설의 효시로 불리는 보카치오의 『데카메론』과 르네상스의 선구자로 불리는 단테의 『신곡』을 뽑을 수 있을 거야. 로마 가톨릭과 정치를 분리해야 한다는 주장을 담은 책도 나왔어. 바로 마키아벨리가 쓴 『군주론』이야. 왕은 어떤 이념을 가져야 하며 어떻게 통치해야 하는지가 이 책에 자세히 나와 있단다.

이번엔 미술 분야를 볼까? 레오나르도 다 빈치의 「최후의 만찬」과 「모나리자」, 미켈란젤로의 「다비드상」과 「천지창조」, 라파엘로의 「대공의 성모」를 기억해 둬. 특히 미켈란젤로가 완성한 로마의 베드로 대성당은 고대 그리스와 로마의 건축양식을 완전하게 되살렸다는 평가를 받았단다.

미술 분야에서 두드러진 변화가 또 있어. 그림에 원근법이 도입됐다는 거야. 멀리 있는 사물은 작게, 가까이 있는 사물은 크게 보이는

「최후의 만찬」· 예수 그리스도가 열두 제자와 만찬을 나누는 모습을 묘사한 레오나르도 다 빈치의 작품이다.

게 당연하지? 이게 원근법이야. 당연한 이 사실을 중세 미술은 무시했단다. 중세 미술 작품은 종교적인 내용을 담은 게 많았어. 예수 그리스도와 같은 중요한 인물만 부각시켰기 때문에 굳이 원근법이 필요 없었던 거야. 그러나 고대 그리스 로마 미술에서는 원근법을 썼지. 미술도 고전시대로 돌아간 셈이야.

　르네상스는 16세기에 네덜란드와 프랑스, 독일 신성로마 제국, 영국으로 옮겨갔어. 북유럽의 르네상스는 이탈리아와 조금 달랐어. 예술보다는 사회를 비판하는 인문주의 성격이 강했지. 중세 사회를 신랄하게 비판하는 작품이 많았단다. 예를 들어 볼까? 에라스무스는 『우신예찬』에서 가톨릭의 타락을 비판했어. 토머스 모어는 『유토피아』에서 중세의 농업정책인 인클로저 운동을 비판했지. 세르반테스의 『돈키호테』도 중세의 어리석은 기사들을 풍자한 작품이었어.

동유럽은 여전히 중세시대

르네상스가 확산되면서 유럽은 차근차근 근대로 이동하고 있었어. 그러나 모든 나라들이 르네상스의 혜택을 입은 건 아니었어.

동유럽의 나라들에는 르네상스의 바람이 거의 불지 않았다는구나. 동유럽은 여전히 종교의 늪에서 빠져나오지 못하고 있었어. 폴란드, 보헤미아, 세르비아, 크로아티아 같은 나라들이 여기에 해당되지. 발전 속도만 늦은 게 아니었어. 1453년에는 동로마 제국이 오스만 제국에게 무너지고 말았어. 이렇게 혼란스러운데 르네상스가 일어날 수 있겠니?

다만 한 가지 역사는 기억하고 넘어가는 게 좋을 것 같아. 콜럼버스

「모나리자」(왼쪽), 「대공의 성모」(오른쪽)

이반 3세 · 러시아에 대한 몽골 제국의 지배를 종식시킨 왕이다.

가 서인도제도에 도착한 1492년이었어. 마침내 러시아 왕국이 완전한 독립국가의 면모를 갖추었어. 러시아는 훗날 강대국으로 성장하지. 잠깐 역사를 더듬어 볼까?

이미 살펴본 대로 러시아는 노브고로드 공국에서 출발했어. 노브고로드 공국은 키예프 공국으로 성장했지만 13세기 중반 몽골 제국에게 정복당하고 말았지. 몽골 제국은 이 지역에 킵차크 칸 국을 세워 약 200년을 다스렸어. 그러나 15세기에 몽골족의 세력은 아주 약해져 있었어. 그 틈을 타서 러시아가 독립왕국을 건설한 거지. 그러니까 이때의 러시아는 사람으로 치자면 이제 갓 걸음마를 한 아이라고 할 수 있을 거야.

세계를 돌다, 이븐 바투타 vs 마젤란

페르디난드 마젤란에 대해서는 이미 많은 사람들이 잘 알고 있어. 그는 16세기 초반, 처음으로 지구를 한 바퀴 돈 인물이지. 당시로써는 그야말로 대단한 업적이야. 마젤란은 포르투갈 사람이었어. 그러나 모로코에서 일을 하던 중 포르투갈 정부와 틀어지게 됐지. 마젤란은 다시는 포르투갈에 가지 않겠다며 에스파냐로 갔어. 그곳에서 훗날 신성로마 제국의 황제가 되는 카를로스 1세의 지원을 받기로 했지. 1519년 마젤란은 5척의 함선에, 250여 명의 선원을 이끌고 세계 일주에 도전했어. 남아메리카의 마젤란 해협, 고요한 바다란 뜻의 태평양, 필리핀 등은 모두 마젤란이 세계 일주를 하며 지은 이름이야. 그는 사라졌지만 그의 업적은 영원히 남아 있는 셈이지.

그런데 마젤란보다 무려 200여 년 앞서 세계를 누빈 이슬람 탐험가가 있다는 사실을 알고 있니? 아프리카 북부 모로코 출신의 이븐 바투타가 바로 그 인물이야. 만약 바투타의 이름을 들어 보지 않았다면 이슬람 역사를 별로 배우지 않아서일 거야.

1325년 이븐 바투타는 북아프리카 모로코에서 메카로 성지 순례를 떠났어. 이 순례가 세계 탐험의 시작이었단다. 그는 이집트와 시리아를 거쳐 성지인 메카에 이르렀어. 여행이 끝났느냐고? 아니야. 여행은 지금부터 시작이야. 그는 메카에서 동쪽을 향해 여정을 계속했어. 이라크, 이란을 거쳐 중앙아시아로 갔지. 거기서 다시 발길을 인도로 돌렸고, 그 후 중국으로 향했어. 중국의 중심지인 베이징에 도착한 후에야, 그는 귀국길에 올랐어.

이렇게 해서 그가 여행한 시간만 무려 30년이었고, 이동한 거리만 12만 킬로미터였어. 그는 귀국한 뒤 『도시들의 진기함, 여행의 경이 등에 대해 보는 사람들에게 주는 선물』이란 긴 제목의 여행기를 썼단다. 이 책은 14세기 중반 이슬람 세계의 생활상을 잘 보여 주고 있어서, 오늘날까지도 중요한 사료로 손꼽히지. 어때? 이븐 바투타가 결코 마젤란에 뒤지지 않지?

오스만 제국, 비상하다

잘 짜인 각본에 의해 역사가 움직인다는 생각이 들 때가 있어. 바로 15세기가 그래. 커버스토리에서 다룬 대항해시대 이야기는 이슬람의 오스만 제국이 없었다면 할 수 없었을 거야.

오스만 제국은 동로마 제국을 정복한 다음 동방의 문물을 서방 세계에 공급하지 않았어. 이 때문에 포르투갈이 새로운 무역항로를 찾으려고 나선 게 대항해시대의 시작이라고 했던 거 기억하고 있지?

유럽 나라들이 문을 연 대항해시대는 훗날 제국주의로 발전한단다. 그때는 오스만 제국이 제국주의 국가들에 당하고 말지.

오스만 제국은 처음부터 강한 나라가 아니었어. 15세기 초반에는 바로 옆에 있는 또 다른 이슬람 왕조인 티무르 제국과의 전쟁에서 크게 패해 휘청거리기도 했단다. 15세기 이슬람 세계를 지배했던 두 제국에 대해 지금부터 살펴볼까?

티무르 제국의 흥망

칭기즈칸의 후예를 자처한 티무르가 1369년 중앙아시아 사마르칸트에 건설한 티무르 제국은 30년 만에 서아시아로 진출했어. 곧 이슬람 세계의 중심인 바그다드를 함락했지^{1401년}. 티무르 제국은 인도

티무르와 술탄 바야지트 1세 · 오스만 제국은 티무르 제국과의 전쟁에서 패했다. 이 그림은 승자 티무르와 패자 바야지트 1세의 모습을 묘사했다.

의 델리에서부터 서아시아에 이르는 광활한 제국이 됐단다.

이때 소아시아에 어떤 나라가 있었지? 그래, 오스만 제국이었어. 티무르 제국은 바로 그 오스만 제국까지 노렸어. 두 제국의 군대가 오늘날 터키 앙카라에서 맞붙었지1402년.

이 전투는 티무르와 오스만 제국의 술탄 바야지트 1세가 직접 군대를 지휘할 만큼 중요한 전투였어. 누가 이겼을까? 티무르 제국이야! 오스만 제국은 훗날 동로마 제국을 무너뜨려 유럽인의 간담을 서늘하게 한 나라였지만 이때는 티무르 제국에게 무릎을 꿇을 수밖에 없었어. 티무르 제국이 더 강했던 거야.

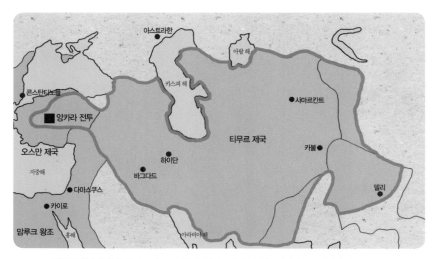

아스트라한

아랄 해

카스피 해

콘스탄티노플

●사마르칸트

■앙카라 전투

티무르 제국

오스만 제국

카불●

지중해

하이단

바그다드

●다마스쿠스

●카이로

델리●

맘루크 왕조

홍해

아라비아해

티무르 제국의 최대 영토 · 티무르 제국은 칭기즈칸의 영광을 재현하는 듯했지만 티무르가 죽자 제국도 반짝 전성기를 누린 후 사라졌다.

    그러나 티무르 제국은 더 이상 성장하지 못했어. 티무르가 사라졌기 때문이지. 앙카라 전투가 끝나고 2년 후, 티무르는 중국을 정복하기 위해 출격했어. 몽골족의 원나라를 무너뜨린 명 왕조에게 복수를 하기 위해서였지. 그러나 티무르는 중국으로 가던 중에 세상을 떠나고 말았어. 강력한 왕이 사라지니까 내분이 시작됐어. 이런 나라가 어떻게 되는지는 그동안 많이 봤지? 거의 대부분은 멸망의 길을 걷기 시작해. 티무르 제국도 마찬가지였어. 이슬람 세계의 강자였던 티무르 제국은 잠깐 전성기를 누렸지만 서서히 약해졌어. 지배층이 정신을 차렸다면 좋았으련만, 오히려 권력 다툼만 심해졌지. 결국 티무르 제국은 중앙아시아의 우즈베크인들로부터 침략을 받아 멸망하고 말았단다[1507년].

만약 티무르가 죽지 않고 명나라를 공격했다면 어떻게 됐을까? 어쩌면 중국이 다시 몽골족의 나라가 됐을지도 몰라. 그러나 실제 역사는 그러지 않았어. 중국 원정은 실패했고, 명 왕조는 번영했으며, 티무르 제국은 흔적도 없이 사라졌잖아?

오스만 제국, 동로마 제국 무너뜨리다

티무르 제국과의 앙카라 전투에서 패한 오스만 제국은 어떤 상황이었을까?

백년전쟁에서 패한 영국이 내분을 겪은 것 기억하지? 오스만 제국도 심하게 흔들렸어. 다행히 이 혼란은 오래가지 않았어. 오스만 제국은 힘을 회복해 유럽으로 시선을 돌렸어. 이때 오스만 제국은 이미 발칸반도의 일부 나라들을 정복한 상태였다는 사실은 알고 있지? 그래, 오스만 군대가 세르비아, 불가리아, 보스니아 등 유럽 연합군과 싸워 이긴 코소보 전투를 떠올려 봐.

15세기 들어서도 오스만 제국은 야금야금 동로마 제국의 영토를 빼앗았어. 유럽의 여러 나라들은 연합군을 만들어 맞섰지만 오스만 군대를 이길 수는 없었지. 1438년 오스만 군대는 신성로마 제국의 군대도 물리쳤어.

독일에서 구텐베르크가 대량 활판인쇄기를 발명하고 1년이 지났

콘스탄티노플 공성전 · 동로마 제국은 오스만 군대에 무너졌다.

어. 이탈리아에는 서서히 르네상스가 시작되고 있었지. 바로 이해에 2차 코소보 전투가 벌어졌어1448년. 헝가리가 중심이 된 유럽 연합 군대가 오스만 군대에 맞섰지만 이번에도 오스만 군대가 승리했지. 오스만 제국은 보스니아로부터 조공을 받기 시작했어.

오스만 제국이 1차 코소보 전투에서 승리하면서 발칸반도에 거점을 마련했지? 2차 전투에서는 발칸반도를 완전히 장악했어! 이제 오스만 제국에 대항할 수 있는 동유럽의 나라는 아무도 없는 거야.

백년전쟁이 끝난 해인 1453년 오스만 제국이 마침내 큰일을 저질렀어! 콘스탄티노플을 함락해 동로마 제국의 숨통을 끊어 버린 거야. 1000년 동로마 제국이 역사 속으로 사라지고 말았지. 콘스탄티노플은 오스만 제국의 수도가 됐고, 이스탄불로 이름이 바뀌었어. 콘스탄티노플의 대표 성당인 성 소피아 성당은 이슬람 사원이 됐지.

동로마를 정복한 후, 그러니까 15세기 후반 오스만 제국의 활약을 마저 살펴볼까? 오스만 제국은 1459년 세르비아를, 1463년 보스니아와 그리스를 정복했어. 그야말로 파죽지세로 동유럽을 몰아붙인 거야. 15세기 후반이 되면 발칸반도의 대부분 지역이 오스만 제국의 영토가 됐단다. 이제 오스만 제국은 아시아가 아니라 유럽 나라에 더 가까워졌어.

오스만 제국은 세계 지도까지 바꿔 놓았어. 커버스토리에서 살펴본 대로 오스만 제국이 동서무역을 막아 버리자 유럽의 대항해시대가 열렸지. 지금까지 세계 지도에 없던 땅이 하나씩 드러나게 됐어. 유럽의 르네상스도 오스만 제국이 활약한 덕을 크게 봤어. 콘스탄티노플이 몰락하자 동로마 제국의 학자들이 대거 이탈리아로 이동했고, 그들이 르네상스를 일으키는 데 줬다는 것은 이미 말한 대로야. 혹시 이런 분석도 가능하지 않을까?

"오스만 제국이 유럽의 중세시대를 끝내는 데 도움을 줬다. 유럽은 근대로 진입하면서 이슬람과 아시아 국가들을 능가하기 시작했다. 훗날 유럽의 나라들은 세계를 제패했다. 그렇다면 오스만 제국은 유럽 나라들이 세계를 제패하는 데 가장 큰 공헌을 한 나라다!"

동로마 제국은 유럽 사람에게 무너졌다?

1453년 콘스탄티노플 성 앞. 동로마 제국과 오스만 군대가 한 치 양보 없는 공성전을 벌이고 있었어. 그런데 이상한 건 어찌 된 일인지, 양쪽의 군인이 모두 정통 유럽 사람들로 보이는 거야. 왜 그럴까?

이때 오스만 제국의 주력 부대는 투르크인이 아닌 유럽 사람으로 구성된 예니체리였어. 우리말로 신군, 즉 새로운 군대라는 뜻의 이 부대는 모두 발칸반도에 살던 기독교 소년들로 구성됐지. 이 예니체리 1만 2000명이 콘스탄티노플 성 앞에서 맹활약을 했기 때문에 동로마 제국이 무너진 거야.

오스만 제국이 이 소년들을 강압적으로 동원한 건 아니야. 오스만 제국은 기독교 점령 지역에 5년마다 관리를 파견해 20세 이하의 기독교 소년을 선발했어. 그러면 이들은 철저한 이슬람 교육을 받고 충성을 맹세하는 대신 최고의 대우를 보장받았지. 콘스탄티노플 전투 또한 이들이 자발적으로 싸운 거야. 기독교 제국이 한때 기독교도였던 소년들에 의해 무너졌다는 사실이 흥미롭지?

예니체리 군대

동아시아, 침체기 맞다

중국 명나라의 시작은 웅대했어. 커버스토리에서 살펴본 대로 정화 사령관은 서양보다 앞서 세계로 뻗어 나갔지. 그러나 명나라는 그 웅대함을 지켜 내지 못했어. 세계의 중심이 될 기회를 걷어찼기 때문이야. 조정이 과거로 돌아가자는 복고주의를 통치철학으로 삼았거든. 이 철학에 따라 명은 무역을 줄이고 농사만을 중요하게 여겼어.

15세기 중반이 되기 전 조선에서는 세종대왕이 등장해 나라를 안정시켰어. 그러나 곧 왕족이 권력투쟁을 시작했어. 혼란이 시작된 거야. 일본은 조선보다 혼란이 더 심했어. 사무라이가 전쟁을 벌인 거야.

15세기 중반을 넘어서면서 동아시아가 침체기로 접어드는 느낌이야. 반면 유럽의 나라들은 세계로 뻗어 나가고 있었지. 서로 정반대의 상황. 그 결과는? 그래, 세계의 주도권이 아시아에서 유럽으로 넘어가고 있는 거야.

명의 복고주의

정화의 남해원정이 왜 중단됐는지 아니? 명나라가 복고주의를 국가의 기본 정책으로 삼았기 때문이야. 복고주의는 과거로 돌아가자는 뜻이야.

원나라의 몽골족은 유목민족이었지? 농업보다는 상공업을 더 장려했어. 하지만 원래 한족은 농업을 주업으로 했어. 명나라는 원나라 때 잃어버린 한족의 고유한 문화를 되찾으려면 한족의 농업 문화로 돌아가야 한다고 생각했어. 그 결과 농업을 장려하고 상공업을 억제했지. 이런 마당에 해외까지 원정 가서 무역을 할 필요가 있겠니?

중국이 세계로 뻗어 나갈 기회는 잃어버린 대신 농업은 급속하게 발전했어. 농업 생산량도 크게 늘어났고, 해외에서 들어온 고구마나 옥수수 같은 신종작물도 재배하기 시작했지. 정부가 농업을 적극 육성한 덕분에 중국 사람들은 더 이상 먹을 걱정은 하지 않아도 됐어.

하지만 역사의 흐름을 거꾸로 돌리는 것은 불가능해. 명나라 황실이 상공업을 억제했지만 오히려 송나라나 원나라 때보다 훨씬 더 빨리 상공업이 발전했단다. 왜 그럴까? 식량 걱정이 사라지면 생활수준을 높이는 데 관심이 생기는 것은 당연한 이치야. 좋은 물건을 만들려다 보면 수공업이 발전하겠지? 물건을 더 많이 만들었으니 자연스레 장사하는 사람도 늘어 상업도 발전하게 돼.

명나라 화폐 · 동으로 만들어진 동전(왼쪽)과 은으로 만든 화폐, 은원보(오른쪽)이다.

수공업과 상업이 발달했으니 그다음은 도시가 성장할 차례야. 더 많은 사람들이 농촌을 떠나 도시로 몰려들었어. 화폐도 더 많이 사용했어. 중국은 이때부터 은을 화폐로 썼지. 대략 15세기 중반, 명 조정은 관료들에게 월급을 은이나 비단으로 주기 시작했어. 그전에는 쌀로 월급을 쳤었단다.

영락제 · 명나라의 3대 황제이다.

그 많은 관료들의 월급을 은으로 주려면 아주 많은 은이 필요했어. 정부는 세금을 은으로 받기 시작했지. 이제 중국 경제는 은이 없으면 안 되는 상황이 됐어. 뒤에서 살펴보겠지만 명나라의 경제가 발전하는 모습은 서양에서 자본주의가 탄생하는 모습과 많이 닮았단다. 그래서 어떤 학자들은 이때의 중국을 서양의 근대와 거의 비슷한 단계라고 보기도 하지.

명나라 지배층은 얼마 지나지 않아 부패하기 시작했어. 사실 정화 사령관의 해외원정이 중단된 것도 그가 성공하는 것을 시기한 지배층이 무역을 못 하도록 막았기 때문이란다. 명나라를 무능력하게 만든 가장 큰 범인은 환관내시들이었어.

지금까지의 중국 역사를 잠시 떠올려 봐. 3대 황제이며 강력한 명나라를 건설했던 영락제는 환관을 많이 기용했어. 정화 사령관도 환관이었지. 하지만 이건 매우 예외적인 경우야. 환관들이 권력을 잡으면 그 나라는 어김없이 망하거나 국력이 약해졌어. 명도 마찬가지였어. 다만 영락제가 살아 있을 때는 황제가 워낙 강했기 때문에 환관들이 손톱을 감추고 있었을 뿐이었지. 환관들은 숨을 죽이고 있다가 영락제가 사망하자 본색을 드러냈어.

오스만 제국이 동로마 제국을 한창 공략하고 있을 때 영락제가 세상을 떠나고 일곱 살의 어린 황제가 왕위에 올랐어^{1424년}. 그러자 환관들은 황제를 흔들기 시작했지. 이때부터 명나라는 더 이상 국력을 키우지 못했단다. 대항해시대의 기회를 유럽에 넘기고 멸망하는 날까지 혼란과 분열 속에서 벗어나지 못한 거야.

가장 과학적인 언어, 한글 탄생

조선은 어땠을까? 태종 때부터 살펴볼게.

태종은 조선의 기틀을 다진 왕이야. 조선은 세 번째 왕인 태종 때에 강력한 중앙집권 체제가 정착됐지. 이조, 호조, 예조, 병조, 형조, 공조 등 6조를 왕의 바로 밑에 뒀어. 이 6조는 오늘날 행정자치부, 교육부, 국방부처럼 정책을 집행하는 역할을 했어. 태종은 오늘날 주민등록증과 같은 '호패'를 성인이라면 누구나 차고 다니게 했단다.

태종의 통치로 조선은 안정됐어. 이어 최고의 성군이 탄생했지. 그가 바로 세종대왕이란다.

세종대왕은 하루 24시간이 모자랄 정도로 일을 많이 한 왕이야. 학문을 연구하는 집현전을 강화해 백성들이 살아가는 데 도움이 되는 책을 많이 내도록 했어. 농사짓는 법을 처음으로 정리한 『농사직설』이나 충신과 효자, 열녀의 업적을 삽화를 곁들여 설명한 『삼강행실도』가 이때 나온 책들이지.

과학도 눈부시게 발전했어. 이 시기 유럽 중서부는 혼란스러웠어. 백년전쟁이

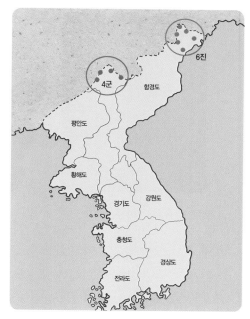

세종의 영토 확장 · 4군6진의 개척으로 오늘날의 한반도 국경선이 이때 확정됐다.

한창 벌어지고 있었고, 프랑스의 성녀 잔 다르크는 조국으로부터 배신을 당해 화형에 처해졌지. 비슷한 시기에 장영실은 세종대왕의 명을 받아 물시계^{자격루}와 해시계^{앙부일구}를 만들었어^{1434년}. 1442년에는 세계 최초로 측우기를 만들기도 했어. 이 측우기는 서양의 것보다 무려 200년이나 앞서 탄생한 거란다. 세종대왕이 통치할 때 조선이 과학 강국이었다는 사실을 알 수 있겠지?

세종대왕의 업적은 정말 많았어. 가장 훌륭한 업적 하나를 꼽으라면? 1443년 우리 민족의 글인 훈민정음^{한글}을 창제한 일이 아닐까 싶

훈민정음언해(왼쪽), **앙부일구**(오른쪽)

어. 한글은 세계의 그 어떤 문자보다 과학적이고 독창적이라는 평가를 받고 있단다. 그런 위대한 글자를 우리 민족이 보유하게 된 거야. 세종대왕은 3년 후 훈민정음을 반포했어[1446년]. 독일에서 구텐베르크가 대량 활판인쇄기를 발명하기 1년 전의 일이었지. 당시에는 한글을 언문이라고 불렀는데, 당장 많은 백성들이 사용하지는 않았어. 조선 중기 이후부터 여성과 평민 사이에 널리 쓰이기 시작했지.

세종대왕이 세상을 떠나자 조선도 혼란이 시작됐어. 세종의 뒤를 이은 문종은 즉위한 지 2년 3개월 만에 병으로 죽었고, 그의 아들이 12세에 왕이 됐어. 바로 비운의 왕, 단종이야.

백년전쟁이 끝난 1453년 동로마 제국이 멸망했어. 중국에서는 두 명의 황제가 등장해 치열한 권력 다툼을 벌이고 있었지. 중국의 혼란을 조선도 닮아 가는 걸까? 바로 이해, 수양대군은 계유정난을 일으켜 권력을 잡았어. 2년 후인 1455년 수양대군은 7대 임금인 세조가 됐지. 세조는 저항하는 신하들을 모두 숙청해 버렸어. 저항하는 신하들이 많은 집현전은 아예 없애 버렸지.

세조가 반대파를 모두 제거하면서 오로지 훈구 대신들만이 조정에 남아 있었어. 훈구파는 세조를 도운 공로로 조정에서 고위 관료가 된 정치인들을 말해. 9대 왕 성종은 훈구파를 견제하기 위해 지방의 사림파를 끌어들였지. 사림파는 조선 건국 무렵부터 정치가 싫다고 지방으로 내려간 유학자들이야. 도덕과 명분을 중요시하는 사람들이었지. 이 사림파가 중앙의 요직에 기용되면서부터 양 파벌의 정치투쟁이 시작됐어.

성종의 뒤를 이어 연산군이 왕에 올랐어. 바스코 다 가마가 남아프리카를 돌아 인도의 캘리컷에 도착해 대항해시대의 문을 활짝 연

연산군(왼쪽)**과 부인 신씨의 묘**(오른쪽) · 연산군은 폐위됐기 때문에 왕의 무덤을 칭하는 '능'이 아닌 '묘'로 불린다.

1498년, 조선에서는 훈구파와 사림파가 피비린내 나는 싸움을 시작했단다.

그해, 사초라고 불리는 실록의 기초 자료에 세조의 왕위 찬탈을 비판하는 글이 실렸다는 사실이 알려졌어. 이 글은 사림파 김종직이 쓴 조의제문이야. 훈구파는 연산군에게 "사림파들이 감히 왕을 능멸하고 있다!"라고 고했어. 연산군은 평소에도 사림파들이 자신을 못마땅하게 여기고 있다며 싫어했었단다. 그러니 이 훈구파의 충고가 오히려 고마웠을 거야. 연산군은 사림파들을 탄압하기 시작했어. 사림파 대신들이 적잖이 다쳤는데, 이 사건을 무오사화라고 불러^{1498년}.

사화는 학자와 신하들이 한꺼번에 많이 죽임을 당한 사건을 말해. 무오사화 후에도 세 번이 더 발생했는데 두 번째 사화는 6년이 지난 1504년 일어났어. 이를 갑자사화라고 부르는데 더 많은 목숨이 사라졌단다. 유럽 국가들은 세계로 뻗어 나가고 있는데 우리는…. 안타까울 따름이야.

일본, 전국시대 개막

15세기 중반 후의 일본도 중국이나 조선과 큰 차이가 없었어. 혼란스러웠지. 이때 명나라는 쇠퇴하기 시작했고, 조선은 사화로 인해 피바람이 불었어. 일본은 사무라이가 권력을 차지하기 위해 전쟁을 치렀단다. 동아시아의 세 나라가 동시에 큰 혼란을 겪고 있었던 거야.

이때 일본을 통치하고 있던 정부는 무로마치 바쿠후^{막부}야. 가마쿠라 바쿠후가 원나라와의 전쟁에서 이겼지만 국민의 존경을 받지 못했던 것처럼 무로마치 바쿠후도 사무라이 집단의 존경을 못 받았어. 사무라이 집단의 이익을 잘 챙겨 주지 못했거든.

사무라이들은 스스로 이익을 챙기기로 했어. 가장 돈이 되는 게 뭘까? 바로 농사를 짓는 땅이었어. 사무라이들은 농지를 마구 사들였어. 머지않아 지방마다 엄청난 토지를 소유한 다이묘^{영주}들이 실제 권력자가 됐지. 이런 영주 가운데 가장 힘이 센 일인자를 슈고 다이묘^{대 영주}라고 불렀어.

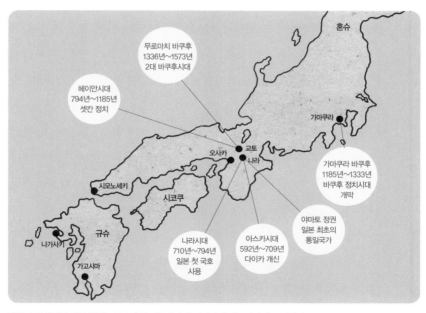

전국시대 이전의 일본 역사 · 무로마치 바쿠후가 무너지면서 전국시대에 돌입했다.

오닌의 난 · 전국시대의 서막을 알린 난으로 오닌 원년(1467년)에 일어났다.

옛날에도 대토지를 소유한 지방 영주들이 있었지? 그 영주들은 고케닌이라고 불렀어. 그러나 고케닌은 다이묘와 다른 부류의 사람들이었단다. 고케닌은 사무라이가 아니었어. 다이묘는 모두 사무라이였지. 그래, 이때부터 사무라이들이 중앙, 지방 할 것 없이 권력을 장악한 거야.

싸움 좋아하는 사람들끼리 모여 있으면 싸움밖에 더하겠니? 아닌 게 아니라 사무라이들의 전쟁이 시작됐어1467년. 무로마치 바쿠후의 8대 쇼군 아시카가 요시마사의 후계자 자리를 놓고 사무라이들이 두 파벌로 갈려 싸운 거야. 이를 오닌의 난이라고 불러1467~1477년.

역사학자들은 중국에서 춘추전국시대가 일어난 것처럼 이때를 일본의 전국시대라 규정한단다. 이 전국시대는 도요토미 히데요시가 1590년 일본을 통일할 때까지 약 130년간 계속됐어.

너무 닮은꼴,
조선 태종 vs 당 태종

조선의 태조 이성계는 부인 2명으로부터 8명의 아들을 낳았어. 첫째 부인의 다섯째 아들 방원이 가장 총명하고 용맹했지. 방원은 조선 건국의 일등 공신이었어.

그러나 태조는 총애하는 둘째 부인의 막내아들을 세자로 책봉했어. 이에 방원은 두 차례에 걸쳐 반란^{왕자}의 난을 일으켜 형제들을 몰아내고 조선의 3대 임금으로 등극했어. 태종은 조선 초기, 가장 강력한 왕으로 조선의 기틀을 다진 인물이지.

800여 년 전인 7세기 초반, 당나라의 창건자 고조 이연은 3명의 아들이 있었어. 둘째 아들 세민이 가장 출중했고 그 또한 당나라 건국의 일등 공신이었지.

그러나 당 고조는 첫째 아들을 황태자로 책봉했어. 이방원이 그랬던 것처럼 이세민도 황제의 자리 근처에도 가 보지 못한 것이었어. 세민은 아버지의 호출이라고 속여 형제들을 황궁의 현무문으로 불러낸 뒤 죽였어^{현무문의 난}. 세민은 이어 당나라의 2대 황제로 등극해 나라의 기틀을 다졌지.

참으로 오묘한 역사의 반복이 아닐까? 우연이겠지만 조선 태종이 56세, 당 태종이 52세인 50대에 죽었다는 점, 시호가 태종이란 점까지⋯. 마치 판을 박은 것처럼 똑같은 이야기가 800년 만에 조선에서 재현된 거야. 혈육을 모두 죽이고 군주가 되긴 했지만 그 어떤 제왕보다 선정을 베푼 이들에 대해 역사는 어떻게 평가해야 할까?

제12장

근대의 형성에서 현대까지

중세의
종말

1500~1600년 전후

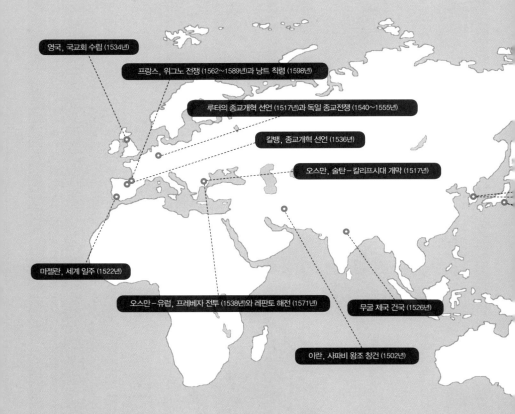

영국, 국교회 수립 (1534년)

프랑스, 위그노 전쟁 (1562~1589년)과 낭트 칙령 (1598년)

루터의 종교개혁 선언 (1517년)과 독일 종교전쟁 (1540~1555년)

칼뱅, 종교개혁 선언 (1536년)

오스만, 술탄-칼리프시대 개막 (1517년)

마젤란, 세계 일주 (1522년)

오스만-유럽, 프레베자 전투 (1538년)와 레판토 해전 (1571년)

무굴 제국 건국 (1526년)

이란, 샤파비 왕조 창건 (1502년)

16세기 유럽은 폭력과 전쟁의 역사였어. 그 시작은 종교 분쟁이었지. 로마 가톨릭에 반대하며 신교가 세력을 키웠어. 두 파벌은 서로에게 총과 칼을 겨눴지. 종교전쟁이 터진 거야. 유럽 한복판에서 종교전쟁이 터지고 있었지만 포르투갈과 에스파냐는 더욱 먼 세계로 뻗어 나갔어. 그들은 중남미의 아즈텍과 잉카 제국을 무너뜨리고 식민지로 삼았어. 아프리카의 흑인들을 노예로 내다 파는 비인간적인 무역도 더욱 번창했지. 안타깝게도 16세기부터는 유럽의 역사가 가장 비중 있게 다뤄질 거야. 포르투갈과 에스파냐가 시작한 대항해의 열풍에 영국과 프랑스가 합세하면서

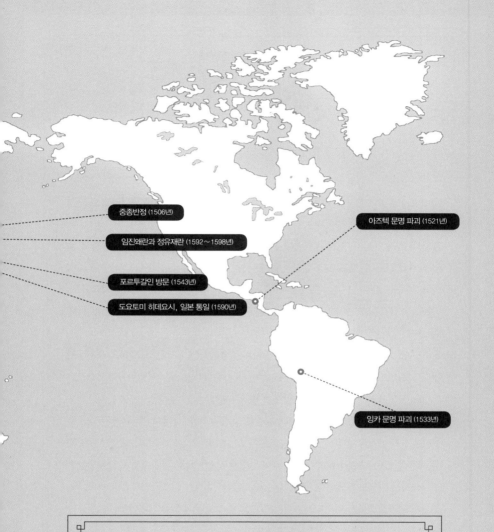

중종반정 (1506년)

임진왜란과 정유재란 (1592~1598년)

포르투갈인 방문 (1543년)

도요토미 히데요시, 일본 통일 (1590년)

아즈텍 문명 파괴 (1521년)

잉카 문명 파괴 (1533년)

숨겨진 세계가 하나씩 드러나기 시작했거든.

이때부터 세계의 주도권을 유럽 나라들이 쥐게 된 거야. 동아시아의 역사는 멈춰 있었어. 중국과 조선, 일본 모두 여전히 혼란 속에 빠져 있었거든. 이슬람 세계는 어 땠냐고? 이미 유럽의 나라가 된 오스만 제국이 맹활약을 하고 있었어. 그러나 오스 만 제국도 16세기 후반 레판토 해전에서 패하면서 주춤거리기 시작했지. 인도에서 는 최후의 왕조인 무굴 제국이 탄생했단다.

커버스토리

16세기가 끝날 즈음 유럽의 중세시대는 거의 막을 내렸단다. 유럽은 근대사회로 진입했어.

중세 유럽의 가장 큰 특징이 뭐라고 생각하니? 봉건제? 그래, 봉건제야말로 중세 유럽 정치와 경제, 사회 분야에 있어 가장 중요한 특징이었지. 그러나 유럽 사람들의 의식을 지배한 것은 봉건제가 아니라 기독교였어. 동유럽 지역을 뺀 나머지 유럽에서는 특히 로마 가톨릭의 영향이 대단했어. 황제가 교황에게 무릎을 꿇고 용서를 빈 적도 있었지?

로마 가톨릭이 타락하면서 중세는 썩은 물처럼 부패하기 시작했어. 16세기 초반, 마침내 타락한 교회를 비판하는 개혁 운동이 시작됐지. 바로 종교개혁이야. 이 사건은 유럽이 근대로 접어들었다는 신호탄으로 볼 수 있단다.

둘째, 16세기 유럽에서 절대왕정시대가 열렸어. 동아시아에서는 아주 오래 전부터 중앙집권제가 발달해 왕권이 강했지만 유럽은 아니었어. 이제야 유럽에서는 막강한 힘을 가진 왕들이 나오기 시작했단다. 이때부터는 유럽에서도 왕의 힘이 커졌고, 일부 국가에서는 아무도 거역하지 못할 만큼 성장했지.

종교개혁과 절대왕정. 이 두 사건으로 유럽은 확실히 중세와 이별을 했어. 12장에서는 이 두 사건을 커버스토리로 살펴볼 거야.

종교개혁과 절대왕정시대

종교개혁의 불꽃 타오르다

탐험가 마젤란은 태평양을 고요한 바다라고 불렀어. 그래서 태평양의 영어 이름이 퍼시픽 오션Pacific Ocean이지. 대한민국이 접해 있는 바다가 바로 태평양이야. 탐험가 발보아는 이 태평양의 남쪽, 즉 남태평양을 발견했어1513년. 태평양이 16세기 초반에 유럽 사람들에게 모습을 드러낸 셈이지. 그로부터 4년이 흘렀어. 유럽은 고요함과는 거리가 멀었어. 격동기가 시작된 거야.

1517년 아우구스티누스 수도회의 마르틴 루터가 독일 비텐베르크 교회 정문에 면죄부 판매를 비난하는 반박문을 붙였어. 총 97개로 조항으로 이루어진 이 반박문에서 마르틴 루터는 로마 교회를 정면으로 비판했어. 그는 이어 로마 교황청 소속으로 돼 있는 교회의

16세기 유럽의 종교 분포 · 가톨릭과 신교가 뒤섞인 프랑스와 신성로마 제국의 갈등이 특히 심했다.

토지와 재산을 몰수해야 한다고 주장했어. 종교개혁의 불길이 타오른 거야!

마르틴 루터가 처음으로 종교개혁을 주장한 사람은 아니야. 이미 100여 년 전에 보헤미아의 신학자 얀 후스가 교황의 면죄부 판매를 죄악이라며 비판했었단다1412년. 그는 종교회의에서 이단으로 낙인 찍혀 화형에 처해졌어. 후스 이전에도 교회의 타락을 지적한 인물이 있어. 바로 1370년대 중반의 존 위클리프야. 마르틴 루터는 이들의 후계자인 셈이지.

면죄부는 말 그대로 죄를 면해 주는 장부란 뜻이야. 엄밀하게 말하면 죄가 아니라, 벌을 면해 주는 장부였어. 그래서 면벌부라는 이름으로도 불린단다.

면죄부 · 1521년에 발행된 면죄부이다.

　로마 교황청은 이즈음 독일의 최대 은행 가문인 푸거 가문으로부터 큰돈을 빌렸어. 그 돈을 갚기 위해 대리인을 동원해 면죄부를 팔았지. 이 경우 수익금의 30퍼센트 정도는 교황청이 가져가게 돼. 성직자들은 "면죄부를 사야 지옥에 떨어지지 않아!"라고 선전했어. "돈을 내면 천국에 갈 수 있다!"라고도 말했지. 누가 그런 광고를 믿겠냐고? 이때 민중들은 살기가 매우 어려웠어. 그 말을 믿었지. 면죄부 장사는 요즘 말로 대박이 났단다.

　그러나 면죄부를 샀다고 해서 행복까지 살 수는 없었어. 민중들은 여전히 고통스러운 나날을 보냈지만 로마 교황청은 부자가 됐지. 마르틴 루터는 이런 로마 교회가 타락했다며 개혁을 주장한 거란다. 교황은 바로 마르틴 루터를 파문해 버렸어. 그러나 개혁의 열망까지

마르틴 루터 · 종교개혁에 불을 지폈다.

없앨 수는 없었어. 독일 중북부 지역에서 루터를 따르는 사람들이 루터파 교회를 만든 거야.

마르틴 루터는 혁명을 원하지는 않았어. 교회의 부패를 없애는 게 그의 목표였지. 때문에 민중의 생활을 개선하는 것에는 크게 관심을 가지지 않았단다. 그러나 농민들은 생각이 달랐어. 오랫동안 교회로부터 착취를 당해 왔기 때문에 분노가 하늘을 찌르고 있었지.

1524년 독일 곳곳에서 농민들이 봉기를 일으켰어. 농민들은 수도원과 영주의 집을 모두 불살라 버렸어. 그동안 눌러 왔던 분노가 한꺼번에 터진 거야. 이 농민 봉기를 주도한 인물도 마르틴 루터처럼 신학자였단다. 그의 이름은 토마스 뮌처. 루터는 교회의 개혁에만 머물렀지만 뮌처는 더 나아가 혁명을 꿈꾼 거야. 안타깝게도 이 혁명은 실패하고 말았지.

종교개혁, 유럽 전역으로 퍼지다

독일에서 시작된 종교개혁은 곧 다른 나라로 퍼져 나갔어. 로마 가톨릭에 저항하는 이 종교개혁가들에게는 프로테스탄트^{개신교}라는 이름이 붙었어. 프로테스트는 저항이란 뜻이야.

루터는 온건파, 뮌처는 급진파였어. 온건과 급진의 중간에 해당하는 개혁파가 새로 나타났어. 이번에는 스위스 제네바가 무대였지. 그 인물이 바로 프랑스인 칼뱅이었단다.

1536년 칼뱅은 『기독교 강요』라는 책을 냈어. 이 책에서 그는 성서지상주의와 구원예정설을 주장했지. 이 말이 무슨 뜻이냐 하면, 성서에 나와 있지 않은 교리는 따를 필요가 없고 신의 선택을 받은 사람만이 구원을 얻을 수 있다는 거야. 이 이야기는 로마 가톨릭의 면죄부 판매가 얼마나 잘못된 건지를 지적하고 있단다. 생각해 봐. 면죄부 수백 장을 사더라도 신이 선택하지 않으면 구원을 얻을 수 없어. 그렇다면 면죄부를 살 필요가 없어지지? 사람들은 정직하고 충실하게 사는 방법밖에 없는 거야. 그다음은 신의 몫이거든. 유교에서 말하는 진인사대천명인간으로서 해야 할 일을 다하고 하늘의 뜻을 기다린다과 같은 논리야.

칼뱅은 삶에 충실하다 보면 예상하지 않았던 재물까지 얻을 수 있다고 했어. 이 생각은 자본주의 이념이 만들어지는 데 크게 기여했단다. 막스 베버가 『프로테스탄티즘의 윤리와 자본주의의 정신』에서 이 생각을 인용했거든.

칼뱅은 자신의 이념을 실현할 공동체를 제네바에 만들었어. 그의 이념은 유럽의 개신교도들을 매혹시켰어. 그 결과 프랑스의 위그노파, 영국의 청교도파, 스코틀랜드의 장로파에 큰 영향을 미쳤단다.

싱겁게 끝난 영국의 종교개혁

독일과 스위스의 종교개혁을 살펴봤지? 비슷한 때 영국에서도 종교
개혁이 일어났단다. 아주 특이한 방식이었지. 국왕이 로마 가톨릭과
인연을 끊어 버렸거든.

지금부터 이야기할 헨리 8세는 영국의 절대왕정시대를 연 왕이야.
그는 아주 유명한 바람둥이여서, 왕비를 몇 번이나 갈아 치웠단다.

헨리 8세 · 영국의 절대왕정시대를 연 바람둥
이 왕이다.

헨리 8세는 첫 번째 왕비 캐서린
과 이혼하기 위한 핑곗거리를 찾았
어. 마침 핑곗거리가 생겼지. 그녀가
후계자를 낳지 못한 거야. 헨리 8세
는 왕비에게 이혼하자고 통보한 다
음에 로마 교황청에 이혼의 승인을
요청했어. 이때는 유럽의 왕들이
이혼하려면 교황의 허락을 받아야
했거든. 헨리 8세는 다른 여자와 결
혼하려는 생각에 마음이 들떠 있었
어. 곧 교황의 허락이 떨어질 거라
고 생각했지. 그러나 결과는 전혀
뜻밖이었어. 교황청이 헨리 8세의
이혼을 허락하지 않은 거야.

이때 로마 교황청의 가장 든든

한 후원자는 신성로마 제국의 카를 5세였어. 카를 5세 황제는 개신교를 탄압하고 로마 가톨릭을 적극 지지했지. 캐서린은 바로 그 카를 5세의 이모였어. 만약 교황이 헨리 8세의 이혼을 허락해 주면 카를 5세가 교황청에 대한 지원을 끊을지도 모르는 일이야. 당시 유럽 각국의 정

성공회의 기도서 · 영국의 종교개혁을 통해 탄생한 성공회는 오늘날까지 많은 사람이 믿고 있다.

치가 복잡하게 얽혀 있기 때문에 어쩌면 전쟁이 터질 지도 몰라. 로마 교황이 헨리 8세의 이혼을 허락해 주지 않은 이유, 이해가 되니?

칼뱅이 구원예정설을 발표하기 2년 전이었어. 화가 난 헨리 8세는 로마 교황청과의 인연을 끊어 버리고는 영국 국교회오늘날의 성공회를 만들었단다. 이어 국왕이 영국 교회의 최고 지도자라는 수장령을 선포했지1534년.

헨리 8세는 그전부터 로마 교회가 돈과 권력을 너무 많이 갖고 있다고 생각했었단다. 어쩌면 이혼을 허락해 주지 않아서가 아니라 이런 불만이 커서 로마 교회로부터 독립을 선언했을지도 몰라. 어쨌든 헨리 8세는 교회의 일인자가 된 다음 수도원을 해체해 버렸어. 영국의 종교개혁은 다른 나라에서 있었던 격렬한 종교개혁과 많이 다르지? 그래서 성공회는 개신교 가운데 가장 가톨릭 요소가 많이 남아 있단다.

이로써 영국이 개신교 나라가 됐다고 단정해서는 안 돼. 헨리 8세

의 딸 메리 1세가 여왕이 된 다음에는 개신교를 박해했거든. 메리 1세는 독실한 가톨릭 나라인 에스파냐의 펠리페 2세와 결혼했어. 어릴 때부터 가톨릭 교육을 받고 자란 메리 1세는 너무나 많은 개신교도를 죽였어. 오죽하면 '피의 메리'라는 별명이 붙었겠니? 다행히 메리 1세의 뒤를 이은 여왕 엘리자베스 1세는 개신교도였어. 신교와 구교 사이의 갈등이 조금 줄어들었겠지?

신구 갈등, 피를 부르다

신교도는 날이 갈수록 늘어났어. 가톨릭은 긴장하기 시작했어. 가톨릭은 스스로 깨끗해져야만 떠나간 신도들이 돌아올 거라고 생각했지.

헨리 8세가 영국 국교회를 만들고 10여 년이 흘렀어. 가톨릭은 이탈리아의 트리엔트에서 종교회의를 가졌어¹⁵⁴⁵년. 이 회의는 1563년까지 무려 18년간 계속됐어. 가톨릭의 교리를 다시 정리하기 위해 치열한 논쟁이 벌어졌지. 가톨릭은 강력한 수도회를 지원하기로 했어. 대표적인 수도회가 예수회였어.

1534년 만들어진 예수회는 옛날보다 더 엄격하게 교리를 지키고, 더 많은 사람에게 가톨릭을 전파해야 한다고 주장했어. 예수회가 열심히 노력한 덕택에 이탈리아와 에스파냐에서는 다시 가톨릭 신도가 늘었어. 신성로마 제국 남부에서도 개신교 세력이 그전보다 많이 약해졌어. 그러나 개신교도 물러서지 않았어. 개신교 신도들은 다시 힘을 합쳐 세력을 넓히기 시작했어. 신교와 구교의 갈등은 점점 커졌단다. 이렇게 되면 곧 큰 충돌이 일어날 거라는 사실을 짐작할 수 있을 거야. 짐작대로, 신성로마 제국의 영토 안에서 두 파벌은 전쟁을 시작했어.

칼뱅이 구원예정설을 발표하고 4년이 지난 1540년. 사실상의 종교전쟁이 시작됐단다. 신성로마 제국의

카를 5세 · 신성로마 제국의 황제로 개신교와의 전쟁을 선포했다.

카를 5세 황제가 개신교에 대해 전쟁을 선포했거든. 앞에서도 이야기했지만 카를 5세는 독실한 가톨릭이었어.

치열한 전투가 이어졌어. 몇 년을 싸워도 전쟁은 끝나지 않았단다. 이때도 트리엔트 종교회의는 계속되고 있었어. 이 회의에서도 신교와 구교 사람들을 타협시키려고 했지만 별 성과는 거두지 못했지. 전쟁은 아주 지루하게 계속됐어.

1555년 카를 5세가 주도해서 아우크스부르크에서 전쟁을 끝내기 위한 제국회의가 열렸어. 마침내 두 파벌은 평화협정을 맺었어. 이제 신성로마 제국 안의 영방국가들은 그 나라의 왕이 선택한 종교를 자유롭게 믿을 수 있게 됐어. 왕이 개신교를 택하면 그 나라 국민은 개

신교를 믿었고, 가톨릭을 선택하면 국민은 가톨릭을 믿은 거야. 개인에게 종교의 자유가 허락된 것은 아니지만 그래도 옛날보다는 훨씬 좋아진 셈이지.

영국, 스위스, 독일의 종교개혁에 대해 모두 살펴봤어. 이제 프랑스로 갈 거야. 프랑스에서는 종교 분쟁으로 많은 사람이 목숨을 잃었단다.

신성로마 제국의 카를 5세가 개신교와 전쟁을 시작하고 7년이 지났어. 1547년 프랑스의 앙리 2세가 개신교를 박해하기 시작했어. 이때 앙리 2세의 외가는 기즈 가문이었는데, 독실한 가톨릭이었던 거야.

개신교 사람들은 그래도 복수할 날을 기다리며 묵묵히 참았어. 앙리 2세의 아들 프랑수아 2세가 왕에 오르자 개신교 사람들이 움직이기 시작했어. 독일에서는 아우크스부르크 제국회의를 통해 두 파벌이 화해를 했지? 하지만 프랑스에서는 가톨릭의 기즈 가문과 개신

「성 바르톨로메오 축일의 학살」 · 프랑수아즈 뒤부아가 그린 1572년 바르톨로메오 학살의 모습이다.

교의 부르봉 가문이 충돌하기 시작했단다. 부르봉 가문이 아직 어린 프랑수아 2세를 기즈 가문에서 떼어 내기 위해 몰래 빼돌리려다 발각되고 만 거야.

두 가문은 곧 전쟁을 시작했어. 무려 27년간 계속된 이 전쟁을 위그노 전쟁이라 부른단다¹⁵⁶²~¹⁵⁹⁸년. 1572년 성 바르톨로메오 축일 때 최악의 학살이 일어났어. 가톨릭 세력이 개신교 위그노파를 습격해 수천 명을 죽인 거야. 파리는 순식간에 피바다가 되고 말았어.

복수는 복수를 낳는 법이야. 1589년 앙리 3세가 암살됐고 발루아 왕조의 맥이 끊겨 버렸어. 그다음 왕인 앙리 4세는 부르봉 왕조를 열었지¹⁵⁸⁹~¹⁷⁹²년. ¹⁸¹⁴~¹⁸³⁰년. 부르봉 왕조는 훗날 프랑스혁명 때 대가 끊겼다가 다시 이어진단다.

1598년 앙리 4세는 위그노파가 마음대로 개신교를 믿을 수 있도록 신앙의 자유를 인정하는 낭트 칙령을 발표했어¹⁵⁹⁸년. 그러나 국교는 그대로 가톨릭을 고수했지. 어쨌든 이렇게 해서 프랑스의 종교 분쟁도 끝났어.

절대왕정의 시작

자, 이제 절대왕정 체제에 대해 알아볼 거야. 쓰인 단어만 봐도 짐작할 수 있겠지? 맞아, 절대왕정은 왕의 힘이 아주 강한 정치체제야. 지금까지의 왕은 종이호랑이였지만 이때부터 왕은 그 누구도 넘볼 수 없는 최고 권력자로 부상했지.

중국, 한국과 같은 동아시아에서 강력한 중앙집권 체제는 이미 수백 년 전 정착된 정치제도야. 그러나 유럽에서는 16세기가 돼서야 자리 잡기 시작한 거지. 절대왕정 체제는 아주 강력한 왕권이 있어야 가능하지? 생각해 봐. 그러면 봉건제는 어떻게 되는 거야? 그래, 당연히 무너지고 말았어. 가장 먼저 절대왕정 체제를 이룩한 왕은 누구일까?

많은 역사학자들이 영국의 헨리 8세를 뽑을 거야. 비록 바람둥이였지만 헨리 8세 때 영국은 강대국으로 성장했거든. 그는 귀족뿐 아니라 로마 교황까지 왕권에 방해가 된다면 물리쳐 버렸어. 영국 국교회를 만들어 그 자신이 교회의 지도자에 오른 거 기억하지? 지금까지 유럽 역사에서 그만큼 강한 왕은 없었단다.

영국 다음으로 절대왕정 체제가 들어선 나라는 아마 에스파냐일 거야.

1556년 신성로마 제국의 카를 5세 황제가 물러났어. 독일에서의 종교 분쟁을 끝낸 바로 그 황제지. 지금까지 익힌 역사 지식을 하나씩 떠올려 봐. 이때 신성로마 제국의 황제를 배출한 왕조는? 그래, 합스부르크 왕조야. 그렇다면 합스부르크 왕조가 지배한 나라들은? 이때는 독일과 오스트리아, 네덜란드, 에스파냐의 왕이 모두 이 왕조 사람들이었단다.

영토가 정말 넓지? 카를 5세는 물러나면서 영토를 쪼갰어. 동생 페르디난트 1세에게는 오스트리아 영토와 신성로마 제국의 황제 자

레판토 해전 · 레판토 해전을 묘사한 작자 미상의 그림이다. 이 해전에서 오스만 제국은 펠리페 2세가 결성한 신성동맹 함대에 참패를 당했다.

리를 물려줬고, 아들 펠리페 2세에게는 에스파냐와 네덜란드를 물려줬지. 펠리페 2세는 네덜란드와 에스파냐의 왕을 겸했어. 이 펠리페 2세가 피의 메리라고 부르는 영국 메리 1세의 남편이란다.

펠리페 2세는 에스파냐를 꽉 쥐었어. 그래, 절대왕정 체제를 확실하게 다진 거야. 그가 통치할 때 에스파냐는 최고의 전성기를 누렸어. 펠리페 2세는 유럽을 대표해 이슬람 세계를 물리친 영웅이기도 했단다. 그는 레판토에서 오스만 제국의 함대를 격파했어^{1571년}. 이 전쟁에서 뛰어난 활약을 펼친 에스파냐 함대는, 이때부터 무적함대라고 불리기 시작했지.

펠리페 2세는 포르투갈까지 정복해 버렸어. 정말 대단하지 않니?

그러나 펠리페 2세가 항상 승리만 거둔 것은 아니야. 에스파냐로부터 독립하려는 네덜란드와의 전쟁에서는 패배의 쓴잔을 마셔야 했단다.

레판토 해전이 있기 3년 전인 1568년, 네덜란드의 17개 주가 에스파냐로부터 독립하기 위한 투쟁을 시작했어. 이 네덜란드 독립전쟁은 1581년까지 13년을 끌었단다. 이 전쟁을 지도한 네덜란드의 영웅은 윌리엄이야. 훗날 영국의 왕이 되는 오렌지 공 윌리엄과 동명이인이지. 어쨌든 이 전쟁은 네덜란드의 승리로 끝났어. 네덜란드는 연방공화국을 세웠고, 1648년 베스트팔렌조약에서 독립을 공식적으로 인정받았단다.

영국의 절대왕정, 급부상하다

잘 나가던 에스파냐는 16세기 말에 비틀거리기 시작했어. 영국에 기가 꺾였거든. 단 한 번도 패하지 않았던 에스파냐의 무적함대가 영국의 함대에 패하고 만 거야. 영국은 이 전쟁에서 승리하면서 유럽의 강대국으로 떠올랐단다.

펠리페 2세가 여전히 에스파냐의 왕이었을 때 영국에서는 메리 1세의 뒤를 이어 엘리자베스 1세가 왕위에 올랐어.

메리 1세는 가톨릭이었고 펠리페 2세는 메리 1세의 남편이었지? 펠리페 2세는 엘리자베스 1세도 메리 1세처럼 가톨릭이길 바랐어. 그러나 엘리자베스는 거절했지. 그녀는 개신교도였단다. 펠리페 2세는 영국이 가톨릭을 국교로 삼지 않는다고 자꾸 시비를 걸었어. 엘리자베스 1세가 청혼을 받아들이지 않아 화도 났지. 에스파냐와 영국의 사이가 나빠질 수밖에 없겠지?

영국은 에스파냐를 더욱 화나게 했어. 이때 영국의 해적들이 수시로 에스파냐의 무역선들을 공격한 거야. 에스파냐는 영국이 그 해적들을 잡아들여야 한다고 했어. 영국은 "알

엘리자베스 1세 · 영국을 강대국으로 만든 여왕이다.

았습니다!"라며 고개를 끄덕였지만 실제로는 아무 일도 하지 않았어. 오히려 해적들이 에스파냐 배들을 약탈하도록 내버려 뒀단다. 에스파냐의 힘이 커지는 것을 막기 위해서였지.

1588년 두 나라의 함대가 맞붙었어. 모든 나라의 예상을 깨고 영국이 이겼지. 에스파냐는 침몰했어. 새롭게 해상 강국으로 떠오른 영국에 주도권을 넘겨주고 쓸쓸히 퇴장한 거야. 이런 점을 보면 영국의 절대왕정 체제는 헨리 8세 때부터 엘리자베스 1세 때까지로 잡을 수 있을 거야.

프랑스는 어떨까? 1598년 낭트 칙령을 선포하며 종교전쟁을 끝낸 앙리 4세 때부터 절대왕정 체제로 보는 학자들이 많아. 절정기는 1643년 왕에 오른 루이 14세 때였지. 루이 14세에 대해서는 뒤에서 다시 다룰 거야.

동유럽과 북유럽에서는 아직 절대왕정 체제가 나타나지 않았어.

영국-에스파냐 해상 격돌 · 이 전쟁에서 에스파냐의 무적함대가 참패했다.

이 지역에서는 여전히 귀족과 대지주들의 권력이 강했어. 경제체제도 대농장, 즉 장원을 중심으로 한 농업경제였단다. 아직도 중세 봉건체제가 흔들리지 않고 있던 거야. 프로이센, 러시아 같은 나라들은 18세기나 가서야 절대왕정 체제로 접어든단다.

자, 커버스토리를 끝내면서 마지막으로 절대왕정 체제에 대해 간단하게 정리를 해 볼까?

절대왕정 체제는 왕의 권력이 아주 강해진 정치체제를 말해. 중세 유럽을 무너뜨리고 근대 유럽으로 가는 단계였지. 절대왕정은 민주주의와는 거리가 멀어. 그러나 절대왕정이 없었다면 근대사회로 나아가지 못했을 수도 있어. 왜 그럴까?

왕의 권력이 강하면 귀족들은 어떻게 되니? 권력이 약해지겠지? 왕은 귀족들을 견제하기 위해 어떤 사람들을 가까이했을까? 돈은 많지만 귀족이 아닌 사람들이야. 그래, 절대왕정 체제 때 부유한 시민 층이 성장한 거야. 이 사람들은 훗날 자본주의를 발전시킨 자본가들이 된단다.

종교개혁의 선구자!
구텐베르크 vs 코페르니쿠스

구텐베르크와 코페르니쿠스 이 두 사람의 공통점은 뭘까? 바로 직접 종교개혁 운동을 하지는 않았지만 종교개혁과 밀접한 관련이 있다는 거야.

독일의 구텐베르크는 1447년 활자판을 사용하는 인쇄 기술을 발명했어. 세계를 뒤흔들 획기적인 발명이었지만 그는 큰돈을 벌지는 못했다고 해. 그러나 70년 후 그의 발명은 빛을 발했어. 만약 구텐베르크의 활판인쇄기가 없었다면 종교개혁은 실패했을 거야.

면죄부 판매를 반박하는 마르틴 루터의 호소문은 인쇄물로 독일 전역에 뿌려졌고, 독일 민중은 독일어로 쓰인 그 호소문을 읽고 루터를 지지하게 됐어. 활판인쇄술이 없었다면 루터 또한 후스처럼 이단으로 낙인찍혀 화형을 당했을지도 모르지.

종교개혁 이후 가톨릭과 개신교의 대립은 팽팽했어. 그러나 "지구가 우주의 중심이다"라는 명제에 대해서는 두 교파가 모두 동의했어. 이 '지구중심설'은 2세기 초반, 그리스의 프톨레마이오스가 제창한 이래 정설로 받아들여지고 있었어.

1543년 폴란드의 천문학자 코페르니쿠스가 이 주장에 도전장을 던졌어. 그는 "우주의 중심은 태양이며 지구를 포함해 나머지 행성들이 모두 태양 주변을 돌고 있다"라고 주장했지. 오늘날의 과학 상식으로 보면 이 주장은 당연한 거야. 그러나 당시에는 세상이 발칵 뒤집힐 정도였어. 기독교인들은 "지구에 은혜를 준 신에 대한 모독이다"라며 그를 미친 사람 취급했단다.

코페르니쿠스의 주장은 이후 과학자들에 의해 입증되면서 '종교에 갇힌 과학'을 해방시키는 데 크게 기여했어. 결국 진정한 종교개혁을 완성시킨 거야. 이때부터 세상을 놀라게 할 인식의 변화를 가리켜 '코페르니쿠스적 전환'이라고 부른단다.

종교개혁과 절대왕정 체제에 대해 커버스토리로 살펴봤어. 그러나 16세기 유럽의 역사는 이것으로 끝이 아니야. 우선 15세기에 시작된 대항해가 16세기에는 어떻게 바뀌었는지를 알아야 돼. 한 마디로 말하자면 팽창이었어. 유럽의 나라들은 점점 공격적으로 새로운 세계를 정복하기 시작했어. 16세기 후반부로 갈수록 영국의 힘이 강해졌지. 왜 그런지는 이미 알 거야. 에스파냐의 무적함대를 물리쳤잖아?

이슬람 세계에서는 오스만 제국이 큰 형님 자리를 지키고 있었어. 오스만 제국은 유럽의 기독교 나라들과 치열한 전투를 벌였지. 그러나 16세기 후반 레판토 해전에서 에스파냐에 패하고 난 다음부터는 힘이 약해지기 시작했단다. 이제 이슬람 세계도 슬슬 기울기 시작한 거야. 인도에서 무굴 제국이, 이란에서 사파비 왕조가 새로 등장한 것도 기억해 둬.

동아시아에서도 한·중·일 세 나라가 작은 세계대전을 치렀어. 바로 임진왜란이야. 이 전쟁을 계기로 세 나라의 운명도 바뀐단다. 자, 이제부터 차근차근 16세기의 역사를 살펴볼까?

유럽, 팽창 시작하다

대항해시대는 아시아의 향신료를 구하려는 목적에서 시작됐어. 포르투갈 함대가 인도에 도착하면서 이 목표는 달성하는 듯했지. 그러나 유럽의 나라들은 여기에서 끝내지 않았어.

16세기 이후 유럽의 세계 진출은 폭력적으로 바뀌었어. 유럽 사람들은 아시아와 아프리카, 아메리카에서 무자비한 착취를 일삼았지. 유럽은 부자가 됐지만 나머지 대륙은 지금껏 겪어 보지 못했던 고통을 받아야 했어. 특히 아프리카는 비극의 땅으로 전락했단다. 같은 동족이 노예로 팔려 나가는 것을 두 눈 뜨고 보면서도 저항할 수도 없었거든.

유럽 안을 볼까? 부자와 가난한 사람의 빈부격차가 심해졌어. 인구가 많이 늘었는데, 물가는 더 많이 올랐기 때문이야. 돈 많은 사람에게 더 많은 돈이 몰렸어. 이 부자들은 무역을 통해 큰돈을 벌었어. 이들은 번 돈을 다시 무역과 제조업에 투자했고, 그 결과 더 많은 돈을 벌었어. 돈이 돈을 부르는 시대로 들어서고 있는 거야. 이 사람들이 훗날 자본가가 됐단다.

노예무역 본격화

포르투갈은 대항해시대를 활짝 열어젖힌 나라야. 인도 캘리컷에 도착한 것도 가장 먼저였지. 그러나 포르투갈은 인도만을 염두에 두고 바다로 나간 것은 아니야.

포르투갈은 이 항해를 하면서 아프리카 곳곳에 해양기지를 만들었어. 긴 항해를 하려면 중간에 연료도 공급받고 먹을 음식도 선박에 채워 넣어야 하지 않겠어? 해양기지들이 그 역할을 하는 거야. 그러나 포르투갈은 이런 목적 말고도 다른 목적으로 해양기지를 이용했어. 새로운 돈벌이를 발견했기 때문이야. 그게 뭔지 아니? 사람을 잡아다 파는 거야! 노예무역이지.

포르투갈 무역상들은 아프리카에서 노예를 헐값에 사서 아메리카에 내다 팔았어. 아프리카 곳곳을 침략해 도시를 약탈하고 원주민을 잡아다 노예무역을 했지. 이게 꽤 짭짤한 장사가 됐어. 에스파냐와 영국도 곧 노예무역에 뛰어들었지.

아메리카로 팔려 간 노예들은 그곳의 원주

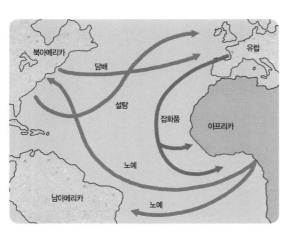

유럽 국가의 노예삼각무역 · 아프리카에서 노예를 사서 아메리카에 내다 팔고, 그 돈으로 담배와 설탕을 구입해 유럽에 팔아 큰돈을 벌었다.

노예무역 장면 · 노예들은 인간 이하의 대우를 받았다.

민들과 함께 광산이나 농장에서 죽도록 일만 했어. 오로지 금과 은을 캐거나 사탕수수와 담배만 재배해야 했지. 짐승만도 못한 대우였어. 에스파냐 사람들은 독실한 가톨릭 신자였단다. 그들은 입으로는 예수 그리스도의 사랑을 읊었어. 그러나 현실은 안 그랬어. 돈을 버는 데만 혈안이 돼 있었지. 아프리카와 아메리카 사람은 사람으로 여기지도 않았던 거야. 세계는 야만의 시대로 접어들고 있었어. 서글픈 역사가 시작된 거지.

17세기 후반으로 가면 이 노예무역이 살짝 변질돼. 나중에 살펴보겠지만 17세기의 영국은 중상주의를 표방했어. 나라에 돈을 가져다준다면 뭐든지 했지. 영국 상인들은 노예를 팔았어. 그렇게 번 돈으로는 아메리카 농장에서 설탕과 담배를 샀지. 상인들은 이것들을 유럽에 가지고 가서 비싼 돈을 주고 팔았어. 아프리카—아메리카—유럽을 선으로 그어 봐. 삼각형이지? 그래서 이 무역을 삼각무역이라고 불러. 삼각무역에 대해서는 뒤에서 다시 살펴볼게.

세계 일주 성공

16세기 초반에는 에스파냐가 대항해시대를 주도했어. 마젤란이 뱃길로 세계 일주에 성공한 것만으로도 이 사실을 알 수 있지.

잠깐 머리를 식힐 겸 발보아란 인물에 대해 먼저 이야기해 볼까? 앞에서 짧게 언급한 적이 있어. 그는 바다로 나간 탐험가 가운데 한 사람이란다. 1513년이었어. 발보아는 중앙아메리카의 식민지에서 배를 띄웠어. 배는 이윽고 바다 한가운데로 나갔고, 머지않아 넓고 평화로운 바다를 만났어. 그 바다가 바로 태평양이었지.

이 태평양을 고요한 바다라고 가장 먼저 부른 인물은 마젤란으로 알려져 있어. 그러나 이 태평양을 가장 먼저 발견한 인물은 발보아란다. 참고로 5대양에 대해 간단히 정리해 볼까? 5대양은 태평양, 인도양, 대서양, 남극해, 북극해를 말해. 남극해와 북극해를 뺀 나머지 3대양이 전체 바다 면적의 90퍼센트 정도를 차지하고 있고, 가장 큰 바다는 면적이 1억 6525만 제곱킬로미터인 태평양이란다.

자, 다시 마젤란으로 돌아가서….

페르디난드 마젤란은 포르투갈 사람이었지만 에스파냐의 지원을 받아 세계 일주에 나섰단다. 독일에서 마르틴 루터가 종교개혁의 불길을 올리고 2년이 지난 1519년, 마젤란의 탐험선이 출항했어. 그 배는 먼저 대서양을 지나 남아메리카에 있는 브라질에 도착했어. 이윽고 마젤란은 뱃머리를 다시 남쪽으로 돌려 남아메리카의 최남단 지역에 이르렀지. 그다음에는? 배가 이번에는 서쪽으로 항해했어. 참으로 오랜 항해였지. 이렇게 길고 긴 항해 끝에 마젤란은 마침내 괌 섬과 필리핀에 도착했단다 1521년.

마젤란은 필리핀에서 원주민과 전투하다가 목숨을 잃고 말았어. 살아남은 그의 부하 선원들이 필리핀을 떠나 아프리카 남단 희망봉을 거쳐 다시 에스파냐에 도착했지. 비록 마젤란은 죽었지만 이 사건은 혁명과도 같았어. 지구가 둥글다는 사실을 입증했으니까 말이야.

영국도 해외 진출을 위해 시동을 걸었어. 가장 큰 골칫거리는 에스

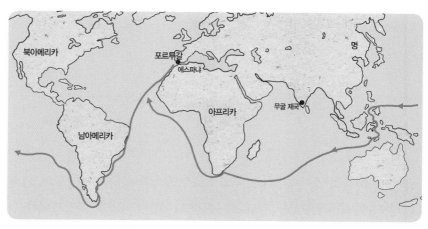

마젤란의 세계 일주 항로 · 남아메리카와 필리핀을 지나, 아프리카를 거쳐 에스파냐로 돌아왔다.

아프리카 남단의 희망봉 · 대항해시대 유럽에서 인도로 가는 항로를 개척하며 발견한 아프리카 최남단의 곳. '미래의 희망'을 뜻하는 이름이 붙었다.

파냐였지. 영국의 엘리자베스 1세는 에스파냐를 약화시키기 위해 여러 전략을 썼어. 그리고 1588년 두 나라의 함대가 한판 붙었지. 이 전쟁에서 영국이 이겼고, 그 결과 영국이 유럽 최고의 강대국으로 부상했다는 사실은 이미 알고 있지?

네덜란드도 해외로 눈을 돌리기 시작했어. 영국과 네덜란드는 똑같이 인도를 노렸어. 영국은 1600년, 네덜란드는 1602년 인도에 동인도회사를 만들었단다. 동인도회사는 인도를 식민지로 만들고, 중국과 같은 다른 아시아 나라로 진출하기 위한 첫 프로젝트였어. 이제 아시아에도 위기가 닥쳐온 거야.

중남미 초토화!

유럽은 잔인하게 다른 민족들을 지배하기 시작했어.

16세기 남아메리카는 포르투갈과 에스파냐의 차지가 됐어. 브라질을 포르투갈이 지배했고 나머지 나라들은 대부분 에스파냐가 지배했어. 북아메리카에는 에스파냐가 먼저 진출했지만 곧 프랑스와 영국이 뛰어들었어. 중앙아메리카에는 에스파냐와 영국, 네덜란드, 프랑스가 한꺼번에 달려들었지.

유럽의 군대는 평화로운 아메리카 대륙을 순식간에 망쳐 버렸어. 닥치는 대로 원주민을 죽이거나 노예로 삼았고 그들의 땅을 빼앗았지. 그러나 죄의식을 느끼지는 않았어. 유럽 사람들의 눈에 원주민은 한낱 짐승에 불과했거

중미와 남미의 문명 · 두 거대 문명은 에스파냐 군대에 의해 파괴됐다.

든. 유럽 사람들은 아메리카 전역에서 만행을 저질렀단다. 문명 전체를 송두리째 파괴한 적도 있었어.

마젤란이 세계 일주 도중 필리핀에 도착하던 해였어. 에스파냐의 코르테스 장군은 멕시코의 아즈텍 제국을 파괴했어1521년. 코르테스는 아즈텍 제국의 문명을 아주 야만적인 것으로 봤대. 그때 아즈텍 사람들은 신에게 제사를 지낼 때 포로를 제물로 바쳤어. 제사가 끝나면 그 시체를 나눠 먹었다는구나. 잔인하기는 하지? 하지만 코르테스는 그보다 더 잔인하게 아즈텍 사람들을 짓밟았어.

아즈텍 문명은 금속과 보석 세공, 직물 만들기 같은 분야에서 아주 뛰어났어. 지금까지 남아 있는 작품들을 보면 얼마나 정교한지 몰라.

피사로의 잉카 정복 장면 · 철 갑옷으로 중무장한 에스파냐의 피사로 장군은 잉카 제국 원주민들을 학살하고 재물을 약탈했다.

사람을 제물로 쓰는 인신공양은 누가 봐도 미개한 풍습이기는 해. 그러나 유럽 문화와 다르다는 이유로 문명 전체를 없애 버린다면 남아날 문명이 있겠니? 아즈텍 사람들의 잔인한 모습만 부각시키며 문명을 통째로 없애 버린 것은, 분명 에스파냐의 잘못이라고 할 수 있어.

12년이 흘렀어. 에스파냐의 피사로 장군이 이번에는 안데스 고원에 있는 잉카 제국을 공격했어. 피사로 장군은 코르테스 장군이 아즈텍 제국을 파괴하던 방식 그대로 잉카 제국을 무너뜨렸단다 1533년.

에스파냐의 군대는 두 제국의 원주민을 모두 노예로 삼았어. 중미와 남미 중앙아메리카와 남아메리카의 위대한 두 문명은 파괴됐고, 원주민은 유럽 사람들을 배 불리기 위해 탄광과 농장에서 죽도록 일만 해야 했지. 만약 예수 그리스도가 이 풍경을 봤다면 뭐라고 했을까? 기독교의 본질을 망각했다며 큰 벌을 내리지 않았을까?

아시아 끝에도 유럽 러시

유럽의 배들은 멀고도 먼 동아시아에도 이르렀단다.

잉카 제국이 멸망하고 10년이 지난 1543년, 포르투갈 상선이 마카오를 떠나 중국 쪽으로 항해를 하고 있었지. 갑자기 태풍이 몰려왔어. 배는 표류하다가 선원들이 거의 죽기 직전에 일본의 어느 해안에 상륙했어. 포르투갈 상인들은 낯선 땅의 사람들이 두려웠어. 그러나 일본 사람들은 포르투갈 사람들을 환영했단다.

무로마치 바쿠후도 그들을 환영했어. 왜 그런지 아니? 포르투갈 사람들이 갖고 있던 조총이란 무기 때문이었단다. 사무라이가 가지고 있던 무기는 칼이 전부였어. 생각해 봐. 이때 일본은 전국시대였지? 피비린내 나는 싸움이 계속될 때 파괴력이 높은 총이 있다면 전투력이 강해지지 않겠니?

사무라이들은 조총을 어떻게든 얻으려고 혈안이 됐어. 일본은 훗날 제국주의 국가로 발전하는데, 그 최초의 징후가 바로 이 대목이 아닌가 하는 생각도 들어. 조총으로 무장한 일본의 군사력은 급속하게 강해졌지. 군사력이 보충되니 일본은 외국으로 눈을 돌렸어. 조선을 침략했고, 명나라마저 쩔쩔매게 만든 거야. 이게 바로 임진왜란이지.

조총과 함께 가톨릭도 전파됐어. 종교개혁 운동에 맞서 로마 가톨릭이 트리엔트 종교회의를 가졌다는 사실 기억하지? 그때 가톨릭의 종파 중 하나인 예수회의 세력이 확대됐어. 바로 그 예수회가 아시

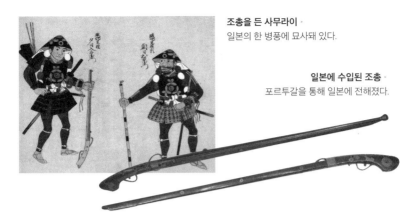

조총을 든 사무라이 ·
일본의 한 병풍에 묘사돼 있다.

일본에 수입된 조총 ·
포르투갈을 통해 일본에 전해졌다.

아에 가톨릭을 전파하기 위해 왔다가 일본에도 상륙한 거야 1542년. 프
란시스코 사비에르 신부는 가고시마에 최초의 교회를 세우고 포교
활동을 시작했어. 조선이 훗날 서양의 종교 수입을 거부한 반면 일
본에서는 다이묘를 중심으로 가톨릭이 순식간에 확산됐단다.

유럽의 팽창, 시작에 불과하다

15~16세기 대항해시대는 세계의 강자가 바뀌고 있다는 증거였어.
아직 오스만 제국이 이슬람 세계를 대표하고는 있었지만 세계로 뻗
어 나가지는 못했어. 그러나 에스파냐와 포르투갈은 이미 세계로 진
출하고 있었지. 어느 쪽이 더 강해질지는 뻔하지 않겠어?

15세기 말부터 포르투갈은 동인도 항로를 장악했고, 에스파냐는
서인도 항로를 장악했지. 동인도 무역을 통해 향신료와 중국의 비단

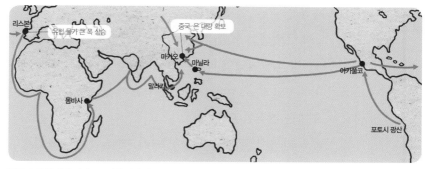

중남미 은의 세계 전파 · 유럽에 대량의 은이 유입되면서 가격 혁명으로 이어졌다.

같은 것이 유럽으로 들어왔어. 서인도 무역을 통해서는 주로 신대륙의 은이 유입됐어. 이 두 나라는 16세기 말까지 100여 년간 세계 무역을 쥐고 흔들었지.

이 나라들을 잘 봐. 어디에 위치하고 있지? 대서양과 인접한 나라들이야. 게다가 16세기 후반에서 17세기 초반이 되면 영국과 네덜란드가 이 세계 무역에 가세한단다. 대서양 연안 국가들의 활약이 더 커졌지?

바로 이 때문에 유럽의 중심이 지중해 일대에서 대서양 연안으로 이동하기 시작했어. 그전까지는 이탈리아의 상인들이 무역의 주도권을 쥐었지만 이제 상황이 달라진 거야. 대항해시대, 해상무역이 상권을 넘어 한 나라의 국력까지도 바꿔버린 셈이지. 유럽으로서는 가히 혁명적인 사건이라고 볼 수도 있어. 그 때문에 15세기 말부터 일어난 이 현상을 통틀어 상업혁명이라고도 한단다.

이 상업혁명은 가격혁명과 맞물려 유럽 자본주의의 발전으로 이어진단다. 복잡하지? 좀 쉽게 설명해 줄게.

16세기 들어 유럽에는 아메리카에서 수입된 은이 크게 늘어났어. 주로 에스파냐의 식민지였던 중남미에서 유입된 거야. 은이 많아지니까 물가가 치솟았지. 그러나 농산물과 같은 생활필수품은 늘어나지 않았어. 결과를 짐작할 수 있겠니?

그래, 상품의 가격이 몇 배로 폭등한 거야. 제품 가격이 올랐으니 상품을 판매하는 상인과 공산품을 만드는 기업가들은 돈을 많이 벌었어. 반면 농민이나 노동자들의 수입은 줄어들게 됐지. 상인과 기업가들은 이렇게 번 돈으로 더 큰 공장을 짓거나 더 큰 규모의 무역을 했어. 이 현상을 두고 가격혁명이라고 했단다.

돈을 더 벌게 된 상인과 사업가는 다시 그 돈을 사업에 재투자했어. 이런 과정을 거치면서 상업과 공업은 빠른 속도로 발전했어. 많은 농민들은 도시로 나가 저임금에 노동을 해야 했어. 노동자는 늘어났고, 생활은 비참해졌지. 하지만 자본주의는 성큼 다가온 셈이야.

중세 유럽 이해하기

중세 유럽은 14세기부터 서서히 몰락하다가 15세기 말이 되면 거의 사라진단다. 16세기가 되면 중세 유럽의 잔재가 간간이 보일 뿐이야. 이쯤에서 중세 유럽의 발전 단계를 한꺼번에 정리해 보는 것도 좋을 것 같지?

첫째, 성립기야. 보통 4~9세기를 가리켜. 게르만족이 로마 영토를 침범한 후부터 서로마 제국이 무너질 때까지야. 프랑크 왕국이 만들어졌고, 영토를 매개로 한 봉건제가 시작됐어.

둘째, 안정기야. 10~12세기로, 큰 탈 없이 봉건제가 잘 굴러가던 시기였지. 귀족과 제후의 권력이 강한 탓에 왕권은 약했어. 중세 유럽의 정신인 기독교는 강했어. 당연히 교황의 힘도 강했겠지?

셋째, 과도기야. 12~13세기를 가리켜. 십자군 전쟁이 터지면서 지중해를 통한 동서교역이 발달했어. 그 덕분에 이탈리아를 중심으로 상업도시가 번성하기 시작했고, 더불어 중세 문화도 크게 발전했단다.

넷째, 쇠퇴기야. 14~15세기야. 십자군 전쟁의 패배로 교황의 권위가 크게 떨어졌어. 대항해시대가 시작되고 르네상스 운동이 일어나면서 변화의 바람이 불어닥쳤지. 상업은 더욱 발달했고, 그 때문에 농업을 중심으로 한 장원경제가 서서히 무너지기 시작했어. 전국 각지에서 농민반란이 일어났지.

다섯째, 소멸 단계야. 16~17세기까지. 중앙집권제가 발달하면서 절대왕정이 등장하고, 그에 따라 봉건제가 소멸됐어. 종교개혁을 통해 유럽의 정신인 기독교를 다시 보게 됐지. 이후 유럽은 근대 세계로 진입한단다.

이슬람 세계의 확대

자, 이번에는 오스만 제국을 포함해 이슬람 세계를 살펴볼까? 16세기 초반까지만 해도 오스만 제국의 위력은 대단했어. 대서양 연안의 국가들이 세계로 나갔다고는 해도 유럽 동부와 남부의 국가들은 오스만 제국의 기세에 눌려 힘을 쓰지 못했지. 가톨릭 연합군도 오스만 제국의 군대를 이길 수 없었어.

그러나 16세기 후반부터 오스만 제국의 세력은 많이 약해졌어. 공교롭게도 이란에 있는 또 다른 이슬람 왕조인 사파비 왕조와 싸워야 했거든. 얼마 지나지 않아 인도에서도 새로운 제국이 만들어졌어. 몽골계 유목민의 후손인 바부르가 강력한 무굴 제국을 건설한 거야. 동아시아를 뺀 아시아 전역에 이슬람 왕조가 들어섰다고 볼 수 있지. 안타깝게도 이 왕조들은 유럽의 위협이 얼마나 큰지 전혀 몰랐단다. 그 때문에 17세기로 접어들면 모두 맥없이 유럽 국가들에 무릎을 꿇고 말았지.

오스만 제국, 이슬람 지배자로!

동로마 제국을 무너뜨린 나라가 바로 오스만 제국이었지? 오스만 제국은 그 후로 더욱 강해졌어. 보스니아와 세르비아 같은 발칸반도의 나라까지 점령했다는 사실은 이미 말했지? 15세기 초반 오스만 제국을 힘들게 했던 티무르 제국도 16세기에는 사실상 멸망한 상태였단다.

이집트에 맘루크 왕조가 있기는 했어. 그러나 맘루크 왕조도 이미 내리막길을 걷고 있었어. 15세기 중반 이후 유럽을 휩쓴 흑사병이

오스만 제국의 찬란한 유물 · 오스만 제국의 통치자 술탄의 관이다.

이집트에까지 들이닥친 거야. 많은 사람들이 죽었어. 가뜩이나 나라가 어려운 데 지배층은 부패하기 시작했어. 마르틴 루터가 종교개혁을 외치던 해인 1517년, 맘루크 왕조는 오스만 군대에 무너지고 말았지. 이집트는 오스만 제국의 영토가 됐어. 이제 오스만 제국은 이슬람 세계의 명실상부한 1인자가 됐어.

이슬람교의 정신적 지도자를 뜻하는 칼리프 자리는 아바스 왕조가 무너지면서 사라진 상태야. 그렇다면 누가 실질적으로 칼리프 역할을 했을까? 바로 오스만 제국의 왕, 술탄이었어. 강력한 오스만 제국을 건설한 술탄은 술레이만 1세였어. 유럽 사람들은 모두 그를 공포의 대상으로 여겼지. 같은 시기를 살았던 신성로마 제국의 황제는 카를 5세였어. 카를 5세도 대단한 황제였지만 술레이만 1세를 당할 수는 없었단다.

머나먼 아메리카의 아즈텍 제국. 그 제국은 에스파냐 군대에 정복

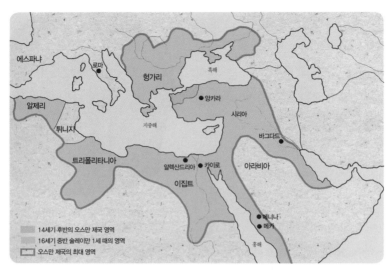

오스만 제국의 영토 확대 · 술레이만 1세의 영토 확장에 힘입어 17세기에는 3개 대륙에 걸친 대제국이 됐다.

됐어1521년. 바로 그해, 오스만 제국은 동유럽을 초토화하고 있었단 다. 술레이만 1세는 헝가리 베오그라드를 점령했어. 유럽 연합군도 그를 막을 수는 없었지. 술레이만 1세는 전투마다 승리를 거두며 헝 가리의 중심부로 진격했어.

하늘은 오스만 제국의 성공을 시기했나 봐. 오스만 제국은 예상치 못한 일 때문에 공격을 중단할 수밖에 없었단다. 페르시아의 사파비 왕조가 동쪽에서 오스만 제국을 위협한 거야. 사파비 왕조는 시아파 였어. 오스만 제국은 수니파였지. 유럽에서 구교와 신교가 대립한 것 처럼 이슬람교에서도 수니파와 시아파는 물과 기름처럼 대립했어. 오스만 제국은 동쪽의 국경을 보강하기 위해 어쩔 수 없이 헝가리

공격을 중단해야 했단다. 헝가리를 완전하게 정복할 수 있는 기회를 놓친 거지.

하지만 유럽 정복의 꿈을 잊은 건 아니야. 1538년 술레이만 1세는 다시 유럽 중심부 공략에 나섰어. 이때 그를 상대한 인물이 바로 신성로마 제국의 카를 5세 황제였단다. 카를 5세는 에스파냐, 베네치아, 로마 교황청 연합 함대를 이끌고 나가 맞섰어. 이 프레베자 해전에서 오스만 제국은 유럽 연합군을 간단하게 물리쳐 버렸어. 오스만 제국은 나아가 헝가리도 정복해 버렸지^{1541년}. 헝가리는 1699년까지 오스만 제국의 영토로 남아야 했어. 뒤에서 다시 살펴보겠지만 헝가리는 그 후 오스트리아로 넘어갔단다.

술레이만 1세는 대단한 정복자였어. 그가 통치할 때 오스만 제국은 아라비아반도의 남부를 뺀 전체 지역, 아프리카의 이집트와 알제리, 발칸반도의 대부분을 차지했거든. 그러나 오스만 제국도 1566년 술레이만 1세가 세상을 떠나자 기울기 시작했어. 더불어 이슬람 세계도 약해졌지.

이란, 800년 만에 새 왕조 건국

오스만 제국의 동쪽에 있는 이란 지역으로 가 볼까? 이미 알고 있는 대로 이 지역은 사산조 페르시아가 무너진 후 800여 년간 이민족의 지배를 받았어. 간단하게 이후의 역사를 정리해 볼까?

사파비 왕조의 건설 · 800년 만에 정통 이란 왕조가 들어섰다.

누가 사산조 페르시아를 무너뜨렸지? 그래, 정통칼리프시대의 이슬람 세력이야. 이때부터 페르시아는 이슬람 세계에 포함됐어. 그 후는 이슬람 세계의 역사를 따르지. 셀주크 왕조가 바통을 넘겨받았고, 일 칸 국이 그 뒤를 이었어. 마지막에는 티무르 제국이 통치했어. 이 왕조들은 모두 이란 혈통이 아니었어.

16세기로 접어들면서 정통 이란 혈통의 지도자가 나타났어. 그가 바로 이스마일이야. 1502년 이스마일은 티무르 제국이 약해진 틈을 타 바그다드를 점령하고 새 왕조를 세웠어. 그 왕조가 바로 사파비 왕조란다1502~1736년.

이스마일은 시아파 이슬람교를 국교로 선포했어. 그 때문에 인접한 오스만 제국과 사사건건 충돌했다는 것은 이미 살펴봤지? 이 왕조의 역사는 230여 년으로 끝났지만 오늘날 이란의 모태가 됐단다.

무굴 제국 탄생하다

인도 대륙에도 큰 제국이 탄생했어. 이란에 사파비 왕조가 들어선 시점과 거의 일치해. 더 가까이는 독일에서 마르틴 루터의 종교개혁이 일어난 때와 거의 같아. 그 제국이 바로 무굴 제국이야1526~1857년.

무굴 제국은 인도 역사상 가장 강력한 제국 가운데 하나였단다. 그 전에 인도에 있던 나라는 로디 왕조야. 이 왕조를 무너뜨리고 무굴 제국을 세운 인물은 몽골 혈통의 바부르지. 바부르가 칭기즈칸과 티무르의 혈통이라고 보는 학자들도 있지만 확실하지는 않아.

무굴 제국을 세운 바부르가 몽골 혈통이라는 것은 제국의 이름에서도 드러나. 무굴이란 이름은 몽골을 잘못 표기하는 바람에 만들어졌던 거야.

무굴 제국은 남쪽의 몇몇 지역만 빼고 인도 전체를 통일했어. 무굴 제국은 영국의 식민지가 되기 전까지 마지막으로 인도를 통치한 최후의 왕조이기도 해. 우리나라로 치면 조

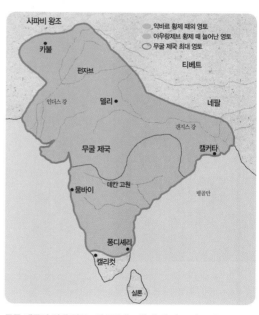

무굴 제국의 최대 영토 · 아우랑제브 황제 때 남부 일부 지역을 뺀 인도 대륙 전체를 정복했다.

바부르 황제(위), 악바르 황제
(중간), 아우랑제브 황제(아래)

선 왕조라고 보면 될 거야. 이슬람 세계는 이
제 유럽의 오스만 제국, 페르시아의 사파비 왕
조, 인도의 무굴 제국으로 나뉘었어.

무굴 제국은 바부르의 손자인 3대 악바르
황제 때 최고의 전성기를 맞았단다. 물론 영토
만 놓고 본다면 무굴 제국의 6대 황제인 아우
랑제브 때가 가장 넓었어. 그러나 문화와 종교
가 발전하고 사회가 안정돼 국민이 존경한 인
물은 악바르 황제였어. 아우랑제브도 악바르
황제가 탄탄하게 기반을 만들어 놓았기 때문
에 영토를 확장할 수 있었던 거지.

악바르 황제는 이슬람교와 힌두교를 모두
포용하는 정책을 폈어. 지배층인 이슬람 세
력은 얼마 되지 않았고, 백성들 대부분이 힌
두교였으니 어쩔 수 없는 정책이었다는 생각
도 들어. 과거 중국 원나라 때도 몽골족은 한
족을 통치하기 위해 스스로 중국 사람이 됐었
지? 그 상황과 비슷한 거야.

이 포용 정책에 따라 인도는 번영했단다. 이
슬람교와 힌두교 문화가 합쳐져 새로운 종교까
지 탄생했어. 바로 시크교인데, 이 종교는 이슬
람교의 일신교 사상과 힌두교 신의 이름을 차용해 만들어졌지.

이슬람권의 쇠퇴

3개의 권역으로 나뉜 이슬람 세계는 16세기 후반을 어떻게 보냈을까? 결과부터 말하자면 전체적으로 힘이 많이 떨어졌다고 할 수 있어.

오스만 제국의 세력을 꺾은 나라는 에스파냐였어. 에스파냐의 무적함대가 영국에게 박살 난 것은 1588년이었어. 그전까지는 무적함대가 최고였지. 그 무적함대란 이름을 얻은 전투가 뭐였지? 그래, 바로 레판토 해전이야.

발칸반도를 휘젓던 오스만 제국은 1571년 그리스의 레판토 앞바다에서 유럽 연합 함대와 마주쳤어. 이 유럽 함대는 에스파냐의 무적함대를 주축으로 다른 가톨릭 국가들이 연합해 만들어진 것이었지. 이 연합 함대를 신성동맹 함대라고 불렀어. 이 레판토 해전에서 오스만 제국은 패했어! 거의 모든 함선이 침몰할 정도로 큰 패배였지. 에스파냐의 무적함대가 얼마나 강력한지를 볼 수 있는 대목이야. 이 패배를 시작으로 오스만 제국은 주춤하기 시작했단다.

이란의 사파비 왕조는 흔들리지 않고 유지됐어. 그러나 무굴 제국은 영국의 동인도회사가 설립되면서 조금씩 무너지기 시작했어 1600년. 무굴 제국의 황제들은 전혀 그 사실을 몰랐지만 말이야. 이제 이슬람 세계도 휘청거리고 있는 거야.

시대의 라이벌
술레이만 1세 vs 카를 5세

16세기 초반과 중반, 저물어가는 중세의 유럽을 풍미한 황제가 있어. 바로 신성로마 제국의 황제인 카를 5세야.

카를 5세의 아버지는 신성로마 제국의 황제 막시밀리안 1세의 아들이었어. 그래, 합스부르크 왕조 출신이었지. 그의 어머니는 에스파냐 왕이 정한 상속녀였어. 본가와 외가 모두 대단한 가문이었던 거야. 그 덕분에 카를 5세는 본가로부터는 합스부르크 왕조의 영토였던 네덜란드를, 외가로부터는 에스파냐와 에스파냐의 신대륙 식민지를 모두 상속받았단다. 이런 행운아가 어디 있니? 1519년 카를 5세는 신성로마 제국의 황제에도 선출됐어.

카를 5세는 1555년 아우크스부르크 종교회의에서 프로테스탄트의 종교적 자유를 허용하면서 독일 내 종교 분쟁을 끝냈어. 엄밀히 말하면 카를 5세가 프로테스탄트에 밀린 거지만 어쨌든 종교 분쟁을 끝낸 업적은 남았단다.

같은 시기에 활약한 오스만 제국의 술레이만 1세는 유럽과 아시아, 아프리카를 넘나드는 진정한 정복자였단다. 술레이만 1세는 46년간 오스만 제국을 통치했어. 그동안 13회에 걸쳐 해외원정을 다녀왔어. 원정 가운데는 합스부르크 왕조와의 전투도 포함돼 있어. 바로 모하치 전투야. 이 전투에서 승리한 오스만 제국은 헝가리를 합병했어. 1529년과 1532년에는 신성로마 제국의 수도였던 빈을 공격하기도 했지. 합스부르크 왕조의 체면이 말이 아니지? 술레이만 1세가 황제로 있을 때 오스만 제국은 최대의 영토를 자랑했단다.

술레이만은 솔로몬을 터키식으로 발음한 거래. 그가 그만큼 현명하기 때문이야. 실제 그는 법전을 편찬해 입법자라는 칭호도 얻었어. 이쯤 되면 이 라이벌 가운데 누가 우월했는지 짐작하겠지?

동아시아, 임진왜란에 휩싸이다

명나라 때는 농업과 상업, 수공업이 모두 활발하게 발전했어. 명 황실이 복고주의를 선택했지만 역사의 발전을 막을 수는 없었던 거야.

아쉽게도 중국은 대항해의 기회를 발로 찬 15세기에 이어 16세기에도 발전할 수 있는 기회를 살리지 못했어. 황제를 보좌하던 환관들의 부패가 첫 번째 원인이었고, 대신들의 편 가르기 싸움인 당쟁이 또 다른 원인이었지. 이 혼란은 16세기 말 한반도에서 터진 임진왜란 때문에 더욱 심해졌어. 명나라는 멸망하기 직전까지 추락을 계속했어.

조선도 사정은 크게 다르지 않아. 훈구파와 사림파 간의 사화가 끝나나 했더니 붕당 간의 정쟁이 다시 시작됐어. 물론 붕당정치의 좋은 점도 많아. 하지만 시간이 흐르면서 붕당정치는 타락하고 만단다.

유럽이 팽창하고 있을 때 동아시아는 점점 깊은 침체의 늪 속으로 빠져들고 있었던 거야. 이 시기 임진왜란을 계기로 한낱 해적에 불과했던 일본이 17세기부터 동아시아의 새로운 강자가 됐어. 이 내용은 뒤에서 다룰 거야.

명, 상업과 수공업 발달하다

원 황실은 한족을 중용하지 않았어. 원 황실은 몽골족과 색목인^{서역인}에게만 고급관료 자리를 내줬지. 많은 한족 관료들이 조정에서 추방됐었어. 이때 지방으로 추방된 관료들을 사대부라고 불렀는데, 거의 모두가 유학자였어. 그들은 곧 지방에 자리를 잡았고, 명나라가 쇠퇴하는 15~16세기경에는 지방에서 유력인사가 됐단다. 이런 사람들을 향신이라고 불렀지.

향신은 송나라 시절부터 존재했어. 그러던 것이 명나라 때 급격하게 증가했어. 이들 향신은 중앙 관료도, 귀족도 아니지? 신분만 놓고

명·청나라의 주요 산업 도시 · 상업과 수공업이 중국 전역에서 고르게 발달했다.

보면 평민과 크게 다를 바 없어. 하지만 유교적 지식을 바탕으로 큰 권력을 누렸어. 이 중 일부는 일찌감치 지방에 정착해 많은 땅을 소유했지. 유교적 지식도 풍부하고, 땅과 돈도 많은 부자였던 거야. 오늘날에도 돈과 지식을 갖춘 사람을 함부로 대하기가 쉽지 않은데, 이때에는 말할 것도 없겠지? 이런 향신들은 지방의 권력자로 성장했어.

이미 말한 대로 향신들은 귀족이나 중앙관료가 아니었기 때문에 정치권력은 없었어. 그러나 돈이 많았기 때문에 민중의 위에 설 수 있었지. 향신들은 대규모 가내 수공업 공장을 만들었어. 민중들은 이 향신들에게 고용돼 급료를 받았어. 생계가 향신에게 달린 거야. 당연히 향신의 힘이 커질 수밖에 없겠지?

향신들은 돈을 벌면 그 돈으로 더 큰 공장을 만들고, 더 많은 사람을 고용했어. 더 많은 민중이 향신의 지배를 받게 된 거야. 서양의 자본주의와 유사하지? 각 나라 역사의 숨은 부분까지 찾다 보면 비슷한 부분이 의외로 많단다.

이즈음 명의 조정은 매우 부패했어. 그래서 재상 장거정이 대대적인 개혁을 추진했지1572년. 부패한 관리를 쫓아내려 했지만 성공하지는 못했어. 그래도 경제개혁은 어느 정도 성과를 거뒀단다.

장거정은 전국의 토지 현황을 세밀하게 조사했어. 땅을 많이 가진 귀족과 지주에게도 세금을 거뒀지. 세금을 은으로 내는 일조편법제도를 전국적으로 확대했어. 이제 확실히 은이 중국의 화폐가 된 거야. 이 무렵 유럽 국가들도 신대륙에서 흘러들어 간 은으로 인해 가격혁명을 겪고 있었어. 중국 경제도 세계경제의 흐름과 무관하지 않지?

자본주의에 가까운 발전이 이뤄지자 민중들도 깨어나기 시작했어. 그전까지만 해도 반란은 거의 모두가 농민들이 일으킨 거였지. 그러나 이때부터는 수공업 공장에서 종사하는 사람들이 반란을 많이 일으켰어. 그 사람들은 먹을 것을 달라는 식의 요구보다는 신분 차별을 없애라는 식의 혁명적인 요구를 했단다. 17~18세기 유럽의 혁명적 사회 분위기가 중국에서는 이미 감지되고 있었던 거지.

중국 민중이 깨어나기 시작한 데에는 가톨릭의 영향도 있었어. 평등사상을 내세우는 가톨릭이 민중의 억눌린 의식을 많이 자극한 거야. 그러나 가톨릭 정신은 시간이 흐를수록 제국주의 정신으로 타락

명나라의 발달된 견직물과 아름다운 자수 · 명나라는 수공업의 발달로 세계 최고 수준의 견직물과 자수 기술을 가지고 있었다.

한단다. 선교사들이 자국의 이익을 챙기면서 중국인을 착취하는 데
앞장섰기 때문이야.

명과 조선의 혼란

경제가 발달하면 뭐해? 정치는 오히려 퇴보하고 관리들은 더 부패
했는데….

16세기 후반으로 접어들면서 명나라는 정치인들의 권력 다툼 때
문에 더욱 혼란스러워졌단다. 이 다툼을 당쟁이라고 불렀어. 중국을
상국, 즉 왕의 나라로 모셨기 때문이었을까? 조선의 역사도 쌍둥이
처럼 중국의 역사를 닮았어. 조선에서도 정치인들의 다툼이 심했어.

15세기 무오사화를 기억하니? 사화는 16세기까지 이어졌어. 훈구
파와 사림파의 갈등이 한 세기를 넘겼는데도 끝나지 않은 셈이야.

10대 임금 연산군이 자신의 친어머니가 음모로 폐위돼 사약을 받
았다는 사실을 우연히 알게 됐어. 분노한 연산군은 그때 사건에 관련
된 사람들을 모두 죽여 버렸어. 이게 갑자사화야¹⁵⁰⁴년. 정치인들은 폭
군으로 변한 연산군을 몰아내고 성종의 둘째 아들 진성대군을 11대
중종으로 추대했어. 이를 중종반정이라고 한단다. 반정反正은 올바른
정치로 돌아간다는 뜻이야. 하지만 중종반정이 진정한 반정이었는
지는 논란으로 남아 있지.

중종은 권력투쟁을 끝내기 위해 정치개혁을 준비했어. 그 임무를

조광조 · 사림파로 정치개혁을 준비하다 기묘사화 때 살해됐다.

퇴계 이황 · 동인의 대부로 이이와 함께 성리학의 쌍벽을 이뤘다.

사림파인 조광조에게 맡겼지. 그런데 조광조의 권력이 너무 커진 게 문제가 됐어. 그를 시기한 훈구파가 조광조에게 내란 음모를 덮어씌우고 제거해 버린 거야. 바로 기묘사화야^{1519년}.

얼마 후 또 한 번 피의 소용돌이가 불어 닥쳤어. 13대 임금 명종은 나이가 어렸기 때문에 어머니 문정왕후와 외척들이 수렴청정을 하고 있었어. 이들은 반대파를 모두 숙청했지. 을사사화야^{1545년}. 4대 사화 가운데 을사사화는 훈구파와 사림파의 갈등 때문에 생긴 것은 아니야. 그러나 많은 신하들이 한꺼번에 죽임을 당했기 때문에 사화로 분류한단다.

모든 사화가 끝난 16세기 중반 이후 사림파가 조정의 요직을 차지했어. 정치가 조금 안정이 됐을까? 글쎄. 이번에는 사림파가 동인과 서인이란 붕당을 만들어 정치 대결을 벌였단다.

붕당정치는 토론과 논쟁을 통해 정치를 발전시켰다는 점에서 긍정적인 평가를 받고 있어. 그러나 시간이 흐르면서 정치인들이 민중의 삶을 개선하려는 노력은 하지 않고 자신들의 권력을 키우려는 싸움만 했다는 비판도 받고 있단다. 실제로 이 무렵 왜구가 남도 해안을 노략질하며 을묘왜변을 일으켰고, 황해도에서는 임꺽정이 난을 일으켰지만 조정이 한 일은 하나도 없었어.

붕당정치에 대해서 약간만 더 살펴볼까?

이즈음 학자들은 모두 성리학을 공부했어. 그러나 파벌에 따라 보는 관점이 달랐어. 동인은 학문의 근본이나 도덕 등 추상적인 것에 더 신경을 썼기 때문에 주리파主理派, 서인은 현실 정치에 더 신경을 썼기 때문에 주기파主氣派라고 불렸지. 오늘날의 기준으로 동인은 재야인사들, 서인은 현실 정치인들이라고 보면 얼추 비슷해. 동인의 대부는 퇴계 이황이었고 서인의 대부는 이이였단다. 훗날에는 동인이 현실 정치인, 서

이이 · 서인의 대부로 이황과 함께 성리학을 이끌었다.

인이 재야 세력처럼 바뀐단다.

명나라에서도 거의 비슷한 시기에 당쟁이 있었어. 장거정의 개혁이 실패한 다음 재야인사들은 지방으로 내려가 동림서원을 세웠어. 그들은 이 서원에 모여 부패한 정치를 비판했지. 곧 많은 학자들이 모여 동림당을 만들자 반대세력들도 비동림당을 만들었단다.

조선과 명, 두 나라의 정쟁은 어느 쪽으로 흘러갈까? 뒤에서 살펴보겠지만 미리 귀띔하자면 국가를 크게 발전시키는 데는 도움이 되지 않았어.

일본, 전국시대 끝내다

을사사화가 터지기 2년 전, 포르투갈 상선이 일본에 상륙했어. 바로 이때 조총이 일본에 전파됐지^{1543년}. 사무라이들의 전투는 더 격렬해졌고, 전국시대의 혼란은 끝이 보이지 않았어.

이런 혼란 속에서 한 영웅이 등장했어. 그가 바로 오다 노부나가야.

그는 전국시대를 끝내고 일본을 통일하겠다는 야심에 차 있었지. 조총 만드는 기술을 더욱 발전시켜 대량으로 생산하는 방법을 개발했어. 소총 부대를 따로 만들어 군사력을 강화했지. 사무라이들은 농사를 짓지 말고 군사훈련에 몰두하라고 시켰어. 그러면서도 서양의 국가들과 교역을 늘려 우수한 문물을 아낌없이 받아들였어.

많은 사무라이들이 오다 노부나가가 일본을 통일할 거라고 생각했어. 오다 노부나가가 교토를 공격해 무로마치 바쿠후를 무너뜨렸거든1573년. 하지만 그는 통일 위업을 달성하지 못했단다. 1582년 피살되고 만 거야.

오다 노부나가가 죽자 권력은 2인자였던 도요토미 히데요시에게 넘어갔어. 그는 교토 지역을 완전히 장악한 데 이어 전국의 다이묘에게 전쟁을 중단하라는 명령을 내렸어. 농민들이 갖고 있는 무기도 모두 회수해 버렸지. 도요토미 히데요시가 마침내 전국시대를 끝내고 일본을 통일했어1590년.

임진왜란 터지다

영국이 에스파냐의 무적함대를 격파하고 4년이 흘렀어. 도요토미 히데요시가 일본을 통일하고 2년이 흘렀지. 1592년 동아시아에도 큰 전쟁이 터졌어. 바로 임진왜란이야. 영국과 에스파냐의 전쟁이 유럽의 강대국을 결정짓는 한판 싸움이었던 것처럼 임진왜란은 동아시아의 강대국을 가리는 전쟁이었지.

일본은 전국시대를 끝냈지만 정치는 여전히 불안했어. 오랜 내전으로 농민의 수가 확 줄었기 때문에 농업 생산량이 턱없이 적었어. 사무라이들에게 농사를 금지시켰으니 누가 농사를 지을 수 있겠어? 농업 생산량이 당장 늘어나는 것은 불가능했지. 일본은 중국과의 무역을 통해 이 문제를 해결하려고 했어. 그러나 명나라 조정은 조공

무역밖에 허락하지 않았어. 자유롭게 무역을 하는 게 아니라 명나라 조정의 허락을 받은 무역선만 무역을 할 수 있도록 한 거야. 일본의 경제를 회복시키는 데는 별 도움이 되지 않는 거지.

이래도 죽고, 저래도 죽는다면 저질러 보자! 도요토미 히데요시는 명나라를 정벌하기로 마음먹었어. 전쟁이 일어나면 자신에게 불만을 품은 세력들도 한데 뭉쳐 명나라와 싸울 테니 일석이조였지. 그

임진왜란 3대 대첩과 전투들 · 한산도대첩은 임진왜란의 3대 대첩 중 하나이면서 이순신 장군의 3대 대첩 중 하나이다.

는 명나라로 가는 길을 터 달라며 조선을 침략했어. 임진왜란이 터진 거야.

　조선 군대는 제대로 싸워 보지도 못하고 한 달도 못 돼 수도 한양을 빼앗겼어. 한반도 전체가 일본에게 먹힐 것 같은 분위기였지. 조정은 무기력했지만 우리 해군은 강했어. 이순신 장군이 해상에서 여러 차례 일본을 제압한 거야. 조선 민중의 저력도 강했어. 곽재우, 서

임진왜란 부산진 순절도
임진왜란 당시 왜병에 의해 부산진이 포위된 상황을 묘사하고 있다.

산대사 등이 이끈 의병 부대가 일본군과 치열하게 싸웠지. 이윽고 조선과 명나라 연합군의 반격이 시작됐어. 행주산성에서는 권율 장군이 일본군을 대파했지.

일본과 명나라는 휴전협상을 시작했어. 그러나 이 협상에 조선은 낄 수 없었단다. 한반도에서 일어난 전쟁이었지만 명나라가 상국이었기 때문에 조선은 권한이 없었던 거야. 훗날 6·25전쟁 휴전협상 때도 대한민국 정부는 끼지 못했어. 힘이 없는 나라는 서러울 따름이지.

그러나 명과 일본의 협상은 곧 깨졌고, 1597년 일본은 다시 조선을 침략했어. 임진왜란의 2탄인 정유재란이 터진 거야. 그러나 이번에는 조선도 호락호락 당하지 않았단다. 조선의 군대는 강력하게 저항했고, 결국 일본은 바로 철수할 수밖에 없었지. 철수하는 왜군을 이순신의 함대가 격퇴한 전쟁이 바로 그 유명한 노량해전이야1598년. 이 전쟁을 끝으로 두 번에 걸친 왜란은 종결됐어. 도요토미 히데요시는 전쟁의 패배를 안타까워하며 세상을 떠났단다.

비운의 개혁가 장거정 vs 조광조

장거정은 16세기 중후반 중국에서 활동한 개혁가였어. 조광조는 그보다 조금 앞서 조선에서 활동한 개혁가였지.

장거정은 당시 황제였던 만력제를 등에 업고 재상이 된 후 모든 권력을 장악했어. 그리고 강도 높은 개혁에 착수했지. 당시 명나라의 경제는 엉망이었어. 장거정은 이를 해결하기 위해 전국적으로 토지측량조사를 벌였어. 지방의 향신들이 숨겨 놓은 땅을 모두 적발해 세금을 부과했지. 일조편법제도를 실시해 국가 재정을 넉넉히 만들었어. 항상 골칫거리였던 몽골과도 화평을 맺었지. 장거정을 명나라 최고의 정치인으로 꼽는 것도 무리가 아니지?

장거정이 그랬듯 조광조도 이상적인 왕도 정치를 실현하려고 노력했어. 사림파인 조광조는 향촌을 개혁하고 우수한 인재를 등용하며, 왕의 마음가짐을 바르게 할 것을 주장했어. 그러나 조광조의 개혁은 지나치게 급진적이었어. 당시 사림파와 훈구파가 대립하고 있었는데, 조광조는 훈구파를 철저히 배격했지. 당연히 훈구파가 반발했겠지?

훈구파는 나뭇잎에 "조광조가 왕이 될 것이다走肖爲王"라는 문구를 적은 뒤 벌레가 갉아먹도록 했어. 이 나뭇잎을 본 중종은 크게 노했지. 결국 기묘사화가 일어났고, 조광조는 귀양을 떠나야 했어. 조광조는 귀양지에서 사약을 받았지. 물론 개혁은 물 건너가고 말았어.

장거정도 매우 급진적이었어. 반대파들은 그를 제거하려고 혈안이 됐지. 다행히 살아 있을 때는 무사할 수 있었어. 그러나 반대파들은 그가 죽고 2년이 지난 후 시신에 대해 사형을 집행했단다. 그의 집안은 풍비박산이 났고, 개혁도 중단됐지.

두 개혁가의 운명은 비참했어. 지나치게 급진적인 개혁은 모든 사람을 혼란스럽게 만들기 때문이야. 천천히, 하나씩 개혁하는 게 모두에게 이롭다는 교훈이 아닐까?

제13장

근 대 의   형 성 에 서
현 대 까 지

시민
사회의
출범

1600~1700년 전후

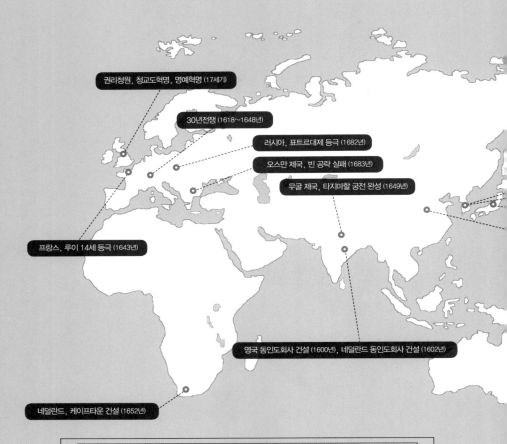

권리청원, 청교도혁명, 명예혁명 (17세기)

30년전쟁 (1618~1648년)

러시아, 표트르대제 등극 (1682년)

오스만 제국, 빈 공략 실패 (1683년)

무굴 제국, 타지마할 궁전 완성 (1649년)

프랑스, 루이 14세 등극 (1643년)

영국 동인도회사 건설 (1600년), 네덜란드 동인도회사 건설 (1602년)

네덜란드, 케이프타운 건설 (1652년)

오늘날 왕이 절대 권력을 휘두르는 나라는 별로 없어. 영국이나 일본처럼 입헌군주제의 전통이 남아 있는 나라도 왕이 실제로 정치를 하지는 않아. 상징적인 존재일 뿐이지. 현재 대부분의 나라에선 국가의 주권이 국민에게 있어. 이런 정치체제를 민주주의라고 부르지. 이 민주주의 체제는 불과 200여 년 전에 탄생했어. 민주주의의 밑거름이 된 시민운동이 유럽에서 시작된 것은 400여 년 전이야. 첫 신호탄은 17세기에 시작된 영국 시민혁명이었어. 시민들은 과학이 발달하면서 과학에 입각한 새로운 세계관으로 무장했어. 이것은 과학혁명이라고 불러. 시민혁명과 과학혁명은 절대왕정 체제를 무너뜨렸어. 유럽은 근대로 접어들었지.

이 이야기는 커버스토리에서 다룰 거야. 시민은 신분 구분에서 벗어난 자유로운 사람들을 말해. 보통 시민계급이라고 부르지. 이 시민계급은 유럽의 모든 나라에서

프랑스, 퀘벡 건설 (1608년)

뉴잉글랜드 건설 (1620년)

인조반정 (1623년)

정묘호란 (1627년), 병자호란 (1636년)

일본, 에도 바쿠후 수립 (1603년)

청, 중국 통일 (1644년)

영국, 버지니아 정착 (1607년)

성장한 게 아니야.
프랑스는 17세기 들어서야 절대왕정 체제가 절정기를 맞았고, 동유럽에는 아직 봉
건제 요소가 많이 남아 있었단다. 특히 동유럽 국가들은 근대사회로 진입할 준비가
전혀 안 돼 있었지. 이슬람 세계를 대표하는 오스만 제국은 확실히 유럽의 한 나라
가 됐어. 이제 이슬람이냐 기독교냐 하는 식으로 세계를 구분하는 건 의미가 없어
졌어. 동아시아는 갈수록 고립되고 있었어. 17세기 들어 중국에서는 명나라가 무너
지고 청나라가 탄생했어. 청나라는 영토를 마구 넓혀 나갔지. 그러나 해양으로 뻗
어 나가지는 않았어. 아메리카 대륙에는 유럽 사람들이 몰려들었어. 18세기가 되면
아메리카로의 이민이 절정에 이른단다.

커버스토리

17세기 영국에 큰 사건이 터졌어. 그것도 한 번이 아니라 두 번씩이나! 이 혁명들을 오늘날에는 모두 시민혁명이라고 불러. 시민혁명은 말 그대로 시민계급이 중심이 돼 일으킨 혁명을 말해. 가장 대표적인 시민혁명은 18세기 후반의 프랑스혁명과 미국혁명이지. 조금만 기다려. 이 혁명에 대해서는 다음 장에서 커버스토리로 다룰 거니까.

영국은 가장 먼저 민주주의 전통이 자리 잡은 나라야. 그러나 아무런 노력을 하지 않고 민주주의를 얻은 것은 아니란다. 다른 나라보다 먼저 시민혁명이 일어났기 때문에 먼저 민주주의가 정착한 거야.

왕이 의회를 억압하자 개신교인 청교도들이 반발했어. 이 사건이 청교도혁명이지. 그러나 청교도혁명은 많은 피를 흘렸음에도 불구하고 절반만 성공했어. 곧 또 다른 혁명이 일어났어. 이번에는 피를 흘리지 않고 왕으로부터 의회를 존중하겠다는 약속을 받아 냈지. 이 사건은 명예혁명이야.

먼저 두 혁명의 역사를 살펴볼 거야. 또, 이 혁명을 가능하게 했던 새로운 세계관, 즉 과학혁명에 대해서도 함께 보도록 할게.

17세기 이후의 세계사는 서양이 주도한단다. 그렇기 때문에 앞으로는 서양사에 더 많은 분량을 할애할 거야. 이 점은 미리 알아 두도록 해.

영국혁명과 과학혁명

영국 의회, 왕에 맞서다

영국은 유럽의 다른 나라들보다 일찍 왕의 권력을 제한한 나라였어. 13세기 초반 존 왕이 귀족들의 압력에 굴복해 서명한 대헌장_{마그나카르타}이 바로 그 예야.

동시에, 영국은 절대왕정 체제가 일찍 시작된 나라이기도 해. 헨리 8세가 절대왕정을 열었고, 그의 딸 엘리자베스 1세 때는 전성기를 맞았어. 엘리자베스 1세는 에스파냐의 무적함대를 격파해 영국을 최고의 강대국으로 끌어올린 인물이야. 그런 그녀가 1603년 세상을 떠났어.

엘리자베스 1세는 독신주의자였어. 늘 "나는 영국과 결혼했다"라고 말했대. 때문에 대를 이을 후계자가 없었지. 결국 튜더 왕조의 맥

제임스 1세 · 왕권신수설을 주장하
며 의회를 탄압했다.

이 끊기고 말았어. 새로 왕이 된 인물은 스코틀랜드의 왕인 제임스 1세야. 그로부터 스튜어트 왕조가 시작됐지1603~1714년.

엘리자베스 1세는 절대 권력을 가졌지만 의회를 무시하지는 않았어. 중요한 국가 정책을 결정할 때는 의회의 동의를 얻었지. 의회와 왕이 충돌하는 사건은 없었어. 그녀가 현명했던 거지. 정치는 안정되고 영국은 번영했어. 이 시기 영국 국민들은 엘리자베스 1세를 성(聖)처녀라고 떠받들었지. 그러나 제임스 1세는 생각이 달랐어. 의회가 감히 왕에게 까분다고 생각한 거야.

제임스 1세는 "왕은 신이 내린 존재다. 땅 위에서 왕은 신의 권력을 가지고 있다. 왕은 오로지 신에게만 책임을 진다"라고 선언했어1609년. 이 이론을 왕권신수설이라고 불러. 이 이론이 프랑스와 독일로 퍼져 절대왕정 체제가 만들어지는 데 큰 영향을 미쳤지.

영국 의회는 당연히 반발했어. 의회는 나름대로 왕과 비슷한 권력을 가지고 있다는 게 그들의 생각이었어. 그런데 어느 날 갑자기 스코틀랜드라는 시골에서 온 풋내기 왕이 모든 권력을 갖겠다고 하는 거야. 누구라도 반발하지 않겠니? 그러나 제임스 1세는 눈썹도 깜빡하지 않았어. 의원들을 모두 체포해 버린 거야.

왕과 의회의 갈등이 점점 커졌어. 제임스 1세의 운이 좋았던 건지, 의회의 의원들이 스스로 납작 엎드린 건지는 모르겠지만 그가 왕으로 있을 때 큰 사건이 터지지는 않았어. 사건은 그의 아들 찰스 1세 때 터졌지.

아들 찰스 1세는 노골적으로 의회를 무시했어. 그는 관세와 선박세 같은 새로운 세금을 걷어 들였어. 원래 새로운 세금을 만들 때는

찰스 1세 · 의회의 기세에 밀려 권리청원에 서명했다.

의회의 동의를 받아야 했단다. 찰스 1세는 의회와 상의 한 번 하지 않고 세금을 새로 만든 거야. 자신을 비판하는 의원들은 모두 감옥에 처넣어 버렸어.

참다못한 의회는 "의회의 동의가 없이는 어떤 세금도 국민에게 부과할 수 없고 법에 의하지 않으면 그 누구도 체포할 수 없다"라고 선언했어. 이 선언이 권리청원이야1628년. 기본 내용은 1215년의 대헌장을 바탕으로 했어.

의회는 찰스 1세에게 권리청원 문서를 내밀며 서명을 요구했어. 의회의 기세가 너무나 강했기 때문에 찰스 1세는 서명할 수밖에 없

었지. 의회가 다시 왕권을 제한하는 데 성공한 거야. 이제 절대왕정 시대가 끝나는 걸까?

아니야, 찰스 1세는 약속을 지키지 않았어. 권리청원을 승인한 지 1년 만에 의회를 해산해 버린 거야. 찰스 1세의 군대가 버티고 있어서 의회는 저항하지 못했어. 그러나 마음 한 곳에는 복수심이 불타오르고 있었지. 기다리면 때가 오는 법이야. 마침내 기회가 왔어.

청교도혁명

연방 탄생 이전의 17세기 영국 · 민족과 종교가 지역별로 달라 분쟁이 일어났다.

잠깐, 이즈음 영국의 상황을 살펴보고 넘어갈까? 그래야 청교도혁명의 역사를 이해하기 쉽거든.

이때는 잉글랜드, 스코틀랜드, 웨일스, 아일랜드가 하나의 영국 연방으로 합쳐진 상태가 아니었어. 그러나 잉글랜드가 큰 형님 행세를 하고 있었던 것은 맞아. 아일랜드가 잉글랜드로부터 독립하기 위해 저항운동을 벌이고 있었지. 20세기에도 북아일랜드공화국군IRA은 "영국으로부터 북아일랜드를 독립시키자!"라고 외치며 투쟁을 벌였단다. 종교와 민족이 다르기

1640년 의회 소집 · 이 사건을 계기로 청교도혁명이 터졌다.

때문이야.

　영국은 헨리 8세 이후 성공회를 국교로 삼았지만 아일랜드는 로마 가톨릭을 지켰어. 아일랜드와 스코틀랜드는 켈트족의 후손이 많았지만 잉글랜드는 앵글로색슨족의 후손이 더 많았어. 스코틀랜드는 칼뱅파의 장로교를 따르고 있었어.

　다행히 잉글랜드와 스코틀랜드는 비록 계파가 다르기는 하지만 개신교라는 점에서는 같아. 그 때문에 큰 충돌은 없었어. 스코틀랜드 출신의 제임스 1세가 잉글랜드의 왕에 오른 것만 봐도 이 사실을 알 수 있겠지? 그러나 아일랜드는 민족과 종교가 모두 다른 잉글랜드의 지배를 받아들일 수 없었어. 왜 갈등이 심했는지 이제는 알겠지?

제임스 1세는 칼뱅파였어. 그러나 영국^{잉글랜드}의 왕이 되기 위해 성공회로 개종했지. 그의 아들 찰스 1세는 어려서부터 성공회를 믿었고 칼뱅파를 싫어했어. 찰스 1세는 스코틀랜드 왕실에 성공회를 받아들이라고 강요했지만 스코틀랜드는 거부했지.

찰스 1세는 스코틀랜드와 아일랜드를 응징하기로 하고, 의회를 소집했어. 전쟁자금을 얻으려면 의회의 동의가 필요했기 때문이야. 그러나 의회는 거절했어. 여러 번 의회가 소집됐지만 결과는 마찬가지였어. 찰스 1세는 의회의 지도자를 체포하려고 했지. 성난 의원들은 더 이상 참을 수 없었어. 마침내 의회를 지지하는 의회파가 무기를 들었어. 세계 역사상 최초로 시민이 중심이 된 혁명, 즉 청교도혁명이 터진 거야 _{1640~1660년}.

전쟁 초반에는 왕을 지지하는 왕당파가 군사력에서 앞섰어. 그러나 의회파의 영웅 올리버 크롬

올리버 크롬웰의 동상 · 영국 런던의 웨스터민스터 사원 밖에 세워져 있는 크롬웰의 동상이다.

웰이 등장하면서 전세가 역전됐지. 그의 군대는 전투마다 승리했어. 네이즈비 전투에서 크롬웰의 군대는 확실하게 왕당파의 군대를 격파했어1645년. 전쟁에서 패한 찰스 1세는 스코틀랜드로 꽁무니를 뺐어. 그러나 스코틀랜드가 그를 받아들일 리 있겠어? 2년이 지난 후 찰스 1세는 크롬웰 정부에 넘겨졌어.

왕을 끌어내렸다고 혁명이 끝난 건 아니야. 새 정부를 어떤 식으로 구성할 것이냐를 놓고 의회파의 사람들이 서로 대립한 거야. 강경파의 리더 크롬웰은 왕이 없는 공화정을 지향했어. 그러나 공화정은 너무 급진적이니 말 잘 듣는 왕을 모시자는 의견도 꽤 많았어. 크롬웰은 이대로 두면 의회가 분열할 거라고 생각했어. 신속하게 결정하기로 했지. "허튼소리가 나오지 못하도록 아예 왕을 없애 버리자!"

크롬웰은 찰스 1세를 참수형에 처했어1649년. 이 사건은 유럽 전체를 경악하게 했단다. 백성들이 왕을 처형한 사례는 그전까지 단 한 번도 없었거든. 그러거나 말거나 크롬웰은 자신의 계획을 밀고 나갔어. 공화국을 세운 거야!

크롬웰은 부강한 나라를 만들려면 상업과 무역을 육성해야 한다고 생각했어. 이런 정책을 중상주의라고 불러. 이 중상주의를 진작시키기 위해 크롬웰은 항해조례를 발표했어1651년. 식민지를 포함한 영국의 항구에는 영국 배만 들어올 수 있게 한 조례란다. 이때 가장 무역이 활발했던 나라는 네덜란드야. 네덜란드는 해외무역으로 큰돈을 벌고 있었어. 그러나 항해조례가 발표되자 네덜란드의 배는 영국 항구에 들어갈 수 없게 됐어. 크롬웰이 노린 게 이거야. 네덜란드의 무역을 금지하는 거였지. 결국 두 나라 사이에 전쟁이 터졌지만 네덜란드는 영국을 이길 수 없었어.

여기에서 그치면 좋았을 것을…. 크롬웰은 의회를 해산하고 스스로 호국경에 올랐어1653년. 나라를 지키는 귀족이란 뜻이야. 이름만 왕이 아니었을 뿐 독재자와 다를 게 하나도 없었지. 크롬웰이 부패한 정치인은 아니었어. 그러나 자신이 옳다고 여기면 무조건 밀어붙였단다. 이런 것도 독재가 아닐까?

1658년 크롬웰이 세상을 떠났어. 크롬웰의 독재에 시달렸는지 2년 후 영국 사람들은 프랑스로 도망쳤던 찰스 1세의 아들 찰스 2세를 왕에 앉혔단다. 최초의 시민혁명인 청교도혁명은 이렇게 막을 내렸어. 그러나 아무런 의미가 없는 건 아니야. 누가 뭐래도 시민이 중심이 되는 근대사회로 역사가 흘러가고 있었거든.

중국도 농민혁명 터지다

잠깐 숨을 돌릴까? 영국의 첫 시민혁명인 청교도혁명이 절반의 성공, 절반의 실패로 끝나고 4년이 지난 후 중국에서도 농민혁명이 일어났단다. 물론 중국이 영국처럼 근대 시민사회로 발전하고 있었던 건 아니야. 그전에도 농민 반란은 많았어. 그러나 이즈음 일어난 반란은 거의 혁명 수준이었어. 농민들은 명나라를 무너뜨렸고, 농민의 나라를 세웠어.

12장에서 다뤘던 역사를 잠시 떠올려 봐. 명나라는 후반부로 갈수록 귀족들의 부정부패가 극심해졌어. 가뜩이나 어려운데 임진왜란이 터져 조선을 지원하느라 재정도 바닥이 나 버렸지.

명나라의 세력이 약해지자 만주 지역에 있던 여진족들이 다시 뭉치기 시작했어. 이 여진족들은 이때부터 만주족이라 불렸단다. 영국에서 왕과 의회의 갈등이 커지고 있던 1616년,

천명제 누르하치 · 명나라 멸망 후 후금(청)을 건국했다.

만주족의 지도자 누르하치가 후금을 건국했어. 이민족이 세력을 키우고 있었지만 명나라의 지배층은 정신을 못 차렸어. 농민들이 일제히 반란을 일으켰지.

농민 반란군의 지도자는 이자성이란 인물이었어. 영국에서 청교도 혁명이 터지고 몇 년이 지났을 무렵이야. 농민군은 명 왕조의 수도인 베이징을 점령했어1644년. 명의 마지막 황제 숭정제는 반란군을 피해 도망쳤지만 결국에는 스스로 목숨을 끊었어. 명나라가 멸망한 거지.

명나라의 숨통을 끊은 이자성은 농민의 나라를 건설했어. 세금을 줄이고 부역을 면제했지. 대대적인 개혁에 농민들은 해방감을 맛봤

어. 이자성은 농민들의 영웅이 됐단다. 그러나 농민의 나라는 오래가지 못했어. 명나라의 남은 세력들은 후금에 항복한 다음 그들의 군대와 함께 베이징을 공격했어. 농민군은 전투력에서 후금의 군대를 이길 수 없었어. 꿈을 이루지 못한 이자성은 자살했고 농민군도 흩어졌어. 정말 슬픈 장면이야. 훗날 조선 동학농민군의 모습을 미리 보는 것 같아.

이제 중국을 차지한 민족은 만주족이야. 그들이 세운 나라가 바로 중국 최후의 왕조인 청나라지1636~1912년. 이 역사는 조금 이따 살펴볼게.

영국, 시민혁명 성공

다시 영국으로 돌아왔어. 청교도혁명에 이은 두 번째 시민혁명의 역사를 살펴볼 거야. 크롬웰이 사망한 후 복귀한 찰스 2세는 청교도라는 소리만 들어도 소름이 돋았나 봐. 그는 100년 전 피의 메리란 별명을 가진 메리 1세가 그랬던 것처럼 개신교를 심하게 억압했어. 그의 뒤를 이어 왕에 오른 찰스 2세의 동생 제임스 2세도 똑같았어. 오히려 형을 능가할 만큼 개신교를 박해했다는구나. 모든 관리들은 가톨릭을 믿어야 한다고 강요할 정도였어.

영국이 다시 가톨릭 왕국이 되는 걸까? 개신교 성직자들은 불만을 말할 수도 없었어. 입만 방긋해도 모두 감옥행이었거든. 희망은 있었

윌리엄 3세, 메리 2세 · 제임스 2세를 몰아낸 영국 의회의 제안으로 '권리장전'에 서명하고 영국 공동 왕이 됐다.

어. 제임스 2세의 큰딸 메리메리 2세가 개신교도였거든. 마침 제임스 2세에겐 아들 후계자가 없었어. 개신교도들은 제임스 2세의 뒤를 이어 메리가 여왕이 되면 개신교에 대한 박해가 사라질 것이라고 믿었지. 그러나 이 희망은 곧 물거품이 되고 말았어. 제임스 2세가 아들을 낳은 거야.

개신교도들은 이제 새로운 대안을 찾아야 했어. 의회를 통해 문제를 해결할 수는 없을까?

의회가 앞장서기로 했어. 의회도 더 이상 참을 수 없었던 거야. 얼마나 폭정을 했으면 왕당파인 토리당까지 제임스 2세를 제거하는

권리장전 · 이 문서에 왕이 서명함으로써 영국에 입헌군주제가 시작했다.

데 동의했겠어? 의회파인 휘그당과 왕당파인 토리당이 힘을 합쳐 제임스 2세를 몰아내기로 했단다.

이즈음 메리는 네덜란드 총독인 오렌지 공 윌리엄과 결혼해 네덜란드에 살고 있었어. 영국 의회는 바로 이 메리 부부에게 영국을 구해 달라고 부탁했단다. 메리 부부는 군대를 이끌고 영국에 상륙했어. 윌리엄의 용맹에 기세가 눌린 영국의 왕과 귀족들은 전쟁도 치르지 못하고 항복할 수밖에 없었지. 제임스 2세는 외국으로 도망을 갔단다.

영국 의회는 메리에게 "권리장전권리선언에 서명하면 영국 왕 자리를 내주겠다"라고 제안했어. 메리 부부는 이 제안을 받아들였고,

청교도혁명(1640년)
명예혁명(1689년)
영국
시민 귀족 연합
반정부 투쟁
프랑스(1653년)

러시아
스텐카 라진의 봉기
(1670년)

중국
이자성의 난
(1644년)

17세기의 시민·농민혁명 · 영국에서 시작된 혁명은 유럽 전역에 큰 영향을 미쳤다.

공동 왕에 올랐어. 윌리엄은 이때부터 윌리엄 3세, 메리는 메리 2세로 불렸단다.

이 혁명은 단 한 방울의 피도 흘리지 않고 얻어 낸 거야. 그래서 명예혁명이라고 부른단다_{1688~1689년}. 이 혁명이 성공하면서 영국은 입헌군주제가 시작되었고, 비로소 시민사회로 접어들었지.

영국혁명이 남긴 것

청교도혁명은 아쉬움이 많이 남는 혁명이었어. 시민이 피를 흘려 쟁취한 자유를 스스로 왕에게 바쳤기 때문이야. 그러나 의미가 전혀 없는 것은 아니었어. 청교도혁명은 시민이 주인 되는 나라, 즉 공화국을 건설할 수 있다는 희망을 전 세계 민중에게 심어 줬단다.

청교도혁명 소식이 유럽 전역으로 알려지면서 각지에서 농민과 시민 반란이 일어났어. 프랑스에서는 1653년 시민들이 귀족과 합세해 대대적인 반정부 투쟁을 벌였고, 러시아에서는 1670년 스텐카라진이 이끄는 농민군이 봉기하기도 했어. 안타깝게도 모두 실패했지만.

우리는 오늘날 민주주의 국가에서 자유롭게 살고 있지만 이 민주주의는 단 한 번의 혁명으로 얻은 것이 아니야. 그동안 수많은 사람들이 피를 흘리고, 성공과 실패를 거듭하면서 서서히 얻은 것이란다. 영국의 역사를 보렴. 비록 청교도혁명이 실패했지만 30여 년 후 명예혁명을 통해 민주주의로 성큼 다가섰잖아?

명예혁명은 왕이 의회와 국민을 지배하는 게 아니라 의회와 국민이 왕을 선택했다는 데 큰 의미가 있어. 제임스 1세가 주장했던 왕권신수설은 완전히 폐기됐어. 왕이 백성 위에 군림은 하지만 통치는 의회에서 하는 이런 체제는 지금까지 듣지도, 보지도 못했던 새로운 정치체제였어. 의회는 권리장전을 통해 입법권과 과세권, 선거자유권을 모두 보장받았지. 이런 정치체제를 입헌군주제라고 부른단다.

이 명예혁명으로 영국은 유럽 국가들 중 가장 먼저 절대왕정 체제를 탈출했어. 비로소 시민사회로 접어든 거지. 그뿐만이 아니야. 권리장전은 훗날 미국의 독립선언과 프랑스대혁명의 인권선언에 큰 영향을 미쳤단다.

근대적 세계관의 등장

청교도혁명이나 명예혁명이 영국에서 발생한 게 영국이 특수한 상황이라서 그런 것일까? 꼭 그렇게만은 볼 수 없어. 영국이 아니었다면 다른 나라에서라도 일어났을 거야. 이미 역사는 시민사회로 발전하고 있었기 때문이야.

17세기 들어 유럽은 그 어느 때보다 빠른 속도로 과학이 발전하고 있었어. 그래서 과학혁명이라는 용어를 쓰는 역사학자들도 많아. 과학의 발전은 사람들의 생활수준을 좋게 하는 데만 기여한 게 아니야. 사람들이 생각하는 방식, 즉 세계관을 송두리째 바꿔 놓았단다. 과학자들은 과학적인 방법으로 진리를 찾기 위해 노력했어. 이제 사람들은 더 이상 신에게 의지하지 않았고, 좀 더 합리적으로 사고하고 행동했어. 이를 근대적 세계관이라 부른단다.

데카르트 · 합리주의 철학을 이끌었다.

근대적 세계관이 유럽 전체로 퍼져 나갔어. 이 근대적 세계관에 따라 사람들은 시민계급이 사회를 변화시켜야 한다고 생각했지. 이 때문에 굳이 영국이 아니더라도 어디선가는 시민혁명이 터졌을 거란 추측을 할 수 있는 거란다.

이 무렵 근대철학을 앞당긴 두 거물이 있었어. 영국의 프랜시스 베이컨과 프랑스의 르네 데카르트야.

베이컨 · 경험주의 철학을 만들었다.

베이컨은 『노붐 오르가눔』이란 책에서 귀납법을 선보였어1620년. 귀납법이란 경험과 관찰을 통해 법칙을 이끌어 내는 철학 방식이야. 이 베이컨의 경험주의 학파는 특히 영국에서 많은 인기를 얻었어. 17년 후, 데카르트는 『방법서설』이란 책에서 연역법을 내놓았어1637년.

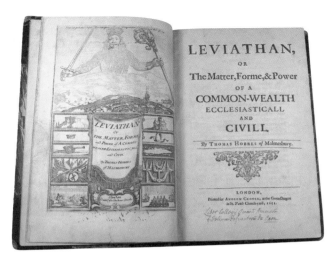

『리바이어던』· 철학자 토마스 홉스의 대표적인 저작이다.

연역법이란 진리를 먼저 알고, 그 진리에서 구체적인 방법을 찾아내는 철학 방식이야. 유럽 대륙에서는 데카르트 학파가 더 인기를 얻었단다.

어렵다고? 좋아. 아주 쉬운 예를 들어 주지. 데카르트는 "나는 생각한다. 고로 존재한다"라는 명언을 남겼어. 이 말을 풀어 볼까? 인간이 생각한다는 사실을 의심하는 사람이 있을까? 그래, 이 말은 명백한 진리야. 이 진리를 활용하면 생각할 수 있는 인간은 살아 있는 것이고, 그러면 존재하는 게 된다는 이야기를 끄집어낼 수 있지.

자, 나를 돌아봐. 나는 생각하고 있어. 그러니 나도 존재하는 게 돼. 어때? 진리에서 출발해 합리적인 결과를 이끌어 냈지?

베이컨의 경험주의는 이런 식이야. 가령 불이 뜨거울까, 뜨겁지 않을까? 만지면 뜨거움을 느끼지? 우리는 경험을 통해 불이 뜨겁다는 진리를 얻을 수 있어. 경험주의자들은 "아는 것이 힘이다"라고 말한단다.

국가관에 대해서도 논의가 활발했어. 토마스 홉스는 『리바이어던』이란 책을 통해 국가가 어떤 존재인지를 정의했지^{1651년}. 그는 국가가 어쩔 수 없이 있어야 하는 필요악이라고 봤단다. 만약 국가가 없다면 인간들은 자신의 이익을 위해 싸우게 될 테고, 그렇게 되면 곧 무정부 상태가 될 수 있어. 홉스는 이런 상태를 만인의 만인에 대한 투쟁이라고 불렀어. 이 무정부 상태를 막기 위해 사람들은 자신이 선택하든, 그렇지 않든 간에 국가와 "우리를 보호해 달라"라는 계약을 맺었다고 홉스는 봤어.

홉스의 국가관은 독재자라도 무정부 상태만 막으면 제대로 국가의 역할을 하는 거냐는 비난을 맞기도 했단다. 그러나 이 홉스의 계약론은 18세기 계몽주의에 큰 영향을 미쳤어.

과학혁명 시작되다

근대 세계관은 시민의식을 성장시켰고, 시민의식은 근대 세계관을 다시 발전시켰어. 그리고 또 하나가 있어. 바로 과학혁명이 근대 세계를 앞당겼지.

근대 과학은 천문학에서 시작됐어. 1610년 갈릴레오 갈릴레이는 목성을 관측하다가 목성 주위를 위성이 돌고 있다는 사실을 발견했

재판을 받는 갈릴레이의 모습 · 갈릴레이의 재판 이야기를 바탕으로 로베르 플뢰리가 1847년에 완성한 그림이다.

어. 갈릴레이는 "지구는 돈다!"라고 외치며 태양중심설을 주장했어. 이 이론은 원래 코페르니쿠스가 1543년 가장 먼저 주장했던 거야.

　그전까지는 모두 지구가 우주의 중심이라고 생각했어. 지구는 정지해 있고 나머지 천체들이 지구를 중심으로 돈다고 믿었지. 이런 믿음은 신이 인간을 선택한 거라는 종교적 신념에서 나온 거야. 당연히 교황청이 갈릴레이를 제지하고 나섰어. 생명에 위협을 느낀 갈릴레이는 종교재판에서 주장을 모두 철회했단다.

　그러나 누가 역사의 흐름을 막을 수 있겠니? 과학은 계속 발전했어. 의학에서도 놀라운 발견이 이뤄졌어. 영국 의사인 윌리엄 하비가 혈액은 심장에서 나간 뒤 온몸을 순환하고 다시 심장으로 돌아온다는 혈액순환설을 발표했어1628년. 그전까지만 해도 혈액은 심장에서 만들어져 다른 혈관으로 내보내지만 다시 심장으로 돌아오지는 않는다고 믿고 있었단다. 하비의 이 발견에 따라 현대의학이 비로소 태동했다고 볼 수 있지.

자연과학이 발전하면서 여러 기관들도 생겨났어. 대표적인 게 1662년 런던에 만들어진 왕립학회였지. 왕립학회란 이름에서 알 수 있듯이 이 단체는 왕이 적극 후원하고 있었어. 이 기관에서 아이작 뉴턴이 탄생했단다.

1687년 영국 왕립학회 회원인 뉴턴은 만유인력을 발표했어. 지구 상에 존재하는 모든 물체 사이에 서로 끌어당기는 힘이 만유인력이야. 만유인력 법칙은 중력의 법칙, 관성의 법칙, 작용반작용의 법칙으로 나눠져 있지. 이 만유인력 법칙은 과학사에 있어 가히 혁명이었단다. 그전까지 만물을

윌리엄 하비 · 혈액순환설을 주장한 영국의 의학자이자 생리학자로, 근대 생물학의 선구자이다.

뉴턴 · 만유인력을 발표해 '현대과학의 아버지'로 불린다.

움직이는 것은 신이라고 믿었어. 나무에서 사과가 떨어지는 것은, 신이 사과에게 떨어지라고 명령했기 때문이라는 거야.

요즘에는 아무도 이 말을 믿지 않겠지만 중세 세계에서는 모두 그 말을 믿었단다. 뉴턴은 신이 개입하지 않아도 만물이 스스로 존재하고 움직인다는 것을 증명했어. 이 때문에 뉴턴을 현대과학의 아버지라고 부른단다.

의회 민주주의를 이끈
영국의 3대 사건

1689년 명예혁명이 일어나고 왕은 의회 제도를 법적으로 인정하는 권리장전에 서명했어. 이로써 영국은 입헌군주제를 정착한, 첫 나라가 됐지. 그렇지만 권리장전이 하루아침에 완성된 것은 아니야. 그전부터 많은 노력이 있었거든.

1215년 영국의 존 왕은 실지왕이라고 불렸어. 땅을 잃은 왕이란 뜻이지. 무능한 정치 능력을 빗댄 표현일 거야. 존 왕은 귀족의 압력에 굴복해 대헌장마그나카르타에 서명했어. 대헌장 12조 '귀족평의회의 승인 없이 세금을 부과할 수 없다'는 규정이나 39조 '자유인은 재판이나 법에 의하지 않고서는 체포 감금할 수 없다'는 규정은 왕의 권한을 상당 부분 박탈한 내용들이었단다.

이 조항은 1628년 화려하게 부활했어. 찰스 1세의 폭정에 항거해 의회가 들고 일어섰지. 의회는 찰스 1세의 항복을 받아 냈고, 왕은 권리청원에 서명해야 했어. 이때 권리청원의 이론적 배경이 된 것이 바로 대헌장의 12조와 39조 규정이었던 거야.

명예혁명은 이 두 혁명이 없었다면 성공하지 못했을 거야. 결국 영국의 민주주의는 470여 년간 지속적으로 발전해서 나온 결과물이지. 이 때문에 대헌장, 권리청원, 권리장전을 영국 의회민주주의를 확립한 3대 역사로 규정한단다.

대륙별 스토리

앞에서도 이야기했지만 17세기부터는 유럽 역사의 비중이 아무래도 높아지게 돼. 커버스토리에서 17세기에 처음으로 나타난 시민혁명과 과학혁명을 다뤘지만 아직도 유럽의 역사는 알아야 할 게 더 많단다.

15세기에 시작된 대항해의 역사는 16세기부터 서서히 식민지 정책으로 바뀌었어. 17세기로 접어들면 유럽 나라들의 해외 식민지 개척이 활발해졌지. 영국과 프랑스, 네덜란드가 가장 적극적이었어. 이 가운데 영국의 활약이 두드러졌어.

16세기에 시작된 종교개혁과 종교전쟁은 17세기에 절정을 이뤘어. 유럽의 거의 모든 나라가 한데 엉켜 전쟁을 치렀단다.

반면 이슬람 세계는 점점 약해졌어. 오스만 제국은 발칸반도에서 조금씩 밀려났고, 인도의 무굴 제국도 유럽 나라들의 싸움터가 돼 가고 있었단다.

중국과 일본에서는 정권 교체가 이뤄졌어. 중국은 청나라, 일본은 에도 바쿠후가 들어섰는데, 각각 최후의 왕조, 최후의 바쿠후였단다.

유럽, 종교전쟁 터지다

영국에서도 종교 분쟁이 없지는 않았어. 따지고 보면 명예혁명도 찰스 2세와 제임스 2세가 개신교를 억압한 데서 비롯됐잖아? 그러나 영국은 피를 흘리지 않고 이 문제를 어느 정도 해결했어. 입헌군주제가 정착된 다음부터 심한 종교전쟁은 없었단다.

그러나 다른 나라들은 영국 역사와 다른 길을 갔어. 개신교와 가톨릭으로 나뉘어 큰 전쟁을 벌인 거야. 그것도 무려 30년간이나!

이 전쟁은 종교 갈등으로 시작됐지만 사실은 힘을 다투는 싸움이었어. 종교를 명분으로 내걸었지만 누가 강대국이 되느냐 하는 전쟁이었던 거지. 프랑스의 태도에서 이 사실을 알 수 있어. 30년전쟁에서 프랑스는 가톨릭 국가이면서도 개신교의 편을 들었거든. 자, 17세기 유럽의 정치사를 살펴볼까?

"짐이 곧 국가다"

영국에서 청교도혁명이 한창 진행 중일 때 프랑스는 어떤 상황이었을까? 프랑스도 의회가 왕에게 저항했을까? 아니야, 오히려 프랑스는 절대왕정의 상징인 루이 14세 왕이 등극했단다. 의회는 물론 귀족들까지도 그에게 꼼짝하지 못했지.

1598년 낭트 칙령을 선포해 종교 갈등을 끝낸 앙리 4세 때부터 프랑스에도 절대왕정 체제가 갖춰지기 시작했어. 17세기 들어 그의 뒤를 이어 왕이 된 루이 13세는 고작 열세 살에 불과했단다. 그 어린아이가 강력한 통치를 할 수 있었던 건 훌륭한 재상이 있었기 때문이야. 그 인물이 바로 18년간 프랑스의 재상을 맡아 절대왕정 체제를 확실하게 구축한 리슐리외 추기경이지.

리슐리외 추기경은 국가의 이익이 가장 우선돼야 한다고 믿는 애국주의자였어. 그의 이런 신념은 유럽 국가들이 벌인 30년전쟁 1618~1648년에서 확실하게 드러났어. 이 전쟁에서 프랑스는 가톨릭 국가이면서도 같은 가톨릭 국가인 에스파냐와 합스부르크 왕조의 신성로마 제국을 지원하지 않았어. 오히려 개신교 국가인 네덜란드를 지원했지. 프랑스가 강대국이 되려면 두 나라의 힘을 꺾어야 했던 거야.

루이 14세 · "짐이 곧 국가다"라고 말한 절대왕정의 상징적인 인물이다.

리슐리외 추기경은 국내에서는 개신교 위그노파를 싹 쓸어 버렸어. 그들이 왕에게 고분고분하지 않았기 때문이야. 왕에게 저항하지 않았다면 그대로 됐을지도 몰라. 이런 모습만 봐도 종교전쟁이 말로만 종교전쟁이었지, 실제로는 패권 다툼이었다는 것을 알 수 있겠지? 바야흐로 종교의 시대는 끝나 버렸어!

왕권을 강화하겠다는 리슐리외 추기경의 신념은 다음 재상인 마자랭에게 그대로 이어졌어. 마자랭도 강력한 왕을 원했어. 그 결과 프랑스에서는 그 어느 시대의 왕에게도 뒤지지 않는 강력한 왕이 탄생했단다.

태양왕을 상징하는 장식품 · 루이 14세가 세운 베르사유 궁전을 둘러싼 울타리의 장식이다.

이 무렵 영국에서는 청교도혁명이 한창이었어. 바로 그때 프랑스에서는 루이 14세가 왕에 올랐지1643년. 그는 "짐이 곧 국가다"라고 선언했어. 절대왕정 체제가 절정에 이른 거야. 그에게는 태양왕이라는 별명이 붙었어. 화려하기가 이를 데 없는 베르사유 궁전도 이때 만들어졌단다. 루이 14세는 매일 밤 이 궁전에서 파티를 열었대. 귀족들은 루이 14세의 눈 밖에 나지 않으려고 매일 밤 파티에 참석해야 했지. 귀족들은 왕에게 줄 선물을 마련하기 위해 모든 재산을 썼다는구나. 왕만 부유해졌고 귀족들은 가난해졌어.

절대왕정 체제를 확실히 구축한 루이 14세는 이어 영토를 넓히려고 팽창정책을 실시했어. 그러나 너무 강하면 적을 많이 만드는 법이야. 독일, 영국, 에스파냐, 오스트리아, 스웨덴, 네덜란드 등 유럽 대부분의 국가가 프랑스에 대항하기 위한 동맹을 결성했지. 루이 14세는 팽창정책을 슬그머니 철회할 수밖에 없었어.

루이 14세는 사치스러운 왕이었을 뿐 아니라 강압적인 왕이었어. 30년전쟁이 끝나고 체결된 베스트팔렌조약에 따라 유럽에서는 신앙의 자유가 인정됐어. 그러나 루이 14세는 개의치 않고 개신교를 탄압했어. 자신을 비판하는 사람은 모두 바스티유 감옥에 가둬 버렸단다.

정치가 혼란스러우면 항상 민중만 고통받게 돼 있어. 프랑스 국민의 삶은 점점 비참해졌어. 이 무렵 영국에서 명예혁명이 성공했고 민주주의가 태동했다는 소문이 들려왔어. 하지만 프랑스는 점점 수렁으로 빠지는 느낌이야. 1690년 프랑스에서는 전염병이 돌기 시작했어. 농사도 흉년이었어. 식량이 줄어들자 굶어 죽는 국민이 속출했어. 그러나 지배층은 국민의 삶에는 관심이 없었어. 어쩌면 프랑스대혁명은 이때부터 예정돼 있던 게 아닐까?

유럽, 30년전쟁 터지다

이제 30년전쟁에 대해 살펴볼 차례야. 이 전쟁은 17세기 유럽 정치사를 이해하는 데 매우 중요한 사건이야. 유럽의 거의 모든 나라가 참전했고, 종교를 명분으로 걸었던 최후의 전쟁이자 최대의 전쟁이었거든. 이미 여러 번 귀띔을 했으니 이 전쟁이 꼭 종교전쟁은 아니란 걸 이해하고 있을 거야.

전쟁은 신성로마 제국의 독일 영토에서 시작됐어. 아우크스부르크 제국회의 이후 독일에서는 가톨릭과 개신교도들이 크게 충돌하지 않고 비교적 평화로운 시간을 보내고 있었어. 한때는 신성로마 제국의 루돌프 2세 황제가 신앙의 자유를 보장하는 선언도 했어. 그러나 이 평화는 채 10년을 넘기지 못했단다. 보헤미아의 왕 페르디난트 2세가 개신교를 심하게 탄압했거든. 1618년 보헤미아의 개신교 귀족들이 반란을 일으켰어. 30년에 걸친 종교전쟁이 시작된 거야.

페르디난트 2세는 곧 신성로마 제국의 황제가 됐어. 그러나 보헤미아의 개신교 귀족들은 그를 황제로 인정하지 않았어. 팔츠의 제후인 프리드리히 5세를 왕으로 추대했지. 맞불을 놓은 거야. 페르디난트 2세는 같은 가톨릭 국가인 에스파냐에 지원을 요청했어. 가톨릭과 개신교 군대는 프라하 부근에서 충돌했어. 이 전투에서 개신교

뤼첸 전투 · 30년전쟁 중 일어난 전투로, 아래 그림은 전투 중 스웨덴의 사자왕 구스타브 2세가 사망한 모습을 묘사한 그림이다.

군대가 패하면서 프리드리히 5세는 네덜란드로 망명해야 했단다.

이때까지만 해도 30년전쟁은 신성로마 제국 안에 있는 아주 작은 지역에서만 치러졌어. 전쟁도 금방 끝날 것 같았지. 그러나 아니었어. 본격적인 전쟁은 이제부터 시작이야. 다른 나라들이 뛰어들기 시작했거든.

1625년 덴마크의 왕 크리스티안 4세가 신교를 구하기 위해서 독일을 침략했어. 영국과 네덜란드가 덴마크를 지원했어. 다 속셈이 있었지. 영국은 독일과 에스파냐의 세력을 꺾기 위해, 네덜란드는 에스파냐로부터 독립을 쟁취하기 위해 덴마크를 지원한 거야. 이제 전쟁은 가톨릭의 합스부르크 왕조 대 덴마크—영국—네덜란드로 확대됐어. 이 전쟁에서도 가톨릭 군대가 이겼어. 양측은 뤼베크 평화조약을 체결하고 전쟁을 끝냈지1629년.

하지만 평화조약은 종잇장에 불과했어. 1년 후, 스웨덴의 구스타브 2세가 신교를 구하겠다며 다시 독일을 공격했단다. 이때 뜻밖의 사건이 터졌어. 가톨릭 국가인 프랑스가 스웨덴을 지원한 거야! 왜 그랬는지는 이미 살펴봤지?

든든한 지원군을 얻은 스웨덴 군대는 승승장구했어. 그러나 1632년 뤼첸 전투에서 구스타브 2세가 전사하면서 전세가 역전됐어. 양측은 엎치락뒤치락하다가 또다시 프라하에서 평화조약을 체결했어1635년. 그러나 이 조약은 처음부터 휴지 조각이었어. 종이의 잉크도 마르기 전에 프랑스가 바로 독일을 공격한 거야. 프랑스는 내친김에 에스파냐에도 선전포고를 했어. 전쟁은 치열했고 양측의 사상자만 늘어났어. 그 어느 쪽도 승리를 장담할 수 없었다는구나.

1637년 신성로마 제국 황제가 된 페르디난트 3세는 전쟁을 더 해봤자 이득이 없다는 걸 깨달았어. 눈을 돌려 영국을 보니 마침 영국에서 청교도혁명이 시작되고 있었어. 그 혁명이 신성로마 제국에서도 일어난다면 얼마나 끔찍할까?

황제는 아마 그런 생각을 했나 봐. 빨리 전쟁을 끝내는 게 좋다고 결심했어. 페르디난트 3세는 전쟁을 끝낼 것을 제의했고, 그 제의가 받아들여졌어. 전쟁에 참여한 여러 나라들이 1644년부터 5년간 줄다리기 협상을 했어. 1648년 그 나라들은 베스트팔렌조약을 체결했어. 30년전쟁이 끝난 거야.

베스트팔렌조약

베스트팔렌조약은 근대로 들어선 다음 유럽 나라들 사이에 체결된 최초의 국제조약이란다. 이 조약을 통해 유럽 종교 세계가 확실히 끝났다는 것을 알 수 있을 거야.

우선 가톨릭과 개신교가 동등하게 신앙의 자유를 얻었어. 이제 누구나 자신이 원하는 종교를 믿을 수 있게 된 거야. 그러나 종교의 자유가 보장됐다는 것 하나만으로 첫 근대 조약이라는 타이틀을 얻은 건 아니야. 근대란 말을 붙일 수 있는 까닭은 이 조약으로 인해 중세 유럽의 상징이었던 신성로마 제국의 기세가 완전히 꺾였기 때문이

베스트팔렌조약 체결 · 30년전쟁을 종결한 평화조약이다.

야. 신성로마 제국의 영방국가들이 이때부터 각기 독립적인 나라처럼 행세하기 시작했어.

영방은 연방과 약간 다르단다. 오늘날 미국의 정식명칭이 아메리카합중국이지? 이 말은 미국이 여러 주, 즉 스테이트State들이 모여 결성한 연합국가란 뜻이야. 연방국가에서는 각 지방정부가 독립적인 것처럼 보이지만 실제로는 중앙정부의 통제를 받지. 그러나 영방국가는 달라. 신성로마 제국을 보면 소속된 여러 나라들이 군대를 갖추고 따로 세금을 거뒀어. 다시 말해 지방정부는 하나하나가 독립국가나 마찬가지였던 거야.

합스부르크 왕조의 힘도 약해졌다고 볼 수 있어. 그전까지는 합스부르크 왕조에서 배출한 황제가 신성로마 제국 전체의 황제였지? 그러나 이제 합스부르크 왕조는 오스트리아의 황제일 뿐이야. 신성로마 제국의 실제 영토가 합스부르크 왕조의 오스트리아와 그 주변 나라들로 쪼그라들었거든.

영국이야 청교도혁명으로 공화국을 건설하고 있었으니 이 전쟁과 큰 상관이 없어. 그러나 대륙 안에서는 확실하게 강대국의 서열이 달라졌어. 국익을 위해 종교를 버렸던 프랑스가 새로이 유럽 강대국으로 부상했어. 에스파냐로부터 독립 투쟁을 벌여왔던 네덜란드도 법적인 독립을 얻어 냈어. 스위스도 이때 독립했지.

기억해야 할 게 한 가지 더 있어. 이 전쟁은 처음부터 끝까지 오늘날의 독일 땅에서 벌어졌다는 거야. 그래, 이 30년전쟁으로 인해 독일이 폐허로 변해 버렸어. 그러나 새로운 싹이 자라나기 시작했어. 독일을 재건하기 시작한 나라는 독일 동북부 지역에 있던 작은 제후국 프로이센이었지.

프로이센의 국왕 프리드리히 빌헬름 1세와, 그 뒤를 이은 아들 프리드리히 2세_{프리드리히 대제}는 다시 군대를 강화했고, 국가 재정을 넉넉하게 비축했어. 프로이센은 머지않아 강대국으로 부상한단다.

러시아의 성장

17세기 유럽의 정치사를 끝내기 전에 다른 나라들도 살펴보도록 할게.

먼저 스웨덴. 이 나라는 17세기 초반 구스타브 2세가 통치할 때 최고의 전성기를 맞았어. 그는 러시아와 폴란드 같은 동유럽 나라들과 전쟁을 벌여 영토를 크게 넓혔어. 그러나 이미 살펴본 대로 그는 30년 전쟁에 참전했다가 뤼첸 전투에서 전사하고 말았지. 그 후 스웨덴은 약해지기 시작했어. 18세기에는 러시아와의 북방전쟁에서도 패했어.

네덜란드는 17세기 초반까지만 해도 꽤나 잘 나가는 나라였어. 에스파냐로부터 독립했을 뿐 아니라 모직물 산업이 발달해 경제 대국이 됐지. 네덜란드는 다른 나라들과의 무역을 통해 돈을 벌었어. 1602년 영국에 이어 인도에 동인도회사를 두 번째로 설립한 사실만 봐도 네덜란드가 얼마나 무역을 활발하게 했는지 알 수 있겠지? 네덜란드는 일본까지 뻗어 나가기도 했어. 유럽의 금융 중심지로도 성장했단다.

30년전쟁이 끝날 때까지도 네덜란드는 계속 성장하고 있었어. 그랬던 네덜란드를 꺾은 나라는 영국이야. 크롬웰이 항해조례를 발표한 다음부터 모직물 수출에 큰 타격을 입었던 거야. 네덜란드는 영국과의 전투에서 패했고, 이어 프랑스에 패했어. 그 후의 운명은 스웨덴과 비슷했지.

러시아가 유럽 역사에 전면으로 등장한 것도 이즈음이야.

모스크바 공국이 키예프 공국의 후손이라는 사실은 이미 알고 있지? 키예프 공국이 13세기부터 약 200년간 킵차크 칸 국의 지배를 받았다는 것도 잘 알고 있을 거야. 15세기부터 모스크바 공국의 이반 3세는 슬라브족의 독립운동을 이끌었어. 그리고 마침내 몽골족을 몰아내 독립국을 세웠어. 그러나 이때까지만 해도 러시아는 강대국과는 거리가 멀었고, 유럽의 끝에 있는 작은 나라에 불과했지.

영국에서 명예혁명이 성공해 메리 2세
와 윌리엄 3세가 왕위에 오르기 7년 전인
1682년, 러시아에서는 표트르 로마노프
가 황제에 올랐어. 러시아는 황제를 차르
라고 불렀어. 이 차르가 바로 표트르 대
제란다.

**네덜란드 동인도회사에서 발행한
동전** · 동전에 새겨진 VOC는 네
덜란드 동인도회사의 약자이다.

표트르 대제가 등장하면서 러시아도
절대왕정 체제로 돌입했어. 표트르 대제
는 유럽의 선진국들을 모방해 개혁을 추진했어. 그는 오랫동안 몽
골족의 지배를 받아 몸에 밴 몽골 문화를 뽑아내는 데 온 힘을 쏟았
어. 관료들은 서양식 옷을 입도록 했고 수염도 자르게 했어. 여자들
은 유럽의 부인들이 즐겨 입는, 가슴이 깊게 팬 드레스를 입도록 권
했지. 겉모습부터 유럽 사람처럼 되자는 표트르 대제의 노력 덕분에
러시아는 점점 유럽을 닮아 갔어. 표
트르 대제의 활약은 18세기로 접어
들면 더욱 두드러진단다. 이 부분은
14장에서 다룰게.

표트르 대제 · 러시아를 유럽의 일원으로
만든 러시아의 황제, 차르이다.

바로크가 신앙 보급을 위해 만들어진 미술 사조라고?

유럽 박물관에 가면 기독교 신앙을 담은 그림, 즉 성화를 많이 볼 수 있어. 작품은 웅장하고 화려하며 복잡해. 크기도 상당히 크지. 이런 작품들의 상당수가 17세기 유럽, 특히 프랑스에서 만들어졌단다.

이런 미술 양식을 바로크 양식이라 불러. 대표적인 화가로 루벤스나 렘브란트 정도를 들 수 있는데, 렘브란트의 「눈이 멀게 된 삼손」이나 루벤스의 「마리 드 메디치의 생애」 같은 작품이 있어. 영국에서 시민사회가 탄생하고, 북유럽에선 르네상스

「마리 드 메디치의 생애」 연작 중 일부

「눈이 멀게 된 삼손」

의 영향을 받은 인문주의가 활발하게 이뤄지고 있는 상황이었지? 그런데 프랑스에서는 어떻게 해서 이런 종교적 작품들이 많이 탄생한 것일까?

이는, 그만큼 프랑스의 절대왕정 체제가 강했다는 이야기가 돼. 우선 프랑스는 가톨릭이 국교였어. 그리고 근대적 세계관이 영국보다 덜 발달했지. 또 미술 작품을 사거나 소장할 수 있는 재력은 주로 귀족 층밖에 없었어. 그들은 종교개혁에 반대하는 인물들이었지? 맞아, 바로크 미술은 가톨릭 신앙을 보급하기 위해 귀족 층을 중심으로 일어난 미술 양식이었던 거야.

음악 또한 이때의 양식을 바로크 양식이라고 불러. 바흐와 헨델이 만든 궁정음악이 대표적이지. 이런 점들 때문에 '바로크 = 귀족 문화'라는 등식이 성립한다고 볼 수 있단다.

유럽의 활발한 세계 진출

지금까지 17세기 유럽 정치사에 대해 살펴봤어. 이번에는 유럽의 경제사에 대해 다뤄 볼까 해. 대서양에 인접해 있는 영국, 프랑스, 네덜란드, 에스파냐 같은 나라들은 전 세계로 영역을 넓혀 나가고 있었어. 이 바탕에는 중상주의라는 경제 이념이 있었단다.

중상주의는 특히 영국과 네덜란드에서 강했어. 영국이 1600년, 네덜란드가 1602년 인도에 동인도회사라는 무역회사를 설립한 것만 봐도 알 수 있지.

에스파냐는 16세기부터 중미와 남미의 거의 대부분을 장악하고 있었어. 아즈텍 제국과 잉카 제국이 어떻게 멸망했는지 기억하고 있지? 에스파냐는 볼리비아, 멕시코 같은 나라에서 은광을 개발해 막대한 돈을 벌었어. 이때 유럽으로 막대한 양의 은이 유입되면서 물가가 폭등하는 바람에 가격혁명이 생기기도 했지?

중상주의, 기지개 켜다

영국과 네덜란드는 왜 인도에 무역회사를 설립한 것일까? 이 질문에 어떤 대답을 하겠니? 단순히 땅이 탐나서? 물론 그럴 수도 있지만, 엄밀하게 말하면 그건 아니야. 두 나라가 탐낸 것은 인도와 동남아시아의 풍부한 향신료였어. 향신료는 유럽에서 비싼 값에 팔리기 때문에 큰돈을 벌어다 주는 품목이었거든.

좀 이상하다는 생각이 들지 않니? 원래 인도양 항로를 개척한 나라는 포르투갈이었잖아? 맞아, 하지만 17세기 이후에는 강력한 중상주의를 펼친 영국과 네덜란드가 인도의 무역을 장악했어. 첫 개척자인 포르투갈은 밀려났지.

무역으로 많은 돈을 벌어 차곡차곡 쌓아 놓은 재산을 경제학 용어로 상업자본이라고 부른단다. 상업자본가들은 더 많은 돈을 벌기 위해 무역을 확대했어. 더 많은 정보를 알기 위해 자신이 가지고 있던 정보를 서로 나누기도 했어. 이 정보를 나누려고 소식지를 만들었는데, 그게 바로 오늘날 신문으로 발전했단다.

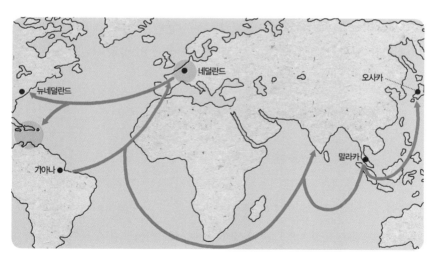

네덜란드 중상주의 확대 · 북미와 남미는 물론 멀리 일본까지 교역을 확대했다.

네덜란드는 영국에서 항해조례를 발표하기 전까지만 해도 중상주의가 가장 발달한 나라였어. 오늘날까지 경제학자들이 투기성 인플레이션을 설명할 때 단골로 인용하는 사례가 있어. 바로 튤립 파동이라는 건데, 이즈음 네덜란드에서 발생한 거란다.

네덜란드의 튤립 · 17세기 네덜란드에서 튤립은 주식과 같았다.

1630년대 유럽 사람들은 튤립에 푹 빠져 있었어. 100여 년 전에 유럽에 상륙한 이 튤립은 곧 여러 품종으로 개발돼 나왔는데, 그때마다 매진 사례를 기록했대. 네덜란드 상인들은 튤립 장사로 큰돈을 벌 수 있다고 생각하고 닥치는 대로 튤립을 사들였어. 처음에는 이 예상대로 튤립 가격이 하늘 모르고 치솟았어. 어떤 튤립은 한 송이가 집 한 채 값이었다는구나. 사람들은 더 가격이 오를 거라고 생각하고 너도나도 튤립을 사들였어. 그러나 1637년부터 튤립은 더 이상 가격이 오르지 않았어. 투자 가치가 별로 없다는 소문이 나돌았지. 튤립 가격이 폭락하기 시작했어. 많은 사람들이 파산하고 길거리에 나앉았대. 오늘날 땅 투기나 무모한 주식투자와 다를 바 없지?

1692년에는 영국에서 처음으로 국채를 발행했단다. 채권을 기업에서 발행하면 회사채, 나라에서 발행하면 국채라고 하지. 이제 사람들은 상품만 사고파는 게 아니라 돈을 지급하겠다고 약속한 종이까지도 사고팔게 됐어. 자본주의가 성큼 다가선 거야.

삼각무역이 극에 달한 것도 이 무렵이야. 영국은 1672년 왕립 아프리카회사를 설립했어. 이 회사는 노예무역에 대한 독점권을 정부로부터 받았지. 이 회사의 상선들은 무기와 화약, 술 등을 싣고 아프리카로 향했어. 그곳에서 노예와 이 물건들을 교환한 다음 서인도제도, 즉 중남미로 향했어.

상인들은 서인도제도에 당도하면 노예를 팔고, 그 돈으로 담배, 설탕 등 식민지 상품들을 사들였지. 식민지에서 난 여러 상품들을 배에 가득 실은 상선은 유럽으로 돌아왔어. 그 상품들은 아주 고가에 팔렸지. 이 무역 항로를 선으로 연결하면 삼각형이 돼. 그래서 삼각무역이라 부르는 거야. 앞에서 다뤘던 것 기억나지?

신대륙 러시

아메리카 대륙의 북반부, 그러니까 오늘날의 미국과 캐나다에는 17세기부터 유럽의 개척자들이 몰려들기 시작했어. 영국과 프랑스, 에스파냐가 북미 신대륙을 개척하는 데 적극적이었지.

1607년 영국인들이 오늘날 미국 버지니아의 한 해안에 도착했어. 이때 영국의 왕은 스코틀랜드 출신의 제임스 1세였어. 영국인들은 자신들이 정착한 그곳의 이름을 왕의 이름을 따 제임스타운이라고 지었지.

이들은 금은보화를 노리고 이곳으로 왔어. 하지만 금은보화는 없었어. 그 대신 품질 좋은 담배가 재배된다는 사실을 알게 됐지. 정착민들은 농장에서 담배를 재배해 유럽에 수출했어. 담배 판매 수입은 예상보다 훨씬 짭짤했어. 그러자 영국 정부는 버지니아를 아예 식민지로 선포하고 총독을 파견했지. 버지니아는 훗날 영국이 북미에 개척한 13개 식민지 가운데 가장

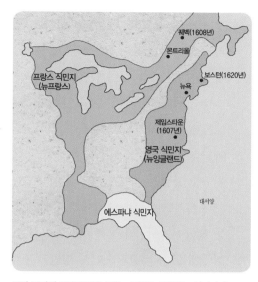

유럽 국가의 북아메리카 분할 · 17세기 초반에는 북미에서 영국과 프랑스의 세력이 비등했다.

먼저 식민지가 된 주란다. 나중에는 이곳에서도 아프리카에서 수입한 노예를 일꾼으로 부렸어. 중미와 남미의 농장과 탄광에서 노예를 주로 썼지? 이제 북미에서도 똑같은 일이 벌어지고 있는 거야.

1608년에는 프랑스인들이 오늘날 캐나다의 퀘벡을 건설했어. 프랑스는 훗날 퀘벡을 영국에 빼앗겼지만 오늘날까지도 이 지역에서는 프랑스어를 더 많이 써. 프랑스인 정착촌이 더 많았거든.

종교 박해를 피해 아메리카로 이주하는 사람들도 많았어.

1620년 한 무리의 청교도들이 메이플라워호를 타고 영국 플리머스 항을 떠났어. 그들이 신대륙으로 항해한 까닭은 단 하나. 바로 종교의 자유를 위해서였어. 배는 얼마 후 오늘날의 미국 매사추세츠

주 보스턴의 코드 만에 도착했지. 그들은 곧 정착촌을 만들고 낚시와 고래잡이를 하며 살았어. 공동체의 교리는 엄격했고, 교리에 반대하는 사람들은 떠나야 했단다.

1652년에는 네덜란드의 칼뱅파 농민들이 아프리카로 이주했어. 그들은 아프리카의 남쪽 끝에 케이프타운을 건설했지. 이 도시가 오늘날 남아프리카공화국의 시작이야. 이때의 네덜란드인들을 보어인이라고 불렀는데, 훗날 영국 군대에 의해 쫓겨나는 신세를 맞는단다.

17세기까지는 신대륙에서 유럽의 나라들이 서로 전쟁을 벌이지는 않았어. 물론 작은 충돌은 있었지. 1664년 영국 군대가 허드슨 강 입구에 있는 네덜란드인의 정착촌을 점령해 버렸어. 그때까지만 해도 그 정착촌의 이름은 뉴 암스테르담이었대. 당시 영국 군대를 지휘한 인물은 찰스 2세의 동생 요크 공이었지. 이곳의 이름이 왜 뉴욕이 됐는지 알겠지?

가격혁명, 상업혁명
그리고 산업혁명

18세기 들어 유럽에서 산업혁명이 시작돼. 이 산업혁명으로 유럽과 아시아의 격차가 확 벌어지지.

하지만 산업혁명은 어느 날 갑자기 뚝딱 하고 하늘에서 떨어진 게 아니야. 대항해시대 이후 유럽에서 시작된 상업혁명과 가격혁명에서부터 서서히 산업혁명으로 발전한 것이지. 짧게 말하고 넘어갔는데, 뭐가 다르고 뭐가 같은지 알아볼까?

가격혁명은 중남미 탄광에서 캐낸 은이 한꺼번에 유럽으로 많이 들어오면서 나타났어. 물가가 폭등하고 화폐가치가 떨어졌기 때문에 지주와 노동자의 손해가 컸지. 요즘처럼 물가가 오르면 월급쟁이들의 수입이 감소하는 것과 마찬가지 이치야. 그렇지만 가격혁명으로 상인과 제조업자는 이득을 봤어. 그들에겐 내다 팔 상품이 있었기 때문에 가격이 오르면 오를수록 수입이 늘어났거든. 이렇게 해서 도시의 상공업자가 새로운 부자로 떠오른 거야.

상업혁명은 15세기 후반부터 시작됐어. 무역의 중심이 지중해에서 대서양 연안으로 옮겨 가면서 여러 변화가 나타났지. 상업혁명은 돈 자체가 하나의 상품이 되는 걸 말해. 도시와 자본주의가 발달하면서 은행이 생겨나고 채권도 발행됐지. 금융제도가 급격히 발전한 거야.

가격혁명과 상업혁명은 엄밀히 말하면 산업혁명이 태동하기 위한 밑거름이었어. 두 혁명을 거치면서 많은 돈을 벌게 된 상공업자들은 노동자들을 한곳에 모아 공장제 생산을 시작했지. 이렇게 해서 탄생한 게 바로 산업혁명이란다.

이슬람 세계, 위축되다

유럽의 역사를 살펴보는 데 이번 장의 절반 이상을 써 버렸지만 어쩔 수 없단다. 17세기부터는 유럽이 명실상부한 세계의 중심이 됐기 때문이야.

오스만 제국은 엄밀히 말하면 유럽의 일원이야. 그러나 지금까지는 따로 이슬람 세계로 구분해 다뤘어. 발칸반도에 머물고 있지만 이슬람교라는 종교 색채가 훨씬 강했을 뿐 아니라 아프리카와 페르시아, 인도에도 여러 개의 이슬람 왕조가 건재했기 때문이지. 이번 장까지는 이 방식을 그대로 따를 거야. 그러나 다음 장부터는 이슬람권을 따로 다루지 않아.

그 이유가 이미 짐작이 가지? 맞아, 이슬람권은 17세기 들어 극도로 위축됐어. 오스만 제국은 더 이상 유럽을 호령하던 과거의 호랑이가 아니었어. 무굴 제국도 유럽 국가들의 침탈을 멍하니 바라보고만 있었지.

16세기 초반까지만 해도 문화, 과학기술, 군사력 등 모든 분야에서 유럽에 뒤지지 않던 이슬람 세계가 왜 이렇게 초라해졌을까? 하긴, 동아시아의 중국도 오스만 제국과 별반 다르지 않았지.

오스만 제국, 헝가리 잃다

16세기 이슬람권은 유럽의 오스만 제국, 페르시아의 사파비 왕조, 인도의 무굴 제국으로 나뉘어 있었어. 인도에서부터 발칸반도까지가 모두 이슬람 세계였어. 그러나 땅만 넓으면 뭐하니, 17세기부터는 별 실속이 없었단다.

17세기 초반에는 사파비 왕조도 번영했어. 사파비 왕조는 오스만 제국과도 자주 싸웠어. 오스만 제국은 수니파, 사파비 왕조는 시아파였으니 그럴 법도 하겠지? 1630년경에는 사파비 왕조의 수도 이스파한 인구만 60만 명이 넘었대. 이스파한에만 이슬람 사원인 모스크가 160곳 정도였다고 하니 엄청난 대도시였나 봐. 그러나 사파비 왕조의 번영은 이때로 끝나고 말았어. 18세기로 접어든 다음 세력이 약해지다가 결국 멸망하고 만단다.

이제 오스만 제국의 역사를 볼까? 1571년 레판토 해전에서 유럽 연합군에게 참패를 당한 오스만 제국은 그 후 재기에 성공했을까?

아무리 이빨 빠진 호랑이라 해도 호랑이는 호랑이였어. 비록 레판토 해전에서는 졌지만 오스만 제국은 오뚝이처럼 일어섰단다. 영국에서 청교

합스부르크 왕가의 문양 · 합스부르크가는 유럽 제일의 명문가로서, 쌍두독수리를 가문의 주된 상징으로 삼았다.

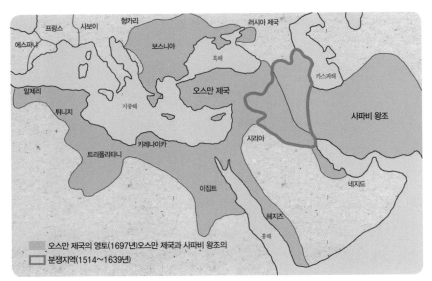

17세기 이슬람권 · 오스만 제국과 사파비 왕조는 종교 문제로 계속 대립했다. 사파비 왕조는 18세기가 되자 멸망했다.

도혁명이 실패해 왕정으로 복귀하고 얼마 지나지 않은 1683년이었어. 오스만 제국은 다시 유럽의 중심부를 향해 돌진했어. 목표는 오스트리아 빈!

오스만 군대는 빈을 포위하는 데까지는 성공했어. 그러나 끝내 빈을 점령하지는 못했어. 유럽 연합군의 저항이 너무 강했거든. 오스만 군대는 1529년에도 오스트리아를 공격했다가 실패했었어. 또다시 빈을 점령하는 데 실패한 셈이지.

오스만 제국은 왜 오스트리아 빈을 그렇게 정복하려고 했을까? 물론 지리적으로 가깝기 때문이겠지. 그러나 그 이유 때문만은 아니었어. 빈은 합스부르크 왕조의 수도가 있는 곳이야. 베스트팔렌조약으로 신성로마 제국의 영방이 독립하기 전까지는 유럽 전체의 중심지였어. 그 후에도 합스부르크 왕조의 권위는 남아 있었기 때문에 빈의 중요성은 매우 컸지. 약간 과장해 표현하자면, 빈을 정복하는 것은 유럽 전체를 정복하는 거야!

이번 전쟁에서는 패배만으로 끝나지 않았어. 교황의 주도하에 유럽 각국에서 군대가 모이기 시작한 거야. 그 연합군은 반 오스만 동맹이란 이름으로 불렸어. 오스만 제국이 유럽 중심부로 진출하는 걸 더 이상 지켜보지 않겠다는 뜻이었지.

영국에서 명예혁명이 성공해 민주주의의 기틀이 잡혀가고 있을 때였어. 오스만 제국의 시대가 저문다는 징후가 나타났어. 몇 차례의 전쟁 끝에 마침내 유럽에 항복할 수밖에 없었던 거야1697년.

오스만 제국은 2년 후 유럽 국가들과 카를로비츠조약을 체결했어. 이 조약에 따라 오스만 제국은 도나우 강 이북의 영토를 포기해야 했단다. 헝가리는 합스부르크 왕조에 넘겼어. 19세기 후반에 오스트리아—헝가리 제국이 등장하는데, 그 시작이 바로 이때야.

이제 오스만 제국의 영광은 끝나 버렸어. 그 후로도 오스만 제국은 몇 번 재기하려고 했지만 모두 실패했고 결국 유럽 국가들의 먹잇감으로 전락하게 돼.

인도, 무굴 제국의 쇠퇴

동쪽으로 이동해 인도의 역사를 살펴볼까? 1600년과 1602년 영국과 네덜란드가 동인도회사를 인도 땅에 세웠지? 처음에는 이 두 나라의 회사들이 인도 정부와 잘 지냈어. 인도 정부도 두 회사가 인도를 발전시켜 줄 거라고 믿었나 봐.

17세기 후반부터 인도는 내부의 종교 갈등 때문에 혼란스러웠단다.

인도는 역사적으로 여러 종교가 번성한 땅이야. 13세기 이후로는 이슬람교와 힌두교가 두드러졌지. 17세기로 접어들면 이 두 종교가 본격적으로 어우러져 헬레니즘 문화처럼 독특한 인도 문화를 탄생시켰어.

원래 힌두 인도인들은 헐렁한 바지를 입지 않았어. 그러나 이때부터 이슬람 문화의 영향을 받아 이란에서나 볼 법한 헐렁한 바지가 인기를 끌었다는구나. 이슬람 여성들은 정반대로 힌두 여성이 입는 긴 치마를 즐겨 입었대. 고기를 꼬치에 끼워 먹는 케밥 요리는 원래 이슬람 음식이었지만 힌두교도들도 즐겨 먹기 시작했어. 이 요리는 오늘날 가장 대표적인 터키 음식이란다.

케밥 요리 · 이슬람 음식이지만 힌두교도들도 즐겨 먹는 요리이다.

건축 양식에서도 두 종교의 문화가 섞였어. 1649년 만들어진 타지마할 궁전을 보면 그 사실을 알 수 있어.

이 궁전은 무굴 제국의 5대 황제

인 샤 자한이 왕비 뭄타즈마할의 죽음을 애도하기 위해 건축한 거야. 매일 2만 명의 인부가 동원돼 22년간 만들었대. 페르시아 건축 기법을 따라 궁전의 끝을 뾰족하게 하고 천장은 둥그런 아치형으로 했고, 돔을 얹었어. 돔 밑에 있는 기둥은 팔각형이지. 궁전 외부는 페르시아 양식을 따랐지만 내부는 주로 힌두 양식을 따랐어. 화려한 연꽃 문양으로 장식했는데, 이게 힌두 양식이라는구나.

타지마할 궁전 · 무굴 제국의 샤 자한 황제가 왕비의 죽음을 애도해 만들었다.

이즈음 유럽에서는 30년 종교전쟁이 막 끝났어. 가톨릭과 개신교가 전쟁을 치를 만큼 팽팽하게 대립한 것에 비하면 인도는 이슬람과 힌두교가 정말 사이좋게 지낸 셈이야.

그러나 이 평화도 아우랑제브 황제가 등장하면서 끝나고 말았어. 그는 지금까지의 황제들이 두 종교를 모두 포용했던 정책을 버렸어. 이슬람 지상주의를 선포하고 이슬람교를 제외한 모든 종교를 탄압하기 시작했지. 평화로웠던 무굴 제국은 혼란에 빠져들기 시작했어.

아우랑제브의 종교 탄압이 심해지면서 시크교도들은 이슬람에 저항하는 사람들을 모아 반란을 일으켰어. 힌두교도들도 무굴 제국에 저항하면서 인도 북서부 지역에서 마라타 동맹을 만들었지1708년. 이 마라타 동맹은 반란군 수준이 아니라 마라타 왕국이라고 부를 정도로 엄청난 세력을 자랑했단다.

17세기 후반이 되면 인도에는 영국과 네덜란드, 프랑스가 모두 진출하게 돼. 그러나 그때까지도 무굴 제국은 유럽 국가들의 위험을 과소평가했어. 자기들끼리 싸우느라 밖이 어떻게 돌아가는지 관심이 없었던 거야. 머지않아 유럽 국가들이 얼마나 파괴적인지 절실하게 깨닫게 된단다. 오스만 제국이 유럽과의 잦은 전쟁 때문에 몰락했다면 무굴 제국은 내부 부패와 종교 갈등으로 몰락했다고 볼 수 있지.

동아시아 최후의 왕조들

영국의 시민혁명, 유럽 대륙의 30년전쟁, 오스만 제국의 추락⋯. 이 시기 세계는 격변하고 있었어. 동아시아도 크게 다르지 않았지.

만주족이 새로운 나라를 만들었어. 후금이었지. 후금은 곧 중국 전체를 정복했어. 이 나라가 바로 청나라야. 중국 최후의 왕조지. 임진왜란이 조선과 일본만의 전쟁이었을까? 그렇지 않다는 걸 잘 알고 있을 거야. 임진왜란은 동아시아의 세 나라, 즉 명과 조선, 일본이 뒤엉킨 국제전이었어. 명은 바로 그 임진왜란의 여파로 멸망했고, 그 땅에 청이 들어섰어. 일본도 정권이 바뀌어 에도 바쿠후가 들어섰지. 에도 바쿠후 또한 청나라처럼 일본 최후의 바쿠후 정권이었단다.

17세기까지만 해도 유럽의 나라들이 동아시아까지 지배하려고 하지는 않았어. 아직까지는 인도를 크게 넘어서지 않은 거지. 그러나 교역은 이미 시작됐단다. 물론 조선은 빼고 말이야.

조선은 참으로 힘든 시기를 보내고 있었어. 임진왜란에 이어 다시 전쟁을 치렀거든. 이 전쟁에서 조선은 청나라에 굴욕적으로 항복해야 했어. 정치는 여전히 어수선했고. 조선은 동아시아의 세 나라에서 점점 최하위로 처지는 것 같아. 안타까운 노릇이지. 일본부터 살펴볼게.

일본, 에도 바쿠후 열다

도요토미 히데요시 · 임진왜란을 일으킨 장본인이다.

도쿠가와 이에야스 · 에도 바쿠후를 열었다.

전쟁에 패하면 나라는 어수선해져. 백년전쟁에 패한 영국에서 랭커스터 가문과 요크 가문이 싸웠던 장미전쟁을 기억하지? 이때 일본도 그랬어.

임진왜란을 총지휘했던 도요토미 히데요시가 죽자 그의 측근이었던 이시다 미쓰나리가 권력을 잡았어. 그러나 반대파들도 만만치 않았어. 반대파의 우두머리가 바로 도쿠가와 이에야스였지.

도쿠가와 이에야스가 마침내 이시다 미쓰나리와 도요토미 가문을 상대로 전투에 돌입했어. 그 전투가 바로 세키가하라 전투야1600년. 2년간 계속된 이 전쟁에서 도쿠가와 이에야스가 승리했어. 도쿠가와 이에야스는 에도지금의 도쿄에 바쿠후를 설치하고 쇼군에 올랐지. 이 바쿠후가 에도 바쿠후야1603~1867년. 도쿠가와 이에야스는 1615년 오사카에 있는 도요토미 히데요시의 아들까지 제거했어. 이제 일본 전체를 통일한 거야.

에도 바쿠후는 중앙 정부의 권력을 강화하기 위해 여러 정책을 내놓았어. 지방의 다이묘들에게 영지 안에 단 한 개의 성만 지으라는 일국일성 명령을 내린 것도 같은 이유에서야. 명령을 따르지 않으면 죽

에도 성 천수각 · 에도 성 안을 묘사한 병풍의 일부이다.

음을 당했어. 다이묘들은 자신이 살고 있는 성을 빼고 모든 성을 허물어야 했지.

에도 바쿠후는 다이묘를 더욱 강하게 눌렀어. 다이묘의 가족 중 일부를 중앙의 조정으로 불러들였어. 말이 불러들인 거지, 사실은 인질인 거야. 다이묘들은 가족이 인질로 잡혀 있기 때문에 중앙정부의 눈치를 볼 수밖에 없었어.

에도 바쿠후시대가 완전한 중앙집권 체제였다고는 볼 수 없어. 지금까지의 정권보다 중앙정부의 권력이 강해진 것은 사실이야. 그러나 다이묘들은 여전히 자신의 영지에서는 무한대의 권력을 행사하고 있었어. 사무라이들은 아무런 제지도 받지 않고 마음대로 누비고 다녔지. 항상 칼을 차고 다녔으며 누군가 자신을 모욕하면 그 자리에서 죽여도 되는 즉결 심판권까지 가지고 있었대.

그래도 에도 바쿠후가 정치체제를 정비하고 난 다음부터 일본은

많이 안정됐단다. 전쟁이 사라지니 농민들은 농사에 전념할 수 있었지. 황무지가 개간됐고 품종이 개량됐어. 농업 생산량이 늘어났고, 먹고살 만하자 상공업도 발전하기 시작했어. 송과 명나라 전성기 때의 풍경을 이때의 일본에서도 볼 수 있었던 거야. 살림살이가 넉넉해지자 서민들의 문화생활도 다양해졌어. 에도 바쿠후 초기 시절부터 유행하기 시작한 가부키가 대표적이야. 가부키는 일본의 전통 연극이란다.

외국과의 교류도 활발해졌어. 포르투갈과 에스파냐뿐만 아니라 영국, 네덜란드와도 교류의 물꼬를 텄어. 예상치 못한 문제가 생기기도 했어. 가톨릭이 너무 빨리 일본 전역으로 확산된 거야. 에도 바쿠후는 1612년 가톨릭에 대해 포교 금지령을 내렸단다. 이때부터 일본은 서양에 대해 쇄국정책으로 돌아섰어. 그러나 나가사키 등 4개의 항구에서는 약간의 교류를 할 수 있도록 허용했어. 외국과의 교류를 완전히 중단한 것은 아니었던 거야.

명·청 왕조의 교체

임진왜란 후 중국의 변화를 살펴볼까?

명나라는 임진왜란에서 승리한 나라야. 그러나 이미 기울기 시작한 나라가 상처뿐인 승리를 거둔들 무슨 의미가 있겠니? 국력을 회복하는 데 도움이 되겠어? 천만에! 오히려 명나라는 더 큰 혼란에 빠

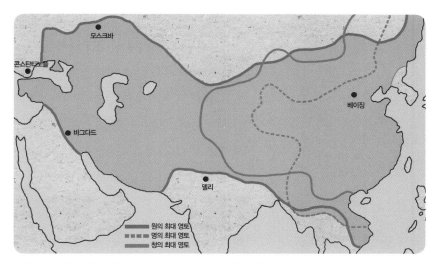

중국의 명-청 시기 · 만주족의 청나라는 중앙아시아 깊숙한 곳까지 세력을 넓혔다.

져들었단다. 개혁을 추진했던 동림당의 중심인물들이 17세기 초반
에 모두 처형됐고 환관의 부패는 더욱 심해졌어. 잠잠했던 몽골족과
왜구도 곳곳에서 속을 썩였지. 백성의 삶이 비참해졌다는 것쯤은 말
하지 않아도 알겠지? 전국에서 농민 반란이 일어났어.

　명나라는 국제 정세에도 어두웠어. 몽골족에게 멸망했던 여진족
이 만주에서 부활하고 있는데도 너무 얕본 거야. 한족의 명나라는
여진족을 야만인으로만 생각했지. 송나라가 여진족을 업신여겼다가
무너졌다는 사실은 까마득하게 잊었나 봐.

　도쿠가와 이에야스가 일본 전역을 통일하고 1년이 지났어. 1616년
만주족^{과거의 여진족} 사이에 누르하치라는 영웅이 나타났지. 그는 과거 금
나라의 영광을 재현하겠다며 나라의 이름을 후금이라 지었어. 명나라

강희제(위), **옹정제**(중간), **건륭제**
(아래) · 청나라의 전성기를 이끈
세 명의 황제이다.

는 이제야 사태가 심각하다는 걸 깨달았어. 부랴부랴 만주 지역에 군대를 배치했지.

얼마 후 후금은 나라 이름을 청1636~1912년으로 고친 뒤 본격적으로 명나라를 위협하기 시작했어. 명은 국경에 더 많은 군대를 배치했고, 그 결과 수도 베이징이 텅텅 비어 버렸단다. 1644년 이자성의 농민군이 이 틈을 타 베이징을 총공격했어. 그다음은 커버스토리에서 설명한 대로야.

중국을 지배하게 된 청나라는 당근과 채찍 정책을 썼어. 한족에게 만주족의 머리형태인 변발과 만주 복장을 하도록 강요했지. 변발은 남자 어른들이 머리 가운데만 남기고 주변을 싹 미는 머리 모양을 말해. 청 황실에 대한 비판은 금지됐어. 그 대신한족도 만주족과 동등하게 관료가 될 수 있도록 해 줬어.

세금 제도도 바뀌었어. 그전까지는 토지가 있든 없든 모두 똑같이 은으로 세금을 냈단다. 이때부터는 현실에 맞게 땅이 많은 사람은 세금을 더 내도록 하는 지정은 제도를 실시했어. 그전까지는 상업으로 돈을 번 사람들은 세금을 따로 내지 않았단다. 농업사회였기 때문이야. 그러나 이때부터는 상인들도 세금을 내도록 했어. 이런 정책들로 못 사는 농민들의 부담은 많이 줄어들었지.

청나라는 강희제, 옹정제, 건륭제로 이어지는 세 황제의 통치 기간1661~1795년 135년이 최고의 전성기였어. 만주와 타이완, 몽고, 티베트까지 영토를 늘렸고 여러 민족이 청나라의 지배를 받았거든. 유럽 국가들이 동아시아를 뺀 나머지 대륙을 야금야금 먹어 갔다면 중국은 동아시아 전역을 정복한 거야.

이 무렵 러시아도 아시아 지역으로의 영토 확장을 꾀하고 있었어. 이 때문에 중국과 러시아 사이에 은근히 갈등이 생겼어. 다행히 두 나라 사이에 큰 충돌은 발생하지 않았어. 두 나라는 1689년 네르친스크조약을, 1727년 카흐타조약을 체결해 국경선을 확정지었지.

조선, 청에 무너지다

임진왜란이 끝난 후 중국과 일본에 새 정권이 들어섰지만 전쟁터였던 한반도는 정권이 바뀌지 않았어. 오히려 조선에서는 임금이 나서 적극적으로 전쟁의 피해를 복구하려고 노력했어. 세 나라 가운데 가장 모범적이었지.

1608년 선조의 둘째 아들 광해군이 조선의 15대 임금에 올랐어. 그는 강도 높은 개혁을 추진했단다. 혹시 광해군을 연산군과 더불어

대동법 시행 기념비 탁본 · 대동법은 공물을 쌀로 통일해 바치게 한 획기적인 조세 제도였다.

조선의 2대 폭군으로 기억하고 있니? 그렇다면 절반만 알고 있는 거야. 광해군은 왕이 된 후 처음 몇 년 동안은 정말 훌륭한 왕이었어.

광해군의 업적 가운데 하나를 뽑으라면 대동법이 있어. 청나라가 몇십 년 후 실시한 지정은제도가 대동법과 비슷해. 혹시 조선의 대동법을 모방해 만든 제도는 아닐까? 대동법은 농지의 크기에 따라 세금을 책정하는 방식이야. 땅이 많으면 세금을 많이 내고 땅이 적으면 세금을 적게 내는 거지. 소득에 따라 세금을 달리하는 이 방식은 현대 사회의 조세 방식과 비슷해.

광해군이 대동법을 실시한 이유는 무엇보다 농사지을 땅이 줄었기 때문이야. 임진왜란을 치르면서 토지가 황폐해졌지. 세금을 걷어야 할 땅이 적어졌으니 효율적으로 세금을 거두면서 백성의 피해를 줄일 수 있는 방법이 필요했던 거야. 대동법은 지역 특산물을 공물로 내지 말고 쌀로 내도록 통일했어. 그전까지는 농민들이 농사를 짓다가도 공물을 내기 위해 따로 일을 해 특산물을 마련해야 했어. 이제는 열심히 농사를 지어 수확량만 늘리면 모든 게 해결되는 거야. 백성의 입장에서는 훨씬 편한 세금 제도라고 할 수 있지.

대동법은 처음에는 경기 지역에만 시행됐어. 그 후 차츰 지방까지 확대됐고 전국에 모두 적용된 것은 숙종이 통치하던 1708년이야.

세금이 많아진 지주들이 대동법을 반대하는 바람에 이렇게 늦게 확산된 거야.

광해군은 일본과의 관계도 회복했어. 일본과 기유조약을 맺고, 통신사 사절단을 파견했지. 광해군은 국제정세에도 눈이 밝았어. 후금이 강대국이 될 거라는 사실을 꿰뚫고 있었거든. 광해군은 명나라만 응원하지 않고, 교묘하게 중립 정책을 펼쳤단다. 그 때문에 한반도에서 전쟁이 터지는 것을 막을 수 있었지.

하지만 서인은 그런 광해군이 마음에 들지 않았어. 결국 반란을 일으켜 광해군을 몰아냈지. 왕이란 칭호도 붙여 주지 않았단다. 광해군이 친형인 임해군과 이복형제인 영창대군을 죽였고, 계모인 인목대비를 유폐시켰기 때문에 왕의 자격이 없다는 거야. 명분이야 그럴듯하지. 그러나 이 모든 게 권력 다툼이었다는 사실을 감출 수는 없을 거야. 서인 세력들은 능양군을 16대 임금 인조로 추대했어. 이게 인조반정이야1623년. 정권을 잡은 서인들은 명을 숭상하고 후금을 배척

수어장대 · 만주족의 두 번째 침입 때 인조가 피신한 남한산성에 남아 있는 조선 후기 목조 건물이다.

하는 친명배금 정책을 표방했어.

화가 난 후금은 조선을 공격했어. 정묘호란이 터진 거야1627년. 인조는 강화도로 피난했지만 결국 항복하고 말았어. 조선은 후금을 상국으로 모시겠다고 약속했고, 후금은 일단 군대를 철수시켰어. 그러나 10여 년 후 후금은 나라 이름을 청으로 바꾼 뒤 다시 조선을 침략했단다. 이 전쟁이 병자호란이야1636년.

조선 조정은 남한산성으로 도피했어. 그러나 겨우 겨울 한 철을 넘기고 다시 항복해야 했지. 인조는 청 황제에게 무릎을 꿇었고 소현세자와 봉림대군을 청나라에 인질로 보내야 했어. 소현세자는 9년 후 귀국했어. 하지만 곧 병으로 사망했지. 어떤 학자들은 누군가 소현세자를 독살했다고 하지만 정확한 사실은 밝혀지지 않았단다. 소현세자가 사망하자 동생 봉림대군이 17대 임금 효종에 올랐어.

이즈음 은둔의 땅 조선에도 서양의 발길이 닿았단다. 1653년 네덜란드의 선원 하멜 일행이 표류 도중 제주 화순포에 도착한 거야. 하멜은 조선에서 14년간 생활한 다음 조선을 떠났어. 그리고 조선에서의 생활을 담은 『하멜표류기』를 남겼지.

효종, 숙종을 거치면서 한반도는 모처럼 전쟁이 없는 평화기를 맞았어. 그러나 붕당 사이의 정쟁은 오히려 더 심해졌어. 이번에는 장희빈을 왕비로 책봉하고 인현왕후를 폐위하는 과정에서 남인과 서인의 갈등이 불거졌지. 이제 조선도 후기로 접어들고 있었어. 그러나 여전히 우물 안의 개구리처럼 내 편, 네 편으로 갈려 싸움만 하고 있었지. 정말 안타까운 일이야.

리더십의 세 유형,
오다 노부나가 vs 도요토미 히데요시
vs 도쿠가와 이에야스

일본 전국시대의 3대 영웅을 꼽으라면 오다 노부나가, 도요토미 히데요시, 도쿠가와 이에야스를 들 수 있어. 실제로 이들은 오늘날까지도 일본 역사상 가장 위대한 3대 지도자로 불린단다.

이들 세 명의 성격을 말해 주는 재미있는 비유가 있어. 이 이야기는 리더십을 거론할 때도 자주 인용된단다.

울지 않는 새를 울게 하려면 어떻게 해야 할까를 세 명에게 물었어. 이들의 대답을 들어 볼까?

오다 노부나가는 "울지 않으면 목을 비틀어 죽이겠다"라고 했어. 울지 않는 새는 가치가 없기 때문에 키울 필요가 없다는 거야. 능력이 없는 장수, 충성하지 않는 부하는 아무런 짝에도 쓸모없다고 생각하는 성격이 바로 드러나는 대답이지?

도요토미 히데요시는 "어떻게든 새를 울도록 만들겠다"라고 했단다. 달래든 협박하든 새가 울도록 하기 위해 모든 전략을 다 쓰겠다는 거야. 도요토미 히데요시는 계략을 짜는 데 선수였대. 이 답변에서도 그의 성격을 볼 수 있어.

도쿠가와 이에야스는 어떻게 대답했을까? 그는 "새가 울 때까지 기다리겠다"라고 대답했대. 언제 울지는 모르지만 기다리겠다는 거야. 섣불리 나서지 않는 그의 성격이 나타나는 대목이야. 실제로 도쿠가와 이에야스는 오다 노부나가가 1인자였을 때 2인자의 대접을 받고 있었어. 그러나 오다 노부나가가 피살됐을 때 1인자가 되려고 나서지 않아. 자칫 목숨을 잃을 수도 있다는 판단을 한 거야. 그는 도요토미 히데요시에게 1인자 자리를 넘겨주고, 다시 2인자 자리를 지켰단다.

세 명의 영웅 중 누가 가장 인기가 높을까? 바로 도쿠가와 이에야스란다. 아마도 최후의 승자가 됐기 때문이 아닐까?

제14장

근대의 형성에서 현대까지

근대
혁명이
터지다

1700~1800년 전후

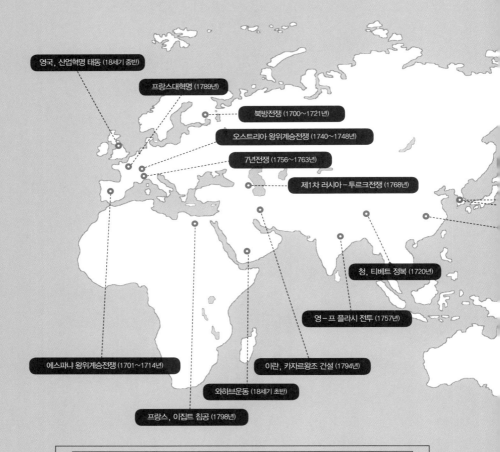

영국, 산업혁명 태동 (18세기 중반)

프랑스대혁명 (1789년)

북방전쟁 (1700~1721년)

오스트리아 왕위계승전쟁 (1740~1748년)

7년전쟁 (1756~1763년)

제1차 러시아－투르크전쟁 (1768년)

청, 티베트 정복 (1720년)

영－프 플라시 전투 (1757년)

에스파냐 왕위계승전쟁 (1701~1714년)

이란, 카자르왕조 건설 (1794년)

와하브운동 (18세기 초반)

프랑스, 이집트 침공 (1798년)

18세기에는 17세기의 풍경이 고스란히 이어졌어. 다른 점이 있다면 점점 더 격렬해졌다는 거? 유럽 한복판에서는 18세기로 들어서자마자 여러 나라들이 전쟁을 벌이기 시작했어. 마치 17세기의 30년전쟁을 다시 보는 느낌이 들 거야. 그러나 이때는 종교를 명분으로 내걸지도 않았어. 그저 다른 나라의 땅을 빼앗기 위해 달려들었단다. 대서양 연안의 나라들은 더 먼 나라, 더 깊숙한 곳까지 뻗어 나갔어. 남미에서 금광이 발견되자 떼돈을 벌려고 유럽 사람들이 우르르 몰려들었어. 17세기까지만 해도 유럽의 나라들은 해외 식민지에서 크게 다투지 않았어. 그러나 18세기에는 유럽의 나라들이 해외 식민지에서 전쟁을 하기 시작했어.

유럽 대륙 안에서만이 아니라 전 세계에서 패권 다툼을 벌였지. 점점 제국주의에

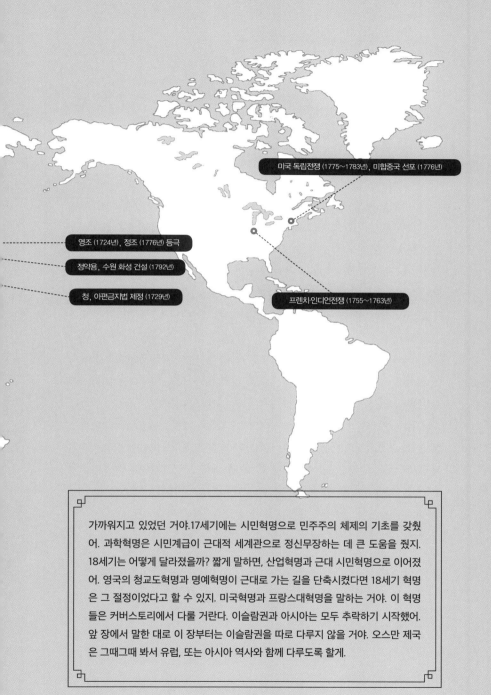

미국 독립전쟁 (1775~1783년), 미합중국 선포 (1776년)

영조 (1724년), 정조 (1776년) 등극

정약용, 수원 화성 건설 (1792년)

청, 아편금지법 제정 (1729년)

프렌치·인디언전쟁 (1755~1763년)

가까워지고 있었던 거야. 17세기에는 시민혁명으로 민주주의 체제의 기초를 갖췄
어. 과학혁명은 시민계급이 근대적 세계관으로 정신무장하는 데 큰 도움을 줬지.
18세기는 어떻게 달라졌을까? 짧게 말하면, 산업혁명과 근대 시민혁명으로 이어졌
어. 영국의 청교도혁명과 명예혁명이 근대로 가는 길을 단축시켰다면 18세기 혁명
은 그 절정이었다고 할 수 있지. 미국혁명과 프랑스대혁명을 말하는 거야. 이 혁명
들은 커버스토리에서 다룰 거란다. 이슬람권과 아시아는 모두 추락하기 시작했어.
앞 장에서 말한 대로 이 장부터는 이슬람권을 따로 다루지 않을 거야. 오스만 제국
은 그때그때 봐서 유럽, 또는 아시아 역사와 함께 다루도록 할게.

오늘날의 정치와 경제체제를 넌 뭐라고 부르니? 아마 민주주의와 자본주의라고 부를 거야. 이 두 체제는 17세기부터 서서히 싹이 텄다가 18세기에 활짝 폈어. 이번 커버스토리에서는 바로 이 두 체제가 어떻게 자리 잡았는지를 다룰 거란다.

지금까지 모든 장의 커버스토리는 하나였어. 그러나 이번 장은 두 개의 커버스토리가 준비돼 있어. 이해하기 쉽도록 산업혁명과 근대 시민혁명을 나눠서 정리했단다. 산업혁명으로 자본주의가 발달했고, 근대 시민혁명으로 민주주의가 태동했다는 건 이미 알고 있지?

먼저 산업혁명부터 볼까? 산업혁명은 18세기의 사건 가운데 가장 중요한 것 중 하나야. 영국에서부터 시작한 산업혁명은 곧 유럽 전역으로 퍼졌고, 19세기에는 미국까지 확산됐어. 이들 나라에서는 모두 자본주의의 꽃이 피기 시작했어.

17세기에도 자본주의 풍경이 없었던 건 아니야. 영국과 네덜란드를 떠올려 봐. 은행에서 채권을 발행했고 인플레이션도 일어났어. 그러나, 보다 정확하게 말하면 이런 사건들은 상품을 만드는 과정에서 생긴 게 아니라 상품과 돈을 유통하는 과정에서 발생했어. 산업혁명은 아니었던 거지. 산업혁명은 공장에서 기계를 이용해 상품을 대량 생산하는 것을 말해. 상품을 만드는 과정에서 혁명적 변화가 시작된 거지.

산업혁명과 자본주의

산업혁명이 일어나다

18세기 중반이었어. 영국에서부터 세계를 뒤흔들 놀라운 혁명이 시작됐어. 문명 시대를 열었던 신석기혁명에 버금가는, 아니 어쩌면 더 놀라운 일이었어. 바로 산업혁명이야. 산업혁명은 농업사회에서 산업사회로 바뀌고, 자본주의가 탄생하는 계기가 됐어.

영국에서 시작된 산업혁명은 19세기 초반 프랑스로 퍼졌어. 19세기 중반에는 독일·벨기에·미국, 19세기 후반에는 러시아·일본으로까지 전파됐지. 그 결과 많은 나라가 산업국가가 됐고, 인류는 새로운 삶을 경험하게 됐어. 이제 그 과정을 살펴볼까?

16세기까지 아시아의 문화와 과학 수준은 서양을 능가했거나, 적어도 뒤처지지는 않았어. 그러나 그 후 아시아의 모습은 중세 유럽

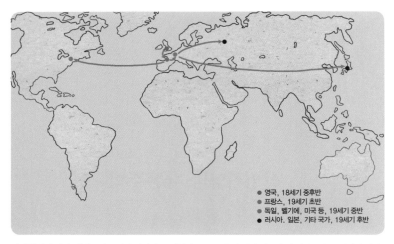

산업혁명의 전파 시기 · 영국에서 시작된 산업혁명은 100여 년 만에 일본까지 산업국가로 변신시켰다.

● 영국, 18세기 중후반
● 프랑스, 19세기 초반
● 독일, 벨기에, 미국 등, 19세기 중반
● 러시아, 일본, 기타 국가, 19세기 후반

을 떠올리게 해. 고인 물처럼 변화가 없었던 거야.

서양은 급류처럼 활발하게 움직였어. 적극적으로 해외 식민지를 개척한 덕택에 막대한 돈을 벌었지. 거부가 된 무역상들은 더 많은 돈을 벌기 위해 직접 상품을 생산하는 데까지 손을 뻗었어. 제품의 생산 단가를 낮추기 위해 한꺼번에 많은 상품을 생산하는 대량생산 시스템을 개발한 거야. 공장이 만들어졌고, 그 안에서 기계들이 쉬지 않고 돌아가면서 제품을 쏟아 냈지. 산업혁명은 이렇게 시작됐단다.

유럽 국가들이 저마다 강대국이 되려고 치른 전쟁도 산업혁명을 앞당기는 계기가 됐어. 왜 그런지 아니?

전쟁에서 이기려면 무기가 좋아야 해. 유럽 국가들은 모두 첨단 무기를 만들기 위해 연구에 몰두했어. 이 과정에서 과학기술이 발달했

미국의 철도 · 철도는 국가 발전의 필수 요소로, 미국도 대륙 전역에 철도가 부설되며 급격한 발전을 이룩할 수 있었다.

지. 무기만 첨단이면 쓸모없어. 탄약, 식량과 같은 군수물자를 빨리 전쟁터에 있는 군대에 공급할 수 있어야 해. 그러기 위해서는 교통이 좋아야겠지? 곳곳에 도로를 닦고 철도를 설치했어. 고대 제국의 역사에서도 도로망은 국가가 성장하는 데 필수 요소라고 했지? 이 때도 마찬가지였어. 사실 오늘날에도 이런 시설들은 사회간접시설 SOC이라 부르며 정부가 막대한 돈을 투자해 건설하고 있단다.

과학기술은 발달하고 도로망은 정비됐어. 당연히 산업이 발달하는 속도도 빨라지지 않겠니? 또 하나의 궁금증. 많고 많은 나라들 가운데 영국에서 산업혁명이 나타나게 된 이유를 알아볼까?

17세기 영국은 시민혁명의 시대였어. 이 혁명에 따라 유럽 나라들

산업혁명 시기의 영국의 공장 · 영국의 산업은 가내수공업에서 공장제 수공업으로 빠르게 변화했다.

가운데 가장 먼저 봉건제도가 무너졌지. 농사를 짓지 않는 자유민들은 면직물 산업의 일꾼이 됐어. 처음에 이 산업은 한 가정에서 온 가족이 함께 일하는 방식, 즉 가내수공업으로 시작됐어. 그러나 곧 돈 많은 사람들이 공장을 세워 면직물을 만들었어. 가내수공업에서 공장제 수공업으로 바뀌면서 산업혁명의 물꼬가 터진 거야.

둘째, 시민혁명으로 왕과 귀족층의 세력이 약해졌어. 입헌군주제가 들어서면서 부유한 시민, 즉 자본가들이 새로운 권력 집단으로 부상했어. 그들은 경제력뿐 아니라 정치권력까지 등에 업고 산업을 발전시켰단다.

셋째, 유럽의 다른 나라들이 대륙 안에서 서로 전쟁이나 벌이고 있을 때 영국은 해외로 진출했어. 생산한 제품을 외국에 내다 팔 수 있었고, 제품의 원료를 싼값에 사들일 수도 있었지. 영국은 해외 식민지에서 막대한 돈을 벌어 국내의 산업 발전에 투자했단다.

이 삼박자가 영국에서 착착 맞아떨어졌어. 이제 왜 영국에서 산업혁명이 가장 먼저 시작됐는지 알겠니? 다음에는 산업혁명이 진행된 과정을 이야기해 줄게.

산업혁명 속도 붙다

잠시 16세기 중반의 영국으로 가 볼까? 이때 영국 산업은 침체기였어. 쌀이 있어도 불을 피울 땔감이 없으면 밥을 지을 수 없지? 영국이 딱 그런 꼴이었어. 산업이 한창 발전하고 있는데 연료가 없었던 거야.

아직 석유 같은 에너지가 없던 때라 가장 큰 연료는 나무 땔감이었어. 불과 100년도 안 되는 짧은 시간에 산업을 빨리 발전시키다 보니 문제가 생겼어. 너무 많은 나무를 한꺼번에 베어 쓰다 보니, 어느새 땔감이 바닥이 난 거야. 연료가 없으니 산업도 침체의 늪에 빠진 거지.

18세기로 막 들어설 때쯤이었을 거야. 영국 사람들은 새로운 연료를 찾았어. 바로 석탄이야. 쇠를 만드는 제철업자들이 가장 먼저 석탄을 에너지로 쓰기 시작했어. 그러나 석탄도 곧 한계를 드러내고 말았어. 나무 땔감보다 화력이 좋기는 했지만 아주 뛰어난 편은 아

존 케이가 만든 '나는 북'
이 방직기의 발명으로 영
국의 면직물 산업이 급속히
성장할 수 있었다.

니었던 거지. 석탄을 수송하는 것도 보통 일이 아니었어.

1709년 즈음 드디어 석탄보다 화력이 좋은 연료를 개발했어. 코크
스였단다. 코크스는 에너지 효율이 높았어. 또 품질 좋은 강철을 생
산할 때도 아주 적절한 원료였단다. 이제 든든한 에너지원도 생겼으
니 영국의 산업이 비상할까?

정말 그랬어. 1730년 존 케이가 나는 북flying shuttle이라 불리는 방직
기를 발명했는데, 이게 대단한 발명품이야. 그전까지만 해도 사람들
이 하나하나 손으로 실을 뽑아서 천을 만들었어. 하지만 이 방직기
만 있으면 그럴 필요가 없어졌어. 사람의 손이 없어도 돼. 기계가 천
을 만드니까! 그 후 많은 발명가들이 성능이 좋은 방직기를 계속 발
명했어. 면직물의 생산량이 10배나 늘었대. 면직물 산업이 급속하게

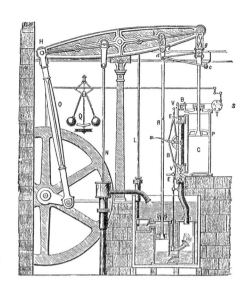

와트의 증기기관 설계도 · 증기기관의
발명으로 산업 발전 속도가 빨라졌다.

성장하기 시작했어.

연료, 즉 에너지를 더 많이 쉽게 구할 수 있다면 얼마나 좋을까? 산업가들은 이런 생각을 했어.

생각만 하면 다 되는 걸까? 정말 그런 기계가 나왔단다. 1770년경 제임스 와트가 증기기관을 만든 거야.

와트가 처음으로 증기기관을 발명한 인물은 아니야. 증기기관은 18세기 초반에 발명됐지. 다만 별로 실용적이지 않아서 산업에 쓰지 못했던 거란다. 와트가 산업에 쓸 수 있는 증기기관을 만든 거지.

이 발명이 있기 전까지 인류는 자연에서 에너지를 구했어. 바람, 불, 물, 석탄, 코크스까지 모두 자연 연료였어. 동물의 힘을 빌려 에너지를 얻기도 했지. 이런 에너지를 통틀어 자연력이라 불러. 그러나 증기기관은 끓는 증기를 이용해 에너지를 얻었어. 인간이 스스로 에너지를 만들 수 있게 된 거야. 에너지 효율도 그 어떤 자연력보다 월등했단다.

증기기관의 발명으로 산업혁명은 날개를 달았어. 영국의 면직물 생산량은 더욱 늘어났고, 그에 따라 공장도 대형화됐어. 공장제 대량생산 시스템도 자리를 잡았지. 맨체스터와 같은 대형 면직물 공업도시도 생겨났어.

영국은 엄청나게 많은 면직물 제품을 생산했어. 그 제품들은 공장에서 대량생산했기 때문에 가격이 쌌지. 그러나 아무리 싸도 팔 수 있는 곳이 있어야 해. 맞아, 영국은 식민지를 노렸어.

영국의 값싼 면직물은 영국의 식민지였던 인도 전역에 팔려 나갔어. 인도는 어떻게 됐겠니? 인도의 면직물 생산업자들은 모두 파산할 수밖에 없었어. 값이 싼 영국 제품만 팔렸거든. 이 부분은 조금 이따 살펴볼게.

산업혁명의 의의

산업혁명은 확실하게 세계를 바꿔 놓았단다.

첫째, 산업혁명은 자본주의를 발달시켰어. 귀족들의 힘은 약해졌고 공장과 기계를 가진 자본가들이 그 힘을 가져갔지. 이제 돈이 권력이 된 거야. 그러나 돈이 많다고 해서 모두 자본가가 되는 것은 아

「**콜브룩데일의 밤 풍경**」· 영국 산업혁명의 시작을 알리는 상징적인 그림으로, 콜브룩데일은 영국 최초
로 제철소가 생긴 곳이다.

니었지. 중국을 보면 그 이유를 알 수 있어.

17, 18세기에는 중국에서도 상공업이 발달했지만 유럽과는 다른
방식으로 발달했단다. 이 무렵 중국을 잠시 볼까?

중국 인구는 이때 엄청나게 늘어났어. 그러나 땅은 한정돼 있었기
때문에 대부분의 농민은 소작농으로 전락했어. 정부가 주도한 황무
지 개간 사업이 전국적으로 펼쳐졌어. 농지가 늘어나니 농업 생산량

도 늘었겠지? 그러나 농업기술이 발달한 것은 아니었어. 늘어난 인구가 모두 농사에 뛰어들어 일을 했기 때문에 농업 생산량이 늘어났을 뿐이야.

이처럼 중국의 부자들은 처음에 농업을 통해 많은 돈을 벌었어. 그들은 그 돈으로 무역을 활발하게 했지. 그러나 이 무역에도 한계가 있었어. 중국은 전통적으로 국가가 무역을 주도했기 때문에 해외 시장을 개척하지 않았던 거야. 이 때문에 중국에서는 돈 많은 상인은 있었지만 자본가는 없었던 거지.

둘째, 산업혁명은 제국주의를 탄생시켰어. 18세기부터 윤곽을 갖추고 19세기에 본격화된 제국주의는 전 세계를 서양인들의 손에 쥐어 줬지. 산업혁명의 혜택이 주로 유럽 국가에만 돌아간 거야. 유럽 국가들은 산업혁명 이후 아시아와 아메리카, 아프리카를 싹쓸이했단다. 이에 대해서는 나중에 살펴볼게.

셋째, 산업혁명은 많은 그늘을 만들었어. 무엇보다도 사회 양극화 현상을 가져왔지. 자본가들은 부와 권력을 얻었지만 일반 시민들의 삶은 비참해졌어. 노동자라는 새로운 이름을 얻은 그들은 하루 12시간이 넘는 노동을 해야 했고 그 대가로 쥐꼬리만 한 임금을 받았어. 그러나 먹고살기 위해서는 일을 관둘 수도 없었지. 기계가 활발하게 돌아갈수록 일자리도 줄어들었어. 대량생산을 통해 값싸게 나온 상품이 시장에 넘치자 수공업자들은 모두 몰락했지. 이들의 불만이 커지면서 등장한 이론이 바로 사회주의란다.

산업혁명과 자본가의 이론서 『국부론』

산업혁명이 한창 진행되고 있었지만 자본가들은 욕을 먹었어. 천하다느니, 돈벌레라느니…. 바로 얼마 전까지만 해도 가장 돈을 많이 번 사람들은 무역업자였지. 인도의 향신료나 아프리카, 아메리카 유럽을 연결하는 삼각무역이 가장 많은 돈을 벌어 줬거든.

아담 스미스

무역을 하는 사람들은 산업가, 즉 제조업자인 자본가들을 이해할 수 없었어. 자신들처럼 배를 타고 나가 돈을 버는 것도 아니고, 가만히 앉아서 제품만 만들면서 돈을 벌려 한다고 생각한 거야.

그러나 1776년 아담 스미스가 『국부론』을 펴내면서 상황이 달라졌어. 그는 『국부론』에서 "부의 원천은 노동이다"라고 주장했어. 노동자들이 열심히 일해 더 많이 상품을 만들어 낸 다음 자유롭게 무역을 해야 한다는 거지. 아담 스미스는 노동의 효율성을 높여 생산량을 늘리는 게 가장 중요하다고 했어. 무역 전쟁은 오히려 갈등만 부른다고 했지. 당연히 무역상들은 반발했단다. 그들은 "제품만 많이 만들었다가 안 팔리고 쌓이면 어떻게 할 거냐?"라고 따졌어. 아담 스미스는 "그때는 보이지 않는 손이 다 알아서 가격 조절을 해 줄 것이다"라고 대꾸했지. 그 유명한, 보이지 않는 손이란 말은 이때 처음 사용됐어.

영국 정부는 『국부론』을 크게 반겼어. 생산량을 높이기만 하면 다 해결된다는 이론이 마음에 들었기 때문이야. 이때부터 영국은 간섭을 최소한으로 줄이는 자유방임주의 경제 정책을 표방했단다. 훗날 몇몇 지역에 식량이 떨어져 사람이 굶어 죽어도, 보이지 않는 손만 믿고 가만히 있었을 정도였어. 오늘날에는 국가가 어느 정도 경제에 개입하는 게 대세야. 그래도 보이지 않는 손의 존재는 여전히 믿는단다.

그러고 보니 17세기부터 혁명이란 말을 많이 사용하는 것 같지 않니? 이 책 1권 1장에서 다뤘는데, 언제 혁명이란 말을 쓴다고 했지? 그래, 인류의 삶을 통째로 바꿔 놓을 때 우리는 혁명이란 단어를 써. 신석기혁명처럼 말이야. 산업혁명이나 지금부터 다룰 미국혁명, 프랑스혁명도 인류가 사는 방식을 바꿔 놓았어. 혁명이란 단어가 아깝지 않지.

경제 분야에서의 혁명을 살펴봤으니까 이번에는 정치 분야에서의 혁명을 알아볼 차례야. 바로 미국혁명과 프랑스혁명이야. 산업혁명이 경제체제를 뒤바꿔 놓았다면 이 두 혁명은 정치체제를 확 바꿔놓았어. 그래, 이 두 혁명으로 인해 오늘날 민주주의가 등장했다고 봐도 틀리지 않아. 미국혁명의 성공으로 인류는 처음으로 왕이 아닌, 국민이 뽑은 사람이 통치하는 시대를 맞았거든. 17세기 영국의 시민혁명이 첫 단추였지만 이 두 혁명에서 민주주의는 비로소 빛을 보게 된 거야.

미국혁명과 프랑스대혁명

계몽주의 사상 활짝 피다

미국혁명은 다른 말로 미국독립전쟁이라고 불러. 미국이 영국의 지배에 저항해 독립을 쟁취했고, 마침내 민주공화국을 건설했기 때문이야. 프랑스혁명은 절대왕정이란 낡은 체제^{앙시앵레짐}를 민중이 뒤엎은 사건이었지. 이 두 혁명은 같은 이념에서 출발했어. 바로 계몽주의야.

계몽주의는 기독교 위주의 중세 가치관을 비판했어. 사람의 이성으로 세계를 바라보자고 주장했지. 영국 시민혁명 즈음부터 학자들 사이에 유행하기 시작했어. 계몽주의는 17세기의 과학혁명으로부터도 많은 영향을 받았단다. 과학을 믿으면 미신은 멀리하지? 그러면 세계관도 합리적으로 바뀔 거야. 그게 바로 이성 아니겠니?

영국과 프랑스에서 "예수 그리스도가 부활했다는 주장은 사기다!"라고 주장하는 철학자들이 늘어나기 시작했어. 심지어 신학자도 이런 주장을 할 정도였지. 그들은 "종교도 합리적으로 바라봐

몽테스키외 · 국가권력을 입법, 행정, 사법부로 나눌 것을 주장했다.

백과전서 · 1772년 총 28권으로 완간됐다. 18세기 유럽 지식의 집대성이다.

야 진리가 보인다"라고 말했다는구나. 이런 종교관을 이신론이라고 불렀대. 신을 믿는 사람들마저 계몽주의자가 된 거야.

1748년 『법의 정신』이란 책이 출간됐어. 몽테스키외가 만든 이 책은 계몽주의 이론서가 됐지. 몽테스키외는 이 책에서 국가 권력이 한곳으로 집중되면 독재자가 나타날 가능성이 있기 때문에 입법, 행정, 사법부로 나눠야 한다고 주장했어. 권력이 분산돼야 모든 국민이 자신의 이성을 발휘할 수 있다는 거야. 오늘날 민주사회 대부분이 이런 정치 구조를 가지고 있지? 그 이론을 몽테스키외가 만든 거야.

존 케이가 방적기를 발명하고 30년 정도가 흘렀어. 산업혁명이 서서히 시동을 걸고 있던 1762년 『사회계약론』이란 책이 출간됐어. 루소는 "군주^왕는 그 자리에 앉는 대신 사회의 구성원^{국민}들에게 자유와 평등을 보장하겠다는 계약을 체결한 거나 다름없다"라고 주장했어. 따로 계약서를 쓰지는 않았지만 왕과 국민은 암묵적으로 이런 사회계약을 맺었다는 뜻이야. 유럽이 술렁거리기 시작했어. 이 말은, 만약 왕이 국민의 자유와 평등을 보장해 주지 않으면 계약 위반의 책임을 물어 몰아내야 한다는 뜻이었거든. 맞아, 민중은 혁명을 일으킬 권리가 있다고 루소는 말하고 있는 거였어.

계몽주의 사상은 왕을 두렵게 했어. 많은 나라들이 계몽주의 사상이 퍼지지 않도록 단속을 했어. 그러나 이미 시민혁명을 경험한 민중들은 더 이상 바보가 아니었어. 왕이 막는다고 해서 계몽주의가 확산되는 걸 막을 도리는 없었지.

1772년이었어. 곧 살펴보겠지만 미국에서 보스턴 차 사건이 터지기 한 해 전이었지. 총 21년간 몽테스키외, 루소, 볼테르, 달랑베르, 디드로와 같은 계몽주의자들이 함께 작업해 만든 책이 나왔어. 28권짜리 이 책이 바로 그 유명한『백과전서』야. 이 책이 출간되면서 계몽주의의 이론 작업은 거의 끝났다고 볼 수 있어. 계몽주의는 미국과 프랑스로 퍼져 혁명의 불씨를 키우기 시작했단다.

미국혁명 터지다

시간 순서에 따라 미국혁명부터 다루고 프랑스혁명으로 넘어갈게.

13장에서 이야기했던 대로 1607년 영국은 오늘날 미국 버지니아에 첫 식민지를 건설했어. 영국은 북미 식민지를 계속 늘렸어. 1733년에는 식민지가 13개가 됐단다. 영국은 북미의 식민지를 늘리기 위해 여러 번 전쟁을 치렀어. 프랑스와 운명을 건 한판 전쟁을 벌여 승리하기도 했지. 이 전쟁에 대해서는 조금 이따 살펴볼 거야.

프랑스를 꺾은 영국은 북미 식민지를 확실하게 지배하기 시작했어. 산업혁명이 시작될 즈음인 1760년 영국 의회는 별의별 세금을

다 만들어 북미 식민지에 부과했어. 식민지 13개 주는 이미 자치권을 인정받았지만 실제로는 불공정 무역을 강요당하고 있었던 거야. 그러나 저항할 수는 없었어. 영국이 어떤 나라니? 이즈음에는 유럽과 북미에서 터진 모든 전쟁에서 승리한 세계 최고의 강대국이었어. 식민지 13개 주가 감히 맞설 수 있겠어? 그들은 억

미국 독립 전·후 영토 변화 · 식민지 13개 주에서 시작된 미국은 독립전쟁 후 미시시피 강 유역까지 영토를 넓혔다.

미시시피 강

독립 전 미국 영토
독립 후 넓어진 영토

울했지만 꾹 참을 수밖에 없었어.

지렁이도 밟으면 꿈틀거리게 돼 있어. 영국의 착취가 갈수록 심해지자 식민지 13개 주의 대표들이 모였지. 그들은 "대표가 없는 곳에 과세도 없다"라고 선언했어. 이 말은, 식민지 의회가 동의하지 않은 세금은 내지 않겠다는 뜻이었어. 영국 마음대로 하지 말라는 경고야. 식민지 정착민들은 이어 영국 상품을 사지 말자며 불매운동을 시작했어.

영국은 식민지 주민들이 거세게 나올 거라고는 예상하지 못했어. 깜짝 놀랐지. 영국 정부는 차에 매기는 세금만 빼고 나머지는 모두 없애도록 했어. 그러나 식민지 주민들은 만족하지 않았어. 차야말로 늘 마시는 식품이었기 때문에 소비량이 가장 많았어. 그런 제품에 매긴 세금을 폐지하지 않다니! 식민지 주민들은 영국 정부가 자신들을 우롱한다고 생각했어.

식민지 주민들은 반란을 일으켰어. 보스턴 항에 정박해 있는 영국 동인도회사의 배에 몰래 올라가 차 상자를 모두 바다에 던져 버린 거야보스턴 차 사건, 1773년. 영국은 즉시 군대를 파견했어. 영국 군대는 보스턴 지역을 순식간에 점령했지.

이번에는 식민지 대표들도 가만히 있지 않았어. 1774년 9월 그들은 필라델피아에서 첫 대륙회의를 열고 "영국의 지배를 거부하고 영국과의 무역을 완전히 중단하겠다!"라고 선언했단다.

해를 넘겨 1775년이 됐어. 아담 스미스가 자본주의의 성경이라는 『국부론』을 출간하기 1년 전이었지. 영국 군대와 식민지 주민들이 렉싱턴에서 충돌하는 사건이 생겼어. 식민지 주민들은 비로소 영국에

보스턴 차 사건 · 원주민으로 변장한 식민지 주민들이 차 상자를 바다에 버리고 있다.

맞설 군대가 필요하다는 사실을 깨달았어. 대표들이 2차 대륙회의를 열고 식민지 민병대를 조직했어. 이 민병대의 사령관이 훗날 미국의 초대 대통령을 지낸 조지 워싱턴이란다.

식민지 대표들은 영국에게 선전포고를 했어. 두 나라는 곧 전쟁을 시작했지. 이 전쟁이 바로 미국독립전쟁, 즉 미국혁명이야1775~1783년. 이제부터는 북미 식민지를 미국이라고 부를게.

미국, 첫 민주정부 탄생

1776년 7월 미국의 지도자들이 필라델피아에서 3차 대륙회의를 가졌어. 13개 주가 연합해 독립 국가를 건설하기 위한 회의였단다. 토머스 제퍼슨이 만든 미국 독립선언문이 낭독됐어.

"모든 사람은 행복과 자유를 추구할 권리가 있다!"

오늘날 사람이 사람답게 살기 위해 꼭 필요한 권리를 기본인권이라고 불러. 미국 독립선언문에서 처음으로 기본인권이 등장한 거야.

독립전쟁에서 미국이 홀로 영국과 싸운 것은 아니야. 유럽의 여러 나라들이 미국을 도왔단다. 세계 최고의 강자인 영국이 더 커질까 봐 무서웠던 거야. 프랑스와 네덜란드, 에스파냐가 이런 두려움 때문에 미국을 지원했어. 이 나라들은 미국이 영국을 이기길 바랐던 거지.

전쟁이 시작되고 벌써 6년이 흘렀어. 1781년 마침내 미국 군대가 요크타운 전투에서 영국 군대를 대파하고 항복을 받아 냈어. 2년 후

독립선언서에 서명을 하는 장면 · 13개 주의 지도자들이 모여 독립선언서에 서명을 하고, 미국의 독립을 선언했다.

영국은 미국의 독립을 인정하는 파리조약에 서명했어. 이제 미국은 법적으로 독립을 쟁취한 거야! 파리조약에서 확정한 미국의 영토는 오늘날과는 다소 차이가 있어. 대서양에 접해 있는 땅에서부터 오늘날 미국의 중앙부인 미시시피 강까지만 미국의 영토였지.

미국은 새 정부를 구성하기 위한 작업에 돌입했어. 민병대 사령관 워싱턴이 그 일을 지휘했지. 워싱턴은 계몽주의 사상을 바탕으로 미국의 헌법을 만들기 시작했어. 특히 몽테스키외의 삼권분립 이론을 도입하기로 했단다. 입법부, 행정부, 사법부를 분리하기로 한 거야. 물론 왕은 없지!

1789년 미국은 전 세계에 민주공화국의 수립을 선포했어. 미국 사람들은 미합중국의 초대 대통령으로 조지 워싱턴을 추천했어. 워싱턴은 처음에는 대통령을 맡을 뜻이 없었대. 그러나 많은 국민들이 원하자 "국민의 뜻에 따르겠다"라며 대통령직을 받아들였단다.

미국은 세계 역사상 처음으로, 신분과 관계없이 모두가 주인이 되는 오늘날의 민주주의가 처음으로 시행된 나라야. 무한대의 권력을 가진 왕이 국민을 다스리는 게 아니라, 국민에 의해 선출된 대통령이 나라를 통치했어. 대통령이 나라를 통치했다고 해도 왕처럼 무한대의 권력을 가진 것도 아니야. 혹시 그럴까 봐 입법부의회와 사법부법원를 대통령의 권한 밖에 뒀어. 이게 바로 몽테스키외가 제시한 삼권분립이야. 오늘날 우리나라도 이 체제를 따르고 있지.

이때의 미국을 완전한 민주주의 국가라고 볼 수 없다는 비판도 있어. 미국인들도 아메리카의 원래 주인인 인디언을 몰아냈잖아. 다른 사람의 땅을 강제로 빼앗은 거지. 미국 남부에서는 아프리카 노예를 사들여 농장에서 강제 노동을 시켰어. 익히 잘 알고 있는 것처럼 노예들의 생활은 짐승보다 못할 정도로 비참했어. 그러나 미국의 건국은 진정한 민주주의 체제를 처음 정착시킨 사건이야. 따라서 여러 한계가 있다 치더라도 역사적 중요성이 매우 크다고 할 수 있지.

프랑스대혁명 발발

미합중국이 건국되던 바로 그해, 프랑스에서도 혁명이 터졌어. 오늘날까지도 프랑스 국민들은 1789년을 기억하며 혁명 기념일에 축제를 벌인단다.

프랑스는 17세기 말까지만 해도 영국 못지않은 강대국이었어. 프랑스 역사에서 최고로 강했던 왕인 루이 14세가 있었기 때문이야. 그러나 그 후로 프랑스는 여러 전쟁에서 계속 패했어. 왕은 사치스러웠고 독재를 했으며, 온 나라에 흉년이 찾아왔어. 국력은 아주 빠르게 약해졌어.

18세기 후반에는 프랑스 재정이 거의 바닥을 드러냈어. 돈이 없으면 나라 살림을 꾸려 갈 수가 없지. 루이 16세는 돈이 많은 귀족과 성직자들에게 우선 세금을 거두려고 했어. 그러나 그들은 강력하게 거부했어. '원래 세금은 서민들이 내는 거 아냐?' 이렇게 생각한 거지. 결국 왕은 다시 힘없는 서민에게 세금을 징수하기로 했어.

새로운 세금을 부과하려면 프랑스도 영국처럼 의회의 동의를 얻어야 했어. 17세기 초반에 삼부회가 열렸었는데 그 삼부회가 프랑스 의회 역할을 했단다. 삼부회는 성직자제1신분, 귀족제2신분, 평민제3신분 대표들이 모여 국가 정책을 논의하는 의회였지만 지금까지는 왕의 권력이 너무 강해서 거의 열리지 못했어. 왕이 의회를 무시하고 모든 걸 혼자서 결정했던 거야. 그러나 18세기에는 프랑스에서도 평민의 권리가 많이 향상됐기 때문에 왕도 삼부회의 동의를 얻어야 했지.

1789년 5월 5일, 루이 16세는 175년 만에 삼부회를 소집했어. 루이 16세는 새로운 세금을 만들자는 요구 사항을 삼부회가 쉽게 들어줄 거라고 생각했던 모양이야. 그러나 삼부회의 제3신분 대표들이 루이 16세의 요구를 거절했어. 그들은 오히려 귀족의 특권을 폐지할 것을 요구했단다. 왕이 예상했던 결과와 전혀 반대의 방향으로 삼부회가 진행되고 있는 거야. 왕은 제3신분의 요구를 들어줄 수 없다며 버텼어.

제3신분 대표들은 분노했어. 그들은 더 이상 특권층의 들러리가 되지 않겠다고 선언했어. 6월 17일, 그들이 따로 국민의회를 만들었어. 국민의회에는 제3신분을 지지하는 귀족들도 참여했단다. 이런 귀족들은 자유주의 귀족이라 불렀어. 주로 계몽주의를 받아들인, 깨어 있는 귀족들이었지.

국민의회가 만들어졌다는 소식을 들은 루이 16세는 그들이 의회로 들어가지 못하게 회의장을 폐쇄해 버렸어. 6월 20일, 국민의회는 근처에 있던 테니스코트로 자리를 옮겼어. 이곳에서 국민의회는 "새로운 헌법을 만들고 사회질서를 회복하라는 우리들의 요구가 받아들여질 때까지는 국민의회를 절대 해산하지 않겠다!"라고 선포했어.

테니스코트의 서약 · 제3신분 대표들이 국민의회를 결코 해산하지 않겠다고 선언하고 있다.

이 선언이 유명한 테니스코트의 서약이란다.

현명한 왕이었다면 이쯤 되면 사태가 매우 심각하다는 걸 알았겠지. 그러나 루이 16세는 힘으로 밀어붙였어. 7월 11일, 루이 16세는 국민의회를 해산하기 위해 군대를 투입했어. 분노한 국민들은 마침내 들고 일어섰어. 프랑스대혁명이 터진 거야!

프랑스에 공화정 서다

7월 14일, 파리 시민들은 바스티유 감옥을 습격했어. 이 감옥은 왕에게 반대하는 사람들을 가뒀던 곳이야. 독재의 상징이지. 혁명이 일어났던 시기에는 군대의 무기가 보관돼 있었어.

바스티유 감옥에서 시민군과 정부군 사이에 치열한 전투가 벌어졌어. 시민군이 승리했단다. 시민군은 흥분한 나머지 정부군 가운데 항복한 병사들까지 모두 죽여 버렸대. 루이 16세는 그제야 사태의 심각성을 깨달았어. 7월 16일, 루이 16세는 파리 시민들이 쳐다보는 가운데 연단으로 나가 빨강, 파랑, 흰색으로 된 장식을 받아 머리에 썼어. 이 장식의 세 가지 색은 프랑스혁명을 상징해. 루이 16세도 프랑스혁명이 성공했다는 사실을 인정한 거야. 루이 16세에게는 최대의 굴욕이었겠지?

8월 26일, 국민의회는 "모든 인간은 누구나 자유롭고 평등할 수 있는 권리를 갖고 태어난다!"라고 선언했어. 이 선언을 인간과 시민

바스티유 습격 · 이 사건을 시작으로 프랑스대혁명이 타올랐다.

의 권리선언^{인권선언}이라고 해. 국민의회는 이어 왕정을 폐지하고 공화정을 세우기 위한 입법의회를 만들기로 했지.

그러나 문제가 생겼어. 혁명은 성공했지만 국민의 생활수준이 전혀 개선되지 않은 거야. 오히려 더 나빠졌지. 절망에 빠진 시민들은 곳곳에서 난동을 부렸어. 여성들도 식량을 달라며 폭동을 일으켰어. 파리는 어두워지면 밖으로 다닐 수도 없을 만큼 무정부 상태가 돼버렸단다. 혁명을 일으키기 전보다 사회가 더 혼란스러워진 거야.

파리가 살벌해졌어. 루이 16세가 그 분위기를 더 안 좋게 만들었지. 1791년 6월 루이 16세는 몰래 베르사유 궁전을 빠져나갔어. 그러나 탈출한 지 얼마 지나지 않아 붙잡히고 말았어. 왕의 운명은 어떻게 될까?

10월 입법의회가 활동을 시작했어. 온건파^{지롱드파}와 급진파^{자코뱅파}가 참여했어. 처음에는 온건파의 세력이 더 컸어. 그러나 곧 급진파가 온건파를 몰아내고 권력을 장악했지. 급진파는 의회를 장악하고 프랑스 공화국을 선포했어.

1793년 7월 급진파는 루이 16세를 단두대에서 처형했어. 이 사건은 유럽의 모든 나라를 경악하게 했어. 그 나라들은 프랑스를 비난했어. 이런 비난을 무릅쓰고 급진파가 왕을 죽인 이유가 뭘까?

이때 오스트리아는 이미 프랑스 공화국 정부에 선전포고를 한 뒤였단다. 왕비 마리 앙투아네트의 친정이 오스트리아였거든. 오스트리아는 프랑스의 혁명정신이 자기 나라로 전파될까 봐 두려웠던 거야. 프로이센도 똑같은 위기감을 느껴 오스트리아의 편에 섰어.

전쟁이 터지자 프랑스 국민들이 동요했어. 급진파는 혁명정신을 지키기 위해서는 반대파를 모두 제거해야 한다고 결심했어. 왕을 처형한 것도 이런 이유 때문이야. 왕은 구체제^{앙시앵레짐}를 대표하는 상징이니까….

급진파의 지도자는 로베스피에르였어. 그는 왕을 처형하는 것만으로는 완전한 공화국이 되지 않을 거라고 생각했나 봐. 하긴 미국의 건국을 지켜봤으니 공화국을 꼭 세우겠다는 욕심이 생길 수도 있을 것 같아. 1793년 7월 로베스피에르는 귀족의 특권을 모두 폐지하고 보통선거를 실시하는 자코뱅 헌법을 만들었어.

로베스피에르는 아주 청렴했지만 아주 냉정하기도 했어. 반대파를 조금도 봐주지 않고 모두 죽여 버렸지. 그가 통치한 기간은 3개월

루이 16세의 처형 · 단두대에서 처형당한 그의 말로는 주변 국가에 큰 충격을 줬다.

이 채 못 돼. 이 기간에 수천 명이 단두대에서 목숨을 잃었다는구나.
사람들은 점점 로베스피에르로부터 멀어져 갔어. 그의 동지들마저
등을 돌렸고, 입법의회도 그를 쫓아낼 궁리를 했어. 결국 1794년 로
베스피에르는 의회에 의해 숙청됐고 단두대에서 생을 마감했단다.
이 사건을 테르미도르 반동이라고 불러.

그 후 프랑스는 총재가 통치하는 총재정부로 바뀌었어. 의회는 있
으나 마나 한 존재가 됐어. 아주 혼란스러웠지. 군부 세력이 그 혼란 속
에서 자라고 있었어. 그 가운데 한 명이 바로 나폴레옹 보나파르트야.

1799년 나폴레옹은 쿠데타를 일으켜 총재정부를 전복시키고 총
통에 올랐어. 이때까지만 해도 코르시카에서 태어난, 키 작고 못생긴
이 사람이 유럽 전체를 정복할 거라고는 아무도 생각하지 못했지.

계몽주의에서 프랑스 인권선언까지

프랑스혁명에 성공하면서 국민의회가 선포한 인권선언_{인간과 시민의 권리선언}은 인간의 존엄성을 밝힌 대표적인 근대 문서로 꼽혀. 총 17개 조항으로 돼 있는 이 선언은 그 후 유럽 전역으로 퍼져 여러 나라에서 혁명을 일으키는 데 큰 영향을 주었지. 그러나 이 선언문은 독창적인 작품이 아니었고 모방 작품이었어. 프랑스혁명을 이끈 지도자들은 미국이 영국과 독립전쟁을 벌이고 있던 1776년에 발표한 독립선언문을 많이 참고했단다.

미국 독립선언문에는 "모든 사람은 태어날 때부터 평등하며 신은 인간에게 생명과 자유, 행복을 추구할 수 있는 권리를 줬고, 그 권리는 타인에게 양도할 수 없는 권리이다. 만약 정부에서 이 권리를 침해할 경우 국민은 그 정부를 전복할 권리를 갖고 있다"라고 밝히고 있어.

미국 독립선언문의 사상적 배경은 어디였을까? 바로 유럽의 계몽주의였어. 계몽주의는 프랑스혁명에 앞서 대서양 건너 미국혁명에도 직접적인 영향을 미친 거지.

미국이 헌법을 만들 때 가장 많이 참고한 인물은 프랑스의 몽테스키외였어. 그가 『법의 정신』에서 주장한 입법, 행정, 사법권의 분리를 그대로 따라 민주 정부를 건설했지. 또한 미국이 영국에 저항할 수 있었던 것은 루소의 사회계약론이 있었기 때문이야. 식민지 주민들은 생명과 재산을 지키기 위해서는 독재를 하고 있는 영국 왕과 체결한 사회계약을 파기할 수 있다고 생각한 거야.

미국혁명의 성공은 프랑스혁명에 그대로 영향을 미쳤어. 계몽주의 사상이 옳다는 것을 현실에서 입증했으니까! 프랑스 국민의회가 테니스코트에서 "국민의회가 해산되면 조세 징수를 할 수 없다"라고 선언한 것도 모방이란다. 미국혁명 지도자들이 영국에 대해 "대표 없는 곳에 과세 없다"라고 저항했다는 사실이 프랑스에도 알려졌거든.

커버스토리에서 산업혁명과 프랑스혁명, 미국혁명을 살펴봤어. 이 사건들은 모두 18세기 후반에 일어났어. 아직 우리는 18세기 전반의 역사를 자세히 살펴보지 않은 거야. 이번 장은 18세기 후반부의 역사를 먼저 다루고 18세기 전반부의 역사는 나중에 다루는 셈이지.

18세기 초반부터 유럽은 또다시 전쟁의 소용돌이에 빠져들었어. 이 나라, 저 나라에서 전쟁이 터졌어. 프로이센과 러시아가 전쟁의 와중에 강대국으로 성장했어. 모든 전쟁에서 승리한 영국은 최고의 강대국이 됐지. 그러나 프랑스는 모든 전쟁에서 패하면서 추락하고 말았고 극도로 혼란스러워졌어. 그다음은 잘 알고 있을 거야. 프랑스혁명이야.

유럽의 나라들은 해외식민지에서도 전쟁을 벌였어. 인도는 영국에게 거의 먹혀 버렸고, 오스만 제국은 러시아와의 전쟁에서 참패를 당했어. 아시아 나라로는 유일하게 중국의 청나라가 티베트까지 정복하며 영토를 넓혔어. 청의 전성기도 사실은 이때가 마지막이란다.

먼저 18세기 전반부 유럽에서 벌어진 전쟁들을 정리할게. 이어 유럽의 식민지 경쟁을 정리하고, 추락하는 아시아를 마지막으로 살펴볼게. 이 장을 다 읽은 후 커버스토리를 한 번 더 읽으면 18세기 역사를 순서대로 정리할 수 있을 거야.

유럽, 패권주의 전쟁 벌이다

시계를 돌려 18세기 초반으로 왔어. 이때 유럽에는 굵직굵직한 전쟁이 많이 터졌어. 강한 나라는 더 많은 땅을 얻으려고, 약한 나라는 강대국이 되려고 전쟁을 벌였어. 전쟁의 시대였지.

전쟁 후에는 강대국과 약소국이 분명하게 나뉘었어. 영국, 프랑스, 프로이센, 러시아, 오스트리아의 다섯 나라를 강대국으로 부를 수 있을 거야. 영국이 가장 강했고 프랑스가 그다음이었는데, 프랑스는 점점 가라앉았어.

앞에서 밝혀 둔 대로 이번 장부터는 이슬람 세계를 따로 다루지 않을 거야. 오스만 제국과 러시아의 전쟁은 유럽에서, 이슬람 세계의 변화는 아시아의 역사에서 다루도록 할게. 귀띔하자면 오스만 제국은 이제 종이호랑이가 돼 버렸단다.

자, 18세기 유럽의 전쟁 속으로 들어가 볼까?

에스파냐 왕위계승전쟁

프랑스의 절대왕정을 연 태양왕 루이 14세를 기억하고 있지? 그가 있을 때 프랑스는 유럽 대륙의 최고 강대국에 올랐단다. 루이 14세는 많은 전쟁에 개입했어. 18세기로 들어서자마자 터진 에스파냐 왕

펠리페 5세 · 루이 14세의 손자로 에스파냐의 왕이 됐으나 '에스파냐 왕위계승전쟁'의 불씨가 됐다.

위계승전쟁_{1701~1714년}도 그중 하나야.

1701년 에스파냐의 카를로스 2세가 세상을 떠났어. 그는 죽기 전에 자신의 뒤를 이어 루이 14세의 손자인 필리프를 후계자로 지명했어. 30년전쟁 이후 유럽 대륙에서 최고의 강대국은? 그래, 프랑스야. 그러니 프랑스와 우호적인 관계를 맺고 싶었던 거지. 물론 루이 14세가 무서워서 그랬을 수도 있어. 어쨌든 왕이 정한 후계자이기 때문에 큰 잡음 없이 필리프는 에스파냐의 왕이 됐어. 에스파냐식으로 펠리페 5세란 이름이 붙었지.

하지만 막상 펠리페 5세가 에스파냐 왕이 되자 오스트리아가 강하게 반발했어. 왜 그랬는지를 이해하려면 30년전쟁을 떠올려야 해.

에스파냐와 신성로마 제국은 원래부터 같은 편이었어. 비록 30년 전쟁이 끝난 후 신성로마 제국의 여러 영방국가들이 사실상 독립국이 됐고, 합스부르크 왕조가 오스트리아와 주변 국가들로 축소됐다고는 하지만, 오스트리아는 여전히 강대국이었지. 오스트리아는 "원래 에스파냐와 오스트리아는 같은 합스부르크 왕조이기 때문에 에스파냐의 왕은 우리 몫이다"라고 주장했어.

프랑스가 너무 커지는 걸 두려워하던 영국과 네덜란드가 오스트리아를 지지했어. 그 나라들은 아메리카에 많은 식민지를 가진 에스파냐와 프랑스가 연합하면 프랑스가 더욱 강해질 거라고 판단한 거야. 이어 프로이센과 포르투갈도 전쟁에 뛰어들었어. 에스파냐의 왕위 문제로 시작된 갈등이 주변 국가를 포함한 유럽 전역으로 확대된 거야.

전쟁 초반부에는 프랑스가 우세했어. 그러나 오스트리아, 영국, 네덜란드의 연합군이 이탈리아와 에스파냐에서 잇달아 승리를 거뒀지. 이 전쟁은 14년간 계속됐어. 전쟁에 참여한 나라들은 1713년 위트레흐트조약, 1714년 라슈타트조약을 이어 체결한 후 전쟁을 끝냈단다. 전쟁 후 달라진 것만 간단하게 살펴볼까?

밀라노, 사르데냐 등 오늘날 이탈리아 땅에 있는 몇몇 나라와 네덜란드가 에스파냐령에서 신성로마 제국의 영방으로 바뀌었어. 신성로마 제국이 점령한 알자스는 프랑스에 돌려줬고 영국은 허드슨을 포함해 북미 지역에 있는 프랑스 식민지 일부를 빼앗았지.

이 결과만 봐도 대강은 짐작하겠지만 이 전쟁 후 유럽의 큰형님 자리를 영국이 차지하게 됐어. 프랑스는 이 전쟁을 계기로 추락하기 시작했지. 이 전쟁의 의미를 한 문장으로 한다면? "영국이 최고 강대국이 됐다!"일 거야.

북방전쟁

에스파냐 왕위계승전쟁이 터지기 한 해 전, 북유럽에서도 큰 전쟁이 터졌어. 러시아와 스웨덴이 발트 해의 주도권을 놓고 벌인 전쟁이야. 에스파냐 왕위계승전쟁만큼 많지는 않았지만 이 전쟁에도 여러 나라가 뛰어들었어. 전투가 주로 유럽 북부에서 있었기 때문에 이 전쟁을 북방전쟁1700~1721년이라고 부른단다.

30년전쟁 이후 유럽 북부의 발트 해 일대에서는 스웨덴이 최고의 강대국이었어. 한 나라의 힘이 너무 크면 주변 국가들은 위기감을 느끼게 돼 있지. 폴란드는 스웨덴을 견제하기 위해 러시아와 연합했어. 폴란드는 러시아의 지원을 믿고 스웨덴에 선전포고를 했어. 스웨덴의 힘이 커지는 게 못마땅했던 덴마크와 프로이센도 러시아와 폴

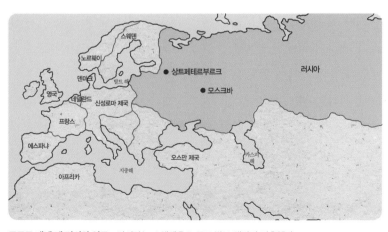

표트르 대제 때 러시아 영토 · 러시아는 스웨덴을 누르고 발트 해까지 진출했다.

란드 편에 섰지.

여기까지만 보면 북방전쟁의 두 주인공은 폴란드와 스웨덴 같지? 그러나 아니야. 먼저 움직인 나라는 폴란드가 맞지만 연합군의 중심 은 러시아였거든. 그러니까 이 전쟁은 발트 해를 누가 장악하느냐를 놓고 러시아와 스웨덴이 한판 승부를 벌인 전쟁이었다고 볼 수 있지.

이때 러시아 황제가 누구였는지 아니? 바로 표트르 대제^{표트르 I세} 야. 그는 러시아를 진정한 유럽 국가로 만든 인물이었어. 17세기 말, 그는 영국과 네덜란드, 스웨덴을 돌아다니며 선진 기술을 배웠어. 자 신의 신분을 숨기고 공장에 취직해 일을 하기도 했지. 표트르 대제 는 황제가 된 다음 강력한 개혁을 추진해 짧은 시간에 러시아를 발 전시켰어.

표트르 대제는 러시아가 발전하려면 바다로 나갈 수 있는 통로가

폴타바 전투 · 이 전투에서 러시아가 이기며 북방전쟁의 전세가 러시아로 기울었다.

있어야 한다고 생각했어. 그 통로가 바로 발트 해였던 거야. 맞아, 북방전쟁에 참전한 데에는 이런 계산이 숨어 있었던 거지. 표트르 대제는 수도를 모스크바에서 발트 해 근처의 상트페테르부르크로 옮기기까지 했어.

전쟁 초반부는 스웨덴이 강했어. 첫 전투에서 스웨덴 군대는 러시아 군대를 거의 전멸시켜 버렸대. 1709년부터 상황이 역전됐어. 스웨덴 군대는 러시아의 힘이 약해졌다고 생각하고 군대를 폴란드로 돌렸어. 그러나 잘못된 판단이었지. 그사이 러시아 군대는 힘을 회복해 스웨덴을 공격했어. 폴타바에서 치러진 이 전투에서 러시아 군대는 스웨덴 군대를 대파했어. 이때부터 전세는 러시아로 기울기 시작했지.

에스파냐 왕위계승전쟁이 끝난 1714년, 러시아 함대는 총공격을 감행했어. 스웨덴 함대는 러시아 함대를 이길 수 없었어. 발트 해가 마침내 러시아의 손에 들어왔어! 그 후 몇 번 더 전투가 있었지만 발트 해가 이미 러시아에 넘어갔으니 해 봤자 별 소용이 없었어. 몇 년을 더 끌던 북방전쟁은 1721년 뉘스타드조약이 맺어지면서 끝났어.

이 전쟁 결과 러시아가 새로운 강대국의 지위에 올랐어. 에스파냐 왕위계승전쟁과 북방전쟁만 보더라도 유럽에서 그토록 많은 전쟁이 왜 터졌는지 알 수 있을 거야. 목적은 딱 하나였어. 영토 확장과 세력 팽창이었지. 마지막으로 북방전쟁의 의미를 한 줄로 요약하면? '러시아가 유럽 열강 중 하나가 됐다!'겠지?

오스트리아 왕위계승전쟁

두 전쟁이 끝난 지 20년이나 됐을까? 이번에는 오스트리아의 왕 자리를 놓고 또 전쟁이 터졌어. 오스트리아 왕위계승전쟁^{1740~1748년}이야. 이 전쟁은 오스트리아, 바이에른, 프로이센 등 신성로마 제국의 영방국가들 사이에서 시작됐단다.

이미 몇 번 말했을 거야. 30년전쟁이 끝나면서 체결된 베스트팔렌조약에 따라 신성로마 제국의 여러 영방국가들이 사실상 독립했다고 말이야. 더 이상 신성로마 제국은 강력한 제국이 아니었어. 신성로마 제국의 우두머리였던 합스부르크 왕조도 오스트리아 일대만 통치했지. 외형상으로 보면 오스트리아도 나머지 영방국가들과 같은 등급이 된 거야. 이런 점 때문에 프로이센은 합스부르크 황제를 인정하지 않으려 했어. 프로이센의 군인왕 프리드리히 빌헬름 1세는 사사건건 오스트리아와 대립했지.

앞으로 차차 살펴보겠지만 프로이센은 오늘날의 독일을 건설한 주역이야. 프로이센이 유럽의 강대국으로 부상한 것은 프리드리

마리아 테레지아 여왕 · 오스트리아 왕위계승전쟁의 발단이 된 인물이다.

히 빌헬름 1세의 뒤를 이어 프리드리히 2세가 왕이 되면서부터였지.

그는 지방 귀족들을 눌렀어. 그들은 프리드리히 2세를 대왕이라 불렀지. 프리드리히 대왕은 영토를 넓히기 위해 곧바로 전쟁을 벌였어. 그 첫 번째 전쟁이 바로 오스트리아 왕위계승전쟁이었단다.

1740년 오스트리아 황제 카를 6세가 세상을 떠났어. 그에게는 아들 후계자가 없었단다. 그러니 딸인 마리아 테레지아가 왕의 자리에 올랐지. 그런데 바이에른 왕이 갑자기 나타나 "내가 왕이 돼야 한다!"라고 주장했어. 마리아 테레지아는 크게 당황했어. 이때 프로이센이 개입했어. 프로이센의 프리드리히 대왕은 마리아 테레지아에게 "당신의 왕위 계승을 인정해 줄 테니 그 대신 슐레지엔 땅을 달라"라고 요구했대. 프로이센은 마리아 테레지아의 답변을 듣기도 전에 군대부터 슐레지엔으로 보냈어.

프로이센이 개입하자 다른 나라들도 참전할 명분을 얻었다고 생각했나 봐. 프랑스와 에스파냐가 바이에른의 편을 들며 군대를 출동시켰지. 두 나라가 도와줘서 힘이 솟았는지 바이에른 왕은 카를 7세라는 이름으로 오스트리아 황제에 올랐어.

이 전쟁의 결말은 좀 싱거웠어. 황제에 오른 바이에른의 카를 7세가 세상을 떠나 버렸거든. 마리아 테레지아 여왕의 남편 프란츠 1세가 오스트리아의 왕에 올랐어. 그다음부터는 전쟁이 소강상태가 됐지. 거의 4년간 큰 전투는 한 번도 치러지지 않은 거야. 1748년 마침내 참전국들이 아헨조약을 체결하면서 전쟁은 끝났단다.

7년전쟁

그러나 오스트리아 왕위계승전쟁은 끝난 게 아니었어. 8년 후 제2탄이 터졌거든. 그 전쟁이 바로 7년 전쟁1756~1763년이야.

1차 오스트리아 왕위계승전쟁에서 프로이센은 어떤 이득을 챙겼지? 바로 슐레지엔 땅이야. 모든 전쟁이 끝나자 오스트리아의 마리아 테레지아는 그 땅을 되찾아야겠다고 생각했어. 그러나 프로이센은 슐레지엔 땅을 내줄 마음이 없었지. 두 나라는 전쟁을 벌이기 시작했어. 이 전쟁이 7년간 계속됐기 때문에 이런 이름이 붙었단다.

오스트리아는 프로이센을 공격하기 위해 프랑스, 러시아, 스웨덴과 동맹을 맺었어. 이에 맞서 프로이센은 영국과 제휴를 맺었지. 여러 나라들이 뭉친 오스트리아가 강해 보이지? 프로이센의 프리드리히 대왕도 같은 생각이었나 봐. 1756년 프로이센은 신성로마 제국의 영방국가인 작센을 기습 공격했어. 작센과 오스트리아가 무슨 상관이 있냐고? 비록 신성로마 제국이 여러 영방국가로 쪼개졌지만 여전히 우두머리는 합스부르크 왕조가 다스리는 오스트리아였어. 신성로마 제국의 작센을

프리드리히 대왕 · 프로이센을 강국으로 만들었다.

영국 국기 유니언 잭 · 1707년 잉글랜드와 스코틀랜드 국기가 합쳐진 위와 같은 형태가 공식 국기가 됐다.

공격한 건 큰 형님인 오스트리아를 공격한 효과를 내는 거야.

초반에는 프로이센이 우세했어. 그러나 1759년 오스트리아가 러시아와 연합해 반격에 나서자 프로이센은 주춤했어. 오히려 계속 밀려 수도인 베를린까지 점령당했단다. 항복하느니 죽음을 택하겠다! 프리드리히 대왕은 이렇게 생각하고 자살을 결심했다는구나.

하늘이 무너져도 솟아날 구멍은 있다고 했지? 프로이센에 뜻밖의 구세주가 나타났어. 때마침 러시아의 황제가 바뀌었는데, 새로 황제가 된 표트르 3세가 프리드리히 대왕을 아주 좋아했어. 표트르 3세의 부인은 훗날 표트르 3세를 몰아내고 황제가 된 예카테리나 2세였어. 그녀는 독일 출신이었단다. 표트르 3세는 그전 황제들이 오스트리아를 지지했던 정책을 바꿔 프로이센 지지로 돌아섰어. 러시아의 도움을 받아 프로이센은 다시 살아났지.

7년 전쟁은 1763년 끝났어. 프로이센이 이겼지. 프로이센은 유럽의 강대국으로 부상했어. 러시아가 북방전쟁으로 유럽 열강의 대열에 들어섰다면 프로이센은 7년전쟁의 승리로 유럽 열강의 일원이 된 거야.

이 전쟁은 오스트리아와 프로이센의 서열을 묘하게 바꿔 놓았어. 이 두 나라는 모두 게르만족이었어. 그전까지 게르만족의 대표선수는 오스트리아였어. 신성로마 제국의 황제가 그곳에 있었거든. 프로이센의 서열은 한참 밑이었지. 그러나 7년전쟁으로 이 서열이 달라졌어. 프로이센이 오스트리아와 거의 대등한 수준까지 올라온 거야.

이 전쟁은 전쟁 당사국이 아닌 영국과 프랑스의 서열도 확실하게 정해 놓았어. 이 전쟁에서 프랑스는 오스트리아를, 영국은 프로이센을 지지했었어. 결과를 보면 프랑스는 영국과의 전쟁에서 또 패한 셈이야. 모든 전쟁에서 밀린 프랑스는 지는 해가 됐고 영국은 절대 강국이 돼 버렸어. 7년 전쟁이 끝나면서 체결된 파리조약에 따라 프랑스는 북미 식민지의 거의 전부를 영국에 빼앗겼단다.

잠깐, 짧은 영국 역사 하나만 짚고 넘어갈게. 북방전쟁과 에스파냐 왕위계승전쟁 초반인 1707년, 잉글랜드와 스코틀랜드 의회가 만장일치로 양국의 통합을 결정했어. 대영 제국이 탄생한 거야. 영국이 최고 강대국이 될 수 있었던 것도 일찌감치 내부 정치가 안정됐기 때문일 거야. 역시 사회의 안정은 옛날이나 지금이나 중요한 것 같아.

오스만 제국, 연전연패

발칸반도에 둥지를 틀고 스스로 유럽에 속한 오스만 제국은 18세기부터 동네북 신세가 됐어. 기독교를 믿는 유럽 국가들이 자기들끼리

2차 러시아-투르크전쟁 · 1788년 오스만 제국의 오차코프 시를 러시아 군대가 포위하고 있다.

싸우다 마지막에는 오스만 제국을 타깃으로 삼았거든. 한때 그들을 벌벌 떨게 했던 오스만 제국은 풍전등화의 위기를 맞게 됐어.

17세기 초반까지만 해도 군사력이나 문화 수준에서 오스만 제국은 유럽 국가들보다 많이 뒤떨어지지 않았어. 문제는 오스만 제국이 세계정세가 어떻게 변화하고 있는지 도통 관심이 없었다는 거야. 어떤 나라도 오스만 제국을 이길 수 없을 거라고 자만했어. 결과는 냉혹했지. 오스만 제국은 18세기 이후 모든 전쟁에서 패배했단다!

오스만 제국을 가장 힘들게 만든 나라는 신생 강대국 러시아였어. 러시아가 유럽 남동부에 있는 오스만 제국을 왜 노렸는지 이유를 알 수 있겠니? 러시아가 북방전쟁에 뛰어든 이유는 유럽 진출의 통로를 확보하기 위해서였어. 오스만 제국을 노린 것도 같은 이유였단다. 오스만 제국을 장악하면 흑해를 통해 지중해로 들어갈 수 있었던 거야.

오스만 제국은 18세기 중반부터 19세기 초반까지 여섯 번이나 러시아와 전쟁을 벌였단다. 결과부터 말하자면, 6회의 전쟁에서 모두 러시아가 이겼어. 이번 장에서는 1차와 2차 전쟁을 살펴볼게.

18세기 후반이 되면서 러시아는 폴란드까지 진출했어. 위협을 느낀 프랑스는 오스만 제국을 부추겨 러시아와 싸우도록 했지. 존 케이가 나는 북을 발명한 뒤 영국 전체가 산업혁명의 열기로 달아오르기 시작할 때였어. 오스만 제국은 호시탐탐 쳐들어오려는 러시아와 맞붙었지1768년. 오스만 제국은 러시아가 그렇게 강하고, 자신이 그렇게 약할 줄은 몰랐을 거야. 약 6년에 걸쳐 진행된 이 1차 러시아—투르크전쟁에서 오스만 제국은 최악의 참패를 당하고 말았지.

이 전쟁의 패배로 오스만 제국은 흑해의 북동부 지역을 러시아에 내줘야 했어. 오스만 제국은 자국의 영토 안에 살고 있는 동방정교도들이 러시아의 보호를 받는다는 문서에도 서명해야 했단다. 이 말이 무슨 뜻인지 아니? 만약 오스만 제국의 영토에 살고 있는 동방정교도들이 불리한 대접을 받고 있다고 판단되면 러시아가 언제든지 침략할 수 있다는 뜻이야. 오스만 제국이 러시아의 내정간섭을 받게 된 셈이지.

오스만 제국은 치욕을 참을 수 없었어. 미국 식민지들이 영국 군대를 물리치고 독립을 선언한 뒤 민주국가를 세우기 위해 열심히 노력하던 때였어. 오스만 제국은 1차 전쟁 때 체결한 불평등조약을 폐기하라며 러시아를 공격했어. 2차 러시아—투르크전쟁이었지1787년. 그러나 이 2차 전쟁에서도 오스만 제국은 참패했단다.

1798년 오스만 제국은 프랑스 군대의 침략을 받았어. 이 전투는 오스만 제국의 군사력을 적나라하게 보여 줬어. 고작 일주일 만에 오스만 제국은 이집트 전체를 프랑스 군대에게 빼앗겼어. 이때 프랑스 군대를 이끈 인물이 훗날 유럽 전체를 뒤흔든 나폴레옹이었단다.

오스만 제국은 개혁이 필요하다는 걸 깨달았어. 그러나 마음만 앞섰지, 실제로 개혁에 성공하지는 못했어. 곧 중국 역사에서도 살펴보겠지만 이즈음 대부분 아시아 국가들이 그랬던 것처럼 오스만 제국도 대충대충 개혁을 한 거야. 오스만 제국은 암흑의 19세기를 맞이하게 된단다.

강력한 계몽군주
프리드리히 대왕 vs 표트르 대제

프로이센의 프리드리히 2세와 러시아의 표트르 1세는 닮은 것 같으면서도 다르고, 다른 것 같으면서도 닮은 구석이 많은 왕이야. 두 왕은 각각 프리드리히 대왕, 표트르 대제로 더 많이 불려. 독일과 러시아의 근대사에서 아주 중요한 인물이기 때문이지. 프리드리히 2세는 왕자 시절, 군사 문화가 발달한 독일 문화를 아주 싫어했어. 그는 문학 소년처럼 프랑스 문화에 푹 빠져 살았지. 그 때문에 아들이 강력한 군인 황제가 되기를 원했던 아버지 프리드리히 빌헬름 1세로부터 자주 혼나곤 했어. 프리드리히 2세는 결국 독일 밖으로 도망을 갔어. 화가 난 아버지는 사형 선고를 내렸단다. 얼마나 못마땅했으면 그랬을까?

반면 표트르 대제는 후궁의 아들로 태어났어. 그래서 어린 시절 궁궐에서 쫓겨나 제대로 교육도 받지 못하고 자랐지.

왕이 된 후 둘의 행적은 비슷해. 팽창정책을 펼친 거야.

프리드리히 대왕은 왕이 되자 확 바뀌었어. 그 누구보다 강력한 군인 황제가 된 거야. 오스트리아 왕위계승전쟁을 이용해 경제 요충지인 슐레지엔을 합병했고, 7년전쟁에도 뛰어들었지. 표트르 대제는 군사 요충지인 터키의 아조프를 공격해 차지했고, 1700년에는 스웨덴과 북방전쟁을 벌여 유럽 북부의 주도권을 잡았어. 이 전쟁이 끝난 후 러시아 원로원이 그에게 대제라는 칭호를 선사했단다.

두 왕은 대표적인 계몽군주로 평가받고 있어. 프리드리히 대왕은 "왕은 국민의 머슴이다"라고 서슴없이 말했어. 국민을 계몽하고 교육을 확대하는 데 큰 노력을 기울였지. 표트르 대제는 서유럽의 우수한 문물을 배우기 위한 사절단에 직접 참가하기도 했어. 신분을 숨기고 공장 직공으로 활동하면서 조선술과 포술 등 우수한 군사 기술을 배웠지. 이런 두 왕의 노력으로 두 나라는 열강의 반열에 오를 수 있었단다.

유럽 열강, 세계를 공략하다

아마도 유럽 열강이란 말을 들어봤을 거야. 18세기부터 생긴 말인데, 자국의 이익을 위해 식민지를 착취하는 유럽의 나라들을 가리키지. 영국, 프랑스, 에스파냐, 네덜란드 같은 나라가 대표적일 거야.

이 나라들은 유럽 대륙에서 영토 전쟁을 벌였고, 해외에서 더 많은 식민지를 확보하려고 다시 전쟁을 치렀어. 식민지에선 상품의 원료를 헐값에 빼앗듯 사들였고, 자국에서 생산한 제품은 대량으로 내다 팔았지.

유럽 열강은 아메리카의 원주민을 몰아내고 그 땅을 차지했어. 영국과 프랑스, 에스파냐는 북미에서 치열한 전쟁을 벌였고, 그 결과 영국이 프랑스를 내몰았지. 16세기 이후 중미와 남미를 지배해 온 에스파냐의 착취도 더욱 심해졌어. 유럽 열강은 아시아에까지 본격적으로 진출했어. 인도는 18세기 후반에 영국의 속국이 돼 버렸고, 중국은 영국 상인이 퍼뜨린 아편의 소굴로 전락했단다.

골드러시

유럽에서 북방전쟁과 에스파냐 왕위계승전쟁이 터지고 4, 5년이 흐른 1705년, 포르투갈 군대가 남미 브라질의 한 계곡을 지나가다 반

짝이는 개울가를 발견했어. 뭔가 했더니 사금이었어. 개울가에 사금이 무더기로 널려 있었지. 사상 최대의 금광을 발견한 거야!

사금은 모래 사이에 숨어 있기 때문에 곡괭이로 캐는 게 아니라 모래에서 골라내야 해. 금을 캐는 게 아니라 채집하는 거지. 특별한 기술이 필요한 게 아니란 이야기야. 이 소식이

금을 채취하는 사람들 · 브라질로 엄청나게 많은 사람들이 몰려들었다.

알려지자 남미의 다른 지역에서는 물론이고 유럽에서도 사람들이 우르르 몰려들었어.

1705년부터 1730년까지 25년간 이 골드러시가 계속됐어. 엄청나게 많은 사람들이 몰려들었지. 덕분에 브라질은 오늘날 인구 규모와 거의 비슷한 수준까지 인구가 급증했단다. 상파울루 같은 도시는 세계적인 도시가 됐어. 그러나 금으로 돈을 번 사람들은 모두 유럽 사람들이었어. 원주민들은 오히려 더 고통스러운 삶을 살았지.

유럽에서 오스트리아 왕위계승전쟁이 한창이던 1742년, 페루에서 반란이 일어났어. 이 지역에는 잉카 제국의 후손들이 살고 있었어. 잉카 제국을 기억하고 있지? 16세기 때 에스파냐의 피사로 장군

이 무너뜨린 남미의 대제국 말이야. 바로 그 잉카 제국의 후손인 후 안 산토스란 인물이 원주민들을 모아 봉기를 일으켰단다. 하지만 안 타깝게 실패하고 말았어.

이번에는 북미로 이동해 볼까? 미국이 독립하기 전까지의 역사를 살펴볼 거야.

브라질에서 골드러시가 끝나고 페루에서 후안 산토스의 반란이 일어나기 바로 전이었어. 영국은 플로리다반도 바로 위쪽에 식민지 조지아를 건설했어1733년. 이로써 영국은 대서양 연안에 모두 13개의 식민지를 확보하는 데 성공했단다.

이즈음 북미는 영국과 프랑스, 에스파냐가 차지하고 있었어. 영국

영국이 건설한 13개 식민지 · 1733년 조지아를 포함해 13 곳의 식민지를 확보했다.

은 대서양 연안에 정착촌을 건설했고, 프랑스는 중부와 서부, 북부 일대를 장악했으며 에스파냐는 플로리다반도가 있는 남동부에 식민지를 가지고 있었지.

식민지의 크기만 놓고 보면 프랑스가 단연 컸어. 그러나 주민들의 결속력은 영국 식민지가 강했지. 메이플라워호를 타고 건

너온 청교도의 사례에서 알 수 있듯이 영국인들은 북미에 정착하려는 목적이 강했어. 그러나 프랑스는 인디언과 모피 교역을 해 돈을 벌려는 상인들이 많았지. 프랑스 상인들은 돈을 벌면 다른 곳으로 이동했기 때문에 서로 협력하려는 의지는 그리 크지 않았어.

프렌치·인디언전쟁

18세기 초중반의 유럽 역사를 떠올려 볼까? 유럽에서 최고의 강국을 두 개만 뽑으라면? 그래, 영국과 프랑스야. 영국과 프랑스는 유럽의 여러 전쟁에서 싸웠지? 그 전쟁의 목적은 일인자가 되려는 거였어.

북미에서도 두 나라는 충돌했단다. 곧 살펴보겠지만, 두 나라는 인도에서도 충돌했지. 결과부터 말하자면 두 전쟁에서 모두 영국이 이겼어. 프랑스는 유럽에서만 아니라 해외에서도 모두 영국에 진 거야. 그 결과는 이미 이야기한 대로야. 프랑스는 지는 해가 됐고, 영국은 활활 타오르는 태양이 된 거지. 이런 여러 요인이 작용해 프랑스대혁명으로 이어졌다고 할 수 있어.

영국 군대가 북미 피츠버그에 있는 프랑스 요새를 공격하면서 시작된 이 전쟁을 프렌치·인디언전쟁1754~1763년이라고 불러. 유럽의 7년전쟁보다 2년 먼저 시작했고, 같은 해에 끝났어. 우연하게 이런 일이 일어난 걸까? 그건 아니야.

영국과 프랑스가 서로를 싫어한 게 이 전쟁이 일어난 가장 큰 이

프렌치·인디언전쟁 · 프랑스 편에서 선 인디언과 영국군이 싸우고 있다.

유일 거야. 그러나 북미에서는 또 다른 이유가 있었어. 무역 분쟁이
생긴 거야. 앞에서 이야기했듯이 영국과 프랑스 이민자들은 북미 대
륙에 온 목적이 달랐어. 프랑스 이민자들은 인디언과의 모피 무역이
주목적이었지. 하지만 영국은 아예 눌러사는 게 목적이었기 때문에
개척 정신을 발휘해 영토를 넓혀 나갔어. 두 나라의 이주민들은 오
하이오 강 유역에서 충돌하고야 말았단다.

  프랑스가 먼저 군대를 파견해 영국 이민자를 쫓아냈어. 영국은 프
랑스 군대에 땅을 돌려주고 철수할 것을 요청했지만 프랑스 군대는
거절했어. 영국 군대가 피츠버그의 프랑스 군대를 공격했지. 이 전쟁
에 에스파냐가 뛰어들었어. 에스파냐는 영국 편에서 싸웠어. 프랑스

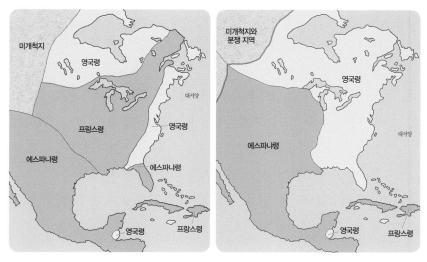

프렌치·인디언전쟁 전후 북아메리카의 변화 · 프랑스가 북미의 식민지를 모두 잃었다.

는 인디언들을 끌어들여 맞섰어. 인디언들이 전쟁에 뛰어들면서 프렌치·인디언전쟁이란 이름을 얻은 거야.

영국 군대는 강했어. 1759년에는 퀘벡을, 이듬해에는 몬트리올을 점령했단다. 프랑스 군대는 영국 군대에게 항복하고 말았어. 제임스 와트가 증기기관을 발명하기 10년 전이지? 영국은 산업도 발달하고, 해외 영토도 넓힌 거야.

프렌치·인디언전쟁은 공식적으로 1763년에 끝났어. 이해 유럽에서 7년전쟁이 끝나고 파리조약이 체결됐지. 이 조약에서는 프렌치·인디언전쟁 후 북미를 어떻게 할 것이냐에 대해서도 논의를 했단다. 그 결과 프랑스는 북미의 모든 식민지를 영국과 에스파냐에 빼

앗겼어. 프랑스의 식민지였던 캐나다는 영국에게 돌아갔고 루이지
애나는 미시시피 강을 경계로 동쪽은 영국, 서쪽은 에스파냐가 차지
했단다.

이제 북미에서도 영국이 유일한 강자가 됐어. 영국은 여기에서 그
치지 않았단다. 오스트레일리아와 뉴질랜드까지 차지한 거야. 1788년
영국의 죄수 770명이 오스트레일리아의 잭슨 항^{시드니}에 상륙한 뒤
정착촌을 건설했어. 19세기 초반에는 뉴질랜드의 웰링턴에까지 정
착촌을 건설한단다. 항상 다른 나라보다 빨리 움직였기 때문에 영국
이 최고의 강대국이 된 거겠지?

영국, 인도를 삼키다

무굴 제국은 6대 황제 아우랑제브가 이슬람교를 강요하면서 혼란에
빠졌어. 반대 세력들이 대대적인 반정부 투쟁을 벌였지. 힌두교도의
마라타 동맹이 대표적이었어. 그들은 마라타 왕국을 세워 무굴 제국
에 저항했지.

아우랑제브 황제가 살아 있을 때는 그나마 무굴 제국의 위엄이 남
아 있었어. 그러나 1707년 그가 사망하자 무굴 제국은 급격히 약해
지기 시작했어. 이웃 페르시아와 아프가니스탄에서도 마음껏 무굴
제국을 침략했지. 그러나 이들 나라의 위협은 그리 크지 않았어. 영
국과 프랑스에 비하면 말이야.

아우랑제브 황제 시기에 발행된 동전 · 아우랑제브가
죽은 뒤, 무굴 제국은 급격하게 무너졌다.

영국과 프랑스는 인도 본토에서 전쟁을 벌였어. 이기는 쪽이 인도
를 지배하는 거야. 어느 쪽이 이기든 인도는 얻는 게 없었지. 영국이 이
기면 영국의, 프랑스가 이기면 프랑스의 식민지가 될 테니까 말이야.

인도에 가장 먼저 진출한 영국은 여러 지역에 동인도회사를 두고
있었어. 영국보다 늦게 인도에 진출한 프랑스는 동남부에 발판을 마
련했어. 오스트리아 왕위계승전쟁이 중반부로 접어들 즈음, 프랑스
군대가 영국의 거점인 마드라스를 먼저 공격했지. 이때부터 두 나라
는 치열한 전투를 벌였어.

7년전쟁이 일어난 다음 해, 두 나라의 군대는 플라시 평원에서 만
났어. 바로 플라시 전투야 1757년. 엄밀히 말하면 영국의 군대와, 프랑
스로부터 지원을 받은 벵골 태수의 군대였지. 벵골은 인도의 경제
중심지였어. 벵골을 점령하면 사실상 인도 전체를 점령하는 효과가
있지. 이 때문에 두 나라 모두가 벵골을 노린 거야.

이 전투에서 영국이 승리했어. 프랑스는 눈물을 흘리며 인도에서
물러나야 했지. 이제 인도는 영국의 지배를 받게 됐어. 영국은 무굴

동인도회사 · 런던에 있던 동인도회사의 본사 모습이다.

제국의 힘을 빼앗기 위해 지방의 군벌 세력들을 지원했단다. 마라타 동맹도 영국의 지원을 받았지. 무굴 제국은 영국의 도움을 받은 지방의 군벌들 때문에 갈수록 약해질 수밖에 없었어.

결국 마라타 동맹이 수도 델리에 입성하는 지경에 이르렀어 1760년. 수도를 빼앗긴 무굴 제국은 더 이상 중앙정부의 역할을 할 수 없었지. 더 이상 인도의 중앙정부는 없는 셈이야. 무굴 제국은 공식적으로는 1857년에 소멸했지만 실제로는 이때 멸망한 거나 마찬가지야.

추락하는 아시아

18세기 아프리카는 눈을 뜨고 볼 수 없을 만큼 황폐해졌어. 노예무역 때문이야. 아프리카만큼은 아니지만 아시아도 유럽 열강의 침탈에 시달린 건 마찬가지였어. 영국이 인도를 집어삼켰지?

이즈음 동남아시아 민중들도 노예의 삶을 살았단다. 자바의 커피농장에서 원주민들은 중노동을 해야 했어. 이때 커피를 많이 생산한 덕에 자바는 오늘날까지도 커피의 명산지로 꼽힌단다.

중국에도 유럽 열강의 손길이 뻗쳤어. 영국 상인들은 인도에서 아편을 몰래 들여와 비싼 값에 청나라에게 팔았어. 많은 청나라 사람들이 아편에 중독됐지. 얼마나 폐해가 컸으면 조정에서 아편 금지령을 내렸겠니? 아시아는 추락하고 있었어.

청나라는 주변 국가들을 정복하며 영토를 넓혔지만 해외로 뻗어나가지는 않았어. 그러니까 우물 안 개구리라는 소리를 들었지. 일본은 상공업이 발달하면서 도시가 성장하기 시작했어. 농민들이 도시로 떠나자 농촌은 몰락했지. 조선은 영조와 정조 같은 계몽절대군주가 등장해 부국강병을 노렸어. 그러나 개혁은 실패했고, 19세기가 되면 열강의 침략을 받게 돼.

이슬람 원리주의 탄생하다

이번 장부터 이슬람 세계를 따로 다루지 않는 이유는 이미 말했어. 18세기부터는 종교의 구분이 세계사를 이해하는 데 큰 도움이 안 되기 때문이야.

18세기에도 이슬람교의 종주국은 여전히 오스만 제국이었어. 그러나 유럽 정치사를 다룰 때 살펴봤던 대로 오스만 제국은 다른 유럽 열강들에 의해 누더기가 돼 버렸지.

이란 땅의 시아파 사파비 왕조도 18세기 들어 혼란스러워졌어. 인도의 무굴 제국을 자주 공격해 골치를 썩게 했던 아프간족들이 사파비 왕조까지 침략했기 때문이야. 사파비 왕조는 한때 수도 이스파한을 빼앗기기도 했다는구나. 사파비 왕조는 곧 수도를 회복했지만 더

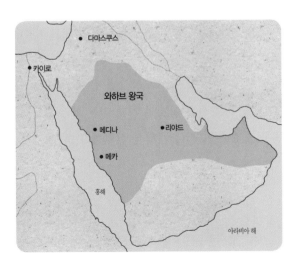

와하브 왕국의 탄생 · 오늘날 사우디아라비아의 모태가 됐다.

이상 과거의 번영을 누리지는 못했어. 오스트리아 왕위계승전쟁이 터지기 4년 전인 1736년, 사파비 왕조는 역사 속으로 사라지고 말았 단다.

수니파와 시아파를 대표하는 두 나라가 무기력한 모습을 보이자 이슬람교도들은 심란했어. 많은 이슬람교도들은 오스만 제국이 부 패했기 때문에 이슬람교의 세력이 약해진 거라고 믿었어. 그들은 오 스만 제국의 부패가 이슬람교 전체를 망치고 있다고 생각했지. 그동 안 조용했던 아라비아반도에서부터 개혁의 목소리가 터져 나왔어. 아라비아반도의 이븐 압둘 와하브란 인물이 이 개혁을 지휘했지. 이 개혁 운동은 그의 이름을 따서 와하브 운동이라고 불렀단다^{1745년}.

와하브는 "코란으로 돌아가자"라는 구호를 내걸었어. 사원을 모두 없애고, 이슬람교의 내용을 담은 작품이나 물건인 성물도 부숴야 한 다고 했지. 요약해서 말하면 무함마드가 이슬람교를 만들던 때로 돌 아가, 시작하는 마음으로 엄격하게 이슬람 계율을 지키며 살자는 거 였어. 이를 이슬람 원리주의라고 불러.

와하브 운동은 큰 파장을 불러일으켰어. 아랍인들의 민족주의, 즉 아랍민족주의를 자극한 거야. 생각해 봐. 오스만 제국은 중앙아시아 에서 건너온 투르크족이 세운 나라야. 무함마드는 아랍 민족이었지. 와하브는 투르크족이 아닌, 아랍 민족이 이슬람교의 중심이 돼야 이 슬람교가 부활할 수 있다고 주장한 셈이야.

아랍 민족들은 와하브 운동에 빠져들었어. 그들은 오스만 제국에 대한 투쟁을 시작했어. 오스만 제국도 가만히 있을 수는 없겠지? 아

랍 민족들이 와하브 운동이란 무기를 꺼냈다면 오스만 제국은 범이
슬람주의로 맞섰어. 범이슬람주의는 "서구 열강의 침략을 이겨 내려
면 이슬람 세계가 분열하지 말고 단합해야 한다"라는 구호를 내세웠
어. 이 구호가 무슨 뜻이겠니? 오스만 제국을 중심으로 뭉쳐야 한다
는 이야기겠지? 오스만 제국은 범이슬람주의에 반발하는 아랍 민족
을 탄압했어.

  그러나 와하브 운동은 사라지지 않았어. 잠시 주춤하다가도 다시
살아나곤 했지. 이 와하브 운동을 지원한 든든한 후원자가 있었어.
아라비아반도의 사우드 왕조야. 이름이 귀에 익지 않니? 맞아, 이 왕
조가 훗날 사우디아라비아가 됐단다.

  아 참, 와하브 운동이 초심으로 돌아가자고 했다고 했지? 이런 생
각을 이슬람 원리주의라고 부른다고도 했어. 오사마 빈 라덴이 이끌
었던 테러 단체 알카에다가 바로 이 와하브파란다.

중국, 우물 안 개구리?

발트 해 주변에서 스웨덴과 러시아가 한창 싸우고 있었어. 브라질에
서는 금광이 발견돼 돈을 벌려는 사람들의 골드러시가 이뤄지고 있
었지. 이즈음이었을 거야. 청나라는 티베트를 정복했어_{1720년}.

  청은 그 후로도 주변의 국가들을 하나씩 점령했어. 서쪽으로 투르
키스탄, 남쪽으로 윈난 지역까지 진출했지. 중국의 왕조 가운데 청보

다 넓은 영토를 차지한 왕조는 없었어. 물론 원나라는 빼고 말이야.

청 왕조의 자부심은 대단했어. 청 왕조는 스스로를 세계의 중심이라고 생각했어. 주변 나라들에게는 상국으로 받들 것을 강요했지. 주변에 청 왕조를 거역할 나라가 없었기 때문에 그런 생각을 할 수도 있었을 거야. 그러나 청나라는 우물안의 개구리와 같았어. 청나

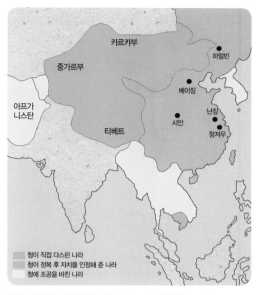

중국 청나라의 세력 확장 · 청나라는 다양한 방식으로 여러 지역을 지배했다.

라는 유럽 열강들이 자신들을 갉아먹고 있다는 사실을 전혀 인식하지 못했단다. 그러면서 자신들이 천하의 중심이라며 기고만장했어.

18세기 초반에 이미 영국 상인들은 광둥과 푸젠 성에서 활발하게 무역을 했어. 건전한 무역만 했을까? 아니야, 영국 상인들은 인도에서 몰래 아편을 들여와 중국인들에게 팔았어. 마약 밀무역을 한 거야. 아편은 사람의 몸과 마음을 모두 망쳐 버리지. 한번 빠지면 헤어날 수 없는 중독성을 가지고 있어. 중국의 돈이 영국으로 빠져나가는 것도 문제였지만 중국 사람들이 망가지고 있다는 게 더 큰 문제였지.

아편의 주원료인 양귀비 · 아편은 양귀비 열매에서 나온 즙으로 만든다.

그러나 조정은 위기감을 느끼지 못했어. 1729년에 가서야 아편 사용을 금지했지만 이미 많은 중독자가 생겨 버린 뒤였어. 이럴 때 사후약방문이라는 말을 써. 죽고 난 뒤 약 처방을 하면 무슨 소용이 있겠어?

영국과 프랑스 군대가 인도에서 대대적인 전쟁을 벌였어. 바로 플라시 전투야. 이 전투가 시작된 1757년, 청 조정은 칼을 빼 들었어. 광둥을 뺀 나머지 지역에서 해외 무역을 하지 못하도록 한 거야. 외국 상인들은 자유무역을 방해하지 말라며 반발했어. 그러나 청 조정은 완강했어. 앞으로 외국 상인들은 정부에서 정한 상인인 공행과만 거래할 수 있게 됐어. 중국인도 마음대로 고용할 수 없게 됐지. 유럽 국가들은 중국 조정에 대해 강하게 반발하지는 못했어. 사실 이때까지만 해도 유럽 열강들은 중국을 두려워했단다. 과학기술은 유럽이 앞섰지만 2천 년의 역사에, 인구만 4억 명이 넘는 대국을 함부로 대할 수 없었던 거야. 유럽 열강들도 청 조정의 조치가 마음에 들지 않았지만 참을 수밖에 없었어. 그러나 머지않아 청의 허약체질이 낱낱이 드러나고 만단다.

많은 중국 왕조들이 반란을 시작으로 나라가 기울었고, 멸망으로 이어졌어. 청 왕조도 마찬가지였지. 청 왕조의 무능력에 분노한 백성들이 들고일어난 거야. 백련교도가 주도한 이 반란은 18세기 후반에 시작됐어. 이들은 "청 왕조를 타도하자"라고 외쳤어. 이들의 기세가 워낙 강했기 때문에 청의 군대도 쉽게 제압하지 못했지. 백련교도의 난은 거의 100여 년간 계속됐다는구나.

조선, 계몽절대군주시대 맞다

18세기 유럽에서 가장 유행한 사상을 꼽으라면 계몽사상이 단연 으뜸일 거야. 어떤 나라에서는 왕이 계몽사상을 받아들여 직접 개혁을 추진하기도 했어. 프로이센의 프리드리히 대왕, 러시아의 표트르 대제가 그런 경우야. 이런 왕들을 계몽절대군주라고 부른단다.

영국과 프랑스에는 계몽절대군주가 없었지. 영국은 시민혁명을 바탕으로 입헌군주제가 들어섰고 프랑스는 민중이 체제를 전복해 공화국을 세웠으니 말이야. 모두 아래로부터의 개혁이라고 할 수 있어. 프로이센과 러시아는 왕들이 개혁을 주도했기 때문에 위로부터의 개혁 사례지.

조선이 은둔의 나라이기는 하지만 역사가 발전하는 방향까지 거꾸로 간 건 아니야. 러시아의 표트르 대제, 프로이센의 프리드리히 대왕처럼 조선에도 계몽절대군주가 등장했단다. 영조와 정조가 바로 그들이야.

1725년 영조는 붕당을 따지지 않고 인재를 고르게 선발하는 탕평책을 실시했어. 반발하는 세력이 있었겠지? 영조는 그런 세력을 모두 진압했어. 붕당 간 정쟁이 어느 정도 정리된 셈이지? 강력한 왕권을 되찾은 거야.

1750년 영조는 또다시 개혁안을 냈어. 세금으로 내는 군포를 두 필에서 한 필로 줄이는 균역법을 실시한 거야. 세금이 줄었지? 영조는 부족한 세금 중 일부를 양반들이 충당하도록 제도를 개혁했단다. 또한 양반의 사치를 금했고, 양반이 임의로 백성을 죽이는 것도 금지했어. 계몽주의의 대표선수인 루소가 사회계약론을 주장한 게 1762년이란다. 사회 개혁이 비슷하게 진행되는 것 같지?

영조 · 51세 때의 모습으로 원본을 충실하게 모사했다.

그러나 영조는 붕당 간 정쟁을 뿌리 뽑으려는 욕심 때문에 판단을 잘못해 아들을 죽인 비정한 임금이기도 해. 노론에게 속아서 벌어진 일이었지. 노론은 세자가 자신들을 반대하자 그를 음해하는 상소를 영조에게 올렸어. 영조는 세자가 당쟁에 개입한다고 생각해 뒤주에 가둬 버렸어. 음식도, 물도 먹지 못한 세자는 8일 만에 목숨을 잃었어. 이 세자가 비운의 사도세자란다.

미국혁명이 터진 다음 해인 1776년, 사도세자의 아들이 영조의 뒤를 이어 왕이 됐어. 정조는 왕에 오르자마자 대대적인 탕평책을 실시했고 왕실 도서관인 규장각을 만들었어. 규장각은 겉으로 보기에는 도서관이었지만 실제로는 왕을 보필하기 위한 특별 기관이었단다. 정조는 개혁 정치를 이끌 유능한 인재를 발굴해 규장각에서 훈련을 시켰던 거야.

정조의 부국강병 철학은 마침내 꽃을 피우게 됐어. 18세기 초반부터 서서히 고개를 내밀던 실학이 18세기 후반부터 성과를 내기 시작한 거야. 1792년 정약용이 발명한 거중기가 그런 성과 가운데 하나일 거야. 정약용은 이 거중기를 이용해 수원 화성을 지었어. 수원 화성은 과학적인 기법을 동원해 지은, 조선 최초의 근대적 건축물이라는 평가를 받고 있단다.

이쯤에서 조선 후기에 활짝 꽃핀 실학사상에 대해 살펴볼까?

조선 중기까지 양반들은 성리학만 공부했어. 그러나 16세기 후반 숙종 때부터 19세기 초반까지는 실학이 주목을 받았지. 실학은 말 그대로 실용적인 학문이란 뜻이야. 유학의 한 종류이지만 성리학처럼 이념에 치우치는 것을 반대했어. 그 대신 현실 문제를 찾아 해결하는 데 관심을 두는 학문이었지.

정약용 · 정조가 발굴한 인재로 실학사상을 꽃피운 대표적인 학자이다.

근대적 농사를 시작한 중농학파의 유형원은 실학의 선구자로 인정받고 있단다. 유형원에 이어 18세기 초반에 실학을 발전시킨 인물은 이익이야. 그는 "조선은 중국의 영향에서 벗어나 독자적으로 움직여야 한다!"라고 주장했어.

18세기 후반 새로운 실학사조가 등장했어. 청나라에서 선진 과학기술을 배우고 온 학자들이 중심이 됐기 때문에 북학파라고도 불렀지. 북학파는 중농학파와 다르게 농업이 아니라 상공업을 장려해 국력을 키워야 한다고 주장했기 때문에 중상학파라고도 불러.

유형원, 이익에서 정약용으로 이어진 중농학파는 경세치용 학파라고도 했어. 농사기술을 발달시켜 국력을 키운다는 뜻이지. 이들은 농촌을 발전시키기 위해서는 누구나 자신의 땅에서 농사를 짓는, 자영농을 육성해야 한다고 주장했어. 양반인데도 직접 농사를 지은 학자도 많단다.

중상학파는 신분제를 철폐하고 상공업을 국가의 주력사업으로 삼아야 한다고 주장했어. 서양의 시민계급이 주장했던 것과 비슷하지? 유수원, 박지원, 박제가가 대표적인 중상학파란다.

영조와 정조 시대가 계속됐다면 조선은 비극의 역사를 맞지 않았을지도 몰라. 그러나 현실은 그렇지 않았어. 정조가 세상을 떠난 후 조선은 급격하게 기울기 시작했단다.

아 참, 이즈음 조선에도 서양의 문화가 들어오기 시작했어. 남인 실학자들이 청나라에서 천주교를 받아들였거든. 닫혀 있던 조선의 문도 이제 열리고 있는 거야.

중국의 세금 제도 변천사

중국 왕조는 몰락하기 전에 항상 농민의 대대적인 반란이 먼저 일어났어. 반란의 이유는 여러 가지가 있었어. 가장 대표적인 게 세금이 너무 가혹했다는 거지. 사회가 혼란한 틈을 타 지배층이 별의별 세금을 다 걷어 갔거든. 오늘날도 세금이 많다고 불평하는 사람들이 많지만 옛날에 비하면 천국이나 다름없어.

중국 세금 제도는 한반도로 이어지기도 했어. 따라서 청 왕조가 몰락하는 이쯤에서 중국의 세금 제도를 알아 두는 것이 우리와 중국 역사를 이해하는 데 도움이 될 거야.

우선 수 왕조 때 조용조 세법이 만들어졌어. 토지와 사람, 특산물을 따로 징수하는 방법이었어. 이 세금 제도는 당 왕조 때 전국적으로 확산됐지.

그러다가 당 왕조 말기에는 양세법이 시행됐어. 이 세금 제도는, 여름과 겨울 두 차례 세금을 부과하는 방식이야. 세금은 토지가 아닌 재산에 따라 부과됐어. 토지가 모두 귀족들에게 집중되니 어쩔 수 없었어.

양세법은 명 왕조 중기까지 지속됐어. 그러나 다시 정치가 혼란스러워졌지. 이 때문에 세금을 크게 땅과 사람, 두 종류로 구분하는 일조편법 제도가 시행됐어.

청 왕조에 이르면 세금을 단일화하게 돼. 게다가 모든 세금은 은으로 내도록 했는데, 이것을 지정은제라고 해. 이때 서양 국가들도 은을 결제 수단으로 썼어. 동서양의 결제 수단이 모두 은이기 때문에 교역이 더욱 활발해진 측면도 있었지.

제15장

근대의 형성에서 현대까지

자유와
혁명의
시대

1800~1850년 전후

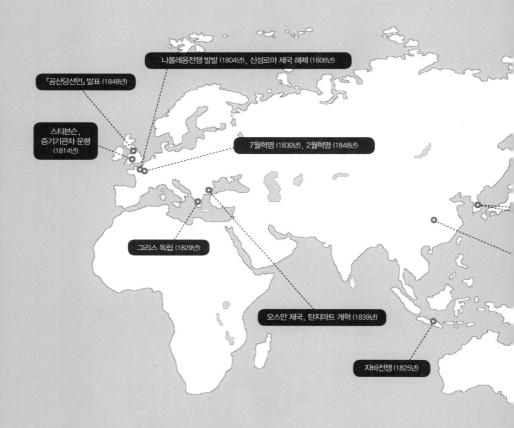

『공산당선언』 발표 (1848년)

나폴레옹전쟁 발발 (1804년), 신성로마 제국 해체 (1806년)

스티븐슨,
증기기관차 운행
(1814년)

7월혁명 (1830년), 2월혁명 (1848년)

그리스 독립 (1829년)

오스만 제국, 탄지마트 개혁 (1839년)

자바전쟁 (1825년)

근대 세계가 정착되면서 자유와 평등을 요구하는 목소리가 높아졌어. 19세기 초반과 중반, 유럽 곳곳에서 자유와 평등을 외치는 혁명이 터졌지. 안타깝게도 대부분의 혁명이 실패하고 말았어. 그래도 의미가 없는 것은 아니야. 민중은 혁명을 계기로 자유가 얼마나 소중한 것인지를 배웠단다. 유럽 전역에 이 자유주의 혁명 사상이 퍼진 계기가 나폴레옹전쟁이었지.

자유주의와 함께 민족주의도 성장했어. 다만 이 민족주의는 자기 민족만 중요하게 여기는 극단적인 사상으로 발전했단다. 프로이센과 러시아가 대표적인 나라야. 이 나라들은 민족의 이익을 위해 개인의 자유를 철저히 억압했어.

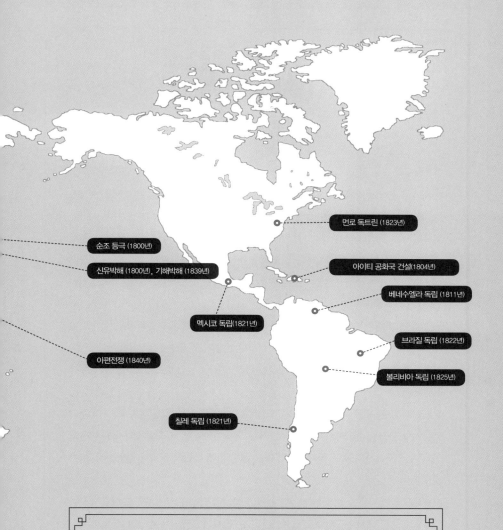

순조 등극 (1800년)

신유박해 (1800년), 기해박해 (1839년)

아편전쟁 (1840년)

먼로 독트린 (1823년)

아이티 공화국 건설(1804년)

베네수엘라 독립 (1811년)

멕시코 독립 (1821년)

브라질 독립 (1822년)

볼리비아 독립 (1825년)

칠레 독립 (1821년)

자본주의는 놀라운 속도로 발전했어. 그에 따라 자본주의의 부작용도 점점 커졌지. 칼 마르크스는 이런 자본주의를 타도하고 노동자의 세상을 열어야 한다고 주장했어. 이 사상이 바로 공산주의사회주의지. 미국의 성장은 놀라울 정도였어. 먼로 독트린을 통해 유럽의 개입을 막고 영토를 점점 확장해 나갔어. 중남미 국가들 대부분이 에스파냐로부터 독립을 쟁취한 것도 19세기 초반의 일이야. 반면 아시아는 19세기 들어 급속하게 몰락했어. 영국, 프랑스, 독일, 러시아, 미국 등 열강들이 아시아로 속속 진출했거든. 그들은 침략의 야욕을 서서히 드러냈단다.

19세기 초중반의 세계사를 말할 때 절대 빼놓을 수 없는 나라. 바로 프랑스야. 프랑스는 유럽 전체를 뒤흔들었어.

처음에는 그 중심에 나폴레옹이 있었어. 나폴레옹은 쿠데타에 성공한 다음 바로 황제에 올랐고, 이어 곧바로 정복 전쟁에 나섰어. 순식간에 유럽의 대부분이 나폴레옹 군대에 점령당했지. 나폴레옹의 정복 전쟁은 한때 성공하는 듯했어. 하지만 결국에는 11년 만에 그의 시대도 저물었단다.

이 전쟁에 대해서는 논란이 많아. 나폴레옹에 대해서도 존경과 멸시가 공존하고 있지. 다만 이 전쟁을 통해 프랑스혁명의 정신이 온 유럽에 확산됐다는 점만은 분명한 사실이야. 보수주의자들은 유럽의 정신을 다시 옛날로 돌려놓으려 했지만 속수무책이었어.

유럽에서 1848년은 혁명의 해로 기억되는 해야. 유럽 전체에 민족주의와 자유주의 이념이 퍼지면서 격변의 시대가 펼쳐졌거든. 민족주의가 뭔지, 자유주의가 뭔지에 대해서는 곧 자세하게 알려 줄게. 이 두 이념 때문에 왜 유럽이 열병을 앓았는지 알 수 있을 거야.

나폴레옹이 황제에 오를 때부터 유럽 전역에 혁명이 터진 19세기 중반까지의 역사는 모두 같은 뿌리에서 시작됐다고 할 수 있어. 자, 19세기 초반의 프랑스로 가 볼까?

나폴레옹전쟁과 유럽혁명

나폴레옹, 신성로마 제국을 해체하다

1804년 나폴레옹은 국민투표를 통해 황제에 올랐어. 이때부터 나폴레옹이 몰락하기까지의 만 11년간을 프랑스 제1 제정^{1804~1815년}이라 부른단다.

어? 프랑스는 공화정이었지? 맞아, 공화정이던 나라가 황제가 다스리는 제정국가로 돌아간 거야. 이런 사례는 아우구스투스 시절의 고대 로마밖에 없어. 시대를 거꾸로 거슬러 간 셈이야. 그렇다면 프랑스의 정치가 퇴보했다고

나폴레옹 황제 · 카이사르, 샤를마뉴와 함께 유럽의 3대 정복자로 손꼽힌다.

트라팔가르 해전 · 클락슨 스텐필드가 그린 트라팔가르 해전의 한 장면으로, 나폴레옹은 이 해전에서 참 패했다.

봐야 할까?

물론 딱 잘라 말할 수는 없어. 프랑스는 혁명 후에 오히려 더 혼란 스러웠단다. 게다가 나폴레옹은 혁명정신을 이어받겠다고 선언했어.

곧이어 살펴볼 나폴레옹의 정복 전쟁 때, 전쟁과 함께 혁명정신이 유럽 전역으로 확산됐지. 이런 사실에 무게를 두면 나폴레옹이 황제 가 됐다고 해서 "역사가 퇴보했다!"라고 단정할 수는 없어. 복잡하지?

그러나 영국의 경우를 봐. 왕정 국가에서 입헌군주제로 전환한 후 정치가 안정됐으며 그 안정을 바탕으로 최고 강대국으로 도약했어. 반면 프랑스는 한 치 앞을 내다볼 수 없을 정도로 혼란스러웠어. 정 치 안정이 얼마나 중요한지 알겠지? 영국의 사례를 보면 "프랑스 정 치 역사는 퇴보했다!"라고 말할 수 있을 거야. 어느 쪽이 옳은 건지 는 생각해 볼 일이야.

나폴레옹은 카이사르와 샤를마뉴를 닮은 정복황제였어. 그는 정복 전쟁을 통해 순식간에 유럽의 거의 대부분을 정복했단다. 단, 영국은 빼고!

1805년 나폴레옹이 영국과 첫 대결을 벌였어. 영국은 프랑스의 영원한 라이벌이었어. 프랑스로부터 북미 대륙 식민지도 빼앗아 간 앙숙이지. 게다가 대륙에서 정복 전쟁을 벌일 때 영국이 뒤통수를 칠지도 모르잖아? 그러니 영국부터 꺾어 놓는 게 좋겠지?

두 나라의 군대는 에스파냐 남쪽의 트라팔가르에서 격돌했어. 이게 그 유명한 트라팔가르 해전이야. 프랑스 함선이 영국보다 많았지만, 프랑스는 패했어.

영국 해군은 넬슨 제독의 지휘 하에 일사불란하게 움직여 프랑스를 격퇴했지. 영국 해군력이 세계 최강이라는 사실이 다시 한 번 입증된 셈이야.

출발이 조금 삐걱거렸지? 뭐, 그렇다고 해서 나폴레옹이 큰 타격을 입은 건 아니야. 여전히 프랑스는 강했어. 유럽 대륙의 여러 국가들이 프랑스에 맞서 동맹을 맺었어. 나폴레옹은 코웃음을 쳤지.

1805년 11월 나폴레옹의 군대가 오스트리아로 진격했어. 본격적인 유럽 정복 전쟁이 시작된 거야. 전투는 싱거웠어. 프랑스군은 오스트리아, 이탈리아 북부에 이어 프로이센까지 모조리 정복해 버렸어. 이 나폴레옹의 오스트리아 정복은 유럽 역사를 새로 쓴 사건이야.

오스트리아가 어떤 나라인지 이미 알고 있지? 베스트팔렌조약 이후 신성로마 제국의 영역이 많이 줄었다고는 하지만 여전히 오스트리아는 이 제국의 큰형님이었어.

나폴레옹은 그런 제국이 존재한다는 사실을 받아들일 수 없었어. 결국 나폴레옹은 16개국을 오스트리아로부터 강제로 떼어 내서 라인동맹을 만들었단다^{1806년}. 신성로마 제국의 황제 역할을 하는 오스트리아의 프란츠 2세도 물러나게 했어. 그 결과가 어떻게 됐겠니? 맞아, 신성로마 제국이 해체된 거야. 신성로마 제국은 900여 년의 역사를 끝으로 영원히 사라지고 말았단다.

러시아 잡으려다 되레 무너지다

그 후 나폴레옹의 군대는 에스파냐로 진격했어. 예상대로 쉽게 정복했지. 이렇게 해서 나폴레옹은 유럽 북부의 발트 해에서 남부의 로마까지 모두 정복하는 데 성공했어^{1811년}. 로마 제국 이후 유럽에서 가장 넓은 제국을 건설한 거야. 이때가 나폴레옹의 최고 전성기였어. 만약 그가 여기에서 만족했다면 어쩌면 오늘날 유럽 지도는 많이 달라져 있을 거야.

그러나 나폴레옹의 정복욕은 끝이 없었어. 지나친 욕심은, 늘 그렇듯이 몰락으로 이어지지.

나폴레옹은 러시아를 정복하고, 유럽과 러시아를 아우르는 대제국을 건설하는 게 소원이었어. 나폴레옹은 60만 대군을 이끌고 러시아로 쳐들어갔지^{1812년 6월}. 그의 군대는 거칠 것 없이 진군했어. 3개월

나폴레옹의 퇴각 · 나폴레옹이 러시아의 겨울을 이기지 못하고 퇴각하고 있다.

만에 모스크바를 점령했지. 나폴레옹은 곧 러시아를 정복할 것이라
고 믿었을 거야.

그러나 러시아의 저항
은 질기고 강했어. 더 무
서운 것은 러시아의 추위
였어. 프랑스 군인들은 여
름에 러시아로 들어갔지?
그새 겨울이 되자 프랑스
병사들이 무더기로 얼어
죽기 시작했어. 사실 러시

나폴레옹 퇴위 문서 · 1814년 4월 12일에 작성됐다.

아는 일부러 후퇴 전략을 썼던 거야. 러시아의 추운 겨울보다 더 강한 무기는 없거든.

더 이상 프랑스 군대가 버틸 수 없는 지경이 됐어. 결국 나폴레옹은 퇴각 명령을 내릴 수밖에 없었어. 바로 그때, 러시아 군대의 반격이 시작됐어. 이미 사기가 떨어진 프랑스 군대는 속수무책으로 당했어. 나폴레옹은 이때 무려 75퍼센트의 병사를 잃었다는구나. 그 희생을 겪고 나서야 나폴레옹 군대는 러시아를 빠져나올 수 있었어.

이 패배로 프랑스 군대는 거의 재기할 수 없을 만큼 무너졌어. 이때를 노려 오스트리아, 러시아, 프로이센 등의 반反 나폴레옹 동맹군이 프랑스 군대를 공격했지. 이때부터 프랑스 군대는 전투마다 패하기 시작했어.

나폴레옹, 몰락하다

동맹군의 기세가 하늘을 찔렀어. 마침내 프랑스 수도 파리까지 진격해 왔지1814년. 프랑스의 몰락! 수도 파리는 400년 만에 외국 군대의 군홧발에 짓밟혔지. 전쟁은 동맹군의 승리로 끝나고 나폴레옹은 붙잡혀 엘바 섬에 유배됐단다. 나폴레옹도 몰락!

하지만 나폴레옹은 좌절하지 않았어. 1년 후 엘바 섬을 탈출해 다시 프랑스 황제에 올랐어. 그리고 다시 정복 전쟁을 벌였지. 그러나 그의 운은 이미 다했나 봐. 워털루 전투에서 영국과 프로이센 연합군에게 패한 뒤 또 유배됐거든.

이번에는 아주 멀리 갔어. 다시 재기하지 못하도록 아프리카의 세인트헬레나 섬에 가둬 버린 거야. 다시 유럽으로 돌아가지 못하게 된 나폴레옹은 6년 후 그곳에서 세상을 떠났단다.

나폴레옹전쟁을 바라보는 시각은 다양해. 세계의 황제를 꿈꾼 사이코 영웅의 정복 전쟁이었다는 평가와 프랑스혁명의 이념을 유럽으로 전파한 전쟁이었다는 평가가 뒤섞여 있어. 나폴레옹의 속셈은 아마도 앞의 시각이 맞을 거야. 그러나 결과를 놓고 보면 뒤의 시각도 맞아. 이 전쟁을 통해 프랑스혁명의 이념이 유럽 전역으로 확산된 것은 분명한 사실이거든. 얼마 지나지 않아 유럽 전역에서 혁명이 터진단다. 그 혁명의 불씨가 바로 이 전쟁에서 지펴진 거였어.

나폴레옹의 정복 전쟁은 다른 나라 지배층의 간담을 서늘하게 했어. 아마 그들은 이렇게 생각했을 거야.

'정복 전쟁이 실패로 끝나서 다행이야. 만약 성공했더라면 우린 모두 프랑스의 식민지가 됐을 거야. 그 나라에서는 왕이 단두대에서 처형되기도 했는데…. 프랑스혁명 이념이 우리나라에도 확산된다면 우리 목숨도 위태로울 거야. 이제 다시는 혁명이고 뭐고 간에 민중들이 들고 일어설 수 없도록 못을 박아야 해!'

이미 짐작하고 있겠지만 이들 나라의 지배층은 모두 강경보수주의자들이었어. 그들은 프랑스혁명과 나폴레옹전쟁의 영향을 받은 혁명 세력이 다시는 발을 들이지 못하도록 유럽을 옛날 상태로 돌려놔야 한다고 생각했어. 유럽 전체를 보수적으로 만들겠다는 뜻이야.

빈 체제, 유럽을 과거로 돌려놓다

나폴레옹전쟁이 끝나고 얼마 지나지 않은 1814년 9월. 유럽 국가들의 대표들이 모여 오스트리아 빈에서 회의를 열었어. 오스트리아 총리 메테르니히 공이 주도했는데, 빈 회의라고 불러. 이 회의 결과 나타난 보수정치제제를 빈 체제, 또는 메테르니히 체제라고 부르지.

이 회의가 전혀 불필요한 건 아니었어. 이를테면 영토 조정은 어느 정도 필요했어. 나폴레옹전쟁 도중에 어떤 나라는 아예 사라져 버렸고, 어떤 나라의 국경선은 크게 바뀌었거든. 그러나 보수주의자들은 영토 조정을 넘어 시계를 전쟁 이전으로 돌려놓으려고 했지.

프랑스의 영토는 옛날로 돌아갔어. 왕정 복귀가 결정돼 단두대에서 참수당했던 루이 16세의 동생인 루이 18세가 왕이 됐어. 부르봉 왕조가 부활한 거야.

강대국들은 자기들만 더 많은 이익을 차지하려고 했어. 오스트리아, 프로이센, 러시아, 영국 등 4개 국가는 사국동맹을 만들어 "빈 체제를 흔드는 나라가 나타나면 우리가 함께 응징하겠다!"라고 선언했단다. "앞으로 우리한테 까불면 죽어!"라는 뜻이야.

강대국들은 영토도 나눠 가졌어. 오스트리아는 폴란드, 체코슬로바키아, 이탈리아 북부를 다시 가져갔어. 또한 신성로마 제국에 속했던 여러 국가들을 모아 독일연방을 만들었는데, 이 연방의 대표를 오스트리아가 맡았어.

러시아도 폴란드의 일부를 나눠 가졌어. 폴란드는 저항 한 번 못

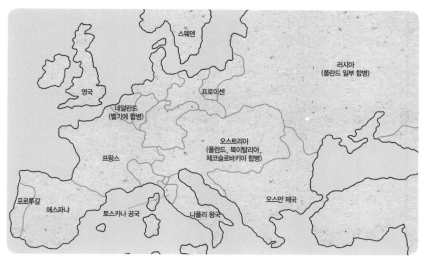

빈 회의 이후의 유럽 · 오스트리아가 여러 나라를 합병해 강대국이 됐다.

하고 오스트리아와 러시아에 쪼개지는 불운을 겪어야 했단다. 네덜
란드와 벨기에는 네덜란드 왕국으로 합쳐졌고 스위스는 영세 중립
국으로 독립했어.

보수주의자들은 흡족한 표정을 지었어. 유럽이 타임머신을 타고
30여 년 전으로 완벽하게 돌아갔기 때문이야. 그러나 자유에 대한 민
중의 열망까지 과거로 돌려놓을 수는 없었어. 민중의 저항이 시작됐지.

빈 체제에 따라 프랑스의 왕이 된 루이 18세는 기고만장했어. 하
지만 민중에 대한 두려움도 남아 있었지. 그 때문에 아주 대놓고 억
압하지는 못했어. 그러나 그의 뒤를 이어 왕이 된 샤를 10세는 절대
왕정시대의 왕들을 흉내 내기 시작했어. 역사의 수레바퀴를 거꾸로

돌리려고 한 거야. 그는 언론을 탄압하고 시민의 선거권을 박탈했으며 귀족들의 특권을 부활시켰어.

분노한 프랑스 시민들은 총선거에서 시민의 대표들에게 표를 몰아 줬어[1830년]. 그 결과 의회는 시민 대표들로 채워졌지. 과연 샤를 10세가 그들과 타협했을까? 천만에. 그는 이번에도 절대군주처럼 행동했어. 7월 칙령을 발표해 의회를 해산해 버렸단다.

시민들은 마침내 거리로 뛰쳐나왔어. 독재자 샤를 10세를 타도하기 위한 시위를 벌였지. 왕의 군대가 막아섰어. 시민군과 정부군은 치열한 시가전을 벌였어. 이 전투에서 시민군이 다시 승리했단다. 프

「**민중을 이끄는 자유의 여신**」· 7월혁명으로 프랑스에서는 또다시 왕이 끌어내려졌다.

랑스혁명의 영광이 41년 만에 되살아난 거야.

　민중의 대표인 시민의회는 샤를 10세를 끌어내렸어. 하지만 공화국을 세우지는 않았어. 루이 필리프란 귀족을 새 왕으로 뽑았단다. 영국과 같은 입헌군주제를 도입하기로 결정한 거야. 루이 필리프 왕은 시민들이 뽑았다는 뜻에서 시민 왕이라고 불러. 이 사건이 7월혁명이야.

프랑스에 다시 혁명의 바람이 불다

7월혁명 이후의 프랑스부터 살펴볼게.

　시민의회는 얻을 것을 다 얻었다고 생각했을 거야. 그러나 모든 갈등이 해결된 건 아니었어. 시민의회는 대부분 부유한 시민계급, 그러니까 돈 많은 상인이나 변호사, 의사와 같은 사람들이었어. 이들을 부르주아라고 불렀지. 시민의회는 부르주아들에게 도움이 되는 쪽으로 정책을 결정하고 왕의 정부와 타협했어. 나머지 평범한 시민들에게는 아무런 이익을 주지 못했던 거야.

　이때 선거법을 볼까? 남성의 3퍼센트에게만 투표권을 줬어. 100명 중 3명에게만 투표권을 준 셈인데, 이 3명이 누구인지는 빤하지 않겠니? 부르주아들이었던 거야. 자유를 얻어 내기 위해 시민들이 목숨을 걸었는데, 부르주아들만 혁명의 열매를 맛본다는 불만이 터져 나왔어. 시민들은 선거법을 개정하라며 시위를 벌였어. 정부군은 시민의 주장에 귀를 기울이기는커녕 오히려 모든 집회를 금지시켰어.

시민들의 불만은 극에 달했어. 7월혁명이 터지고 18년이 지난 1848년 2월이었어. 파리 시민들은 다시 시가지에 바리케이드를 설치하고 시위를 벌였어. 군대가 출동했고, 결국 무력 충돌이 발생했지. 20여 명의 시민이 정부군의 총격에 목숨을 잃었어. 시민들은 또다시 무기를 들었어. 시민군은 전투에서 정부군을 물리치고 루이 필리프를 왕의 자리에서 끌어내렸단다.

시민군은 왕정을 폐지하고 공화정을 세웠어. 이 혁명을 2월혁명, 이때 들어선 공화정부를 제2공화정이라고 부른단다. 왕정에서 다시 공화정으로 돌아섰지? 그러나 이 임시정부에도 부유한 부르주아들이 많았어. 그들은 왕의 통치를 반대했지만 노동자들의 정부도 반대했지.

새 헌법은 놀랄 정도로 진보적이었어. 투표권을 21세 이상의 모든 남성에게 줬거든. 물론 아직까지 여성에게 투표권을 주지는 않았지만, 그래도 많이 발전한 셈이지.

그해 6월, 이번에는 노동자들이 임시정부에 반발해 무력시위를 벌였어. 그러나 노동자를 뺀 나머지 시민과 농민들은 노동자들의 편이 아니었어. 그들은 자본주의가 발달하면서 노동자들이 모든 일자리를 독점하고

1670년에 그려진 프랑스 부르주아 · 당대 부르주아의 전형적인 모습을 묘사한 그림이다.

있다고 생각하고 있었거든.

2월혁명 때까지만 해도 동지였던 두
세력이 이제는 서로에게 총칼을 겨눴
어. 노동자들은 곧 진압됐지.

11월, 보나파르트 나폴레옹의 조카
인 루이 나폴레옹이 선거를 통해 대통
령에 선출됐어. 그는 대통령이 되자마
자 공화정을 없애고 1인 독재를 하기
시작했어. 루이 나폴레옹은 이름까지
나폴레옹 3세라고 바꾼 후 황제에 올랐
지. 안타깝게도 불과 몇 개월 만에 공화
정이 몰락하고 제정으로 복귀한 거야.
이때를 제2제정이라고 한단다.

나폴레옹 3세 · 나폴레옹 황제의 조카
로 2월혁명 이후 대통령에 선출됐다
가 곧바로 황제가 됐다.

나폴레옹 3세는 삼촌 흉내를 내며 크
림전쟁, 이탈리아 통일전쟁 등 전쟁마다 개입했어. 그러나 전쟁으로
흥한 자는 전쟁으로 망한다는 말이 딱 들어맞았어. 그는 1870년 프
로이센과의 전쟁에서 패하고 포로로 잡히는 굴욕을 당했어. 이후, 제
2제정이 끝나고 제3공화정의 역사가 시작되지. 19세기 후반의 역사
는 뒤에서 다시 살펴볼 거야.

프랑스 2월혁명의 영향은 엄청났어. 빈 체제를 확실하게 무너뜨
렸고, 유럽 전역에 자유주의 운동과 민족주의 운동을 퍼뜨렸어. 민중
의 열망이 얼마나 강했으면 빈 체제의 상징인 오스트리아에서까지

혁명이 일어났겠니? 이 혁명으로 메테르니히는 해외로 도망갔단다. 빈 체제가 사실상 붕괴한 거야.

유럽 전역에 퍼진 혁명의 불길

빈 체제는 채 10년을 넘기지 못하고 유럽 민중들로부터 타도의 대상이 됐어. 독일과 이탈리아, 러시아에서 반란이 일어났단다.

1830년 프랑스 7월혁명이 성공하자 자유에 대한 열망이 유럽 전역에 들불처럼 번져 나갔어. 1848년! 프랑스 2월혁명의 영향을 받아 유럽 전역에서 혁명의 불길이 타올랐단다. 안타깝게도 대부분 실패로 끝났지만 말이야.

군국주의 국가인 프로이센에서도 어김없이 혁명이 일어났어. 프로이센은 다른 유럽 국가들보다 뒤늦게 산업혁명이 시작됐는데, 국가가 중공업을 집중적으로 육성했어. 그 바람에 서민 경제 사정은 별로 좋지 않았지. 그러나 지배층은 국민을 보살피려고 하지 않았어.

1848년 3월 베를린 시민들은 헌법을 제정하고 귀족의 특권을 폐지하라며 시위를 벌였어. 프리드리히 빌헬름 4세는 무력으로 시위를 진압하려 했지만 불가능했어. 저항이 너무 컸던 거야. 프리드리히 빌헬름 4세는 어쩔 수 없이 시민들의 요구를 들어줄 수밖에 없었어.

그 결과 프랑크푸르트에 독일의회가 세워졌어. 독일의회는 독일 연방국가를 세울 것을 결의했어. 그러나 곧 분란이 생겼어. 수공업자

들은 공장제를 폐지하고 과거로 돌아가
자고 주장했고, 다른 시민들은 자유주의
국가를 건설하자고 맞선 거야. 프리드리
히 빌헬름 4세는 이 틈을 타 군대를 동원
해 시민들을 진압해 버렸어. 11월이 되
자 프로이센은 예전으로 돌아갔단다.

이탈리아와 보헤미아, 헝가리에서도
이해에 독립혁명이 활발하게 이뤄졌어.
이탈리아의 민족주의자 주세페 마치니
는 로마 교황을 몰아내고 공화국을 선포

주세페 마치니 · 이탈리아의 통일
과 공화국 성립을 주장한 정치지
도자이다.

하기도 했단다. 그러나 오스트리아의 탄압을 견디지 못하고 물러나
고 말았지.

이즈음 오스트리아, 즉 합스부르크 제국은 다민족 국가였어. 지배
층인 오스트리아인들은 게르만족이었지만 헝가리^{마자르족}, 체코, 폴란
드^{슬라브족}, 루마니아인, 이탈리아인 등 지배를 받는 민족들은 게르만
족이 아니었어. 이 민족들은 게르만족인 오스트리아인의 지배를 받
고 싶어 하지 않았어.

이런 마당에 프랑스혁명의 이념이 오스트리아에도 전파됐어. 지
배를 받던 민족들은 독립을 외치며 혁명을 일으켰어. 오스트리아는
그때마다 민족 간 갈등을 이용해 모든 혁명을 무산시켰지. 자치가
허용된 헝가리가 오스트리아에 독립을 요구하며 저항운동을 벌이면
오스트리아는 헝가리 내부의 소수민족인 루마니아인과 슬라브족을

「1830년의 벨기에 혁명 에피소드」· 벨기에 혁명의 모습을 묘사한 구스타프 와페르스의 그림이다. 그림 왼쪽 상단에 오늘날의 벨기에 국기가 보인다.

꼬드겨 헝가리에 저항하게 했어.

이즈음 민중혁명이 일어나지 않은 나라는 아마 영국이 유일했을 거야. 왜 그런지는 이미 알고 있지? 영국은 일찌감치 시민혁명을 경험했어. 그다음부터는 급격한 혁명보다 완만하게 개혁을 하면서 발전했지.

또 하나. 거의 유일하게 혁명에 성공한 나라가 있었어. 바로 벨기에야. 벨기에는 8월혁명에 성공해 네덜란드로부터 독립을 얻어 냈단다. 얼마 후에는 스위스가 그랬던 것처럼 벨기에도 영세중립국의 지위를 인정받았어.

바다의 황제
넬슨 vs 이순신

1805년 에스파냐 남서쪽 트라팔가르 곶에서 프랑스와 영국 함대가 격돌한 일이 있었어. 결과는 영국의 승리. 프랑스는 5척의 함선이 침몰했고 17척의 함선이 영국 해군에 사로잡혔으며 8000여 명의 군인이 목숨을 잃었지.

이 해전을 계기로 영국은 유럽 최고의 해상 강국이라는 사실을 입증할 수 있었어. 또 이때 전투를 지휘한 영국 해군의 넬슨은 서양 역사상 최고의 해군 제독으로 꼽히고 있지.

우리 민족의 역사에도 넬슨과 맞먹는, 아니 오히려한 수 앞선 인물이 있어. 바로 이순신 장군이야. 이순신 장군은 임진왜란이 터지자 옥포 해전 등 모든 해전을 승리로 이끌었어. 사천 해전에서는 최초의 철갑선인 거북선을 선보이기도 했고, 명량대첩에서는 12척의 함선으로 133척의 적군과 싸워 승리했단다.

넬슨(위), **이순신**(아래)

두 명장은 최고의 전투에서 승리를 눈앞에 두고 목숨을 잃었어. 이순신 장군은 노량해전에서, 넬슨은 트라팔가르 전투에서 적의 저격을 받아 세상을 떠났지.

이들은 또한 죽음을 맞으면서 명언을 남긴 것으로도 유명해. 이순신 장군은 "나의 죽음을 알리지 마라"라는 말을 남겼어. 자신의 죽음이 알려지면 군사들의 사기가 떨어질까 봐 걱정했기 때문이야. 넬슨 제독도 "우리의 임무를 다 했으니 하느님께 감사한다"라는 말을 남겼다고 해.

19세기 들어 유럽 정치는 더욱 복잡해졌어. 혁명이 곳곳에서 터지며 자유주의 사상이 확산됐지. 이미 커버스토리에서 살펴본 내용이야. 하지만 프로이센이나 러시아 같은 나라는 오로지 자기 민족의 이익만 중요했어. 이 극단적 민족주의가 서로 부딪치면서 훗날 세계대전이 터진단다.

철도가 건설되고 증기기관차가 땅 위를 질주했어. 강에서는 증기기관선이 쾌속으로 달렸지. 물자를 실어 나르는 철도와 배가 늘어나면서 산업도 빠른 속도로 발전했어. 특히 미국은 신흥 자본주의 국가로 부상하면서 세계의 주목을 받았지.

미국은 아메리카 대륙의 큰형님을 자처했어. 유럽 국가들을 향해 아메리카에 간섭하지 말라고 선언했고, 이런 선언을 전후로 실제 중남미 국가들이 상당수 독립을 쟁취했지.

아시아의 처지는 정반대였어. 수천 년간 동아시아의 최고 강자로 군림하던 중국이 영국과의 전쟁에서 무참하게 깨졌어. 많은 아시아 국가들이 충격을 받았지. 서양 열강들은 중국을 꺾었으니 더 이상 아시아에서 무서운 나라가 없었어. 영국은 인도도 사실상 손안에 넣었단다.

그러나 정작 유럽의 정치는 혼란스러웠어. 나폴레옹전쟁 이후 모든 정치가 보수로 급격하게 돌아섰지? 지금 그 유럽의 정치 이야기부터 시작할 거야.

유럽의 정치, 혼란에 빠지다

유럽의 정치가 아주 혼란스러웠던 것은 꼭 나폴레옹전쟁과 혁명 때문만은 아니야. 민족주의와 자유주의 이념이 서로 충돌을 일으킨 탓도 크단다. 민족이 중요할까, 아니면 개인의 자유가 더 중요할까? 정말 어려운 문제지?

일찍이 근대 민주주의 토대를 쌓은 영국의 경우 정치가 비교적 안정돼 있었어. 물론 영국이라고 해서 유럽 대륙을 휩쓸고 있는 혁명의 기운에서 완전히 자유롭지는 않았지. 하지만 영국 사람들은 혁명보다는 개혁을 택했어. 반면 독일과 러시아에서는 군국주의가 기승을 떨칠 분위기였지. 19세기 초반, 유럽 정치 속으로 들어가 볼까?

민족이냐 자유냐, 그것이 문제로다

민족이란 개념은 중세시대 때까지만 해도 아주 강하지는 않았어. 개인의 자유가 중요한 가치라는 것도 몰랐지. 그러나 근대로 돌입하면서 민족과 자유라는 개념이 퍼지기 시작했어. 프랑스혁명과 나폴레옹전쟁을 거친 다음부터는 자유주의와 민족주의가 본격적으로 등장하기 시작했단다.

얼핏 보면 자유주의와 민족주의는 그게 그거인 것처럼 보일 거야.

그러나 많이 달라. 한쪽에서는 민족을 강조하고, 또 한쪽에서는 개인의 자유를 강조하다 보니 유혈 충돌이 일어나기도 했지.

자유주의는 근대 시민의식에서 출발했어. 산업혁명이 발달하면서 시민과 자본가의 세력이 강해졌지? 그들은 자유롭게 생각하고 자유롭게 행동했어. 자유를 얻기 위해 시민혁명을 일으켰고, 그 절정이 프랑스혁명이었지.

그러나 이런 혁명은 지배층에 의해 진압됐어. 그 지배층이 내세운 논리가 바로 민족주의였단다. 지배층은 강력한 민족국가를 건설하길 원했어. 다른 민족보다 강한 나라가 되기 위해 전쟁도 마다치 않았지. 지배층은 강한 국가가 되려면 국민이 모두 국가에 충성해야 한다고 생각했어. 개인의 자유를 억누른 거야. 독일을 중심으로 한 범게르만주의나 러시아를 중심으로 한 범슬라브주의가 대표적인 민족주의 운동이었어.

자기 민족의 이익을 위해 다른 민족의 자유를 억압하는 경우도 많았어. 오스트리아가 대표적이었지. 이미 살펴봤던 대로 이때 헝가리는 오스트리아에 속해 있었지만 자치를 인정받은 상태였어. 헝가리는 게르만족이 아닌 마자르족이었지. 게르만족인 오스트리아는 헝가리의 독립운동을 탄압했어. 게르만족의 이익을 위해서였지.

헝가리도 이 점은 마찬가지였어. 헝가리 지배층인 마자르족은 소수민족인 남슬라브족을 학살하기도 했단다. 남슬라브족이 헝가리로부터 독립을 꾀하고 있다는 이유에서였어. 헝가리 자신은 오스트리아로부터 독립하려 하면서 남슬라브족이 자신들에게서 독립하려는

헝가리 수도 부다페스트 · 헝가리는 1918년 오스트리아 제국으로부터 분리독립했다.

것은 허락할 수 없었던 거야. 이즈음 유럽에서는 민족국가를 세우려
는 여러 민족 간에 테러와 학살이 자주 일어났단다.

민족주의와 자유주의는 공존할 수 없었을까? 민족과 국가를 지나
치게 강조하면 파시즘이 되고, 개인의 자유를 지나치게 강조하면 자
유방임이 돼 버려. 이 두 이념을 적절히 조화시켰다면 세계는 한결
평화로웠겠지?

물론 약소민족도 민족주의를 내세웠어. 이를테면 영국의 지배를
받는 인도나 일본의 간섭을 받는 조선이 그랬지. 이런 약소민족들은
독립을 원했어. 자기 민족끼리 평화롭게 살고 싶었던 거야. 이런 민

족주의까지 문제가 되는 건 아냐. 자기 민족의 이익을 위해 다른 민족을 억압하는, 극단적인 민족주의가 문제지!

영국, 민주주의가 차분히 발달하다

이미 여러 차례 말한 대로 이 무렵 영국은 최고의 강대국이었어. 나폴레옹이 맹활약할 때는 프랑스가 잠시 유럽 대륙 안에서 최고의 강대국 행세를 했어. 하지만 나폴레옹이 몰락한 다음부터 영국이 다시 그 자리를 차지했다는 사실을 부정할 사람은 별로 없을 거야.

영국은 대륙에서 떨어져 있기 때문에 유럽의 다른 열강들과 덜 충돌했어. 그뿐만 아니라 영국 해군이 워낙 강했기 때문에 그 어떤 나라도 감히 도전할 수 없었어. 나폴레옹이 도전했다가 영국의 넬슨 제독이 이끄는 트라팔가르 해전에서 무참히 깨진 거 기억하지?

영국은 유럽 대륙에 큰 욕심이 없었어. 나폴레옹이 유럽 대륙 안에서 영토를 확장하려고 힘썼지만 영국은 아시아, 아프리카, 아메리카로 식민지를 넓히는 데 신경을 더 썼단다. 영국의 강점은 또 있었어. 17세기에 일찌감치 입헌군주제를 시작해 정치가 안정됐다는 거야. 산업도 발달했어.

이런 모든 요인들이 한꺼번에 작용해 영국은 17세기 후반 이후 줄곧 최고의 강대국 자리를 지킬 수 있었던 거야. 그러나 19세기 들어 영국도 잠시 들썩인 적이 있어.

빈 체제가 시작되고 5년이 흘렀어. 영국의 급진 개혁주의자들이 투표권을 평등하게 보장하라며 시위를 벌이기 시작했지1819년. 시위는 곧 진압됐지만 개혁파들은 투쟁을 계속했어. 의회민주주의를 먼저 시작한 나라답게 투표권 문제는 곧 의회로 넘어갔어.

의회는 부유한 자유주의자들이 주로 모인 휘그당자유당과 귀족들이 모인 토리당보수당으로 구성돼 있었어. 둘 다 일반 서민과는

차티스트 운동 · 차티스트 회의의 광고이다.

좀 거리가 있지만, 그나마 휘그당이 조금 더 서민 정서를 대변하고 있었어. 휘그당이 부분적으로 정치에 참여할 수 있는 계층을 넓혀주는 듯했지. 그러나 여전히 투표권은 주로 재산이 많은 남성에게만 줬어. 가난한 시민에게는 투표권을 주지 않았지. 노동자와 시민들이 다시 참정권을 얻기 위한 운동을 시작했어. 이 운동이 차티스트 운동이란다1838~1848년.

노동자와 시민들은 비밀선거와 보통선거를 요구했어. 100만 명이 넘는 사람이 서명에 참여했지만 의회는 들어주지 않았어. 다시 서명운동이 벌어졌어. 이번엔 서명자가 300만 명을 넘어섰어. 하지만 이번에도 의회는 무시했어. 다시 500만 명이 서명했어.

예나 전투 · 프로이센 왕국군과 프랑스 제국군이 맞붙은 전투로, 이 전투에서 프로이센 왕국군은 프랑스 제국군에 의해 완전히 괴멸됐다.

1848년은 유럽 전역에서 혁명이 일어난 해야. 안타깝게 거의 대부분의 혁명이 실패로 끝났지? 그 여파가 영국에도 미쳐 차티스트 운동이 주춤거리기 시작했어. 이때 정부가 나서서 개혁을 추진했어. 영국은 혁명이 아닌 개혁을 선택한 거야. 그 개혁의 성과는 19세기 중반 이후 나타난단다.

아 참, 한 가지 더 기억해야 할 게 있어. 영국이 처음으로 노예제도를 공식 폐지한 거야ⁿ1834년. 영국 정부가 공식 발표한 이 조치는 영국의 모든 식민지에 적용됐어. 파장이 상당하겠지? 실제로, 미국이나 프랑스, 에스파냐 등 여러 나라가 영국의 이 조치에 큰 영향을 받았단다.

군국주의로 치닫는 프로이센과 러시아

마지막으로 프로이센^{동일}과 러시아의 정치 상황을 간략히 살펴보고 넘어갈게. 먼저 프로이센부터.

19세기가 시작될 즈음 프로이센은 열강의 대열에 합류했어. 프로이센은 구식무기를 모두 최신무기로 바꾸고 병사들을 늘려 군대를 육성했어. 공장을 지어도 중화학공장을 위주로 지었지. 프로이센은 계속 성장했을까? 아니야.

1806년 프로이센 군대는 예나에서 나폴레옹 군대와 겨뤘는데, 맥없이 패하고 말았어. 군사력만큼은 유럽 최강이라고 믿었던 프로이

데카브리스트 반란 · 일부 러시아 청년 장교들이 입헌군주제의 실현을 목표로 반란을 일으켰다.

센 국민은 큰 충격에 빠졌지. 프로이센은 나폴레옹전쟁이 끝난 뒤부터 다시 대대적인 개혁을 추진했어.

이 개혁에서 프로이센 정부가 가장 신경을 쓴 분야가 국민의 교육이야. 교육이 곧 국력이라고 판단한 거지. 이때 프로이센이 처음으로 초등교육을 실시한 덕분에 곧 유럽 전역으로 교육 열풍이 확산됐어. 20세기 초반이 되자 거의 모든 유럽 사람들이 글자를 읽을 수 있는 정도가 됐단다.

프랑스에서 7월혁명이 일어나고 4년 정도가 흘렀어. 독일연방에 큰 변화가 생겼어. 프로이센의 주도로 한때 신성로마 제국의 영방국가였거나 규모가 좀 더 작은 공국이었던 39개의 게르만족 국가들이 관세동맹을 체결했단다 1834년. 이 나라들끼리는 관세라는 세금을 내지 않고도 수입과 수출이 가능해진 거야. 마치 한 나라 안에서 무역하는 것처럼 말이지.

덕분에 독일연방의 경제력은 급속도로 커졌어. 이 모든 정책은 시민과 자유주의자들의 의사와 상관없이 국가에서 일방적으로 추진한 것이었어. 프로이센은 게르만족의 통일이 중요했어. 개인의 자유는 그리 중요하지 않았지. 민족주의가 자유주의를 누른 셈이야.

시민들은 반발했어. 그 결과는 이미 살펴본 대로야. 1848년 혁명이 일어났지. 왕은 주춤거렸고, 그 결과 프랑크푸르트에서 제국의회가 열렸어. 그러나 의회 안에서 의견이 통일되지 않은 틈을 타서 왕의 군대가 진압해 버렸지. 이 내용은 앞에서 살펴봤단다.

러시아 또한 프로이센과 비슷한 길을 걸었어. 민주 절차를 따르는 대신 독재 방식으로 부국강병을 얻었지. 표트르 대제는 강한 군대를 앞세워 폴란드와 핀란드를 차례대로 정복했고, 남쪽의 오스만 제국까지 쳐들어갔어.

19세기 들어 러시아 영토는 크게 넓어졌어. 그러나 정치제제는 과거의 것 그대로였지. 러시아 황제의 권력은 다른 어떤 나라의 황제보다 강했어. 귀족들도 황제 앞에서는 꼼짝할 수 없을 정도였대. 말 그대로 황제가 전부인 나라였지. 이런 점 때문에 러시아에서는 자유주의자들이 들어설 여지가 별로 없었어.

황제에 대해 불만이 가장 많은 사람들은 귀족이었다는구나. 황제가 자신들을 지나치게 억압한다고 생각한 거야. 마침내 귀족들은 1825년 반란을 일으켰어. 귀족들은 데카브리스트 반란이라고 불리는 이 반란에서 영국의 의회주의를 도입하라고 요구했어.

이 반란은 실패했단다. 니콜라이 1세는 반란을 구실로 귀족들을 더욱 궁지로 몰아넣었어. 귀족들은 입도 열 수 없었지. 니콜라이 1세는 비밀경찰을 만들었어. 비밀경찰이 있는 나라가 민주적일 수 있겠니? 러시아는 더욱더 폐쇄적인 국가로 변해 갔어.

유럽 국가의 근대 개혁,
3국 3색

영국과 프랑스, 독일은 유럽의 대표적인 3대 강국이야. 이들 나라는 18세기 이후 근대국가로 거듭났으며 19세기 들어 세계로 뻗어 나갔지만 발전 과정은 서로 너무 달랐단다.

먼저 영국을 볼까? 영국은 '합의' 유형이야. 왕과 의회가 일찌감치 적당히 권력을 나눠 가졌거든. 영국은 명예혁명 이후 입헌군주제를 정착시켰으며 휘그당과 토리당이 중심이 돼서 정치를 발전시켰어. 이때부터 영국은 의회에서 양당이 정치적으로 합의하는 관행이 만들어졌어. 19세기 들어 다른 나라에서 혁명이 일어났던 것과 다르게 영국에서는 의회의 개혁을 통해 노동자와 일반 시민에게 참정권을 줬단다.

반면 프랑스는 정치 혁명을 통해 구체제앙시앵레짐를 무너뜨렸어. 1789년 발발한 프랑스혁명을 시작으로 해서 1830년의 7월혁명, 1848년의 2월혁명이 계속 일어났지. 프랑스혁명의 정신은 나폴레옹전쟁을 계기로 유럽 전역으로 확산됐고, 급기야 유럽 전역이 혁명으로 들끓었어. 이 때문에 프랑스는 '투쟁' 유형으로 분류된단다.

독일프로이센은 '통제' 유형에 속해. 프로이센은 다른 유럽 국가들에 자본주의가 발전하고 산업혁명이 한창 진행되고 있을 때만 해도 농업 사회였어. 17세기 중반 발생한 30년전쟁으로 인해 그나마 있던 공업 기반시설들도 모두 파괴돼 버렸지. 유럽의 동북부에 위치해 산업 발전이 더뎠고, 해외식민지도 많이 확보하지 못했기 때문이야. 근대사회를 주도해야 할 시민세력도 성장하지 못했어.

이 때문에 독일은 왕과 재상이 권력을 틀어쥐고 군국주의적인 속성을 띠며 국가를 부강하게 만들었어. 비스마르크가 괜히 철혈정책을 내세웠겠어? 이런 속성 때문에 나중에 독일이 세계대전까지 일으키게 된 거라는 분석이 많단다.

유럽과 미국, 산업 발전이 갈등 빚다

유럽 정치가 정말 어수선하지? 그러나 그 와중에도 산업과 과학은 꾸준하게 발달하고 있었어. 다음 장에서 자세히 살펴보겠지만 영국, 프랑스, 독일, 미국, 러시아 등 강대국들은 세계 전역을 휩쓸게 돼. 이 나라들이 그렇게 할 수 있었던 원동력이 뭘까? 그래, 바로 산업과 과학의 발전이야.

하지만 역사가 좋은 쪽으로만 발전한 것은 아니야. 처음부터 예상됐던 많은 문제들이 발생했어. 대표적인 게 노동자와 자본가 또는 정부가 갈등을 빚은 거야. 이 갈등은 유혈 충돌로 이어지기도 했어. 그 결과, 노동자들이 세상의 주인이라고 주장하는 사회주의가 탄생하기도 했지.

여기에서는 19세기 전반부, 산업과 과학이 얼마나 발전했는지를 먼저 살펴볼 거야. 이어서 노동자와 사회주의 이념에 대해 짚고 넘어갈게.

산업과 과학 발전, 거침이 없다

오늘날 서양의 국가들이 경제 선진국이 될 수 있었던 건 산업혁명에 성공했기 때문이야. 그때의 발전이 경제성장의 밑거름이 됐거든.

산업혁명은 영국의 면직물 산업 분야에서 가장 먼저 시작됐어. 기억하고 있지? 영국에서 시작된 산업혁명은 19세기가 되면 프랑스를 거쳐 독일과 벨기에로 확산됐고, 대서양 건너 미국에까지 전파됐어.

19세기가 되면 면직물 생산량은 10배나 늘었단다. 영국에서 생산된 면직물은 전 세계로 수출됐어. 영국은 막대한 돈을 벌었지. 그 밖에, 어떤 점이 달라졌는지 더 살펴볼까?

산업혁명에 날개를 달아 준 게 증기기관이었지? 증기기관은 공장에서만 사용된 게 아니었어. 여러 분야로 확대되면서 사람들의 생활까지 확 바꿔 놓았단다.

미국 허드슨 강에 증기기관을 사용한 배, 즉 증기선 클러먼트호가 처음으로 운항됐어1807년. 사실 증기기관선은 그전에도 있었어. 하지만 상업적으로 항해에 성공한 것은 이 클러먼트호가 처음이었단다. 클러먼트호는 뉴욕과 올버니 사이를 항해했는데, 석탄을 원료로 사용하던 그전의 배보다 속도가 3배나 빨랐대. 1819년에는 증기기관선 서배너호가 미국과 영국 사이를 항해하는 데 성공했어. 강이 아

로켓호 · 조지 스티븐슨이 1829년에 완성한 증기기관차로, 시속 58 킬로미터의 속력을 낼 수 있었다.

니라 대양을 건너는 증기기관선이 탄
생한 거야. 정말 놀랍지?

조지 스티븐슨은 증기기관차의 운
행에 성공했어[1814년]. 사실 13년 전에
도 다른 사람이 증기기관차를 발명하
긴 했는데 테스트에서 궤도를 이탈하
는 바람에 실패했어. 여러 번의 도전
끝에 마침내 성공한 셈이지. 1825년

은판 카메라 · 프랑스 '수세 프레르' 사
에서 1839년에 만든 카메라이다.

에는 영국 스톡턴에서 달링턴까지 철도를 만들고, 그 레일 위를 기
차가 달리는 데 성공했어. 기관차는 90톤의 석탄을 실었는데도 아무
탈 없이 잘 달렸단다.

철도와 기관차는 산업의 발전 속도를 더욱 빠르게 해 줬어. 생각해
봐. 원하는 곳으로 산업 물자를 즉시 수송할 수 있으니 산업이 발달
하지 않겠어? 그리고 제품을 만들려면 원료가 필요하지? 그 원료를
빨리 날라 줘야 공장을 항상 가동할 수 있어. 그렇게 공장이 쉬지 않
고 가동되면 제품 생산량도 늘어나. 이렇게 한 분야에서 산업이 발
전하면 다른 분야도 덩달아 발전하게 돼. 19세기 중반이 되면 유럽
대부분의 나라에 이런 철도가 깔렸어.

이 모든 발전은 과학의 뒷받침이 있었기에 가능한 거야. 그래, 18세
기의 과학혁명은 19세기에도 이어졌어. 19세기 들어 인류의 생활을
편하게 해 준 여러 발명품들이 탄생했어. 몇 가지만 예를 들어 볼까?

프랑스에서 카메라가 정식 발명품으로 인정받았어[1839년]. 이 카메

라가 발명된 것은 1820년대였는데, 10년 이상 카메라 기술을 업그레이드 해 마침내 발명품 인정을 받은 거지. 사람들은 눈이 휘둥그레졌어. 물론 그전에도 그림을 실물과 거의 똑같이 그리는 화가들이 많았지만 아무래도 사진만은 못하겠지? 오늘날, 사진기가 없다면 우리 생활은 너무 단조로울 거야. 사진기의 발명은 그야말로 혁명에 가까운 사건이었지.

미국에서는 가정용 재봉틀이 선을 보였어1846년. 이 제품은 1851년에 가서야 본격 출시된단다. 사실 재봉틀은 이미 18세기에 발명된 제품이야. 하지만 실용적이지는 못했어. 50여 년의 연구 끝에 실용적인 재봉틀이 나온 셈이지.

노동자의 성장, 그리고 사회주의의 등장

산업혁명과 자본주의가 발달하면서 자본가들은 큰돈을 벌었고 유럽과 미국은 부자가 됐어. 그러나 더 가난해진 사람들도 있었단다. 바로 노동자야.

오늘날에는 정부가 노동자들의 권리를 많이 보호해 주고 있지만 19세기까지만 해도 그러지 못했어. 심지어 노동자들이 모여서 집회를 할 수 있는 자유도 없었대. 산업혁명이 시작된 영국이라고 해서 크게 다르지는 않았어.

1799년 영국 정부는 단결금지법이란 걸 만들었어. 노동자들이 단체를 조직하거나 시위 또는 파업하는 걸 금지한 법이야. 공장주나 자본가들은 제 목소리를 낼 수 있었지만 노동자들은 자신의 주장을 제대로 펴지 못하도록 한 거지. 노동자들은 점점 더 비참한 삶을 살았어.

산업이 발달할수록 더 많은 기계가 공장에 설치됐고, 그때마다 노

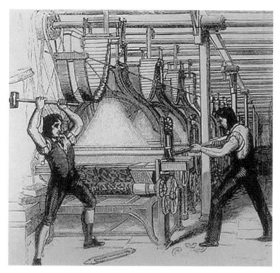

러다이트 운동 · 노동자가 기계를 부수고 있다.

동자들은 일자리를 잃었어. 정부는 여전히 자본가와 공장주만 보호했지.

유럽 대륙에서 나폴레옹이 정복 전쟁을 벌이고 있을 때였어. 영국의 여러 공장에서 노동자들이 기계를 파괴하는 사건이 터졌어. 노동자들이 참아왔던 분노를 폭발하면서 시작된 이 기계파괴운동은 러다이트 운동이라고도 불렸지1811년. 운동을 지휘했던 인물의 이름에서 따왔다고 해. 이 운동은 몇 명의 노동자가 화가 나서 기계를 부수는 수준이 아니었어. 노동자들이 밤을 틈타 조직적으로 공장을 돌면서 기계를 파괴한 거야.

그러나 기계를 부순다고 해서 자본주의 체제가 멈추거나 무너지

지는 않았어. 다만 노동자들의 저항이 계속되면서 여러 변화가 생긴 건 다행이야. 우선 노동자들은 자신의 목소리를 낼 수 있는 조직을 만들었어. 노동조합이 바로 그거야. 노동조합이 만들어지면서 노동운동이 활발해지기 시작했어.

노동조합들은 노동 시간을 줄이고 임금을 인상하라고 정부와 공장주, 자본가에게 요구했어. 정부와 자본가는 처음에는 무시하고 넘어갔어. 그러나 시간이 갈수록 더 많은 노동조합이 이 투쟁에 동참하자 정부와 자본가도 물러설 수밖에 없었어. 영국에서 마침내 단결금지법이 폐지됐단다^{1824년}.

그러나 아직까지는 노동조합이 완전히 법적으로 인정된 단체는 아니었어. 1867년에 가서야 오스트리아가 가장 먼저 노조를 법으로 인정했다는구나. 이어 다른 나라에서도 노조를 인정하기 시작했어. 이제 갈등은 사라진 걸까? 아니야, 노동자와 정부, 자본가와의 싸움은 그 후에도 아주 오랫동안 계속됐어. 우리나라의 역사만 보더라도 불과 10～20년 전인 20세기 후반까지 이 투쟁이 계속됐었단다. 때로는 노동자가, 때로는 자본가가 승리하면서 오늘날에 이른 거야.

노동운동이 성장하면서 새로운 정치 이념이 등장했어. 이 이념은 민족주의, 자유주의가 팽팽하던 유럽에 새로운 바람을 일으켰어. 바로 사회주의^{공산주의}야. 19세기 중반 사회주의가 탄생하자 유럽의 지식인들은 순식간에 이 이념에 빠져들었단다.

유럽 전역에서 혁명의 불길이 치솟던 1848년, 영국 런던에서 『공산당선언』이 발표됐어. "공산당이란 유령이 유럽을 배회하고 있다"

마르크스(왼쪽), **앵겔스**(오른쪽) · 두 인물은 사회주의를 창시했다.

라고 시작된 이 책은 이후 사회주의 운동의 이론서가 됐어. 약간 과
장해서 말해 볼까? 성경이 기독교의 경전이고 코란이 이슬람교의
경전이라면 사회주의자들에게는 『공산당선언』이 경전이었단다.

　『공산당선언』을 작성하고 선언을 주도한 인물은 마르크스와 엥겔
스였어. 그들은 모든 것을 생산하는 노동자계급이 똘똘 뭉쳐, 현장에
서 일하지 않고 돈을 버는 자본가계급을 타도해야 한다고 주장했어.
노동자가 주인이 되는 평등 세상을 건설해야 한다는 게 사회주의 이
념의 핵심이야.

　1848년 대부분의 국가에서 자유주의 혁명이 실패했지? 지식인들
은 새로운 이념을 찾기 시작했고, 그게 바로 사회주의였어. 당연히
사회주의 이념은 유럽 전역으로 급속하게 확산됐어.

오스만 제국,
골칫거리가 되다

19세기, 러시아의 황제 니콜라이 1세는 "오스만 제국은 빈사 직전의 병자다"라고 했어. 죽기 직전의 환자와 같다는 뜻이었지. 오스만 제국이 모든 유럽 열강으로부터 두들겨 맞아 이제는 회생할 수 없는 상태였다는 걸 돌려 말한 거야.

유럽 열강들은 오스만 제국을 놓고 19세기부터 본격적인 갈등을 벌였어. 이 현상을 동방문제라고 부른단다.

일반적으로 동방문제는 그리스가 영국, 프랑스, 러시아의 도움을 받아 독립전쟁을 벌인 1821년부터 시작됐다고 보는 견해가 많아. 이 전쟁이 터지자 당시 빈 체제의 우두머리들은 "이 전쟁에 간섭하지 않겠다!"라고 선언했어. 하지만 오스만 제국을 통해 유럽 중심부로 들어가려는 러시아가 먼저 그리스 독립을 돕겠다고 나섰지. 영국과 프랑스는 인상을 찡그렸어. 러시아가 유럽 중심부로 들어오는 게 영 부담스러웠던 거야. 두 나라도 결국에는 그리스 독립을 돕겠다고 나섰어. 당연히 오스만 제국은 이 세 열강의 군대와 싸워야 했지. 당연히 이길 수가 없었어.

동방문제는 러시아의 범슬라브주의에 고무된 발칸반도의 슬라브족 국가들이 독립투쟁을 본격화하고, 러시아가 이를 지원하면서 더욱 복잡하게 발전했어.

6차 러시아—투르크전쟁의 결과 슬라브족 국가들이 독립하는 데 성공했어. 하지만 이게 끝이 아니었지. 20세기로 접어들면 민족 문제에 영토 문제까지 겹쳐 발칸전쟁이 두 차례나 더 터진단다.

이처럼 동방문제는 단지 19세기의 역사에만 국한된 게 아니야. 열강의 욕심에 민족주의가 겹쳐서 나타났고, 거기에 영토 경쟁까지 겹치면서 오스만 제국은 가장 위험한 화약고가 됐거든. 훗날 제1차 세계대전이 발칸반도에서 시작한 것도 모두 동방문제 때문이었단다.

302　　　　　　　　　　　　　　　　　　　　　　　통세계사 2

열강, 아시아를 강타하다

지금까지 살펴본 역사는 모두 유럽과 미국의 역사였어. 그 가운데 특히 유럽의 역사가 많았지. 사실 어쩔 수 없어. 이즈음, 유럽의 강대국들은 세계의 지배자로 떠오르고 있었거든. 산업과 과학의 발달로 첨단 무기와 군대를 갖춘 이 나라들을 열강이라 불렀어.

열강들은 아시아를 본격적으로 공략했어. 물론 아시아 민중들이 가만히 앉아서 당하지는 않았어. 제국주의에 대한 저항이 전 세계에서 일어났지. 그러나 아직 힘이 약했어. 결국 많은 나라들이 열강에 정복돼 20세기를 맞게 된다. 열강들은 19세기 후반으로 접어들면서 세계를 나눠 가지게 돼. 아시아에서는 섬나라 일본이 제국주의 대열에 들어가기도 하지. 일단 여기서는 19세기 중반까지의 역사만 살펴볼게.

오스만 제국, 누더기가 되다

영국, 프랑스, 독일, 러시아 모두가 군침을 흘리는 땅이 있었어. 바로 오스만 제국이야. 특히 러시아가 가장 적극적이었어. 이미 앞에서 살펴본 대로 러시아—투르크전쟁을 일으킨 게 그 증거야. 오스만 제국은 제국이란 이름이 부끄러울 정도로 누더기가 되고 있었어.

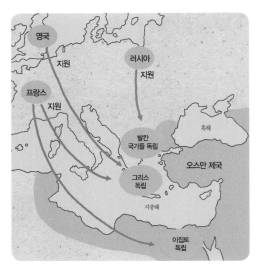

오스만 제국의 위축 · 유럽 열강들은 발칸 국가들과 그리스 독립을 지원한다는 핑계로 오스만 제국을 압박했다.

오스만 제국의 땅은 역사적으로 보면 항상 동서양 교류가 이뤄지는 곳이었어. 아주 중요한 곳이란 뜻이야. 그러니 유럽 열강의 입장에서 보면 오스만 제국은 반드시 차지해야 할 땅이 되지. 이 때문에 열강들은 너도나도 오스만 제국을 침략했단다. 그 결과 영국과 프랑스, 러시아가 모두 오스만 제국의 영토 안에 군대를 주둔시키게 됐지. 그 과정을 살펴볼까? 3차 러시아—투르크전쟁부터 시작할게.

때는 1806년. 나폴레옹이 러시아 침략을 준비하고 있었어. 나폴레옹은 러시아의 힘을 약화시키기 위해 오스만 제국에 접근했어. 그러고는 이렇게 속삭였지. "프랑스가 지원할 테니까 러시아와 화끈하게 싸워 봐."

오스만 제국은 나폴레옹이 지지해 줄 것으로 믿고 친러파 총독을 모두 파면했어. 러시아가 발끈했지. 결국 러시아가 다시 전쟁을 일으켰어. 이 전쟁이 3차 전쟁이야. 결과? 당연히 오스만 제국이 패했어. 이제 더 이상 오스만 제국은 강대국이 아니란다.

3차 전쟁이 끝나고 얼마 지나지 않은 1821년이었어. 오스만 제국의 지배를 받아 오던 그리스가 독립 투쟁을 시작했어. 그리스는 그때까지 무려 400여 년간 오스만 제국의 지배를 받아 왔단다.

1년 후, 그리스가 독립을 선포했어. 당연히 오스만 제국은 독립을 허용하지 않았어. 오히려 그리스인들을 학살했단다. 기회다! 영국, 프랑스, 러시아 등이 오스만 제국을 일제히 비난했고, 이어 그리스의 독립을 지원하기 위해 군대를 보냈지.

팽팽한 긴장감이 흘렀어. 오스만 제국과 러시아 사이에 4차 전쟁이 터졌지1828년. 러시아를 견제하기 위해 영국과 프랑스도 참전했어. 이 전쟁에서도 오스만 제국은 패했어. 그 결과 1829년 마침내 그리스가 독립을 쟁취했어. 오스만 제국으로서는 또 영토를 잃은 셈이지.

발칸반도의 슬라브족 국가들도 오스만 제국의 무능함을 잘 알게됐어. 이때부터 발칸반도에서도 독립 투쟁이 거세졌어. 오스만 제국은 그야말로 사면초가에 놓이고 말았지!

뒤늦게 오스만 제국의 지배층도 탄지마트 개혁을 추진하기 시작했어1839년. 이 개혁의 결과는 썩 좋지 않아. 지배층은 자기들의 특권은 그대로 두고, 수박 겉핥는 식으로 개혁을 한 거야. 그러니 성공할 리가 없지.

오스만 제국은 그 후로도 계속 무기력한 모습을 보였어. 러시아를 비롯한 열강들의 침략에 속수무책으로 당할 수밖에 없었지. 나중에 살펴보겠지만 급진개혁파가 1876년 쿠데타를 일으켜 정권을 잡는단다. 급진개혁파는 헌법을 만들어 의회를 세우고 입헌군주제를 표방했어. 하지만 너무 늦은 개혁이었지. 오스만 제국의 운명은 끝이 보이고 있었어.

중국, 영국에 무너지다

유럽 제국주의 국가들에 중국 시장은 무척 매력적이었어. 땅덩어리도 크고, 인구도 많잖아? 거기를 장악하면 큰돈을 벌겠지? 그러니 모든 열강들이 중국의 문을 두드렸어.

가장 먼저 중국의 문을 연 나라는 영국이야. 영국은 중국에서 차와 비단을 수입했고 면직물과 모직물을 수출했어. 거래 대금은 은으로 결제했어.

영국은 대량생산한 면직물의 가격이 싸기 때문에 중국인들이 많이 살 거라고 생각했어. 그러나 영국의 판단착오였어. 중국인들은 면으로 된 옷을 별로 좋아하지 않았단다. 그들은 원래부터 즐겨 입던 비단옷을 여전히 더 좋아했어. 영국의 면제품은 잘 팔리지 않았지. 반대로 중국으로부터 차의 수입량은 계속 늘어났어. 유럽 사람들이 차를 무척 좋아했거든.

자, 이쯤 되면 결과를 예측할 수 있을 거야. 맞아, 영국은 매년 무역 적자를 기록했어. 더 큰 문제는, 그 적자의 폭이 매년 더 커졌다는 거야. 영국이 다른 식민지에서 벌어들인 은이 중국으로 흘러들어 갔어. 중국은 엄청난 양의 은을 보유하게 됐지.

영국은 정상적인 무역으로는 무역 적자를 메울 수 없다고 생각했어. 그래서 불법 무역으로 돈을 벌기로 했지. 바로 아편 무역이야. 아편 무역이 어떤 건지는 기억하고 있지? 영국 상인들이 인도에서 생산된 아편을 몰래 중국에 내다 팔았고, 그 폐해가 커 중국 조정이 유통을 금지했어.

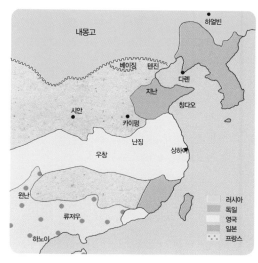

1890년대 후반 열강의 동아시아 침탈 · 동아시아의 맹주였던 중국은 반식민지로 전락했다.

영국 상인들은 예전보다 더 많이 아편을 몰래 중국에 내다 팔았단다. 중국 곳곳에 아편을 흡입하는 장소가 생겨났어. 영국 상인들은 정상적인 무역으로 잃었던 은을 아편 밀수를 통해 다시 찾아왔어. 그러자 중국에서는 아편이 심각한 사회문제가 됐지.

청은 마약을 수출하는 영국에 공식적으로 항의했어. 그러나 아편 밀수는 조금도 줄어들지 않았어. 청의 조정이 직접 단속에 나섰지. 청은 영국의 상선을 기습적으로 검문해 아편을 모두 빼앗아 버렸어. 이때 빼앗은 아편만 2만 상자가 넘었어. 아편을 없애 버리는 데만 며칠이 걸렸다고 하니 얼마나 양이 많았는지 짐작하겠지?

청나라로서는 자기 나라 백성을 위한 정당한 행동이었어. 그러나 영국은 그렇게 생각하지 않았어. 없애 버린 아편을 돈으로 모두 배상하라며 생떼를 부렸지. 청의 조정은 영국의 요구를 거절했어.

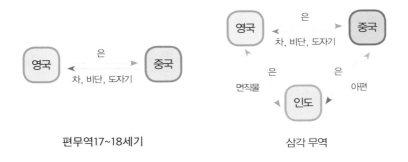

편무역17~18세기   삼각 무역

1840년 2월 영국은 함대를 이끌고 중국을 침략했어. 이렇게 해서 터진 전쟁이 바로 1차 아편전쟁1840~1842년이란다.

전쟁을 해야 하느냐, 하면 안 되느냐를 놓고 영국 의회에서도 논쟁이 치열했다는구나. 중국은 군대와 무기가 모두 구식이라고는 해도 오랜 세월 아시아의 맹주 자리를 지킨 나라야. 어쩌면 영국이 전쟁에서 질 수도 있다고 생각한 거야.

그러나 막상 전쟁을 치러 보니 두 나라의 군사력 차이는 예상했던 것보다 훨씬 크게 벌어져 있었어. 영국 군대는 마카오, 상하이, 난징에 이어 수도인 베이징까지 공략했어. 1842년 중국은 항복했지. 중국이 고작 2년 만에 영국에 무릎을 꿇은 거야.

두 나라는 난징조약을 맺었어. 아시아의 맹주 중국에는 치욕이었지. 이 조약에 따라 홍콩을 영국에 넘겨야 했고, 최혜국 대우도 해 줘야 했어. 중국이 다른 나라와 국제조약을 체결할 때 영국보다 유리한 대우를 해 주면 영국도 자동적으로 그 대우를 인정받는 걸 최혜국 대우라고 한단다. 이렇게 하면 앞으로 어떤 열강이 중국을 장악해도 영국의 지위는 그 열강과 같게 되지.

또 영국인에게는 치외법권이 인정됐어. 영국인이 중국에서 범죄 행위를 저질러도 중국 정부가 재판을 할 수 없

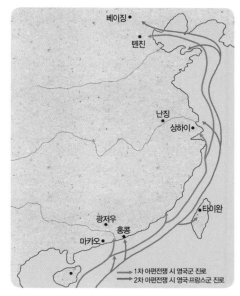

아편전쟁 전개 방향 · 중국은 전쟁마다 열강에게 대패했다.

게 된 거야. 말이 조약이지, 이처럼 심한 불평등조약이 어디 있겠니? 이때 영국으로 넘어간 홍콩은 150년이 지난 1997년에야 중국에 되돌려졌단다.

영국은 난징조약 이후 빠른 속도로 중국을 장악했어. 값싼 제품이 중국 전역에 수입됐고, 그 결과 중국의 수공업과 농업은 심각한 타격을 입었지. 뿐만 아니야, 일단 영국이 길을 터놨으니 다른 열강들도 속속 중국에 진출하기 시작했어. 미국과 프랑스는 1844년, 스웨덴과 노르웨이는 1847년, 러시아는 1851년에 중국과 조약을 체결한단다. 중국이 열강들에 완전히 포위된 셈이지.

인도도 영국이 장악하다

영국이 장악한 지역은 또 있어. 바로 인도야. 영국은 19세기 초반, 인도의 거의 모든 지역을 식민지로 만들었단다.

원래 인도 대륙에는 영국 말고도 프랑스와 포르투갈, 에스파냐의 회사들이 이미 진출해 있었어. 그러나 이즈음 영국이 모든 전쟁에서 이들 나라를 물리쳤단다. 힘으로 인도 대륙의 일인자가 된 거지.

인도인들은 처음 영국 동인도회사가 들어왔을 때 크게 싫어하지 않았어. 오히려 인도 발전에 도움이 될 거라고 판단해 환영하는 분위기였지. 인도를 차지하겠다는 영국의 욕심이 드러나고, 인도인들이 그걸 깨달은 것은 한참 시간이 흐른 뒤였어. 인도의 지식인들이 마침내 떨치고 일어났어. 그들은 영국에 저항하려면 인도 스스로 개혁해야 한다고 주장했어. 그 때문에 인도의 고질적인 악습들을 없애는 데 온 힘을 쏟았어. 이들이 벌인 개혁 운동을 통틀어 브라모사마지운동이라 불렀단다.

람 모한 로이 · 브라모사마지운동을 이끈 인도의 지식인이다.

개혁 운동은 더딘 것처럼 느껴졌어. 하지만 성과도 적지 않았어. 이를테면 사티 풍습을 폐지한 게 대표적이야. 인도에서는 그전까지 남편이 죽으면 아내도 따라 죽어야 했는데, 이게 사티야.

영국에 저항하는 대규모 봉기도 일어났어. 그게 세포이 항쟁인데, 이것에 대해서는 다음 장에서 살펴볼게.

네덜란드는 인도네시아를 괴롭혔어. 결국 인도네시아 민중들이 봉기해 네덜란드에 섰어. 이게 바로 자바전쟁이야_{1825년}. 물론 결과는 민중의 패배였지.

자, 여기서 궁금증 하나. 왜 열강들은 이토록 아시아를 괴롭히는 걸까? 서로 사이좋게 지낼 수는 없는 걸까? 글쎄, 제국주의 경제에서는 불가능해. 왜 그런지 원인을 따져 보도록 하자.

유럽에서는 산업혁명이 시작되면서 모든 게 달라졌어. 대량생산을 통해 만들어진 상품이 넘쳐났고 상품의 가격은 뚝뚝 떨어졌어. 뭐, 소비자들이야 값이 싸면 그만이지. 그런데 문제가 생겼어. 이제 유럽에서 모든 상품을 소비할 수 없을 만큼 상품이 많아진 거야.

제품을 많이 생산해도 내다 팔 수 없으면 돈을 벌 수 없겠지? 자본가들은 회사의 덩치를 키우기 위해서라도 돈을 더 벌어야 했어. 그래야 다시 투자를 할 게 아니겠어? 돈을 많이 벌려면 제품값이 싸야하고, 제품을 싸게 만들려면 원료를 싸게 구해야겠지. 열강들은 상품도 팔고 원료도 싸게 살 수 있는 새로운 시장이 더 많이 필요해졌어. 이렇게 되면 해법은 명확해져. 아시아 국가를 식민지로 삼아 상품을 팔아 치우고 원료를 강탈하는 거지.

사실 유럽 국가들이 처음 외국으로 진출할 때는 무역을 확대하는

게 목적이었어. 이제는 그 목적이 바뀌었지. 착취할 식민지가 필요
해진 거야. 현대식 무기로 무장한 열강들에 아시아가 속속 무너지고
있는 셈이지. 이제 힘만이 세계 질서를 좌우하는 제국주의시대로 접
어들고 있었어.

조선은 우물 안 개구리 신세

19세기 세계사에서 한반도의 역사가 차지하는 비중은 아주 작았어.
우린 나름대로 발전한다고 했을지 모르지만 세계인들은 그렇게 생
각하지 않을 거야. 아마 우리가 존재했다는 사실을 모르는 서양 사
람들도 당시에는 많았을 거야.

　그러나 이 시기 한반도의 역사는 반드시 알고 넘어가야 해. 우리가
이미 알고 있는 대로 우리 민족에게 이때부터 20세기 중반까지만큼
불행했던 시간은 없을 거야. 불행한 역사도 분명한 우리의 역사야.
부끄럽고 불행한 역사라고 해서 눈을 감아 버리면 미래도 찾을 수
없지.

　당시 우리는 시민혁명이나 산업혁명, 과학혁명, 자본주의라는 역
사의 흐름에서 다소 떨어져 은둔의 삶을 살았어. 아무도 주목하지
않았던 역사였지. 외세의 압력에 시달리며 우왕좌왕하던 부끄러운
역사이기도 해. 그래도 되풀이하지 않기 위해서는 잘 알아 둬야 하
는 역사야.

19세기로 접어들 즈음 정조가 사
망하고 그의 아들 순조가 왕에 올
랐어1800년. 순조는 열두 살의 나이
였지. 정조도 어린 순조가 걱정이
됐는지 순조의 장인 김조순에게 순
조의 뒤를 봐 달라는 유언을 남겼
어. 처음에는 영조의 계비인 대왕
대비 정순왕후가 섭정을 했어. 하
지만 정순왕후가 세상을 떠나면서
김조순이 권력의 중심으로 부상했
지1805년. 그는 정조의 유언에 따라
순조의 배후에서 정치를 했어.

김조순 · 순조의 장인이 돼 권력을 휘둘렀다.

　이때부터 외척들이 권력을 장악했어. 안동 김씨 → 풍양 조씨 →
안동 김씨의 순으로 외척 세력이 정치를 좌우한 이때를 세도정치시
대라 부를 수 있지. 세도정치는 고종이 등극하는 1865년 끝났단다.

　세도정치 시절, 서양은 어떻게 하고 있었지? 나폴레옹전쟁에 이어
프랑스의 7월혁명이 있었어. 1848년에는 전 유럽에서 혁명이 일어
났지. 1851년에는 자본주의의 꽃이라는 만국박람회도 열렸어. 중국
에서는 양무운동이 시작됐고, 독일에서는 비스마르크가 나타나 통
일을 준비하고 있었지. 전 세계가 격변기였던 거야. 그러나 이때 조
선은 가장 부패하고 혼탁한 시대였어. 관리들은 백성을 착취할 방법
만을 고민했어. 별의별 세금이 다 붙었고 농민에게 빌려주는 쌀에

김대건 · 조선 최초의 신부로, 26세에 순교했다.

는 모래가 절반이나 들어 있었어. 농민들은 울며 겨자 먹기로 이 쌀을 받아야 했지. 농민들은 여기저기 끌려다니며 노동도 해야 했어.

발전의 시계는 멈춰 버렸어. 아니 오히려 거꾸로 돌아가고 있었지. 이러니 농민들이 살 수 있겠어? 전국에서 농민 반란이 터졌어. 농민들은 앉아서 죽으나 반란을 일으켜 죽으나 마찬가지란 심정이었어.

뒤에서 다시 살펴보겠지만 1860년에는 동학이 창시됐어. 동학은 유교와 불교, 도교의 교리를 모두 흡수해 만들어졌어. 반란을 일으켰던 농민뿐 아니라 농사만 짓던 일반 농민들까지 동학으로 몰려들었지. 살기 힘든 시절, 농민들은 동학에서 마음을 둘 곳을 찾은 거야.

동학은 서양 학문서학에 반대한다는 뜻도 내포하고 있단다. 서양 학문이 꼭 나쁘다고는 할 수 없겠지만 이때의 민중들은 별로 좋은 감정을 가지지 않았대. 사실 조선 조정도 천주교를 심하게 박해했어. 1801년 신유박해 때는 정약용을 비롯해 천주교와 관련된 남인들이 모두 조정에서 쫓겨났어. 1839년 기해박해 때는 많은 천주교도들이 집단으로 처형됐지. 1846년에는 조선 최초의 신부인 김대건이 26세의 나이로 순교하기도 했단다.

아메리카, 격변기 맞다

15세기 말 콜럼버스가 첫발을 디딘 대륙, 아메리카. 그 후 아메리카는 고통의 세월을 보내야 했어. 중남미는 에스파냐와 포르투갈 지배자의 착취에 신음했어. 북미에서는 영국과 프랑스, 에스파냐 등이 식민지 전쟁을 벌였지.

미국이 탄생한 후 아메리카 대륙은 어떻게 바뀌었을까? 우선 미국이 약소국에서 점차 강대국으로 성장하고 있다는 사실이 눈에 띄어. 미국은 최고의 강대국인 영국과도 전쟁을 치렀단다. 미국은 아메리카 대륙의 1인자로서 목소리를 내기 시작했어. 유럽의 강대국들이 아메리카 문제에 개입하지 말라고 선언할 정도였지.

19세기 초반, 중남미 국가들이 잇달아 독립한 것도 주목할 만한 대목이야. 오늘날 존재하는 많은 중남미 국가들이 이때 탄생했단다.

우선 중남미 지역이 어떻게 변했는지부터 살펴볼게. 이어 미국의 놀라운 성장 역사를 볼 거야.

중남미 독립 열풍

1804년 중미에서 아이티 공화국이 건설됐어. 이 나라는 아주 흥미로운 역사를 가지고 있단다.

아이티는 콜럼버스가 맨 처음 상륙한 이후 줄곧 에스파냐의 식민지였어. 에스파냐의 식민 지배는 가혹하고 잔인했어. 게다가 유럽의 전염병이 원주민들을 괴롭혔어. 그 결과 아이티의 원주민들은 거의 대부분 죽음을 맞았지.

17세기 후반 프랑스가 아이티를 차지했어. 프랑스는 아프리카에서 흑인 노예를 수입했어. 그러다 보니 흑인 노예들이 어느덧 아이티의 원주민처럼 국민 대다수가 돼 버렸어.

바로 그 흑인들이 18세기 말부터 봉기를 시작했어. 왜? 독립 국가를 이루기 위해서였어. 유럽의 강대국들이 흑인을 진압하려 했지만 실패했어. 결국 흑인들이 역사상 처음으로 흑인 공화국을 만드는 데 성공했단다1804년.

이 무렵 중남미의 여러 국가들을 독립시킨 영웅이 있었어. 바로 시몬 볼리바르와 산 마르틴이야. 이 2명은 오늘날까지도 가장 존경받는 혁명가로 남아 있단다. 그들의 활약을 간략하게나마 살펴볼게.

볼리바르는 베네수엘라 출신이었어. 그래서 가장 먼저 베네수엘라부터 독립시켰지. 물론 에스파냐 세력이 가만히 두지 않았어. 볼리바르는 몇 차례의 망명과 반격을 반복한 끝에 마침내 독립국 베네수엘라의 대통령에 올랐단다1813년.

볼리바르는 지위에 연연하지 않았어. 바로 주변 국가들의 독립 투쟁을 지휘하기 시작했지. 1820년을 전후로 해서 콜롬비아, 에콰도르, 페루 북부를 에스파냐 세력으로부터 독립시키는 데 성공했어. 페루 북부는 이때 그의 이름을 따서 볼리비아라는 새로운 나라로 거듭났단다.

산 마르틴은 아르헨티나 출신이었어. 1800년대 초반부터 독립 투쟁을 진두지휘하며 아르헨티나의 독립을 선언하기도 했지. 당시에는 라플라타 연합이란 이름을 썼단다. 볼리바르가 그랬던 것처럼 산 마르틴도 곧이어 다른 독립 투쟁을 지휘했어. 칠레를 독립시켰고[1821년], 페루가 완전히 독립하는 데도 기여했지.

멕시코에서도 독립 투쟁이 거셌어. 그 시작은 1801년 미겔 이달고란 인물이 민중을 이끌고 봉기한 사건이었어. 비록 실패하고 말았지만 멕시코 민중은 좌절하지 않았어. 다시 독립 투쟁을 벌였고, 독립에 성공하지. 멕시코 또한 처음부터 독립에 성공하지는 못했어. 에스파냐 세력의 탄압이 심했기 때문이야. 하지만 결국에는 원하는 바를 이뤘어. 에스파냐가 어쩔 수 없이 멕시코의 독립을 인정했단다[1821년].

시몬 볼리바르(위), **산 마르틴**(중간),
미겔 이달고(아래)

브라질은 남미에서 유일하게 에스파냐가 아닌, 포르투갈의 식민지였어. 하지만 독립 열망은 브라질에서도 어김없이 맹렬하게 불었어. 다만 다른 국가들과는 조금 다른 방식으로 독립이 이뤄졌어.

나폴레옹전쟁이 한창인 1807년, 포르투갈의 왕이 브라질로 도망왔어. 그 왕은 무려 13년을 브라질에 머물렀어. 유럽이 다시 정비되자 왕은 포르투갈로 돌아갔어. 그러나 그의 아들은 본국으로 돌아가지 않았어. 자신의 나라를 세우기 위해서였지. 1822년 그 아들이 브라질 제국을 세우고 황제의 자리에 올랐어.

1820년을 전후로 해서 중남미에 많은 독립국이 탄생했지? 이들 신생국의 앞날이 순탄할지는 아직 몰라. 식민 지배를 오래 받았으니 경제 살리기가 쉽지 않을 거야. 그래도 열강들의 식민 지배가 확산되는 마당에 독립을 이뤘으니 축하해 줘야 하겠지?

미국, 떠오르는 강자?

중남미에서 한창 독립 투쟁이 불붙고 있을 무렵이었어. 북미에서도 전쟁이 터졌어. 미국과 영국이 한판 붙었던 거야.

미국은 영국의 식민지였다가 독립한 나라야. 그러니 두 나라 사이가 썩 좋지는 않아. 물론 영국을 여전히 그리워하는 미국인도 있겠지만, 대체로는 영국에 우호적이지 않았어. 그런 상황에서 미국 선박을 영국이 납치하는 사건이 발생했어.

백악관 · 미국의 수도 워싱턴D.C.에 있다.

사실 이 사건의 원인은 아주 복잡해. 두 나라의 정치적 문제와 경제적 문제가 모두 얽혀 있었지. 미국 내에서도 영국에 강하게 대응할 것이냐 말 것이냐를 놓고 논쟁이 벌어졌어. 결과부터 말하자면, 강경파의 목소리가 더 컸어.

1812년 미국이 마침내 선전포고를 했어. 영국과 한판 승부를 벌이겠다는 거야! 뭐, 솔직히 미국 정치인들도 두려웠을 거야. 영국은 강대국 중에서도 최고의 강대국이잖아? 그래도 이미 엎질러진 물! 두 나라의 군대가 지금의 캐나다 영토에서 격돌했어.

처음엔 미국이 승리하는 듯했어. 물론 이유가 있지. 이 무렵 유럽 대륙에선 나폴레옹전쟁이 한창 진행 중이었단다. 영국이 군대를 미국으로 많이 보낼 수 없는 상황이었던 거야.

나폴레옹전쟁이 끝나자 영국의 반격이 시작됐어. 영국군은 캐나다에서부터 차츰 남쪽으로 밀고 내려왔어. 그러더니 미국 대통령의 공관까지 불태워 버렸지! 미국으로선 심장부를 적에게 내준 셈이지. 모든 전쟁이 끝난 후 미국은 이 건물을 흰색으로 칠했어. 그래서 이 건물을 요즘에는 화이트 하우스White house, 즉 백악관이라 부르지.

이 미—영 전쟁은 1815년 끝이 났어. 굳이 따지자면 무승부라고 할 수 있는데, 어쨌거나 영국과 맞선 미국의 패기를 느낄 수 있지. 신생국 미국의 약진이 두드러지는 대목은 또 있어.

1823년 미국의 5대 대통령 제임스 먼로가 "유럽은 아메리카의 일에 간섭하지 말고 손을 떼라. 우리도 유럽의 일에 간섭하지 않겠다!"라고 선언했어. 서로 간섭하지 말자는 상호불간섭주의를 표방한 건데, 이게 그 유명한 먼로 독트린먼로 선언이야.

이 선언의 속뜻은 뭘까? 아마도 미국이 아메리카의 큰형님이니, 아메리카 문제는 미국이 모두 해결하겠다는 뜻일 거야. 이때부터 한동안 상호불간섭주의가 미국 외교정책의 중심이 된단다. 이 먼로 선언의 역사적 의미를 정리해 볼까?

첫째, 이 선언으로 미국은 아메리카의 중심이 미국이라는 점을 유럽 열강에 확실하게 알렸어. 유럽 열강들은 이 선언을 받아들이면서 이 점을 인정할 수밖에 없었지.

둘째, 이 선언은 미국의 외교 노선으로 자리 잡았어. 미국은 다른 대륙의 일에 절대 간섭하지 않았어. 이 노선이 깨진 것은 제1차 세계대전 때란다.

셋째, 이 선언을 전후로 해서 중남미의 거의 모든 나라가 독립했어. 중남미 독립 투쟁에 이 선언이 어느 정도는 영향을 미친 셈이지.

미국 영토, 얼마나 더 커지나

오늘날 미국은 상당히 넓어. 하지만 처음 독립할 때만 해도 동부 13개 주에 불과했지. 미국이 커지기 시작한 것은 1800년 이후부터야. 미국은 무력과 협상, 때로는 돈을 주고 사는 방식으로 영토를 늘렸단다.

아직 나폴레옹전쟁이 시작되기 전인 1803년에는 프랑스로부터 루이지애나를 샀어. 프랑스는 1800년 에스파냐로부터 이 땅을 넘겨받았어. 하지만 나폴레옹이 전쟁 자금을 마련하기 위해 다시 헐값에 미국에 넘긴 거야. 덕분에 미국 영토는 두 배로 넓어졌지.

당시 미국의 3대 대통령 토머스 제퍼슨은 새로운 영토에 대해 궁금한 게 많았어. 즉각 탐험대를 꾸려 그곳으로 보냈지. 루이스와 클라크가 탐험대를 지휘했어.

1804년 탐험대가 오늘날의 중부 미주리 주 세인트루이스를 출발했어. 이때부터 1년 5개월간 탐험대는 목숨을 건 모험을 벌였어. 실제로 탐험대원이 죽기도 했지. 우여곡절 끝에 탐험대는 태평양 연안의 오리건 주까지 갔다가 1806년 세인트루이스로 돌아왔단다.

1819년에는 플로리다도 얻었어. 이 지역에 있는 에스파냐 군대와

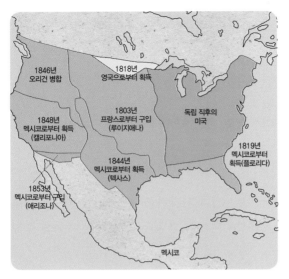

19세기 미국의 영토 확장
· 오늘날 미국의 영토와
흡사하다.

전투를 치른 후 헐값에 사들였던 거야. 무력과 돈을 적절히 사용한
셈이지.

멕시코가 1821년 에스파냐로부터 독립했다고 했지? 텍사스는 오
늘날 미국의 영토지만 이때만 해도 멕시코의 땅이었어. 미국과 인접
해 있기에 미국인들이 속속 텍사스로 진출했어. 그 결과 얼마 지나
지 않아 텍사스 인구 절반 이상이 미국인으로 차 버렸어. 텍사스의
미국인들은 멕시코로부터의 독립을 선언했어. 당연히 멕시코 정부
는 허용하지 않았지.

결국 전쟁이 터졌어¹⁸³⁵ᐟ. 미국은 텍사스의 미국인들을 지원했어.
그러니 전쟁의 결과는 안 봐도 뻔해. 당연히 미국인들이 이겼지. 텍
사스의 미국인들은 1844년 미국연방에 가입했어. 이로써 텍사스는

미국 땅이 됐단다.

이게 끝이 아니야. 더 많은 영토를 원하는 미국은 다시 멕시코와 대결을 벌였어. 본격적으로 미국—멕시코 전쟁이 터졌어¹⁸⁴⁶ⁿ. 이 전쟁은 2년 만에 끝이 났지. 유럽에서 혁명의 물결이 넘실대던 바로 그해야.

결과를 볼까? 캘리포니아를 포함해 북미의 서남부가 모두 미국의 영토가 됐어. 오늘날의 미국 지명을 기준으로 캘리포니아, 뉴멕시코, 애리조나, 유타, 네바다 주가 모두 미국 땅이 된 거야. 미국은 이어 멕시코와의 국경을 리오그란데 강으로 정했어. 오늘날의 미국 국경과 같아.

훗날 미국은 알래스카를 러시아로부터 구입했고, 다시 하와이를 흡수했어. 이렇게 해서 오늘날의 미국 영토가 최종 확정된단다.

개척자들, 미국으로 몰리다

미국은 19세기 초반부터 유럽 열강 못지않은 강대국으로 성장했어. 독립 국가를 건설한 후 미국의 역사는 50년이 되지 않았지만 영국이나 프랑스로부터 선진문물을 빨리 수입해 배웠기 때문에 가능한 일이었지. 넓은 땅덩어리에 묻혀 있는 엄청난 자원도 산업이 발달하기에 좋은 조건이었단다.

오늘날 미국을 인종의 용광로라고 불러. 셀 수 없이 많은 민족과 인종이 어우러져 살고 있기 때문이야. 그러나 처음에는 북미 지역의 원주민만 살고 있었어. 그곳에 정착한 사람들도 종교의 자유를 찾아 건너간 청교도나 장사로 돈을 벌겠다는 영국과 프랑스 상인들이 대부분이었어. 에스파냐와 네덜란드 이주민도 있었지만 처음에는 그렇게 많지 않았지.

이주민은 1830년부터 폭발적으로 늘기 시작했어. 유럽의 어수선한 분위기 때문이었지. 어떤 나라에서는 혁명이 일어나기도 했어. 지배층은 민중을 더욱 압박했지. 민중은 자유를 찾아 신대륙으로 향했어. 혁명의 해인 1848년이 지나자 이런 민중이 더욱 늘었어. 독일, 이탈리아, 폴란드에서 혁명이 모두 실패했을 때 미국을 택한 이민자의 30퍼센트가 이 나라 사람들이었다고 하는구나.

현실이 고통스러운 유럽 사람들에게 미국은 기회의 땅으로 여겨지고 있었어. 그곳은 왕과 귀족들의 착취가 없고 땅은 넓고도 넓어서 뭐라도 할 수 있을 것만 같았지. 암울한 유럽을 떠나 미국으로 향하는 사람들이 늘어났어.

특히 아일랜드 사람들이 미국으로 많이 건너갔어. 아일랜드에서 1845년

감자 대기근 기념 조각 · 아일랜드 최악의 기근이었던 감자 대기근을 기억하기 위해 수도 더블린에 세운 동상이다.

부터 7년 동안 감자 대기근이 발생했기 때문이야. 식량이 바닥나서 많은 사람이 굶어 죽을 정도였어. 그러나 정부는 전혀 손을 쓰지 않았어. 왜 그런지 아니? 아담 스미스의 국부론을 떠올리면 정답을 알 수 있을 거야. 맞아, 보이지 않는 손! 아일랜드 정부는 이 보이지 않는 손이 나타나 줄 것으로 믿고 그냥 둔 거야. 많은 사람들이 굶어 죽는데도 말이야. 아일랜드가 죽음의 땅이 돼 버린 거야.

1845년 이후 몇 년 사이에 아일랜드 인구의 15퍼센트 정도가 미국으로 건너갔어. 물론 미국이라고 해서 마냥 살기 좋은 건 아니었어. 아메리카 원주민과 싸워야 했고, 많은 지역은 개척되지 않은 상태였거든. 척박한 땅과도 싸워야 했어. 그래도 이민자들은 뭔가 할 수 있다는 희망이 있으니, 그걸로 위안을 삼고 살았어.

그 후로는 동유럽의 가난한 농민들도 미국으로 이민을 떠났어. 멀리

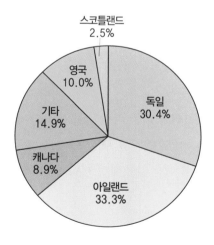

스코틀랜드 2.5%
영국 10.0%
기타 14.9%
캐나다 8.9%
독일 30.4%
아일랜드 33.3%

18세기 미국 이민자 국적별 현황

중국의 노동자들도 일터를 찾아 미국으로 건너갔지. 어쩌면 당시 미국은 전 세계에 희망을 던진 기회의 땅이었다고 해도 과장이 아니야.

미국이 발전하면 할수록 이민자가 급증했어. 과거의 이민은 주로 정치나 종교적 목적이 많았지? 그러나 이때부터는 돈을 벌기 위한 이민이 더 많았어. 중국 이민자가 대표적이지. 이런 사람들은 주류에 끼지 못하고 허드렛일을 많이 했어. 그래서 노동 이민자라고 불렀단다.

1804년의 서부 탐험 이후 여러 길이 뚫렸어. 그 길을 따라 마차들이 서부로, 서부로 달려갔어. 그래, 서부 개척시대가 열린 거야. 당시 미국인들은 서부로의 진출을 프런티어^{개척 정신}라며 장려했어. 미국의 한 언론은 "아메리카 대륙을 개척하고 영토를 넓히는 것은 미국의 명백한 운명이다!"라는 글을 내보내기도 했지.

하지만 개척의 피해자도 있었어. 바로 아메리카 원주민들이야. 보통 그들을 인디언이라고 부르지. 백인들이 세운 미국 정부는 영토를 개척하기 위해 아메리카 원주민을 그들이 살던 곳에서 쫓아냈어. 당연히 원주민들은 저항했지. 여러 차례 전투가 벌어지기도 했어. 물론 결과는 뻔했지만….

미국 정부는 1830년 인디언 이주 법을 만들었어. 이 법에 따라 아메리카 원주민을 강제로 인디언 보호구역으로 옮기도록 했어. 체로키족의 경우 이 강제 이동 과정에서 무려 5000여 명이 목숨을 잃기도 했단다.

포티나이너스
Fourty-niners

19세기 중반, 미국의 서부 개척은 절정에 이르렀어. 그 계기가 된 사건은 대형 금맥이 발견된 거였지.

1848년이었어. 미국 캘리포니아 새크라멘토에서 어마어마한 금광이 발견됐어. 이 소식은 곧 사방으로 퍼졌고, 1849년부터는 사람들이 폭주하기 시작했어. 얼마나 많은 사람들이 캘리포니아로 모험을 떠났으면, 이들을 지칭하는 말까지 따로 생겼겠니? 그게 바로 포티나이너스야. 49년 사람들이란 뜻이지.

뭐, 그렇다고 해서 모든 사람이 떼돈을 번 것은 아니야. 그래도 캘리포니아의 인구가 순식간에 급증한 것은 놀랄 만한 일이었지. 인구가 늘어나자 대도시들도 속속 생겨났어. 오늘날 로스앤젤레스나 샌프란시스코 같은 도시들이 이 캘리포니아에 속해 있단다.

미국은 산업 발전 속도도 매우 빨랐어. 19세기 중반이 되면 북동부 지역을 중심으로 시카고, 디트로이트 같은 대형 산업도시가 세워졌어. 뉴욕, 필라델피아, 보스턴을 연결하는 철도가 깔린 다음부터는 발전 속도가 더 빨라졌지.

골드러시 포스터 · 캘리포니아에서 금광이 발견되자 사람들이 일제히 몰려들었다.

제16장

근 대 의 형 성 에 서
현 대 까 지

팽창하는 제국주의

1850~1900년 전후

독일 통일 (1871년)

크림 전쟁 발발 (1853년)

세포이 항쟁 (1857년)

이탈리아 통일 (1871년)

수에즈 운하 개통 (1869년)

영-프, 파쇼다 충돌 (1898년)

보어 전쟁 (1899년)

19세기 후반의 세계는 시끄러웠어. 여러 이유가 있겠지만, 무엇보다도 제국주의 열강들의 욕심이 너무 컸기 때문일 거야. 제국주의 열강들은 식민지로부터 막대한 이득을 취했어. 원료를 헐값에 가져갔고, 자국에서 대량생산된 제품을 강제로 떠넘겼지. 그것도 모자라 직접 영토를 지배하면서 더욱 착취를 강화하려는 열강도 적지 않았어. 영국, 프랑스, 독일, 러시아, 미국이 이런 제국주의 열강에 속하지. 뒤늦게 아시아의 신흥 강자 일본도 이 열강의 대열에 뛰어들었단다. 열강은 제국주의시대를 활짝 열었어. 전 세계는 제국주의의 폭력에 신음해야 했지.

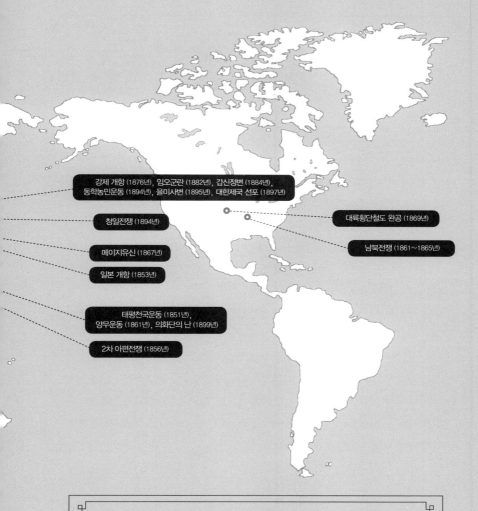

강제 개항 (1876년), 임오군란 (1882년), 갑신정변 (1884년),
동학농민운동 (1894년), 을미사변 (1895년), 대한제국 선포 (1897년)

청일전쟁 (1894년)

대륙횡단철도 완공 (1869년)

메이지유신 (1867년)

남북전쟁 (1861~1865년)

일본 개항 (1853년)

태평천국운동 (1851년),
양무운동 (1861년), 의화단의 난 (1899년)

2차 아편전쟁 (1856년)

아편전쟁을 비롯해 파쇼다 사건, 크림전쟁, 청일전쟁 등 제국주의로 인한 전쟁이
곳곳에서 터졌어. 식민지 민중들 또한 강하게 저항했어. 중국에서는 태평천국운동
이 일어났고, 인도에서는 세포이 항쟁이 타올랐어. 조선에서도 임오군란, 갑신정
변, 동학농민운동 등 수많은 사건이 일어났지. 19세기 중반 이후 세계는 하나가 됐
어. 한 국가, 한 대륙에서 터진 사건은 나머지 국가, 나머지 대륙에 바로바로 큰 영
향을 미쳤지. 사실 이런 상황에서 커버스토리를 정하는 게 의미가 없을 수도 있어.
그래도 찾는다면? 제국주의의 횡포와 그에 맞선 민중의 저항이 아닐까?

19세기 후반 제국주의 진영에 변화가 생겼어. 아시아의 작은 섬나라 일본이 성장해 제국주의 대열에 들어간 거야. 일본은 아시아의 최고 맹주 중국을 격파해 세계를 놀라게 했어. 이 전쟁이 청일전쟁이지.

아시아에서 열강이 나왔다는 것은 좀 이례적이야. 사실 일본을 빼면 아시아와 아프리카의 거의 모든 지역이 열강의 식민지, 또는 반식민지로 전락했단다. 세계가 열강의 군홧발에 짓밟혀 신음하고 있는 거야.

물론 민중의 저항도 만만치 않았어. 중국에서는 태평천국운동이 일어났고, 이 난이 끝나자마자 의화단운동이 일어났어. 인도에서는 세포이 항쟁이 터졌지. 아프리카 수단에서도 봉기가 일어났어. 안타깝게도 이 항쟁들은 모두 실패로 끝나고 말았어.

제국주의자들의 욕심은 도대체 어디까지일까? 오스만 제국을 놓고 터진 크림전쟁에는 유럽의 열강들이 대부분 참전해 그 시커먼 속을 드러냈단다. 인도 세포이 항쟁을 진압한 후 영국은 영국 여왕이 인도 여왕을 겸임한다고 선언하기도 했어. 자, 일본에서부터 이야기를 시작해 볼까?

제국주의시대

일본, 제국주의 대열에 서다

일본은 아주 독특한 나라야. 일찍부터 사무라이들이 나라를 지배해왔지. 왕은 있었지만 쇼군이 모든 권력을 장악하고 있었어. 유럽의 선진 문화 가운데 가장 먼저 받아들인 것도 조총 만드는 기술이야. 어쩌면 일본의 이런 성향이 일본을 군부국가로 만들었는지도 몰라. 아시아의 맹주 중국이 열강의 침략에 쩔쩔맬 때 일본은 열강의 반열에 올랐어.

　일본도 국가의 문은 강제로 열렸어. 중국과 다르지 않아. 곧 살펴보겠지만 중국에서는 1840년 아편전쟁이 터졌어. 이 전쟁에서 중국은 영국 군대에 말 그대로 묵사발이 됐단다. 일본 지배층은 유럽 열강이 얼마나 무서운지를 두 눈으로 똑똑히 목격했어.

무역항 데지마 · 데지마는 일본이 미국에 강제로 개항하기 전 200년 동안 지속된 유일한 해외무역 창구였다.

13년 후인 1853년 미국의 동인도 함대가 일본 해안에 나타나 개항을 요구했어. 미국은 왜 중국이 아닌 일본을 택했을까? 아시아에서 가장 큰 시장은 당연히 중국인데 말이야. 하지만 그럴 수 없었어. 이미 중국은 영국이 장악해 버렸거든. 일본이라도 장악해야 동아시아에 거점을 확보할 수 있지 않겠니?

일본은 큰 고민에 빠졌어. 미국도 영국과 같은 열강이란 사실을 일본도 모르지 않았어. 문호를 개방하자니 서양 세력이 침투하는 게 두렵고, 문을 닫자니 아편전쟁과 같은 사태가 발생할까 봐 겁이 났어. 일본은 고민 끝에 개방을 선택했어. 일본은 1년 후 2개의 항구를 미국에 열어 줬지. 중국이 영국에 그랬던 것처럼 미국에 치외법권과 최혜국 대우를 보장하는 불평등조약을 체결해야 했어.

불평등조약의 결과는 중국에서와 마찬가지였어. 농민과 수공업자들이 몰락했고, 경제도 엉망진창이 돼 버렸어. 이렇게 된 게 누구 책임이냐며 정치인들도 대립했어. 바쿠후를 옹호하는 파벌과 왕을 옹호하는 파벌이 막 내란이라도 벌일 기세였지. 다행히 바쿠후의 쇼군이 왕에게 권력을 넘겨주면서 이 위기를 모면할 수 있었단다.

오스트리아가 노동조합을 법적으로 인정한 해가 1867년이야. 바로 이해 바쿠후가 모든 권력을 왕에게 돌려줬어. 12세기에 가마쿠라 바쿠후가 들어선 지 700여 년 만에 바쿠후의 시대가 끝나고 왕의 시대로 돌아간 거야. 이때의 일왕이 바로 메이지라는 인물이었어. 그는 대대적인 개혁을 추진했는데, 이 개혁을 메이지유신메이지 개혁이라고 부른단다.

메이지유신을 통해 일본은 근대 교육을 실시하고 공장들을 많이 세웠어. 입헌군주제를 도입하기 위해 헌법을 새로 만들었고, 의회도 구성했지. 그러나 자유주의는 철저히 억눌렀어. 모든 권력은 왕에게 집중시켰어. 군대? 당연히 왕의 직속

메이지 일왕 · 강력한 개혁을 통해 일본을 열강의 대열로 끌어올렸다.

청일전쟁 · 강력한 군부국가로 성장한 일본은 청나라와 전쟁을 벌였다.

기관으로 됐지.

왕과 측근들은 반대파를 모두 숙청했어. 말이 입헌군주제지, 사실은 독재 체제인 셈이야. 같은 입헌군주제 국가인 영국과는 많이 다르지?

일본이 가장 신경을 많이 쓴 분야는 군대였어. 최신 무기로 바꾸고 병사의 수를 늘렸지. 강도 높은 훈련을 시켜 전투력을 높였어. 이런 노력의 결과 일본은 강력한 군부국가로 성장했고, 마침내 유럽 열강을 닮은 제국주의 국가가 됐어.

일본 함대가 조선의 해안에 접근했어. 함대는 대포를 뻥뻥 쏘며 조선을 위협했어. 조선이 개항하지 않으면 한반도를 쑥대밭으로 만들겠다며 위협했지. 일본은 자신이 미국에 당했던 방식 그대로 조선의 문을 열려 했어.

1876년 조선은 어쩔 수 없이 일본에 문을 열어야 했어. 그러나 일본은 당장 조선을 식민지로 만들 수는 없었어. 청나라가 버티고 있었기 때문이지. 청나라가 아편전쟁에서 유럽 열강에 무릎을 꿇기는 했지만 그래도 아시아의 맹주잖아?

　그러나 일본은 청나라를 두려워하지 않았어. 기어코 전쟁을 치르고야 말았지. 이번에도 전쟁터는 임진왜란 때처럼 중국이나 일본이 아닌 조선 땅이었어. 1894년 조선에서 일어난 동학농민운동이 구실이었어. 청나라가 군대를 출동시키자 기다렸다는 듯 일본도 한반도로 군대를 보냈지. 이 전쟁이 바로 청일전쟁이란다.

　청일전쟁은 일본의 승리로 끝났어. 세계가 모두 놀랐지. 일본이 발전했다고는 하지만 그래도 아직까지는 동아시아 끝에 있는 작은 섬나라라고 생각한 사람들이 훨씬 많았거든. 그 작은 섬나라가 거대 중국을 이겼으니 놀랄 법도 하지. 청일전쟁에서 승리한 일본은 중국과 시모노세키조약을 체결했어. 이 조약에 따라 일본은 타이완과 랴오둥반도를 차지했고, 조선에 대한 지배권을 인정받았어.

　그러나 일본은 중국으로부터 빼앗은 영토를 곧 돌려줘야 했단다. 일본의 중국 진출을 못마땅해 한 독일과 프랑스, 러시아 세 열강이 일본을 위협했기 때문이야. 이 사건을 삼국간섭이라고 불러. 세 나라는 일본에서 중국 영토를 빼앗은 뒤 러시아가 대표로 동아시아를 관리하도록 했어. 힘에서 밀린 일본은 어쩔 수 없이 중국에서 철수해야 했어. 마음속으로는 이를 갈았지. 이 원한은 1904년의 러일전쟁으로 이어진단다.

중국 민중의 저항

정부가 오만하거나, 국제정세에 둔감하거나 무능력하면 백성들이 고통을 받지. 이때의 중국이 그랬어. 그 강했던 나라가 하루아침에 열강들에 두들겨 맞는 신세로 전락했어.

1차 아편전쟁의 패배로 중국은 영국에 막대한 전쟁 배상금을 물어야 했는데, 조정은 그 돈을 마련하기 위해 농민에게 지나치게 많은 세금을 물렸단다. 그러지 않아도 살기 힘든 마당인데 아예 죽으라는 이야기인 셈이야.

민중의 마음은 청을 떠나기 시작했어. 반대로 배상제회라는 종교 단체가 민중의 지지를 얻었지. 이 단체는 말 그대로 상제를 받드는 종교 단체였어. 옥황상제라고 흔히 말하는, 바로 그 상제야. 하늘의 신이란 뜻이지.

이 단체의 우두머리는 홍수전이란 인물이었는데, 그는 자신이 예수 그리스도의 동생이라고 선전했어. 이로써 배상제회가 기독교의 성격을 띠고 있었다는 걸 알 수 있겠지?

태평천국운동 · 반외세운동으로 발전하자 열강과 청 정부군에 의해 진압됐다.

톈진조약 · 영국과 중국이 가장 먼저 톈진조약을 체결했다.

1848년은 유럽 혁명의 해라고 했지? 그로부터 3년 후 영국에서는 만국박람회가 열렸어[1851년]. 바로 이해, 배상제회는 광시 성에 태평천국을 건설하고 멸만흥한을 외쳤어. 청을 세운 만주족을 몰아내고 한족의 나라를 세우자는 뜻이야. 이 운동이 태평천국운동이란다. 유럽에서 혁명이 일어난 것과 거의 비슷한 시기에 중국에서도 민중 혁명이 일어난 셈이지.

태평천국 지도자들은 사유재산을 폐지하고 토지를 똑같이 나눠 갖자고 주장했어. 유럽의 사회주의와 아주 흡사했지. 그러나 홍수전을 보고 배상제회가 기독교와 비슷한 단체라고 생각한 유럽 열강들은 처음에 이 운동을 지지했단다. 열강들은 이 운동이 청 왕조의 힘을 약화시켜서 결국에는 열강에 도움이 될 거라고 판단했던 거야.

태평천국운동이 한창 진행되고 있을 때 중국은 또다시 서양의 침략을 받았어. 이번에도 아편이 원인이었어. 몰래 아편무역을 하는 영국 선박 애로호를 중국 정부가 단속하다가 영국 국기가 훼손되는 사건이 생겼어. 이 애로호 사건을 구실로 영국이 중국에 군대를 보냈어. 2차 아편전쟁이 터진 거야 1856년.

이 전쟁에는 영국 말고도 프랑스와 미국, 러시아가 개입했어. 다들 중국을 노리고 있었거든. 당연히 전쟁은 중국의 참패로 끝났단다.

미국에서 첫 공황이 발생한 게 1857년이었어. 이 공황은 곧 전 세계로 확산됐지. 1년이 지난 1858년 중국은 열강 네 나라와 톈진조약을 체결했어. 중국은 열강들에 10개 항구를 추가로 개방하고 중국 내륙지방을 자유롭게 여행할 수 있도록 허락했어. 중국의 문을 활짝

서태후 · 청나라 말기 권력자로 50년간 섭정하며 변법자강운동에 반대했다.

연 거야. 그러나 중국은 서양 세력이 밀려드는 게 두려웠던지 즉각 조약을 비준하지 않았어.

영국과 프랑스 군대가 다시 중국을 침략했어. 그들은 수도 베이징을 불태우고 문화재를 약탈했어. 온갖 야만스러운 행동을 서슴지 않았지. 폭력에 굴복한 중국은 어쩔 수 없이 열강의 요구 조건을 모두 받아들이기로 했어.

중국은 베이징조약을 맺고 톈진조약을 모두 이행하는 것 말고도 추가로 주룽반도를 영국에, 연해주를 러시아에 내줘야 했단다[1860년].

무기력한 정부를 바라보는 백성의 마음은 슬픔일 거야. 또한 분노이기도 하지. 태평천국운동이 방향을 틀었어. 청 왕조뿐 아니라 열강까지 몰아내자는 반외세운동으로 바뀐 거야. 열강은 그전까지 이 운동을 지지했었지? 그러나 반외세운동으로 커진 이상 내버려 둘 수 없었어. 열강은 청 조정과 합세해 태평천국운동을 무자비하게 진압해 버렸단다. 약 15년 동안 계속됐던 태평천국운동은 이렇게 해서 끝이 나고 말았어[1864년].

중국 조정은 개혁이 필요하다는 걸 뒤늦게야 깨달았어. 서양의 과학기술을 도입해야 중국을 살릴 수 있다고 판단했지. 근대화 운동인 양무운동이 시작된 거야[1861~1894년]. 양무운동은 사실 애초부터 성공하기 힘들었어. 양무운동의 정신은 중체서용이야. 이것은 중국의 골격을 기본으로 하고 서양의 문물을 도입한다는 뜻이지. 지배층은 그대로 두고 서양문물만 도입해 사회를 바꾸겠다는 생각이었어. 과연 이런 어설픈 방법으로 개혁이 성공할 수 있을까?

어설픈 개혁 운동의 결과는 1894년 청일전쟁에서 그대로 드러났단다. 아시아의 맹주였던 청이 작은 섬나라 일본에 패하고 만 거야!

중국인들은 말 그대로 큰 충격에 휩싸였어. 인정하고 싶지 않았지만 양무운동이 실패했다는 사실을 받아들여야 했지.

캉유웨이를 중심으로 젊은 지식인과 해외유학파들이 국가 체질부터 바꿔야 한다고 주장했어. 청 조정을 겨냥한 이 운동이 변법자강운동^{무술운동}이야. 그러나 이 변법자강운동은 서태후를 중심으로 한 보수 세력의 쿠데타^{무술정변}에 의해 103일 만에 실패로 끝나고 말았단다.

아무래도 청 조정은 회생 가능성이 없어 보이지? 민중들도 그렇게 생각했나 봐. 또다시 대대적인 민중 혁명이 일어났어. 농민들의 비밀 결사인 의화단이 반란을 일으킨 거야^{1899년}. 그들은 중국 민중이 불행한 건 열강과 기독교 때문이라고 생각했어. 외세 세력, 특히 선교사들에 대한 테러활동을 벌였지.

그러나 1901년까지 계속된 이 의화단운동도 곧 진압되고 말았어. 이번에는 종전보다 더 많은 8개의 열강들이 연합군을 결성해 또다시 수도 베이징까지 쳐들어가 방화와 약탈을 저질렀단다. 유럽 연합군은 베이징의정서^{신축조약}에 서명하도록 청 조정에 강요했어. 이때부터 베이징에는 외국 군대가 주둔하게 됐지.

이 와중에 당장 파장은 크지 않았지만 커다란 사건이 일본에서 일어났어. 1905년이었어. 쑨원이란 인물이 혁명 정당을 만든 거야. 여기서부터는 다음 장에서 살펴볼게.

크림전쟁과 세포이 항쟁

오스만 제국도 어수선하기는 마찬가지야. 탄지마트 개혁은 성공하지 못했고, 러시아의 위협은 오히려 더 커졌지. 러시아와의 전쟁이

여러 차례 터졌어. 게다
가 1853년부터는 오스
만 제국의 땅에서 유럽
의 열강들이 두 편으로
나눠 크림전쟁제5차 러시아
―투르크전쟁을 치르기도 했
지. 어느덧 오스만 제국
주변의 땅은 툭하면 전
쟁이 터지는 화약고로
변해 가고 있었어.

크림전쟁 · 이 전쟁 최대의 격전지였던 세바스토폴에서 러시아가 영·프 연합군에 대패했다.

결국 급진개혁파가 쿠
데타를 일으켜 정권을
장악했어1876년. 그들은 헌법을 만들어 의회를 세우고 입헌군주제를
표방했지. 하지만 너무 늦은 개혁이었어. 이미 오스만 제국은 끝으로
치닫고 있었어.

러시아―투르크전쟁은 6차전을 마지막으로 끝이 났어1878년. 예상
했던 대로 러시아가 최종 승리했지. 그 결과 발칸반도의 슬라브족
국가인 세르비아를 비롯해 루마니아, 몬테네그로가 독립했고 불가
리아가 자치권을 따냈어. 오스만 제국은 유럽과 소아시아를 연결하
는 다르다넬스 해협을 러시아가 언제든지 이용할 수 있도록 개방했
어. 오스만 제국은 갈가리 찢겨져 버린 거야.

인도에서는 대규모 봉기가 일어났어. 제국주의 영국을 타깃으로

세포이 항쟁 · 영국은 이 사건을 구실로 무굴 제국을 없애 버렸다.

　이 반란은 2년 만에 끝나고 말았어. 영국은 인도 정부, 즉 무굴 제국에 반란을 책임지라며 황제를 끌어내렸어. 이어 인도를 아예 영국이 직접 다스리는 땅, 즉 직할지로 삼아 버렸지. 영국 빅토리아 여왕은 1877년 인도에서 "내가 인도 제국의 황제다!"라고 선언했단다. 이제 인도가 영국의 종속국이 돼 버린 거야. 영국은 이어 인도를 발판 삼아 아프가니스탄과 네팔, 미얀마로까지 식민지를 넓혔어.

　상황이 이렇게 되자 인도에서 민족주의 운동이 활발하게 일어나기 시작했어. 그 대표적인 단체가 인도 국민회의였지. 이 단체는 20세기 들어 본격적인 활동을 시작했단다.

　인도차이나와 동남아시아도 인도와 비슷한 상황이었어. 그 지역들

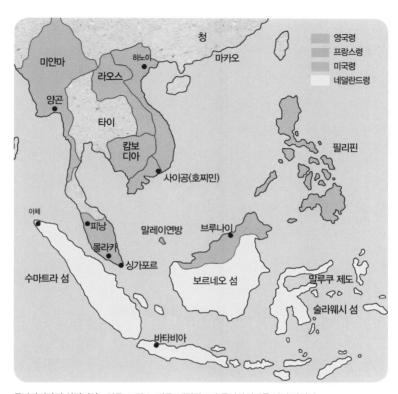

동남아시아의 식민지화 · 영국, 프랑스, 미국, 네덜란드가 동남아시아를 나눠 가졌다.

도 19세기 후반부터 열강의 식민지로 전락해 버렸지. 한번 둘러볼까?

프랑스는 가장 먼저 인도차이나반도를 손에 넣었어. 1884년 중국 청나라와 전쟁을 벌여 승리하면서 통째로 빼앗은 거야. 프랑스는 이 여세를 몰아 동남아시아까지 지배하려고 했어. 그러나 어느새 영원한 라이벌 영국이 뛰어들었어. 두 나라는 다시 전쟁을 치르는 걸까? 아니야, 이번에는 서로 타협했단다. 영국이 싱가포르와 말레이시아를, 프랑스가 나머지 지역과 타이의 일부 지역을 식민지로 가지기로 합의한 거야.

영국과 프랑스에 이어 미국도 동남아시아로 뛰어들었어. 미국은 가장 먼저 에스파냐가 점령하고 있던 필리핀을 빼앗았고, 점점 주변 지역에 대한 영향력을 높여 갔어.

이 시기 인도네시아는 오래전부터 네덜란드의 지배를 받고 있었어. 남태평양 지역은 독일을 비롯한 몇 개의 열강에 의해 분할돼 있었지. 그야말로 아시아 전역이 열강의 손에 들어간 거야. 동남아시아에서도 저항운동이 활발히 일어났단다.

아프리카, 통째로 유럽의 손에

헉헉. 숨이 막힐 지경이지? 정말 해도 해도 너무한다는 생각이 들지 않니? 그러나 어쩔 수 없어. 이 무렵의 역사는 전 세계 어디를 가도 열강의 이야기를 빼놓고는 꺼낼 말이 없거든.

펄럭이는 유럽 국기는 착취의 상징이었어. 아프리카 대륙도 거의 모든 지역에 유럽의 국기들이 나부꼈단다. 라이베리아와 에티오피아만이 그나마 독립 국가를 유지할 수 있었다는구나. 조금 이따 나오는 지도를 보면 당시 유럽 국가들이 어떻게 아프리카 땅을 나눠 먹었는지 잘 알 수 있을 거야.

영국은 19세기 초반에 이미 아프리카 최남단 케이프타운^{현재의 남아}

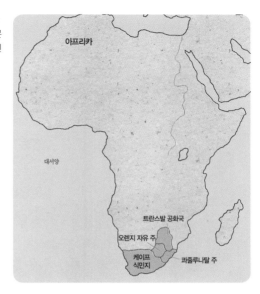

19세기 초 보어인의 거주 지역 · 남아프리카에서 금광과 다이아몬드 광산이 발견되자 영국은 보어인들을 쫓아내려고 했다.

아프리카

대서양

트란스발 공화국

오렌지 자유 주

케이프 식민지

콰줄루나탈 주

프리카공화국을 점령했단다1814년. 당시에는 네덜란드 이주민보어인이 정착해 살고 있었어. 하지만 누가 영국을 막겠어? 제국주의시대, 적과 아군의 구분은 의미가 없어. 다른 나라가 개척해 놓은 식민지도 충분히 빼앗을 수 있지. 영국은 보어인을 내쫓았어.

영국 군대에게 쫓겨난 보어인 1만여 명은 트란스발과 오렌지 자유 주에 새로 정착촌을 건설했어. 그러나 그곳에서 금광이 발견되자 영국은 또 보어인들을 내쫓았단다. 우여곡절 끝에 트란스발이 1880년 자치권을 인정받았지만 그곳에서 또다시 대규모 다이아몬드 광산이 발견되자 영국은 보어인들을 한 번 더 내쫓으려고 했어. 이 때문에 터진 전쟁이 보어 전쟁이야1899년.

수에즈 운하 개통장면 · 운하의 소유권을 놓고 영국과 프랑스가 갈등을 벌였다.

　이집트에서는 유럽과 아프리카를 잇는 수에즈 운하 건설 문제 때문에 영국과 프랑스가 갈등을 벌였어. 자기 땅도 아니면서 두 나라는 수에즈 운하의 소유권을 주장했어.

　1869년 수에즈 운하가 개통될 때는 프랑스가 운하를 장악했지. 그러나 1875년 이집트에 재정 위기가 닥치자 기다렸다는 듯 영국이 이집트가 가지고 있던 운하 소유권을 사 버렸어.

　그로부터 5년 후인 1881년, 이집트에서도 민족주의자들이 독립 투쟁을 벌이기 시작했어. 그들은 유럽 열강에 붙어 있는 반민중적

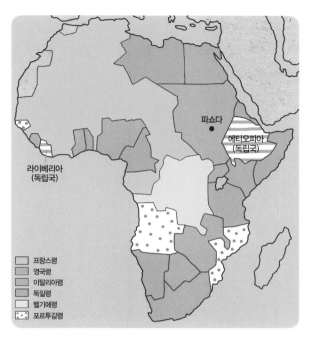

20세기 초반 열강의 아프리카 분할 · 두 나라를 제외한 대륙 전체가 유럽의 식민지가 됐다.

파쇼다

에티오피아
(독립국)

라이베리아
(독립국)

프랑스령
영국령
이탈리아령
독일령
벨기에령
포르투갈령

인 이집트 정부를 무너뜨리기도 했어. 그러나 영국과 프랑스 군대가 곧 이들을 진압했고, 이듬해에는 이집트 전체를 영국이 정복해 버렸단다.

수단에서 터진 1885년의 봉기도 유명한 사건 가운데 하나야. 이때 이슬람 세력들은 영국의 지배를 거부하고 이슬람 민족국가의 건국을 선포했어. 그러자 영국은 중국의 태평천국운동을 진압한, 무자비하기로 유명한 고든이란 인물을 수단의 새로운 총독에 앉혔지. 그러나 고든은 얼마 지나지 않아 이슬람 사람에게 살해되고 말았어. 영국은 포기하지 않았어. 반란군을 진압하기 위해 더 강한 총독을 보냈지.

영국은 아예 수단을 정복해 버렸어. 이 수단 정복을 시점으로 영국은 아프리카 대륙의 북단에서 남단 케이프타운까지 종단하는 아프리카 팽창정책을 추진했어. 반대로 프랑스는 알제리와 튀니지, 가나에서 시작해 아프리카를 동서로 정복하는 아프리카 횡단정책을 추진했지.

그러다가 두 나라 군대가 수단 파쇼다에서 만났어. 파쇼다 충돌이지^{1898년}. 그러나 이번에는 다행히 전면 전쟁으로 이어지지는 않았어. 바로 독일 때문이었어.

곧 살펴보겠지만 이즈음 비스마르크에 의해 통일된 독일 제국은 무서운 속도로 발전하고 있었단다. 아프리카에만도 식민지를 여러 개 확보하면서 빠르게 팽창하고 있었지. 영국과 프랑스는 독일이 무서운 존재라는 사실을 너무 잘 알고 있었기 때문에 두려웠던 거야. 그들은 독일에 공동 대응하기로 하고 군대를 철수시켰단다.

제국주의에 이용당하다
다윈 vs 니체

찰스 다윈은 1859년 『종의 기원』, 1871년 『인간의 유래』를 잇달아 내놓았어. 이 저서에 나오는 과학 이론은 당시 사회에 큰 충격이었지. 그전까지만 해도 인간이 신의 창조물이라는 데 반대하는 사람은 별로 없었거든. 그런 상황에서 다윈이 "진화를 통해 인간이 탄생했다!"라고 주장한 거야.

다윈의 진화론은 생명을 과학의 반열에 올려놓은 위대한 업적이었어. 진화론은 "식량은 산술적으로 늘어나는데 인구는 기하급수적으로 늘어난다"라고 말하는 맬서스의 『인구론』에서 힌트를 얻었다고 해. 식량이 부족해지면 생존을 위해 치열하게 싸울 것이고, 약한 놈은 사라질 거라고 생각한 거지. 이 개념이 자연도태설이야.

다윈(위), 니체(아래)

그러나 이 놀라운 과학적 발견인 진화론은 그 후 제국주의에 철저히 이용당했단다. 제국주의자들은 우수한 민족인 자신들이 미개한 아시아, 아프리카인을 지배하는 게 자연의 이치라고 주장했어. 위대한 과학이 순식간에 추잡한 정치로 변질된 거지.

비슷한 시기에 철학자 니체는 "신은 죽었다!"라고 선언했어. 이 선언은 부도덕한 가치들을 모두 부인하기 위해 나온 거야. 여기에서 신은, 물론 기독교의 신을 말해. 니체는 신을 대신해 초인이 나타나 새로운 세상을 만들어야 한다고 주장했어.

이 주장은 히틀러에게 이용당했단다. 히틀러는 자신이야말로 낡은 유럽을 무너뜨리고 새로운 유럽, 새로운 세계를 건설할 적임자라고 선전했어. 니체의 의도와는 전혀 다른 결과가 나온 거야. 원래 니체가 초인이라고 한 것은 사람이 아니라 새로운 가치였다는구나.

대륙별스토리

19세기 후반, 여전히 유럽에서는 수많은 전쟁이 터졌어. 이 모든 전쟁은 기본적으로 제국주의 열강의 팽창정책에서 나온 거야. 유럽 열강은 밖으로는 식민지 확보를 위해 싸우고, 안으로는 자기들끼리 주도권 다툼을 벌인 셈이지. 그래도 기억해야 할 사건이 많았어. 가령 오늘날 우리가 알고 있는 독일이 바로 이때 탄생했다는 점이야. 이 독일은 앞으로 제1차, 제2차 세계대전의 주범이 된단다. 그 역사의 시작이 19세기 후반 만들어진 셈이지.

자본주의의 대표적인 부작용으로 손꼽히는 공황이 이 무렵부터 슬슬 나타나기 시작했어. 자본주의의 꽃이라 불리는 만국박람회 또한 19세기 중반에 처음 열렸지.

자본주의가 발달하면서 많은 발명품이 쏟아진 것도 주목할 만한 대목이야. 사진기, 전화, 녹음기, 영화…. 이 무렵부터 이런 기기와 문화가 대중에게 사랑받기 시작했단다.

반면 자본주의를 비판하는 사회주의도 성장했어. 처음으로 국제조직도 만들어졌지.

한반도의 역사는 서글프게 흐르고 있었어. 중국, 일본, 러시아가 한반도 땅을 놓고 각축을 벌였어. 그 와중에 왕비가 시해되는 아픔도 겪었지. 한반도의 역사는 어디로 흘러갈까? 우선 유럽부터 살펴볼게.

유럽 정치, 혼돈 속으로

1871년 영국 의회는 근로시간을 하루 10시간으로 제한하고 9세 미만의 어린이에게는 노동을 시키지 못하도록 하는 노동법을 통과시켰어. 모든 사람이 최소한의 교육을 받을 수 있도록 의무화하는 교육법도 통과시켰지. 세계 최초로 국가에 의한 의무교육이 시작된 거야.

　개혁은 그 후로도 계속돼 1884년에는 참정권을 모든 성인 남자로 확대했고, 1911년에는 실직자를 지원하기 위한 사회보험제도를 실시했단다. 오늘날 영국은 세계에서 가장 사회보장 시스템이 잘돼 있는 나라로 평가받고 있어. 이때부터 이런 사회보장제도를 실시했기 때문에 가능한 일이야.

　물론 영국에서도 민족과 종교 분쟁이 전혀 없었던 건 아니야. 다만 유럽 대륙에 비하면 아주 평화로웠다고 할 수 있어. 유럽 대륙의 정치는 한 치 앞을 내다볼 수 없을 정도로 혼란스러웠단다. 먼저 독일부터 볼까?

독일의 통일과 팽창

중국이 열강과의 전쟁에서 모두 패하고, 안 되겠다 싶어 양무운동을 시작한 해가 1862년이야. 바로 이해, 프로이센에 그 어느 때보다 강력한 정치인이 등장했단다. 그의 이름은 오토 폰 비스마르크. 비스마르크는 프로이센의 재상에 올라 강력한 개혁을 추진했어.

비스마르크는 무력, 즉 철과 피만이 문제를 해결할 수 있다고 생각한 인물이야. 그래서 얻은 별명이 바로 철혈재상이지. 19세기 후반 유럽 정치사에서 비스마르크를 빼면 거론할 인물이 없어.

비스마르크는 프로이센이 중심이 돼 게르만족을 통일해야 한다고 생각했어. 하지만 게르만족은 유럽 전역에 퍼져 있었지. 특히 오스트리아야말로 게르만족의 강력한 리더였어. 비스마르크는 그런 오스트리아를 빼고, 나머지 게르만족만 통일하자고 주장했단다.

프로이센은 왜 그런 생각을 한 것일까? 오스트리아에 너무 많은 민족이 얽혀 있기 때문이야. 그러니 오스트리아를 끌고 가면 통일에 지장이 있을 거라고 판단한 거지. 이런 통일 관점을 소독일주의라고 해. 반면 오스트리아를 포함해 모든 게르만족의 통일국가를 건설하자는 관점은 대독일주의야.

프로이센은 비스마르크의 지휘 하에 다시 군사 강국으로 성장했어. 게르만족의 큰형님이었던 오스트리아와도 전쟁을 벌여 승리했지_{보오전쟁. 1866년}. 이 전쟁은 독일 통일이 어떤 방식으로 진행될지를 예측할 수 있는 실마리가 돼. 그래, 프로이센이 오스트리아를 따돌리고 소독일주의를 더욱 강하게 밀어붙일 수 있었지.

프로이센은 프랑스와도 전쟁을 벌였어_{보불전쟁. 1870년}. 이 전쟁에서 프로이센은 나폴레옹 3세를 사로잡았어. 나폴레옹 정복 전쟁 때를 기억하니? 예나 전투에서 프로이센 군대가 크게 패했지? 이제 프랑

독일 통일 선포식 · 프랑스의 심장 베르사유 궁전에서 거행됐다. 가운데 서 있는 흰색 옷을 입은 남자가 독일의 철혈재상 비스마르크이다.

스의 황제를 사로잡았으니 64년 만에 패배를 설욕한 셈이야. 그러나 비스마르크는 분이 안 풀렸나 봐. 그는 기어코 프랑스인의 자존심을 짓밟고 말았어.

프랑스와의 전쟁에서 승리한 이듬해, 프로이센은 프랑스의 심장 인 파리 베르사유 궁전에서 독일 제국의 건국을 선포했어1871년. 물론 오스트리아는 여기에서 배제됐지. 비스마르크의 뜻대로 된 거야. 빌헬름 1세는 통일독일의 첫 황제로 취임했어.

비스마르크는 독일을 통일한 다음 사회주의와 전쟁을 선포했어.

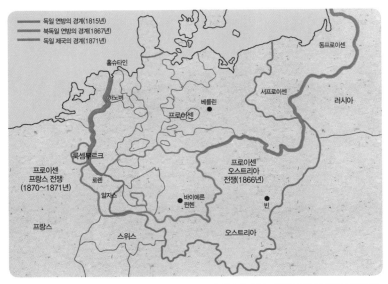

독일 제국 탄생까지의 영토 변화 · 비스마르크는 오스트리아를 제외한 '소독일주의'로 독일을 통일했다.

사실 독일은 사회주의의 메카였단다. 『공산당선언』을 발표한 마르크스가 바로 독일인이었거든. 1875년 최초로 사회주의 정당을 만든 라살이란 인물도 독일 출신이었어. 이런 상황이었으니 다른 나라보다 사회주의 운동이 강했겠지?

비스마르크는 사회주의자들을 모두 감옥에 넣거나 해외로 추방했어. 그 대신 노동자들을 위한 정책을 만들었어. 1889년을 전후해서는 질병과 사고, 노후에 대비할 수 있는 사회보장보험을 실시했어. 이런 보험은 그전에는 없던 거야. 세계 최초였지. 독일은 영국과 함께 오늘날 사회보장제도가 가장 발달한 나라로 꼽힌단다. 그 시작이 이때였으니 역사가 벌써 100년도 더 된 거지.

독일이 통일되자 주변의 모든 나라가 긴장했어. 비스마르크는 국제 정세를 잘 읽었단다. 그는 독일이 주변 나라로 영토를 넓히려 든다면 다른 열강들이 반발해 큰 전쟁이 일어날 거라고 생각했어. 그점을 우려해 비스마르크는 팽창정책을 펴지 않았어.

하지만 혹시 모를 전쟁에 대비하긴 했어. 이탈리아, 오스트리아와 삼국동맹을 맺어 둔 거야1882년. 이 삼국동맹이 프랑스를 긴장시켰어. 프랑스는 먼저 러시아와 협상을 맺었고, 이어 영국이 이 협상에 가세했어. 이로써 삼국동맹에 맞선 삼국협상이 만들어졌지1907년.

비스마르크의 예상은 적중했어. 전쟁은 일어나지 않았지. 그러나 새로 황제가 된 빌헬름 2세는 비스마르크의 이런 정책을 소극적이라며 싫어했어. 1890년 빌헬름 2세는 비스마르크를 재상 자리에서 해임했어. 이후 독일은 본격적으로 팽창정책을 추진했지. 제1차 세계대전은 이때 이미 시작된 건지도 몰라.

소독일주의로 통일하는 바람에 떨어져 나간 오스트리아는 어떻게 됐을까? 비스마르크의 예상대로 오스트리아는 여러 민족이 얽혀 있어 아주 혼란스러웠단다. 민족마다 독립 투쟁을 벌였지. 아직 독일이 통일되기 전인 1867년에는 헝가리가 자치권을 인정받기도 했어. 이때부터 오스트리아는 한동안 오스트리아—헝가리로 불렸단다.

프랑스, 다시 공화정으로

프랑스는 나폴레옹 3세가 황제에 오른 그다음 역사부터 살펴볼게.

나폴레옹 3세는 삼촌이 그랬던 것처럼 유럽의 1인자가 되고 싶었어. 그래서 또다시 팽창정책을 펼치며 여러 전쟁에 개입해 프랑스의 이름을 알렸지. 오스트리아의 힘을 약화시키려고 이탈리아의 독립운동을 지원하기도 했고, 러시아가 유럽 한복판으로 나오지 못하도록 크림전쟁에 뛰어들기도 했지.

그러나 프랑스는 나폴레옹 3세가 생각한 것처럼 강해지지 않았어. 노동자들의 투쟁은 더욱 거세졌고, 그럴 때마다 정부는 한 발짝씩 물러나야 했단다. 영국이나 독일에서는 19세기 후반부터 노동자

파리코뮌 · 1871년 파리코뮌 참여자들이 바리케이트를 쳐 놓았다.

들의 권리가 조금씩 보장되기 시작
했어. 이런 분위기를 프랑스라고 해
서 막을 수는 없겠지? 프랑스 노동
자들은 정부와 싸워 1864년에 파업
권을 따냈고, 1868년에는 노동조합
을 만들 수 있는 권리까지 따냈단다.

아무래도 혁명의 나라 프랑스에
서 황제의 지위는 어울리지 않는 것
같아. 그러나 나폴레옹 3세는 떨어
진 황제의 권위를 되찾기 위해 모험
을 시도했어. 군사 강국인 프로이센

알렉산드르 2세 · 러시아 로마노프 왕조의 12번
째 군주이다.

을 공격한 거야. 결과는 알고 있지? 나폴레옹 3세는 독일의 포로가
되면서 망신만 당했어.

나폴레옹 3세가 있으나 마나 한 황제가 되자 1870년 프랑스는 다
시 공화정으로 복귀했어. 제3공화정이지. 임시정부가 황제의 뒤를
이어 프로이센과 전쟁을 계속했어. 그러나 1년 만에 무너지고 말았
단다. 이때 알자스와 로렌 지방이 프로이센으로 넘어갔어. 문학작품
『마지막 수업』의 배경이 바로 이때란다. 프로이센은 프랑스인의 자
존심까지 꺾어 버렸어. 베르사유 궁전에서 독일 통일을 선포한 거야.

파리 시민들은 무능한 정부에 화가 났어. 시민들은 자발적으로 파
리코뮌을 결성했어. 파리코뮌은 사회주의자와 노동자가 주도했는
데, 자유주의자들이 주도한 공화정 임시정부와는 생각하는 게 많이

달랐단다. 그러니 파리코뮌과 임시정부는 사사건건 대립했어. 결국 내란이 터지고 말았지. 이 내전은 파리코뮌 시민 2만 명이 모두 죽임을 당하고 나서야 끝났단다. 이 제3공화정은 1940년 제2차 세계대전이 터지면서 독일에 항복할 때까지 약 70년간 계속됐어.

러시아, 강대국 되다

러시아의 차르^{황제} 니콜라이 1세도 프랑스의 나폴레옹을 동경했던 걸까? 그 또한 대제국을 건설하고 싶었어. 니콜라이 1세는 러시아가 얼마나 대단한 나라인지 보여 주기로 했어. 유럽의 전통 강국들과 한판 붙는 거지. 러시아는 크림반도를 공격했어. 이게 크림전쟁이야 1853년.

러시아는 그 어느 나라도 이기지 못했던 나폴레옹을 물리친 군대라는 자부심이 강했어. 영국을 뺀 나머지 모든 유럽 국가들이 나폴레옹 군대에게 패했으니 그럴 수도 있겠지. 그러나 크림전쟁의 결과는 러시아의 예상과 정반대였어. 러시아가 프랑스와 영국 연합군에게 크게 패하고 말았거든.

러시아는 충격을 받았어. 수십 년 사이에 두 열강의 무기와 군사 전술이 러시아가 따라잡을 수 없을 만큼 발달했다는 사실을 몰랐던 거야. 이 전쟁의 패배로 니콜라이 1세는 무너지고 알렉산드르 2세가 황제에 올랐어. 그는 러시아를 유럽 강대국으로 만들기 위해서는 근본부터 바꾸는 진정한 개혁이 필요하다고 생각했지.

1861년 알렉산드르 2세는 자본주의를 발전시키기 위해 여러 개혁을 시작했어. 우선 농촌부터 되살려야 했어. 이때까지만 해도 러시아의 산업 발전은 더딘 편이었고, 국가의 주요 경제가 농업이었거든. 알렉산드르 2세가 바로 그 농촌을 계몽하기 시작한 거야. 우선 농노 제도를 폐지해 버렸어. 또 전국적으로 "농민 속으로 들어가 사회를 개혁하자"라는 기치를 내걸고 브나로드와 나로드니키 운동을 벌였단다.

이때부터 러시아는 열강이란 이름이 어울리는, 본격적인 열강 국가의 반열에 올라섰어. 러시아는 동아시아로도 진출하기 시작해 동쪽의 지배자란 뜻의 블라디보스토크를 건설하기도 했어. 러시아가 아시아 진출 거점을 마련하자 중국과 일본은 긴장하기 시작했지. 그 결과는? 전쟁이란다. 앞으로 살펴볼 거야.

이탈리아 통일국가 건설

독일이 통일을 선포하기 1년 전쯤 이탈리아도 통일 국가를 건설했단다. 엄밀하게 말하면 이탈리아는 열강의 대열에 들어선 나라는 아니야. 그러나 로마 제국의 역사가 남아 있는 곳이지. 교황청까지 들어서 있어 중세시대를 가장 복잡하게 보냈던 지역이었어. 짧게 살펴보고 넘어가는 게 좋을 것 같아.

19세기 초반 이탈리아는 몇 개의 구역으로 나눌 수 있어. 북부는 오스트리아의 합스부르크 왕조가, 중부는 교황청이, 시칠리아 남부는 프랑스 부르봉 왕조가 지배하고 있었어. 정통 이탈리아 혈통의 왕조는 사르데냐 왕국이란 작은 나라가 유일했어.

혁명의 해인 1848년, 이탈리아에서도 통일에 대한 열망이 불타올랐어. 사르데냐는 오스트리아로부터 독립하기 위해서는 지원군이 필요하다고 판단했고 프랑스의 힘을 빌리기로 했어. 사르데냐는 프랑스의 환심을 사기 위해 크림전쟁에서 영국과 프랑스 연합군의 편에 서서 러시아와 싸웠단다.

프랑스는 사르데냐를 지원하겠다고 약속했어. 샤르데냐는 자신감을 얻었지. 마침내 롬바르디아와 베네치아, 교황령을 공격해 합병했다고 선포했어. 예상했던 대로 오스트리아가 당장 반발했어. 사르데냐는 프랑스의 지원을 기다렸어. 배신을 당할 줄은 모르고.

프랑스는 사르데냐를 지원하겠다는 문서를 휴지통에 버렸단다. 오스트리아와 사르데냐의 전쟁이 시작되자 즉시 오스트리아와 휴전해 버린 거야. 사르데냐가

가리발디 · 무장혁명으로 이탈리아 통일을 이뤄냈다.

교황청을 공격한 걸 두고 프랑스 가톨릭 신도들의 반발이 컸기 때문이지. 국민들의 반발을 무시하면서까지 사르데냐를 도울 수는 없었던 거야. 사르데냐는 눈물을 머금고 후퇴할 수밖에 없었단다.

몇 년이 흘렀을까? 무장혁명가 가리발디가 등장하면서 이탈리아 통일운동은 다시 불타올랐어. 그의 군대는 시칠리아 섬을 점령했어. 가리발디는 그 땅을 사르데냐에 넘겨줬단다. 정통 이탈리아 혈통인 사르데냐의 왕이 이탈리아의 중심이 돼야 한다고 생각했기 때문이야. 1861년 사르데냐 왕 비토리오 에마누엘레 2세는 자신이 이탈리아의 국왕임을 선포했단다.

그러나 아직 베네치아는 오스트리아, 로마는 프랑스의 지배를 받고 있었어. 이탈리아는 오스트리아와 대립하던 프로이센과 손을 잡았지. 이탈리아는 보오전쟁을 틈타 베네치아를, 보불전쟁을 틈타 로마를 기습적으로 점령해 버렸어. 그 후 이탈리아는 마침내 통일국가를 선포하고 로마를 수도로 정했단다^{1871년}.

부강한 나라를 꿈꾸다
비스마르크 vs 대원군

프로이센의 철혈 재상 비스마르크, 그리고 조선의 흥선대원군 이하응. 이 두 명의 공통점은 무엇일까? 19세기 후반 전 세계가 격변하고 있을 때 부강한 조국의 건설을 꿈꾸었던 정치가란 점일 거야.

비스마르크는 독일 통일의 대업을 이룬 정치가야. 물론 왕이 존재했지만 그가 더 막강한 권한을 가지고 있었어. 흥선대원군은 아들인 고종의 뒤에서 섭정을 하면서 강한 조선을 만들려 했었지. 대원군은 왕의 직계 후손이 없어 방계에서 왕을 추대할 때 그 왕의 아버지를 가리키는 호칭이란다.

어쨌든 두 정치인은 강한 조국을 원했어. 그런 점에서 조국을 위해 평생을 바쳤다

비스마르크 · 프로이센의 철혈 재상으로 독일 통일의 대업을 이루었다.

고 할 수 있지. 비스마르크는 귀족 가문, 흥선대원군은 왕족 출신이었어. 놀고먹는 여타의 귀족이나 왕족과는 확실한 차이가 있어.

비스마르크는 1848년 3월 베를린에서 혁명이 일어났을 때 철저히 반대했어. 또한 보수당을 만들 때도 창립 멤버였지. 정치적 관점이 보수적이었다는 걸 알겠지?

그는 통일 과정에서 소독일주의를 강하게 주장한 인물이야. 그러나 처음에는 오스트리아와 협력해야 한다는 입장이었단다. 오스트리아가 프로이

센을 무시하자 확 돌아서 버린 거야.
대원군 또한 처음에는 서양 세력에 대해
아주 적대적이지는 않았어. 그러다가 서
양 세력의 무력을 앞세운 침입에 쇄국정
책으로 완전히 돌아섰지. 보수적이었다
는 점은 둘이 비슷한 것 같아.

두 정치인은 똑같이 강력한 중앙집권제
를 주장했어. 그 때문에 왕이나 자신에
게 반대하는 세력은 가만두지 않았지.
비스마르크는 가톨릭 세력을 누르기 위
해 문화 투쟁을 시도했고, 사회주의자들
을 누르기 위해 법을 만들었어. 흥선대
원군은 붕당 정쟁의 근거지가 된 서원을
철폐했어.

흥선대원군 · 고종의 아버지로 강력한 쇄
국정책을 펼쳤다.

대외 정치에서 두 정치인은 다른 길을 걸었어. 비스마르크는 독일 통일의 대업을
이룬 후 평화를 강조했고, 팽창정책을 가급적 억제했지. 물론 그 와중에도 아프리
카 등지에 식민지를 확대하기도 했지만 말이야. 반면 흥선대원군은 시종일관 쇄국
정책을 고집했어. 그 때문에 조선의 대외 관계가 심각하게 악화됐지.

파란만장한 정치 인생을 살았던 두 정치인의 최후는 어떨까? 둘 다 쓸쓸한 최후를
맞았단다. 비스마르크는 새로 황제가 된 빌헬름 2세와 맞서다 사표를 내야 했어. 흥
선대원군은 청나라와 일본 사이에서 은퇴와 재집권을 반복하다 영원히 은퇴해야
했단다. 정치의 뒷맛이 약간 씁쓸하지?

자본주의, 그리고 미국!

1851년 영국 런던. 자본주의가 얼마나 발전했는지를 알 수 있는 역사적 사건이 발생했어. 바로 이곳에서 첫 만국박람회가 열린 거야. 이미 다룬 대로 이때는 유럽의 거의 모든 나라에서 혁명이 일어나고 있었어. 그러나 영국은 안정돼 있었지. 당연히 자본주의가 가장 빨리 발전하게 된 거야.

만국박람회에는 전 세계로부터 온 총 1만여 점이 넘는 제품이 전시됐어. 전시된 제품을 보면 그 나라의 산업 수준을 알 수 있어. 아시아에서도 일본과 중국이 전시품을 내놨대. 그러나 도자기나 그림 같은 게 대부분이었어. 기관차를 비롯해 최신 기계로 가득 찬 영국 전시관과 비교되지? 이 만국박람회에 최소한 500만 명 이상의 관람객이 다녀갔다는구나.

관람객들은 자본주의의 발전에 입을 다물지 못했어. 하지만 자본주의가 좋기만 한 것일까?

자본주의의 함정, 공황

빠른 속도로 발전하다 보니 자본주의의 부작용도 나타났어. 바로 공황이야. 영국과 미국 같은 자본주의 선진 국가들은 그동안 한 번도 경험해 보지 못한 공황이 나타나자 무척 당황했단다.

공황은 자본주의 체제에서 갑자기 모든 경제 질서가 파괴되는 현상을 말해. 공황이 시작되면 주가는 폭락하고 제품이 팔리지 않아 많은 기업들이 문을 닫게 되지. 21세기 들어서 미국에서 시작된 금융 위기가 전 세계로 확산된 적이 있어2008년. 그때도 많은 전문가들이 공황을 우려했단다. 그 위기가 세계 공황으로 확산되지 않아 다행이야.

역사상 최악의 공황은 1929년에 미국에서 터져 전 세계로 확산된 세계대공황이야. 이 공황으로 인해 제2차 세계대전이 일어났다고 해도 과언이 아니지. 이에 대해서는 다음 장에서 살펴볼 거야.

증권시장이 붕괴해 금융 공황이 가장 먼저 나타난 때는 1720년경이었어. 그때 영국에서 잘 나가던 한 회사의 주가가 100분의 1로 폭락하면서 많은 투자자들이 파산했지만 자본주의가 초기 상태라 파장은 그리 크지 않았어. 그러나 1825년 영국에서 터진 공황은 상황이 달랐어. 큰 기업과 은행들이 파산했고, 그 파장이 나라 전체로 퍼졌어. 공장들이 문을 닫았고 노동자들은 일자리를 잃었지. 아직 문을 닫지 않은 공장들도 살아남기 위해서 생산량을 줄였고, 남는 노동자들은 해고했어.

공황 때문에 영국 전체가 휘청거리게 된 거야. 이 첫 공황이 일어날 때쯤 미국에서는 시속 50킬로미터로 달리는 기관차가 운행되기 시작했어. 공황 속에서도 산업은 여전히 빠르게 발전하고 있었지.

공황은 그 후 10년 정도마다 한 번씩 일어났어. 공황의 파괴력은

검은 금요일 · 1873년 5월 9일, 공황이 터진 오스트리아 수도 빈의 증권거래소 풍경이다.

갈수록 커졌지. 또한 한 나라에서 발생한 공황은 그 나라의 일로만 끝나지 않았어. 이제 세계의 모든 나라가 자본주의라는 끈으로 연결돼 있기 때문에 한 나라의 공황이 다른 나라의 경제에 타격을 주기 시작한 거야.

자본주의의 화려한 꽃인 만국박람회가 영국 런던에서 처음 열리고 6년이 지난 1857년, 미국에서도 공황이 발생했어. 미국의 뉴욕 은행이 파산을 선언하자 여기에 돈을 대고 있던 많은 기업과 외국 투자자들이 쪽박을 찼지. 이 공황의 여파로 미국에서만 거의 5천 개의 기업체가 파산했어.

이런 위기 속에서도 자본주의는 여전히 건재했어. 공황에서 살아남은 자본가들은 생산량을 더 늘리고 기업의 주가를 띄우는데 전력했지. 이때 체질을 고쳐 가면서 자본주의를 발전시켰으면 아마 70여 년 후 세계대공황을 맞지는 않았을 거야.

다음으로 넘어가기 전에 기억해야 할 19세기 말의 사건 하나만 살펴볼까? 이교도의 행사라며 393년 로마가 금지했던 올림피아 제전이 화려하게 부활했어. 1896년 그리스 아테네에서 제1회 근대올림픽이 열렸지. 이 대회에는 14개국에서 241명의 선수가 참가해 43개종목에서 메달 경쟁을 했단다. 이때 나온 표어는 대부분 한 번 정도는 들어봤을 거야. "보다 빠르게, 보다 높게, 보다 강하게."

노동자 정부 들어섰으나…

자본주의의 부작용이 나타나면서 사회주의가 지식인들 사이에 큰인기를 끌었어. 이런 현상은 주로 유럽, 그 가운데 전통적 강국이었던 프랑스에서 두드러졌단다. 왜 그랬을까? 프랑스는 유럽 혁명의진원지이기 때문이야.

대부분의 유럽 국가에서 1848년 혁명이 실패했지? 바로 그해, 마르크스는 『공산당선언』을 발표했어. 일종의 사회주의 경전인 이 책이 나오면서 사회주의 이념은 급속하게 확산됐지.

유럽 각국의 노동자 대표들은 영국 런던에 다시 모여 국제노동자협회를 출범시켰어^{1864년}. 이 협회는 보통 인터내셔널이란 영문 약칭으로 더 알려져 있지. 이때 등장한 구호가 바로 '만국의 노동자여, 단결하라'였어. 오늘날까지도 노동운동 단체들이 가장 많이 쓰는 구호

노동자의 단결을 촉구하는 소련의 포스터 · 상단에 있는 글씨는 러시아어로 '만국의 노동자여, 단결하라!'이다.

란다. 이 기구는 1876년 해체되고 말았지.

1870년의 프랑스는 아주 암울했어. 이 무렵 프랑스 정치사는 정말 복잡해. 공화정에서 제정으로, 다시 제정에서 공화정으로…. 지배자가 수시로 바뀌는 혼란 속에서 노동자의 삶은 전혀 개선되지 않았어. 제3공화정도 무능하긴 마찬가지였지. 얼마나 힘이 없었으면 경쟁국인 독일이 프랑스 수도 파리에서 통일 제국 선포식을 가졌겠어?

노동자들은 더 이상 무능한 정부를 믿을 수 없었어. 1년 후 노동자들은 스스로 정부를 만들기로 했어. 역사상 처음으로 만들어진 이 노동자 정부를 파리코뮌이라고 부른단다. 파리코뮌은 정부군과 치열한 전투를 벌였어. 하지만 정부군을 상대로 이길 수는 없었어. 전쟁은 두 달 만에 끝나고 말았지. 파리코뮌에 속했던 노동자는 모두 죽음을 맞았고 파리코뮌은 해체되고 말았단다.

정부, 왕, 자본가, 귀족 그 누구도 사회주의 운동을 곱게 보지 않았어. 당연히 사회주의 운동에 대한 탄압은 더 심해질 수밖에 없었지. 하지만 사회주의 운동은 전혀 힘을 잃지 않았어. 혁명을 꿈꾸는 노동자와 지식인들이 속속 사회주의자 편에 섰기 때문이야.

노동자들은 파리에서 모여 해체된 인터내셔널을 부활시켰어^{1889년}. 이 기구를 보통 제2인터내셔널이라고 부르지. 제2인터내셔널이 활발하게 움직인 덕택에 유럽 전역에 사회주의 물결이 일었어. 특히 독일과 러시아를 포함한 동유럽에서 사회주의 운동이 민중의 지지를 많이 얻었어. 이 나라들의 경제력은 영국과 프랑스에 비해 떨어졌거든.

반면 영국에서는 사회주의 운동이 비교적 덜했단다. 동유럽에 비해 경제력이 높았고, 이미 어느 정도 민주화가 진행돼 있었기 때문이야. 영국 정부는 나름대로 자신이 있었는지 사회주의자들에 대해서도 아주 심하게 탄압하지 않았어. 그 때문에 국제 공산당조직도 런던에서 출범한 게 아닐까?

발명품이 쏟아진다!

정치 분야가 꽤 혼란스럽지? 뭐, 자본주의 진영에서도 공황이 나타났으니 혼란이 전혀 없는 것은 아니야. 하지만 좋은 점도 있었어. 자본주의가 발달하면서 각종 발명품이 쏟아진 거야. 사람들의 생활도 그만큼 편리해졌지. 19세기 후반에 등장한 발명품들을 소개해 볼까?

그레이엄 벨의 전화기   에디슨의 축음기

　19세기 중반에 목소리를 전류에 담아 전송하는 과학기술이 발명
됐어. 독일에서 이 기술을 이용해 전화기를 만들었지. 하지만 실제로
상용화한 나라는 미국이야. 알렉산더 그레이엄 벨이 전화기에 대한
미국 특허를 받았단다[1876년]. 그 후 전화기는 미국은 물론 유럽 전역
으로 확산됐어. 1880년대가 되면 프랑스, 영국, 독일 등 웬만한 유럽
국가들에서 전화국과 전화회사를 볼 수 있게 되지.

　미국의 발명가 에디슨은 축음기를 발명했어[1877년]. 원반에 홈을 판
다음, 그 안에 소리를 녹음했지. 바늘을 사용하면 녹음된 이 소리가
흘러나왔어. 에디슨은 획기적인 전등도 만들었단다[1879년]. 사실 전등
은 이미 19세기 초반부터 유럽에서 사용되고 있었어. 하지만 모두
길어야 5초를 넘기지 못하고 꺼져버리거나 폭발할 위험이 컸지. 불
을 밝히는 필라멘트가 강하지 못했기 때문이야. 에디슨은 탄소 성분
의 필라멘트를 사용하고 전구 내부의 공기를 모두 제거해 진공상태
를 만들었어. 그러자 전등은 수십 시간이 지나도 꺼지지 않았지.

프랑스 파리에서는 영화가 처음으로 상영됐어[1885년]. 영화 필름을 돌리는 영사기는 프랑스의 뤼미에르 형제가 발명했지. 사진이 발명된 지 60년도 되지 않아 이번에는 동영상을 기록할 수단이 생긴 거야. 시네마토그래프라는 이 영사기로 제작한 영화는 1분 분량이었어. 에디슨이 발명한 영사기 키네토스코프의 원리를 발전시켜 만들었지. 영화에 대한 사

시네마토그래프 · 뤼미에르 형제가 발명했다.

람들의 반응은 어땠을까? 당장은 썩 좋지 않았어. 그 결과 뤼미에르 형제는 쫄딱 망했단다.

지금까지 살펴본 모든 발명품은 산업의 발전을 촉진했을 뿐 아니라 전반적으로 인류의 생활을 풍요롭게 해 줬어. 그러나 이 혜택은 대부분 유럽과 미국이 다 가져갔어.

이즈음에는 자연과학도 놀라운 속도로 발달했어. 그러나 중립적이어야 할 자연과학이 제국주의를 미화시키는 이론으로 둔갑하기도 했어. 과학혁명이 산업혁명과 함께 제국주의를 강화하는 데 이용됐다는 비판이 나오는 것도 그 때문이야.

1861년 중국에서는 양무운동이 시작됐고, 이듬해 프로이센에서는 비스마르크가 권력을 잡아 통일을 준비하기 시작했어. 바로 이해, 미

국에서는 자작농지법이 시행됐지. 농사를 지을 사람이라면 누구에게나 20만 평씩 땅을 나눠줬단다.

미국은 곧 유럽의 열강들을 앞서기 시작했어. 철도는 1825년경 영국에서 첫선을 보였어. 미국은 어땠을까? 약 40년 정도가 지난 1869년, 그 넓은 대륙을 횡단하는 철도를 완공했어. 정말 대단하지 않니?

중화학공업과 제철공업도 빠른 속도로 발전했어. 오대호 주변에는 철광석 탄광이 많았어. 여기에 매장돼 있는 철광석의 양은 세계 최대였다는구나. 풍부한 자원을 바탕으로 미국 산업이 빨리 발전할 수 있었던 거야. 사업가, 즉 자본가도 많이 등장했어. 누구나 한 번쯤은 들어 봤을 법한 이름들, 예를 들면 카네기와 록펠러가 이때의 사업가란다. 카네기는 철강산업, 록펠러는 석유산업에서 재벌이 됐지.

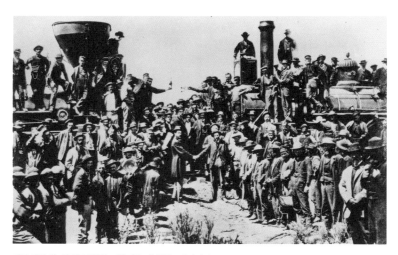

미국 최초의 대륙횡단열차 · 완공을 기념하는 사진이다.

미국 내란, 남북전쟁

이 무렵 가장 빠른 속도로 자본주의가 발전하고 있는 나라는? 그래, 미국이야. 공황이 터지기는 했지만, 그래도 무난하게 자본주의가 성장하고 있었지. 그런 미국의 발목을 잡는 커다란 사건이 발생했어. 바로 내란이 터진 거야.

세계에서 가장 먼저 민주공화국을 탄생시킨 미국이었어. 하지만 안을 들여다보면 결코 평등하지는 않았단다. 물론 귀족 신분은 없어. 하지만 노예는 존재했지. 미국 내란은 바로 이 노예제도 때문에 터

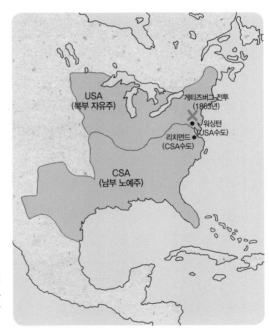

남북전쟁 당시 미국의 분열 · 남부 7개 주가 노예제 폐지에 반발해 USA를 탈퇴하고 CSA 를 세웠다. 나중에 4개 주가 CSA에 추가됐다.

진 거야.

미국 북부에서는 산업이 빠른 속도로 발전하고 있었어. 거대한 산업도시들이 속속 생겨나고 있었지. 반면 사우스캐롤라이나를 비롯한 미국 남부에서는 여전히 농장을 중심으로 한 농업이 성행했어. 농장주들은 유럽 귀족의 전통을 따르며 아주 호사스럽게 살고 있었지. 모든 일은 흑인 노예들이 했어.

북부의 자본가들은 남부의 백인 농장주들을 비판하며 전근대적인 노예제를 폐지해야 한다고 주장했어. 사실 산업도시가 많은 북부에서는 노예가 필요 없었어. 노예보다는 임금을 주고 고용하는 노동자가 더 많이 필요했지. 반대로 남부의 귀족 농장주들은 노예가 없으면 농장을 해체해야 할 판이었어. 그러니 남부의 반발은 거셌어.

프로이센의 비스마르크가 정치에 나서기 1년 전이었어. 노예 폐지론자인 링컨이 대통령에 당선됐어. 그러자 사우스캐롤라이나를 포함해 남부의 7개 주가 반발해 미국연방을 탈퇴해 버렸어. 나중에 4개의 주가 더 미국연방에서 탈퇴했지. 링컨은 미국이 해체되는 것을 봐 줄 수 없었어. 연방을 탈퇴한 남부를 응징하기로 했지. 그 결과 내란이 터진 거야. 이 전쟁이 바로 남북전쟁이란다 1861년.

이 전쟁은 만 4년 동안 진행됐어. 결과는 북군의 승리! 남부 지역은 어쩔 수 없이 노예들을 해방시켜야 했어. 노예제도도 폐지됐지. 이제 미국은 명실상부한 산업국가로 거듭난 셈이야.

자유의 여신상과 에펠탑

미국 뉴욕 맨해튼 섬에는 자유의 여신상이 있어. 미국의 독립 100주년을 기념해 프랑스에서 선물했지. 1886년 세워졌어. 프랑스 파리 센 강변에 높이 솟아 있는 에펠탑은 언제 세워진 지 아니? 1889년이야. 프랑스혁명 100주년을 기념하기 위해 만들어졌어.

두 기념물 모두 프랑스에서 만들었고, 프랑스의 조각가 구스타브 에펠이 설계 작업에 참여했다는 공통점이 있단다. 자유의 여신상은 오른손에 자유의 횃불을, 왼손에 독립선언서를 들고 있으며 에펠탑은 혁명정신을 상징하는 듯 하늘 끝까지 치솟아 있어. 두 기념물은 사실상 형제인 셈이지.

에펠탑

자유의 여신상

조선, 근대화의 진통

1863년 고종이 조선의 26대 임금에 등극했어. 고종이 왕이 된 이후 권력을 잡은 인물은 그의 아버지 흥선대원군 이하응이었지. 흥선대원군은 고종 대신 섭정을 했어. 하지만 그는 안동 김씨나 풍양 조씨처럼 세도정치를 추구하지 않았단다. 자신의 배만 불리려는 다른 정치인들과 달랐어. 그는 나라의 힘을 키우는 데 모든 힘을 쏟았지.

흥선대원군은 세도정치와의 싸움에 매진해, 두 세도가문을 확실히 정리했어. 우수한 인재는 파벌에 상관없이 선발했지. 이런 개혁 덕분에 정치가 많이 안정됐어. 하지만 조정의 위엄을 세우겠다며 시작한 경복궁 공사는 대표적인 실정으로 꼽혀. 공사비가 모자라니 당백전과 원납전 같은 화폐를 마구 발행했는데, 그 때문에 화폐의 가치는 떨어졌고 백성은 힘들어졌지.

추락하는 조정의 위신을 세우는 것도 분명 중요한 일이야. 하지만 정말 중요한 것은 겉모습이 아니라 내실이지. 대원군의 국내 정치 개혁은 내실이 있었던 걸까? 조선의 문호가 열리고 있는 상황에서 국제정세는 제대로 바라봤을까?

조선, 문호 열다

19세기 후반부터 유럽 열강의 침략이 본격화했어. 프랑스 군대는 조선 조정이 병인박해 때 천주교와 프랑스인을 탄압한 죄를 묻겠다며 강화도를 공격했지. 이 사건은 병인년에 양인들에 의해 일어난 일이라 해서 병인양요라고 불러1866년.

　바로 이해, 미국 상선 제너럴셔먼호가 통상을 요구하며 평양으로 들어왔어. 시비 끝에 싸움이 붙었고, 평양 백성들이 제너럴셔먼호를 불태웠지. 미국은 5년 후 이 사건에 대한 보상을 하라며 강화도를 공격했어. 독일이 통일 제국을 선포한 바로 그해였는데, 이 사건을 신미양요라고 해1871년.

　병인양요가 터지고 2년이 지난 후에는 독일 상인 오페르트가 조선 왕실 인사의 무덤을 도굴하려다 들키는 사건도 터졌어. 그 왕실 인사는 흥선대원군의 아버지인 남연군이었지. 이러니 흥선대원군이 서양을 좋아할 리 없겠

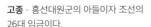
고종 · 흥선대원군의 아들이자 조선의 26대 임금이다.

지? 결국 흥선대원군은 신미양요가 끝난 후 전국에 척화비를 세우고 쇄국정책을 더 강력하게 추진했단다.

하지만 흥선대원군의 집권은 그리 오래가지 못했어. 사대부 유림들이 흥선대원군을 아주 싫어했거든. 그가 유림들의 근거지인 사원을 대거 없애 버렸기 때문이야. 고종의 부인인 명성황후는 흥선대원군을 몰아내기 위해 유림들과 손을 잡았어. 유림의 대표 격인 최익현은 흥선대원군이 권력을 내놓고 물러나야 한다는 상소를 올렸지. 이 사건을 계기로 흥선대원군은 정계에서 은퇴해야 했단다.

1875년 일본의 군함 운요호가 강화도에 침입했어. 운요호는 대포를 쏘아 대며 조선을 협박했지. 왜? 조선의 문을 열라는 거야! 20여 년 전 미국에게 당했던 방식 그대로 일본은 조선을 위협하고 있는 셈이지. 조선은 어쩔 수 없이 병자년에 조약을 체결했어. 이게 바로 강화도조약이야_{1876년}.

이 조약의 결과 조선은 부산, 인천, 원산 세 항구를 개방했어. 비로소 조선의 문이 외국에 열린 거지. 구체적인 조약 내용을 보면 상당히 우리에게 불리해. 심지어 일본 제품을 관세도 붙이지 않고 수입했단다. 반대로 우리 쌀은 무제한으로 일본으로 빠져나갔어.

이 조약을 통해 조선은 근대 세계로 본격적으로 뛰어들었어. 그래서 이 조약을 최초의 근대 조약이라고 본단다. 물론 우리에겐 상당히 불평등한 조약이었지만 말이야.

개화 정책을 둘러싼 갈등

대원군이 물러난 후 권력은 명성황후와 민씨 세력에 넘어갔어. 이때부터 개화파가 정치 전면에 나섰단다. 개화파의 주도로 선진문물을 배우기 위한 사절을 일본과 청에 파견했어. 일본에 파견된 사절단은 수신사, 청에 파견된 사절단은 영선사라고 했지. 1883년에는 미국에도 사절단을 보내는데, 이를 보빙사라 불렀단다.

근대 개혁을 추진하기 위한 통리기무아문도 설치됐어. 통리기무아문은 종래의 국방 시스템인 5군영을 2영으로 줄이고 신식군대인 별기군을 창설했지. 개화파들은 과거의 체제와 문화를 유지하려는 사람들을 수구파라고 부르며 무시했어. 그러니 2영, 즉 구식 군대의 군인들이 얼마나 기분이 나빴겠어?

비스마르크가 독일, 오스트리아, 이탈리아 세 나라와 삼국동맹을 맺은 그

김옥균(위), **박영효(중간), 서재필**(아래)
· 갑신정변을 단행했으나 3일 천하로 끝났다.

해였어. 구식군대인 무위영 군인들이 폭동을 일으켰지. 바로 임오군란이야[1882년].

무위영 군인들은 월급을 쌀로 받았어. 그런데 당시 몇 달이나 월급을 받지 못했어. 당연히 화가 나겠지? 그런데 오랜만에 받은 월급이 가관이었어. 쌀에 겨와 모래가 잔뜩 섞여 있는 거야. 월등한 대우를 받는 별기군에 비해 너무 초라했지.

화가 난 군인들은 명성황후의 가문인 민씨의 집과 관공서, 일본 공사관을 모두 습격했단다. 이를 진압하기 위해 명성황후는 청에 도움을 요청했어. 명성황후의 요청을 받은 청이 군대를 파견함으로써 임오군란은 진압됐지. 청은 민씨 정권의 요청이라며 조선에 군대를 보내 대원군을 끌고 가 버리기까지 했어.

청은 이 사건을 계기로 조선에 대한 지배권을 더 강화하려고 했지. 그래, 내정간섭이 더 심해진 거야. 일본도 피해를 입었다며 조선 조정에 제물포조약을 강요했어. 이 조약에 따라 조선은 일본에 배상금을 지불했어. 일본은 공사관을 보호하겠다며 일본 군대를 주둔시켰지.

개화파는 곧 청을 모델로 하는 온건개화파와 일본을 모델로 하는 급진개화파로 나뉘었어. 지금 조선은 온건개화파의 세력이 강하겠지? 청이 사실상 조선 조정을 흔들고 있잖아? 결국 급진개화파가 반란을 일으켰어.

우정국[우체국]의 개국을 축하하는 자리였어. 김옥균, 박영효, 서재필 등 급진개화파가 기습 쿠데타를 일으켜 정권을 잡았어. 이 사건이 갑신정변이야1884년. 급진개화파는 새로운 정부의 조직과 개혁 방향을 담은 14개조의 정강을 공표했어. 반란이 성공하는 것 같지?

하지만 갑신정변은 3일 만에 끝나고 말았어. 명성황후가 다시 청에 도움을 요청했고, 청의 위안스카이 군대가 개화파를 습격했기 때문이야. 개화파는 금세 진압되고 말았지. 일본은 임오군란 때 그랬던 것처럼 이번에도 조선에 배상금을 요구하는 한성조약을 체결했어. 일본과 청나라는 "앞으로 조선에 군대를 보낼 때는 서로 그 사실을 알려 주자"라며 톈진조약을 체결했지.

얼마 후에는 영국의 함대가 조선 남단의 거문도를 무단 점령하기도 했어1885년. 러시아를 견제하기 위해서였지. 영국 함대는 2년 후 거문도를 돌려줬단다. 정말 나라 꼴이 말이 아니야.

동학농민운동과 갑오개혁

이런 무능한 정부를 어느 국민이 믿고 따르겠어? 마침내 지금까지 없었던, 최대 규모의 농민 봉기가 일어났어. 그게 바로 동학농민운동이야.

이미 몇 번 말한 대로 관리들의 횡포는 상상을 초월할 정도였어. 서양 국가들은 근대 체제를 확립하고 있는데, 조선은 탐관오리의 부정부패가 만연한 거야. 전라도 고부군수 조병갑도 그런 탐관오리 중 하나였어.

전봉준 · 가운데 상투머리를 한 사람으로, 동학농민운동을 이끈 지도자이다.

　1894년 들어 이 지역의 동학농민들이 들고 일어났어. 그들은 관아를 습격해 접수해 버렸어. 조정은 농민들의 뜻을 받아들여 조병갑을 물러나게 했지. 조정은 부랴부랴 안핵사라는 관리를 보내 반란을 무마하려 했어. 근데, 그 안핵사 또한 탐관오리였단다. 결국 농민군이 다시 봉기했어. 단지 탐관오리 한 명을 제거하려는 목적이 아니었어. 봉건사회를 뒤엎겠다는 혁명이었어!

　농민군의 기세는 대단했단다. 곧 전주성을 함락했어. 그러나 청과 일본의 군대가 이 일을 빌미 삼아 한반도에 파견되자 동학농민군은 스스로 해산했어. 그 대신 정부와 합의를 거쳐 집강소란 개혁 기구를 설치해 운영했지.

일본은 이 틈을 타서 조선 조정을 장악하고는 친일 정부를 세웠어. 이 정부는 군국기무처를 설치하고 갑오개혁을 실시했어. 이 개혁을 통해 조선은 청과 대등한 관계임을 선포했고, 신분제를 폐지했어. 조선 정부를 단단히 붙들어 맨 후 일본은 청과 전쟁을 벌였어. 바로 청일전쟁이야.

나라 돌아가는 상황이 좀 수상하지? 동학농민들이 다시 들고 일어났어제2차 동학농민운동. 이번에는 외세를 몰아내기 위한 봉기였지. 반봉건 투쟁에서 반외세 투쟁으로 위상이 변하는 순간이야. 하지만 이 봉기는 성공하지 못했어. 투쟁은 실패로 끝났고, 이듬해 지도자인 전봉준은 처형됐단다.

다시 청일전쟁으로 눈을 돌려 볼까? 이미 승리는 일본으로 기울어 있었어. 그러자 자신감을 얻은 일본은 조선 정부를 강요해 또 개혁을 하도록 했단다제2차 갑오개혁. 조선 정부는 청으로부터의 독립, 입헌군주제 실시 등을 담은 홍범14조를 반포했어. 홍범14조는 많은 근대적 제도를 담았어. 이 때문에 학자들은 홍범14조를 우리나라 최초의 근대 정책 백서라고 본단다.

갑신정변과 갑오개혁을 살짝 비교해 볼까?

두 사건 모두 일본을 끌어들였다는 점에서는 부정적인 평가를 받고 있어. 다만 이 두 사건으로 조선이 근대사회에 한 걸음 더 다가섰다는 점은 긍정적인 평가를 받고 있지. 이를테면 최초의 근대병원인 광혜원과 근대사립학교인 배재학당이 1885년 세워졌어. 이듬해에는 여성 교육기관인 이화학당과 근대공립교육기관인 육영공원도 만들어졌지. 갑오개혁의 개혁정신이 훗날 독립협회로 이어져 국민 계몽운동에 활용됐다는 점도 높이 평가할 수 있단다.

을미사변에서 대한제국 선포까지

러시아에 접근한 인물은 명성황후였어. 명성황후는 러시아를 내 편으로 만들면 일본을 떨어낼 수 있다고 생각했지. 명성황후는 정부 안에 있는 친일 관리들을 모두 몰아내고 친러 인사들로 채웠어. 그래, 친러 내각이 만들어진 거야.

대한문 앞 명성황후 국장 행렬 · 국장은 명성황후가 시해되고 2년 후인 1897년에 치러졌다.

일본은 이런 명성황후가 마음에
들지 않았어. 청일전쟁까지 치르
며 중국을 한반도에서 떼어 냈는
데, 이제는 러시아가 나타나 한반
도의 주인 행세를 하고 있잖아? 그
러시아를 한반도로 끌어들인 인물
이 바로 명성황후였지? 일본은 차
마 해서는 안 될 결정을 내렸어. 명
성황후를 살해하기로 한 거야. 아
무리 힘이 없는 나라라고는 하지
만 너무 심하다고 생각하지 않니?

김홍집 · 갑오개혁을 이끌었다.

일본 공사 미우라 고로는 여우
사냥 작전을 개시했어. 명성황후를 여우에 비유한 거지. 한 나라의
국모를 여우라고 하다니, 탄식밖에 나오지 않아.

일본 깡패, 즉 낭인들이 궁궐을 쳐들어갔어. 낭인들은 떼를 지어
명성황후의 침실에 들이닥쳤어. 그들은 명성황후를 죽이고는 마당
으로 끌어냈어. 이미 숨진 그녀의 몸에 석유를 뿌린 뒤 불을 붙였어.
증거를 없애기 위해서였지. 이 사건이 을미사변이야 1895년.

하늘과 사람이 모두 분노할 때 천인공노할 일이라고 말한단다. 이
을미사변이야말로 천인공노할 만행이었지. 일본은 김홍집을 불러들
여 친일 정부를 세웠고 이 정부는 다시 개혁을 시작했어 제3차 갑오개혁, 또
는 을미개혁.

조선 민중은 이 정부를 거부했어. 친일 정부는 상투를 자르라는 단발령을 내렸어. 불씨에 기름을 끼얹은 일이야. 전국에서 유생들이 일본과 친일 내각에 저항하는 의병을 일으켰어. 충북 제천의 유인석과 문석봉, 강원 춘천의 이소응, 경남 산청의 곽종석이 이때 활동한 의병장군이었단다.

일제의 만행에 위협을 느낀 고종이 러시아 공사관으로 몸을 피했어. 이 사건을 아관파천이라고 불러^{1896년}. 이 아관파천으로 다시 친러 정부가 들어섰어. 청나라에서 일본으로, 일본에서 러시아로…. 조

환구단 · 고종이 대한제국의 황제로 즉위하며,
하늘에 제사를 지내기 위해 세운 제단이다.

선의 정치가 정말 복잡하지?

러시아는 고종을 받아 주는 대신 각종 이권을 요구했어. 어쩌겠어, 들어줄 수밖에. 러시아는 한반도의 삼림을 채벌할 수 있는 권리, 광산을 채굴할 수 있는 권리를 가져갔어. 러시아가 침을 발라 대니 다른 열강들도 한반도에 뛰어들었지. 미국, 프랑스, 영국도 많은 이권을 가져갔단다.

고종은 꼬박 1년 만에 궁으로 돌아왔어. 그러고는 대한제국의 건국을 선포했어^{1897년}. 이제 조선은 황제의 나라로 격상했지. 고종은 모든 개혁을 지휘하겠다고 했어. 하지만 이 제국이 진정한 제국이었을까? 혹시 허수아비는 아니었을까? 고종은 광무개혁을 추진했지만, 일본의 간섭으로 결실을 맺지 못해. 황제로 승격했지만 외세의 간섭에서 벗어나지 못하긴 마찬가지였던 거야.

이 무렵 독립협회라는 단체가 민중이 참여하는 정치 집회를 주도했어. 이 집회가 만민공동회야^{1898년}. 독립협회는 이 집회를 통해 러시아의 이권 요구를 물리쳤어. 친러 내각을 무너뜨리고 개혁파 정부를 세우기도 했단다. 개혁파 정부 관리들을 끌어들여 민간과 정부가 함께 하는 관민공동회도 열었어. 이 집회를 통해 헌의6조라는 개혁안을 이끌어 내기도 했지.

하지만 친러파들의 방해로 이 개혁은 성사되지 못했어. 친러파는 고종에게 독립협회가 황제를 몰아내고 공화정을 세우려 한다며 음해했어. 화가 난 고종은 독립협회를 해산시켜 버렸지. 그 결과 모든 개혁이 물거품이 된 거야.

우리가 스스로 개혁을 이뤄 낼 수 있는 좋은 기회를, 우리가 차 버렸어. 20세기로 접어들어서야 그 대가가 얼마나 혹독한지를 깨닫게 되지. 참으로 안타까운 역사야.

통박사의 역사읽기

오스만, 청, 조선의
개혁 실패

오스만 제국과 중국의 역사는 참으로 비슷해. 오스만 제국은 17세기까지만 해도 아시아, 아프리카, 유럽 3개 대륙에 걸친 영토를 차지한 대제국이었어. 중국은 왕조가 여러 번 바뀌기는 했지만 한 번도 다른 나라에 동아시아의 맹주 자리를 빼앗긴 적이 없지.

그러나 이 두 제국은 18세기경부터 빠른 속도로 약해지기 시작했어. 급기야 서구 열강의 침략에 속수무책으로 당하고 말았지. 러시아—투르크전쟁이나 아편전쟁을 보면 이 사실을 알 수 있겠지?

두 나라는 나란히 개혁을 시도했어. 이것도 아주 닮은꼴이야. 오스만 제국은 탄지마트 개혁을 시작했는데 교육과 군사, 산업 전반에 걸쳐 개혁이 이뤄졌어. 30년 후에는 청나라에서 비슷한 내용의 양무운동을 시작했고 근대학교를 세워 공장과 철도가 가동됐어.

그러나 두 나라의 개혁은 모두 실패로 끝나고 말았어. 지배층은 약간의 제도 정비와 선진문물 수입으로 강대국이 될 거라고 믿었지만 지배층 자체가 바뀌지 않은 개혁은 개혁이 아니야. 그것은 형식적인 개혁일 뿐 발전에는 아무런 도움이 되지 않아. 두 나라는 결국 서구 열강에 의해 갈가리 찢겨지거나 반식민지가 되고 말았단다.

조선은 어땠을까? 이미 살펴본 것처럼 지식인들은 근대사회를 그 누구보다 열망했어. 그러나 방법까지 옳았다고는 볼 수 없을 것 같아. 오스만 제국과 중국이 위로부터의 개혁을 추진했다면 조선은 외세의 힘을 빌려 개혁을 추진했거든. 결국 조선 또한 개혁 방법이 옳지 않았기에 두 나라처럼 식민지로 전락했던 거야.

제17장

근 대 의 형 성 에 서
현 대 까 지

전쟁,
세계
파괴하다

1900~1950년 전후

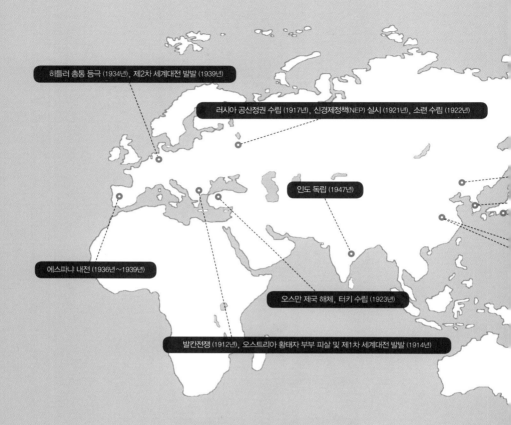

히틀러 총통 등극 (1934년), 제2차 세계대전 발발 (1939년)

러시아 공산정권 수립 (1917년), 신경제정책(NEP) 실시 (1921년), 소련 수립 (1922년)

인도 독립 (1947년)

에스파냐 내전 (1936년~1939년)

오스만 제국 해체, 터키 수립 (1923년)

발칸전쟁 (1912년), 오스트리아 황태자 부부 피살 및 제1차 세계대전 발발 (1914년)

20세기에 들어서면 세계는 하나란 말이 실감 나게 와 닿을 거야. 일반적으로 현대란 말은 1945년 전후로 쓰이지만 이미 20세기가 시작하는 순간부터 현대라고 봐도 크게 틀리지는 않아. 20세기에는 한 지역에서 터진 전쟁이 전 세계로 확대돼 세계대전으로 번지기도 했단다. 이전의 전쟁보다 훨씬 많은 수의 사람이 전쟁을 통해 죽어 갔어. 과학기술의 발달은 세계를 더욱더 가깝게 만들었고, 무기까지도 발달시켰지. 20세기가 전쟁으로 시작한 사실만 봐도 이 점을 알 수 있어. 세계 어느 구석에 숨어 있어도 전쟁의 영향을 피해 갈 수는 없었어.

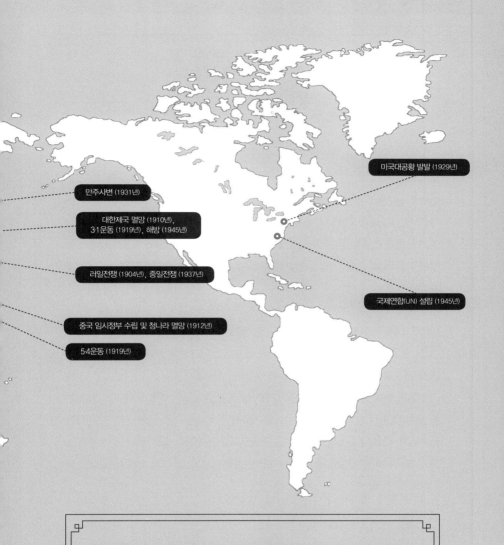

미국대공황 발발 (1929년)

만주사변 (1931년)

대한제국 멸망 (1910년),
3·1운동 (1919년), 해방 (1945년)

러일전쟁 (1904년), 중일전쟁 (1937년)

국제연합(UN) 설립 (1945년)

중국 임시정부 수립 및 청나라 멸망 (1912년)

5·4운동 (1919년)

이번 장에서는 두 번의 세계대전을 살펴볼 거야. 제1차 세계대전은 열강들이 오스만 제국을 나눠 가지면서 예상돼 있었다고 볼 수 있어. 발칸반도는 화약고가 됐지. 세계대전의 틈을 노려 러시아에 첫 공산정권이 들어섰다는 것도 기억해 둬. 제2차 세계대전은 미국에서 터진 세계대공황 때문에 시작됐다고 봐도 무방해. 미국에서 일어난 공황이 세계로 확산되면서 히틀러가 권력을 잡았기 때문이야. 일본이 중국을 침략한 것도 경제 위기를 돌파하기 위해서였지.

민족주의와 영토 분쟁이 얽히면서 1910년대 초반, 전 세계가 일촉즉발의 상황을 맞았어. 말 그대로 누군가 방아쇠를 당기면 곧 대형 전쟁이 터질 것 같은 분위기였지.

특히 독일의 팽창주의는 위험 수준에 도달해 있었어. 비스마르크가 재상 자리에서 해임된 다음 독일이 본격적으로 팽창정책을 추진했기 때문이야. 다른 열강들이 긴장할 수밖에 없겠지?

원래 해외식민지에 관한 한 영국이 독일보다 한 수 위야. 영국은 일찌감치 3C 정책을 짜 놓고 영토 확장에 나섰어. 3C는 이집트 카이로, 남아프리카공화국 케이프타운, 인도 캘커타의 앞글자를 따서 만든 거야. 이 세 도시를 이으면 삼각형이 되는데, 그 지역을 모두 정복하겠다는 뜻이었지.

뒤늦게 팽창주의를 채택한 독일은 3B 정책을 내놓았어. 3B는 독일 베를린, 터키 비잔티움, 이라크 바그다드를 말해. 3C보다는 규모가 작지만 다른 열강을 자극하기에는 충분하지. 바로 이 독일의 제국주의적 팽창주의와 민족주의, 발칸반도의 분쟁이 뒤엉켜 인류는 역사상 경험해 보지 못한 대형 전쟁을 치르게 돼. 그게 바로 제1차 세계대전1914~1918년이야.

제국주의 횡포, 세계가 신음하다

발칸반도, 화약고가 되다

발칸반도는 유럽의 동남쪽에 있는 반도야. 19세기 초반까지만 해도 대부분의 지역이 오스만 제국 영토였어. 하지만 오스만 제국이 약해지자 여러 슬라브족 국가들이 독립에 성공했어. 슬라브족은 민족주의로 똘똘 뭉쳤어. 다른 민족들과의 갈등은 불을 보듯 뻔하지. 결국 영토 분쟁이 자주 일어났어.

1908년 오스트리아—헝가리 제국이 보스니아를 합병했어. 오스트리아는 아직까지 강대국의 반열에 있는 나라야. 그런 강대국이 발칸반도를 노리니 다른 열강들이 긴장하겠지. 특히 러시아가 가장 긴장했어. 그 이유를 짐작할 수 있을 거야. 오스트리아는 게르만족이었지? 그런 오스트리아가 발칸반도로 진출하면 러시아의 범슬라브주

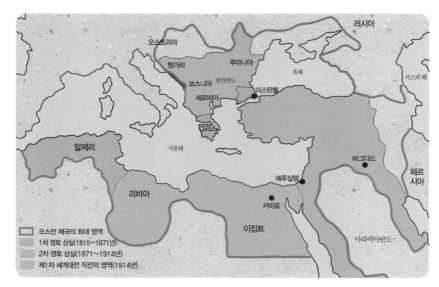

오스만 제국의 영토 축소 · 20세기를 전후로 발칸반도의 국가들이 오스만 제국의 지배를 벗어났다.

의에 방해가 될 거야. 러시아는 이렇게 말하며 발칸반도의 나라들을 꼬드겼어. "야, 너희 슬라브족 국가들이 힘을 합치면 오스트리아를 물리칠 수 있어!"

세르비아, 불가리아, 몬테네그로 같은 나라들이 발칸동맹을 결성했어. 여기까지는 러시아의 의도대로 진행되고 있었어. 하지만 그다음부터 러시아의 예측이 빗나가고 말았단다. 발칸동맹이 오스트리아가 아니라 오스만 제국으로 표적을 바꾼 거야! 오스만 제국의 힘이 약하니 이참에 영토를 넓혀 보자는 속셈이었지. 당황한 러시아는 발칸동맹을 말렸지만 이미 늦었어. 발칸동맹은 오스만 제국을 공격했단다. 제1차 발칸전쟁이 시작된 거야 1912년.

오스만 제국은 늙고 병든 나라였어. 전쟁이 터지고 불과 2개월밖에 지나지 않았는데 전투에서 패배하고, 발칸동맹에 항복하고 말았지. 오스만 제국은 발칸반도에 가지고 있던 모든 땅과 그리스 남부 크레타 섬까지 발칸동맹에 내줘야 했어. 여기까지는 발칸동맹의 활약이 두드러졌다고 볼 수도 있어. 그러나 곧 발칸동맹은 추악하게 변했어.

부모가 많은 유산을 남기고 돌아가신 다음 형제들이 재산을 혼자 갖겠다고 싸우는 꼴을 가끔 볼 수 있지? 발칸동맹이 딱 그 짝이었어. 발칸동맹은 제1차 발칸전쟁에서 오스만 제국으로부터 빼앗은 땅을 나눠 갖다가 싸우기 시작했어. 이유? 당연히 자기들이 더 많은 영토

발칸전쟁 · 제2차 발칸전쟁을 준비하는 불가리아 군인들의 모습이다.

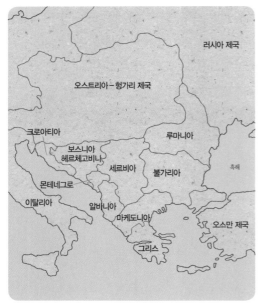

제1차 세계대전 직전의 발칸반도 · 민족 간 대립이 심해 곧 터질 화약고와 같았다.

를 갖겠다는 거지!

제1차 전쟁이 끝나고 얼마나 지났다고, 발칸동맹 국가들은 다시 전쟁을 시작했어. 이 전쟁이 제2차 발칸 전쟁이란다 1913년. 먼저 불가리아가 세르비아를 공격했어. 세르비아는 몬테네그로, 그리스와 동맹을 맺은 데 이어 제1차 발칸전쟁 피해자인 오스만 제국도 끌어들였어. 불가리아가 궁지에 몰렸겠지? 아닌 게 아니라 불가리아는 이 전쟁에서

크게 패하고, 겨우 얻은 영토를 모두 내줘야 했어. 그 결과 불가리아는 세르비아와 철천지원수가 돼 버렸어. 같은 슬라브족인 러시아와도 멀어졌지. 불가리아는 오히려 게르만족인 오스트리아와 가깝게 지내기 시작했어.

두 번의 발칸전쟁이 끝나자 민족주의와 영토 분쟁이 어느 정도 정리된 것처럼 보였어. 뭐, 아주 잠시 평화의 시간이 찾아온 것은 사실이야. 그러나 착각이었어. 더 큰 싸움은 오히려 지금부터 시작이야. 인류 최초의 세계대전이 터졌어!

사라예보의 총성, 세계대전의 시작

1914년 6월 28일 오스트리아—헝가리 제국의 황태자 부부가 사라예보를 방문했어. 오늘날 사라예보는 보스니아 헤르체고비나의 땅이지만 이때는 오스트리아—헝가리 제국의 영토였지.

군대 사열식을 마친 황태자 부부가 자동차를 타고 사라예보 시내를 달리고 있을 때였어. 갑자기 총성이 울렸어. 이어 황태자 부부가 쓰러졌어. 누군가 황태자 부부를 저격한 거야! 황태자 부부는 즉각 병원으로 옮겨졌지만 끝내 사망하고 말았어. 테러범들이 붙잡혔고, 곧 정체가 드러났지. 그들은 세르비아 민족주의자였어.

이 사건은 제1차 세계대전이 터지는 결정적인 계기가 된단다. 왜 그럴까? 발칸반도의 민족 분쟁 역사를 다시 떠올려 봐. 황태자 부부 암살 사건은 오스트리아—헝가리 제국의 민족 구성이 매우 복잡한 데서 시작했단다.

테러범은 세르비아 사람이었지? 보스니아 사람들은 세르비아와 같은 민족이야. 보스니아는 오스만 제국의 지배를 받다가 1878년 독립했어. 늑대를 피했나 싶었는데 아니었어. 오히려 더 무서운 사자의 입속으로 들어가고 말았지. 30년 만인 1908년, 오스

오스트리아 황태자 부부 암살 테러범 검거 · 이 사건은 제1차 세계대전의 기폭제가 됐다.

트리아—헝가리 제국에 합병되고 만 거야.

오스트리아는 게르만족이야. 세르비아는 슬라브족이었지. 민족 분쟁이 예상되지? 정말로 그랬어. 게르만족은 슬라브족을 열등한 민족으로 여겼거든. 그러니 세르비아 사람들이 화가 날 수밖에. 세르비아는 독립 투쟁을 시작했어. 범슬라브주의 운동을 이끌던 러시아가 그런 세르비아를 지원했어.

서로가 서로를 원수 대하듯 하는 이런 상황에서 마침 오스트리아—헝가리 제국의 황태자가 사라예보를 방문했던 거야. 세르비아 민족주의자들은 '우리는 오스트리아가 싫다. 독립하고 싶다'는 주장을 알리기에 아주 좋은 기회라고 판단했어. 테러는 이렇게 해서 일어난 거란다.

그러나 엄밀히 말하면 민족주의 테러리스트가 황태자 부부를 저격한 사건일 뿐이야. 세계대전으로 확산될 만한 사안은 아니었지. 이 사건이 어떻게 해서 제1차 세계대전으로 연결된 걸까? 독일이 끼어들었기 때문이야. 또 복잡해진다고? 그럴 거야. 독일이 왜 끼어들었는지를 이해하려면 비스마르크가 재상이었던 1870년대로 돌아가야해. 다시 정리해 볼까?

통일독일을 건설한 비스마르크는 전쟁을 억제하려고 팽창주의를 자제했어. 만약을 위해 오스트리아, 이탈리아와는 삼국동맹을 맺었고 러시아와는 불가침 조약을 체결했지. 그런데 독일의 황제가 된 빌헬름 2세는 팽창정책을 선택했어. 비스마르크가 우려했던 대로 전쟁의 기운이 감지되기 시작했지. 1907년에는 러시아, 프랑스, 영국이 삼국동맹에 맞서기 위해 삼국협상을 탄생시켰어.

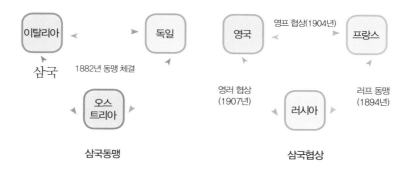

이탈리아 ← → 독일   영국   영프 협상(1904년) → 프랑스

삼국   1882년 동맹 체결

오스
트리아

영러 협상
(1907년)   러시아   러프 동맹
                                    (1894년)

삼국동맹   삼국협상

   자, 이런 상황에서 황태자 부부 암살 사건이 터졌어. 그다음은 어떻게 됐을까?

   오스트리아—헝가리 제국은 이 사건을 반란으로 규정하고 독일에 지원을 요청했어. 독일은 삼국동맹의 정신에 따라 오스트리아를 지원하겠다고 약속했어. 든든한 지원자를 얻은 오스트리아는 7월 28일 세르비아에 선전포고를 했어. 세르비아의 뒤에는 누가 있지? 슬라브족의 큰형님인 러시아지? 러시아가 오스트리아에 선전포고를 했어. 그러자 독일이 러시아에 선전포고를 했지. 러시아는 삼국협상을 맺은 상태지? 이 협상에 따라 프랑스와 영국이 독일에 선전포고를 했어. 이제 세계대전을 피할 수 없게 된 거야.

제1차 세계대전 터지다

1914년 8월 4일, 독일이 벨기에를 전격 침략했어. 이 침략이 신호탄이었단다. 역사상 최초의 세계대전, 즉 제1차 세계대전이 시작된 거야.

독일이 워낙 빠르게 공격해 들어왔기 때문에 벨기에는 제대로 저항도 못 해 보고 무너지고 말았어. 이어 독일 군대는 서쪽으로는 프랑스 파리를 향해 진격했고, 동쪽으로는 타넨베르크에서 러시아와 일전을 치렀지. 독일의 동서 지역에서 전쟁이 치러짐으로써 각각 서부전선과 동부전선으로 불렀어.

독일은 전쟁을 시작하기 전에 이미 치밀한 전략을 짜 놓았다는구나. 벨기에를 후딱 해치운 다음에 정신 차릴 시간도 주지 않고 프랑스까지 순식간에 함락해 버리자는 이 작전이 그 유명한 슐리펜 작전이야. 그전까지는 전쟁이라고 하면 대대적으로 싸우는 전면전이 많았어. 이 슐리펜 작전이 등장한 후부터 전쟁은 기습적인 속도전으로 바뀌기 시작했지. 그 때문에 군사 전문가들은 슐리펜 작전을 최초의 현대적 속도전으로 보고 있단다.

어쨌든 독일은 이 작전에 따라 프랑스의 코앞까지 진격했어. 그러나 그다음부터는 쉽지 않았어. 프랑스의 저항이 예상보다 더 거셌던 거야. 독일은 서부전선에서 지루한 전투만 반복할 뿐 더 이상 앞으로 나아가지 못했어. 그러나 동부전선에서는 독일 군대가 잘 싸우고 있었어. 독일군은 타넨베르크 전투에서 러시아군을 대파한 다음 곧바로 러시아 땅으로 진격했지. 그러나 독일은 러시아를 정복하지 못했어. 러시아의 땅은 너무나도 커서 나폴레옹 군대가 그랬던 것처럼 이때의 독일군도 고전을 면치 못한 거야.

독일이 러시아에서 고전하고는 있었지만 전체적으로는 잘 싸우고 있었어. 오히려 고전한 쪽은 프랑스와 영국, 러시아 같은 연합군이었어. 연합군이 독일 군대와 싸워 크게 승리한 전투는 거의 없었단다.

연합군은 가뜩이나 힘들어 죽겠는데 러시아마저 전쟁에서 발을 빼는 사건이 발생했어. 곧 살펴보겠지만, 레닌이 1917년 공산혁명에 성공하면서 전쟁을 하지 않겠다고 선언했기 때문이야. 러시아의 공산정권은 내부 단속이 더 중요했어. 공산혁명에 반발하는 세력들이 많았거든. 그 때문에 러시아는 독일과 서로 침략하지 말자는 조약을 체결하고 전쟁에서 빠졌어.

연합군의 사기가 뚝 떨어졌어. 독일이 최종 승리할 거라는 불안함이 커졌어. 바로 이때 미국이 참전을 선언했어. 미국의 외교노선이

독일 병사 · 제1차 세계대전에 참전하는 독일 병사들이다.

상호불간섭과 중립주의였던 거 기억하니? 그 노선에 따라 미국은 제1차 세계대전을 강 건너 불구경하듯 바라만 보고 있었어. 그러다 1917년 4월 6일 윌슨 대통령이 참전을 선언한 거야.

중립적 입장을 유지하던 미국을 전쟁에 끌어들인 나라는 바로 독일이었단다. 이때 독일은 영국 함선이 유럽 대륙으로 오지 못하도록 모든 배를 격침시켰어. 이 역할은 U—보트라는 독일 잠수함이 맡았어. 이 U—보트가 군수물자를 나르던 미국 상선들까지 침몰시켜 버렸단다.

미국은 몹시 화가 났어. 당장 미국이 손해를 봐서만은 아니야. 그대로 두면 독일이 유럽을 장악할 테고, 그렇게 되면 세계 무역에도 큰 차질이 빚어지기 때문이지.

미국은 이미 막강한 경제력을 갖춘 나라로 성장해 있었어. 그런 미국이 참전하자 연합군의 사기가 크게 올라갔어. 실제로 미국은 이 전쟁에 참전해 연합군이 승리하는 데 크게 기여했단다. 나중 이야기이지만 이 전쟁 이후 미국은 세계에서 영향력이 가장 큰 나라로 우뚝 서게 돼.

독일의 A7V전차 · 제1차 세계대전에서 활약한 독일 전차의 복원품이다.

어쨌든 미국의 참전 이후 독일은 빠른 속도로 무너지기 시작했어. 1918년 6월부터 연합군이 거의 모든 전투에서 독일 군대를 물리쳤어. 전투마다 패하자 독일 내부가 어수선해졌어.

그 틈을 타서 공화정을
주장하는 세력들이 혁명
을 일으켰어. 공화주의
자들은 황제를 끌어내리
는 데 성공했지. 독일에
서도 왕정의 역사가 끝
난 거야.

독일의 혁명정부는
1918년 11월 11일 연합

U-보트 · 제1차 세계대전에서 맹활약을 펼친 독일의 잠수함이다.

군에 항복했어. 이렇게 해서 제1차 세계대전이 끝났어. 5년간 계속된
이 전쟁에서 군인만 최소한 1200만 명이 사망했고, 전쟁과 상관없
는 민간인도 수천만 명이 목숨을 잃었단다. 인류는 전쟁이 얼마나
참혹한지 뼈저리게 느꼈어. 그러나 곧 살펴보겠지만 인류는 이 교훈
을 곧 잊어버렸단다. 더 참혹한 전쟁이 터진 거야.

베르사유조약과 민족자결주의

1919년 1월 연합군으로 참전했던 32개 국가의 대표단이 프랑스 파
리의 베르사유 궁전에 모였어. 회담이 열린 파리 명칭을 따 파리강
화회의라고 불린 이 회의는 무려 5개월이나 계속됐어. 전쟁을 일으
킨 전범 국가는 어떻게 처벌하고, 영토는 어떻게 재조정하며, 앞으로

의 전쟁 위협은 어떻게 막을 건가…. 이런 논의들이 쉽게 합의되지 않았던 거야. 영국과 프랑스 같은 강대국들은 자기 나라에 유리한 쪽으로 회의를 몰고 가려고 했어.

6월 마침내 회의가 끝나고 베르사유조약이 체결됐어. 내용을 요약해 볼까?

독일은 아주 가혹한 처분을 받았어. 우선 해외식민지를 모두 내놓도록 했어. 알자스와 로렌 지방은 프랑스로 반환했어. 벨기에, 폴란드, 체코슬로바키아에는 독일의 영토를 조금씩 떼어 줘야 했지. 독일은 영토의 10퍼센트 이상을 잃고 말았어. 또한 육군 병사의 총인원을 10만 명 이내로 제한해야 했어. 전차, 전투기, 잠수함과 같은 첨단무기는 아예 가지지도 못하게 됐지. 연합국들은 독일이 군대가 변변

파리강화조약 · 파리강화회의가 열린 베르사유 궁전은 모여든 취재진들로 발디딜 틈이 없었다.

치 않으면 다시 전쟁을 일
으키지 못할 거라고 판단했
던 거야. 뿐만 아니라 독일
은 막대한 전쟁 배상금도
물어야 했어.

독일인들은 "독일도 전쟁
의 피해자인데, 왜 독일만
모든 책임을 지느냐?"라고
투덜거렸어. 독일인들은 독
일 역사상 처음으로 들어선
공화정부인 바이마르 민주
공화국 정부가 무능해서 이
런 상황에 처했다고 생각했
어. 틀린 생각이지. 하지만
독일인들은 더 강력한 지도
자가 나타나면 독일의 명예
를 회복시켜 줄 거라고 믿
었어. 그런 지도자를 간절히
원했지. 훗날 히틀러가 성공
할 수 있었던 게 이런 독일
의 분위기 때문이었단다.

베르사유조약 내용 가운

제1차 세계대전 당시 유럽(위), 베르사유 조약 체결 후 유
럽(아래) · 두 지도를 비교해 보면, 오스트리아가 여러 나
라로 쪼개졌음을 알 수 있다.

데 두드러진 게 있어. 미국 윌슨 대통령이 세계대전이 끝나기 얼마 전에 주창한 민족자결주의야. 민족자결주의를 요약하면 다음과 같아. "모든 민족은 다른 민족의 간섭을 받지 않고 스스로 결정할 권리가 있다!"

이 이념에 따라 많은 나라가 독립 국가를 건설했어. 헝가리가 오스트리아에서 독립한 걸 포함해 폴란드, 유고슬라비아, 체코슬로바키아, 라트비아, 에스토니아, 리투아니아, 핀란드가 이때 독립을 얻었단다.

그러나 민족자결주의는 절반만 성공했어. 나머지 절반은 실패였다고 봐야지. 왜 그러냐고?

유럽의 많은 나라들은 독립을 얻었어. 하지만 아시아 국가들은 독립을 얻지 못했단다. 미국, 프랑스, 영국 같은 승전국들의 욕심 때문이었어. 이 나라들은 독일과 오스트리아, 오스만 제국의 지배를 받은 나라만 독립시켜 줬어. 민족자결주의는 미국, 프랑스, 영국이 아시아나 아프리카에 가지고 있는 식민지에는 적용되지 않고 패전국의 식민지에만 적용됐던 거야. 제국주의의 이중성, 정말 너무하지 않니?

베르사유조약에 따라 국제연맹이 만들어졌어1920년. 그러나 국제연맹을 만들자고 먼저 제안한 미국이 가입하지 않았어. 러시아는 사회주의 국가라서 가입하지 못했고, 독일은 전범국이니 가입하지 못했지. 영국과 프랑스 같은 몇몇 국가가 모든 주도권을 가졌어. 국제연맹이 제대로 돌아갈 리 없겠지? 국제연맹은 실제로 국제 분쟁을 조정하는 역할을 전혀 하지 못했단다.

국익 앞에서는 숭고한 이념도 무용지물

제1차 세계대전이 터지자 독일 사회주의자들은 독일제국을 위해 기꺼이 전쟁에 뛰어들었어. "러시아의 노예가 될 수 없다" "우리는 사회주의자 이전에 독일 민족이다"라는 식의 구호를 외쳤지. 그러자 영국과 프랑스의 사회주의자들도 전쟁에 참전했어.

사회주의 이념은 원래 민족주의와 함께할 수 없단다. 사회주의는 노동자 계급의 이익을 중요하게 생각하지만 민족주의는 민족의 이익을 더 먼저 생각하기 때문이지. 결국 이념이 실종되고 만 거야. 제1차 세계대전으로 인해 사회주의자들의 국제기구인 제2인터내셔널은 공중분해 되고 말았어.

이념이 국가의 이익 앞에서 무너지는 경우는 이 밖에도 여러 번 있었어. 하나의 사례를 더 들어 볼까? 제1차 세계대전이 한창이던 1917년 4월, 망명생활을 하던 레닌은 공산혁명을 하기 위해 몰래 러시아로 돌아왔어. 이때 그를 도운 나라는 독일이었어. 독일은 레닌이 공산혁명을 진행하면 러시아 내부가 어수선해질 것이고, 그 틈을 타서 독일이 승리할 수 있을 거라고 판단한 거지. 두 나라는 제2차 세계대전 중에도 서로 전쟁을 하지 않기로 하기로 하고 1939년 9월 나란히 폴란드를 나눠 가지기도 했어.

이념을 내세웠지만 결국 가장 중요한 것은 눈앞의 이익이었지. 노동자와 농민의 나라를 만든다면서 다른 나라의 노동자, 농민은 죽어도 상관없다는 공산주의나, 자국의 이익을 위해 다른 국가의 민족, 인종은 어떻게 돼도 상관없다는 극우 민족주의나 결국에는 눈앞의 이익을 이기지는 못한 거야.

타임머신을 돌려 20여 년 후로 가 볼 거야. 또 한 번의 세계대전, 즉 제2차 세계대전 1939~1945년을 살펴보기 위해서지. 사람들은 제1차 세계대전의 비극을 까마득히 잊은 것일까? 그러지 않고서야 어떻게 또다시 대형 전쟁을 일으킬 수가 있지?

제2차 세계대전은 파시즘과 공황이 겹쳐 일어났다고 볼 수 있어. 나치즘으로 무장한 독일, 파시즘 국가인 이탈리아와 일본이 전쟁을 일으켰단다. 전 세계는 제1차 세계대전의 후유증을 극복하기도 전에 또다시 전쟁의 소용돌이에 휩싸이게 됐어.

아무리 파시즘 국가들이 기승을 부렸다고 해도, 만약 경제 상황이 좋았다면? 그랬다면 어쩌면 제2차 세계대전이 일어나지 않았을 수도 있어. 경제 상황이 좋았다면 독일이나 이탈리아의 국민이 파시스트를 지지하지 않았을 거야. 하지만 미국에서 시작된 대공황이 전 세계를 덮치면서 이런 나라들은 폭삭 주저앉아 버렸어. 희망을 잃은 국민들은 파시스트에 의지하기 시작했지.

따라서 제2차 세계대전을 이해하려면 우선 파시즘과 세계대공황부터 알아봐야 해. 이탈리아로 가 볼까? 그곳에서 파시즘이 탄생했거든.

파시스트 전쟁, 제1차 세계대전

무솔리니와 파시즘, 그리고 히틀러

파시즘이 나타난 시기는 1920년경이었어. 조금 이따 살펴보겠지만 이 무렵 러시아에선 공산주의 정권이 들어섰어. 가장 먼저 파시즘이 나타난 나라는 이탈리아란다.

파시즘은 국가와 민족의 이익을 최고의 가치로 여기는 정치 이념 이야. 개인의 이익과 국가의 이익이 충돌한다면 어떻게 해야 하냐고? 당연히 국가가 먼저야. 개인은 어쩔 수 없이 희생해야지. 이런 점 때문에 파시즘을 국가사회주의라고도 부른단다.

검은 셔츠단 · 이탈리아에서 활동한 파시스트 정당이다.

왜 이탈리아에서부터 파시즘이 나타난 것일까? 제1차 세계대전이 끝난 다음의 이탈리아 상황을 이해하면 그 이유를 알 수 있어.

이탈리아는 전쟁이 터지기 전 독일, 오스트리아와 삼국동맹을 맺었었어. 그러나 막상 전쟁이 터지자 노선을 바꿔 연합군의 편에 섰지. 그 덕분에 이탈리아는 승전국이 됐단다. 이탈리아 사람들은 승전국이 됐으니까 나라 살림도 좋아질 줄 알았어. 그러나 이탈리아는 승전의 대가로 아무것도 얻을 수 없었어. 오히려 실업자만 늘어났고, 생활필수품이 모자랄 정도로 나라가 가난해졌지.

이탈리아 국민은 강력한 지도자가 나타나 위기를 극복해 주길 바랐어. 그런데, 정말로 그런 지도자가 나타난 것 같았어.

1910년대 후반부터 파시스트 정당이 활동했어. 정당의 총수는 베니토 무솔리니. 그를 따르는 행동대원들을 검은 셔츠단이라 불렀어. 모두 검은 셔츠를 입고 다녔거든.

그 검은 셔츠단이 로마로 행진했어1922년. 그들은 "무솔리니를 수상으로 임명하라!"라고 외쳤어. 반란도 불사할 태세야. 결국 왕도 그들의 요구를 들어줄 수밖에 없었지. 무솔리니는 자신이야말로 위

무솔리니(왼쪽)**와 히틀러**(오른쪽) · 제2차 세계대전을 일으킨 주범들이다.

기에 빠진 이탈리아를 구할 수 있는 강력한 지도자라고 선전했어. 그를 지지하는 사람이 늘어났고, 무솔리니의 세력도 빠른 속도로 커졌어.

무솔리니는 반대파를 모두 제거하고 권력을 장악했어. 교황과는 라테란협정을 체결했어1929년. 이 협정을 통해 교황으로부터 이탈리아 정치에 간섭하지 않겠다는 약속을 받아 냈지. 그 답례로 무솔리니는 바티칸의 독립을 인정해 줬어. 파시즘을 인정한 교황을 어떻게 평가해야 할까? 아무리 혼란스러운 시대였다지만 교황도 비겁했다는 비난을 받지 않을까?

이즈음 독일은 이탈리아보다 더 혼란스러운 상황이었어. 이탈리아는 그래도 승전국이었지만 독일은 패전국이었기 때문에 사실상 모든 것을 잃었기 때문이야. 새로 들어선 바이마르 공화국 정부가 나름대로 노력해 한때 경제가 살아나는 것 같았어. 하지만 모든 노력은 곧 물거품이 되고 말았어. 독일의 경제는 전쟁 배상금도 물지 못할 정도로 바닥을 기었단다.

독일 국민들도 강력한 지도자를 원하기 시작했어. 이후 이탈리아와 비슷한 현상이 나타났어. 국가의 이익을 최우선으로 하는 나치당이 만들어졌거든. 이 나치즘에는 극단적 인종주의까지 들어 있었어. 이탈리아의 파시즘보다 더 파괴적이고 폭력적이며 극단적이었지.

이탈리아에서 검은 셔츠단이 로마로 행진한 이듬해, 독일에서는 나치당원인 아돌프 히틀러가 폭동을 일으켰어1923년. 그는 곧 체포돼 감옥에 갇혔지. 하지만 이 사건으로 나치당의 인기가 급상승하기 시작했어. 독일 국민들이 나치즘을 지지하게 된 거야!

얼마 뒤 독일에서 총선거가 실시됐어. 이때 나치당은 무려 12명의 의원을 당선시켰어. 이어 몇 년 후 실시한 선거에서는 더 놀라운 결과가 나왔단다. 무려 230명의 의원을 당선시킨 거야. 전체 의원의 30퍼센트를 넘어선 수치였지. 이 선거 결과, 나치당은 제1당으로 등극했어1932년.

1933년 히틀러는 수상에 올랐어. 그는 곧바로 공산당과 사회민주당을 해체해 버렸어. 모든 권력을 장악한 히틀러는 이듬해 8월 총통에 즉위했지. 유럽 전체가 다시 긴장하기 시작했어.

미국대공황, 세계대공황으로 확산되다

무솔리니와 히틀러가 이탈리아와 독일에서 권력을 장악할 수 있었던 것은 경제가 너무 좋지 않았기 때문이야. 그러나 두 나라만 경제 위기에 놓여 있던 건 아니었어. 거의 모든 세계가 힘들었단다. 세계대공황이 일어났기 때문이야. 공황은 신흥 경제대국인 미국에서 시작됐어.

히틀러가 독일 총통에 오르기 5년 전인 1929년 10월 24일, 미국 주식시장에서 주가가 폭락했어. 한번 떨어진 주가는 오를 기미가 보이지 않았어. 주식은 휴지 조각이 돼 버렸어. 주식시장이 붕괴한 거야!

식량배급소에 줄을 선 실직자들 · 대공황 시기, 실직자들이 시카고에 있는 식량배급소 앞에서 줄을 서고 있다.

이날이 목요일이었어. 그래서 이 사건을 검은 목요일이라고 한단다.

공황이 또 시작됐어. 그동안 몇 번 공황을 겪었기 때문에 단련이 된 거 아니냐고? 천만에. 이번 공황은 이전까지의 것과 차원이 달랐어. 한마디로 핵폭탄 급이었지. 이 공황을 대공황이라고 불러.

미국인들은 절망에 빠졌어. 기업들이 하루에도 수백 수천 개씩 파산했어. 실업자들은 넘쳐 났지. 일을 해야 할 사람의 30퍼센트가 직장을 구하지 못해 길거리에서 방황했다는구나. 도시만 초토화된 게 아니었어. 땅을 담보로 돈을 빌려 쓴 농민들도 돈을 갚지 못해 땅을 빼앗겼어.

돈이 돌지 못하자 이번에는 은행이 무너졌어. 전국에 있는 5천 개의 은행이 거의 동시에 문을 닫았단다. 많은 국민이 굶어 죽을 지경에 이르렀어. 오죽하면 미국 정부가 급하게 식량배급소를 운영했겠니? 그러나 배급소에서 식량을 얻으려 해도 긴 줄을 서야 했어.

이 미국대공황의 여파가 전 세계로 확산됐어. 미국 기업가들이 미국 경제를 살리기 위해 유럽에 투자한 돈을 다 빼냈기 때문이야. 그렇잖아도 제1차 세계대전 후유증 때문에 유럽 경제가 힘든 상황이었는데, 큰 자본이 한꺼번에 빠져나가니 나라가 휘청거릴 수밖에 없었어. 영국과 프랑스 같은 강대국도 예외는 아니었어. 세계대공황이 시작된 거야.

세계대공황이 계속된 4년간 전 세계의 공업생산액은 종전의 40퍼센트까지 떨어졌어. 국제무역도 65퍼센트가 감소했지. 영국, 프랑스, 오스트리아에서도 공황이 나타났어. 그나마 정부가 간신히 파탄을 막을 수 있었던 게 다행이야.

하지만 독일과 이탈리아는 상황이 아주 심각했어. 똑같은 파시즘 국가인 일본의 경우에도 공황의 여파가 컸어. 일본은 식민지였던 조선을 더 착취해 이 위기를 넘기려고 했어. 나아가 만주로 진출해 식민지를 늘리려 했지. 하지만 독일과 이탈리아는 식민지가 없어. 그렇다면 식민지를 강탈해야 해. 그러기 위해선? 그래, 두 나라는 군대를 강화했어.

두 나라의 국민들도 나치즘과 파시즘을 지지했어. 어려워진 경제 때문에 잘못된 선택을 한 셈이지. 독일의 경우를 살펴볼까?

독일 국민들은 바이마르 공화국에 염증을 느끼기 시작했어. 경제는 살아나지 않았고 빈곤만 심해졌기 때문이야. 그러나 미국이 바이마르 정부에 차관을 제공한 다음부터 상황이 조금씩 좋아졌어. 1925년경부터는 독일 경제도 서서히 살아나기 시작했어. 하지만 미국대공황이 터진 후 독일에 투자됐던 미국 자본은 한꺼번에 빠져나갔어. 가까스로 살아나던 독일 경제는 와르르 무너졌어. 좌절한 독일 국민은 다시 바이마르 정부를 원망했고 나치당을 지지하기 시작했지. 이미 살펴본 대로 그 결과 히틀러가 총통에 올랐어.

미국대공황이 터지지 않았다면 독일에서 히틀러가 권력을 잡지 못했을 확률이 높아. 역사에 만약이란 가정이 통한다면…. 미국에서 대공황이 터지지 않은 상황을 한번 상상해 봐. 제2차 세계대전도 없었고 수천만 명의 목숨을 잃는 비극도 없었겠지?

세계대전의 전초전, 에스파냐 내전

히틀러는 파시즘을 처음 만든 무솔리니를 무척 존경했대. 히틀러는 무솔리니와 가까워지고 싶었어. 마침 그럴 기회가 생겼어. 바로 에스파냐 내전1936~1939년이야.

이 내전은 에스파냐에 새로 들어선 공화정부에 반대하며 파시스트인 프란시스코 프랑코 장군이 일으킨 거였어. 히틀러와 무솔리니가 프랑코 장군을 지원했어. 파시즘과 나치즘이 이 전쟁을 계기로 가까워진 거지. 이 내전은 여러 국가가 개입했기 때문에 세계대전의 전초전이라 볼 수 있어.

1931년 에스파냐에 공화정부가 들어섰어. 하지만 이 정부는 귀족 정권이나 마찬가지였어. 서민을 위한 정부와는 거리가 멀었지. 그러자 자유주의자와 사회주의자들이 들고 일어섰어.

1936년 마침내 이들이 승리했어. 에스파냐의 이 좌파정부를 인민

프란시스코 프랑코 · 에스파냐 내전의 주범으로, 내전을 승리로 이끈 뒤 통령에 취임했다.

프랑코의 종전 선언문 · 1939년 4월 1일 작성됐다.

전선 정부라 불러. 인민전선 정부는 이어 대대적인 개혁을 추진했어. 당연히 보수주의자들이 반발했겠지? 프랑코를 중심으로 한 파시즘 세력은 이 보수주의자들과 연대해 쿠데타를 일으켰어.

영국은 처음부터 에스파냐 내전에 간섭하지 않겠다고 선언했어. 프랑스는 좌파정부를 돕다가 이내 발을 빼 버렸어. 소련만이 좌파정부에 무기를 지원했지. 반면 프랑코 군대는 독일과 이탈리아로부터 전적인 지원을 받았어. 누가 더 강하겠니?

1939년 1월 프랑코의 군대는 수도 바르셀로나를 점령하는 데 성공했어. 이쯤 되면 영국과 프랑스도 프랑코 정권을 공식 인정할 수밖에 없었지. 에스파냐 내전은 결국 파시스트들의 승리로 끝났어. 그해 8월 프랑코는 통령에 취임했지. 이로써 에스파냐에도 파시스트 정부가 들어서게 됐어.

파시스트들의 세력이 강해지고 있지? 유럽 전체가 위태로워졌어.

에스파냐 내전이 터지기 1년 전인 1935년에는 히틀러가 "베르사유조약을 이행하지 않겠다!"라고 선언하기도 했어. 1년 후에는 이탈리아가 에티오피아를 침략했어. 무솔리니는 "로마 제국을 부활시켰다!"라고 선언했지.

독일과 이탈리아는 에스파냐 내전이 진행 중이던 1936년 10월 베를린—로마 추축 협정을 체결했어. 동맹이 된 거야. 이 동맹에 일본이 가세했어. 1937년 11월 세 나라는 방공협정을 체결했어. 세 나라가 동맹이 된 거지. 세 파시즘 국가들의 침략 행위가 본격화했어.

만주사변과 중일전쟁

1931년 9월 18일 밤. 중국 만주 철도의 일부분이 폭발로 파괴됐어. 일본 관동군(關東軍)은 중국인들이 저지른 짓이라며 비난했어. 일본은 이어 만주에 사는 일본인을 보호해야 한다며 군대를 보냈어. 일본의 만주 침략이 시작된 거야. 이 사건이 바로 만주사변이란다.

사실 철도를 폭파한 쪽은 일본이었어. 맞아, 일본이 중국 만주를 삼키기 위해 자작극을 꾸민 거였어. 만주를 침략할 구실이 필요했거든.

일본이 치밀하게 준비했기에 전쟁은 순식간에 끝났어. 5개월여 만에 만주 전역을 점령한 거야. 일본은 1932년 3월 만주에 괴뢰국가 만주국을 세웠어. 이 나라는 일본의 꼭두각시였지. 중국 정부가 국제연맹에 일본의 침략 행위를 제소했어. 제소란 잘잘못을 따져 달라며 소송

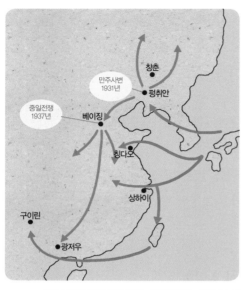

일본 제국주의의 중국 점령 · 중일전쟁을 시작으로 제
2차 세계대전을 일으켰다.

을 내는 행위를 말해. 국제연
맹은 일본에 "만주를 중국에
돌려주고 철수하라"라고 권고
했어. 일본은 피식 웃으며 국
제연맹을 탈퇴해 버렸어.

국제연맹은 허수아비나 다
름없었어. 2년 후 독일도 베
르사유조약을 이행하지 않
겠다고 선언한 뒤 국제연맹
을 탈퇴했지. 다시 1년 후에
는 이탈리아가 국제연맹이
뭐라 그러든 말든 에티오피
아를 침략했어.

1937년 7월 7일 중국 베이징 교외 루거우차오에서 총성이 울려
퍼졌어. 중국과 일본 군대가 충돌한 거야. 일본은 이 사소한 총격전
을 핑계로 이번엔 중국 본토를 침략했어. 이 사건이 중일전쟁이야.

전쟁 초기에는 일본의 기세가 하늘을 찔렀어. 한 달 만에 베이징과
텐진이 일본군의 수중에 떨어졌지. 이어 상하이와 난징이 차례대로
일본에 점령됐어. 중국의 국민당 정부는 충칭으로 임시수도를 옮길
수밖에 없었지.

중국이 그대로 당한 것만은 아니야. 중국의 저항도 강했어. 중국
국민당 정부는 공산당과 연합해 국공합작 군대를 만들었지. 국공합

작 군대는 필사적으로 일본군과 싸웠어. 하지만 일본은 잔인했어. 중국 민중의 저항이 강력하자 차마 저질러서는 안 될 살육을 자행했어. 9월에 일어난 난징대학살이 바로 그거야.

당시 일본은 중국 난징을 점령하기 위해 총력을 기울였어. 하지만 중국의 저항이 만만찮았지. 힘겨운 싸움 끝에 난징을 함락한 일본은 복수를 시작했어. 난징 주민 30만 명을 모두 학살한 거야! 민간인을 이렇게 학살한 경우는 전 세계적으로도 찾아보기 힘든 일이란다. 미쳐도 단단히 미친 거야.

여기서 잠깐. 제2차 세계대전의 출발 시점에 대해 두 가지의 서로 다른 견해를 짚고 넘어갈까?

첫 번째 견해는 독일이 폴란드를 침략한 1939년 9월이야. 이에 대해서는 곧 살펴볼 건데, 보통은 이 침략을 시작으로 제2차 세계대전

난징대학살기념관 · '중국판 홀로코스트'인 난징대학살을 기억하기 위해 세웠다.

이 터졌다고 보고 있어. 이때부터 유럽의 나라들이 본격적으로 전쟁을 시작했거든.

두 번째 견해는 이보다 2년 빠른 1937년 7월이야. 바로 중일전쟁이 터진 시점이지. 중일전쟁을 시작으로 일본은 세계전쟁을 시작했어. 일본도 독일, 이탈리아와 함께 제2차 세계대전의 전범국이기 때문에 중일전쟁이 터진 시점이 바로 세계대전의 출발 시점이란 논리야. 이 두 번째 입장은 주로 아시아 학자들이 많이 주장하고 있단다.

제2차 세계대전 터지다

이제 독일로 가 볼까? 중일전쟁이 터지고 1년이 지난 1938년이었어. 마침내 독일의 침략 행위가 시작됐어.

바로 이해 3월, 독일은 오스트리아를 합병했어. 히틀러는 "같은 게르만족이니 하나로 합치는 게 당연하다"라고 말했어. 침략 행위를 그럴듯하게 포장하고 있는 거야. 독일은 9월 체코슬로바키아의 일부 지역을 얻었고, 1939년 3월에는 아예 이 나라를 흡수해 버렸어. 혹시 소련이 방해할까 봐 8월에는 '우리 두 나라는 서로 침략하지 말자'며 불가침 조약을 체결해 놓았지.

세계대전을 치르기 위한 만반의 준비가 끝났어. 1939년 9월 1일 새벽 5시, 독일은 폴란드를 침략했어. 9월 3일에는 영국과 프랑스가 독일의 침략을 비난하며 선전포고를 했어. 이렇게 해서 제2차 세계

폭격을 당하고 있는 런던 · 1940년 11월 7일, 제2차 세계대전 중 독일군에게 폭격을 당하고 있는 영국 수도 런던의 모습이다.

대전이 본격적으로 시작됐지.

독일의 군사력은 막강했어. 폴란드는 2주 만에 독일에 항복할 수 밖에 없었어. 독일 군대가 바로 옆 나라까지 진격해 오자 소련도 위기감을 느꼈어. 하지만 두 나라의 군대는 국경선을 마주 보고 대치할 뿐 서로 공격은 하지 않았단다. 불가침 조약을 맺었기 때문이야. 오히려 두 나라는 폴란드를 동서로 분할해 나눠 가지기까지 했어. 이념도 국익 앞에서는 무용지물이란 말이 너무나 와 닿는 대목이지?

독일의 기세는 놀라울 정도였어. 프랑스가 160억 프랑^{약 20조 원}이란 거액을 들여 벨기에에서 스위스까지 건설한 요새인 마지노선^{Maginot Line}도 쓸모없을 정도야. 독일군은 마지노선을 빙 돌아 진격했어. 독일은 1940년 4월 노르웨이와 덴마크, 5월 네덜란드와 벨기에, 6월 프랑스를 모두 정복해 버렸어. 유럽 중부와 북부가 거의 독일에 넘어간 거야. 영국만 유일하게 버티고 있었지.

독일은 발칸반도로 진격했어. 1940년 8월에는 헝가리, 루마니아, 불가리아까지 정복했지. 10월에는 이탈리아도 그리스를 공격하면서 본격적으로 전쟁에 뛰어들었어. 그러나 이탈리아의 군사력은 신통치 않았나 봐. 독일의 도움을 받아 겨우 살아날 수 있었어. 독일은 이탈리아를 돕는 과정에서 1941년 5월 그리스도 정복해 버렸어. 영국과 소련만 빼면 유럽의 모든 땅을 차지한 거야. 히틀러는 1940년 7월부터 영국에 전투기를 보내 런던 시내를 폭격하도록 했어. 하지만 영국은 항복하지 않았어. 대단한 영국이지?

히틀러는 정복한 국가들을 동맹으로 끌어들였어. 루마니아, 핀란드, 불가리아, 헝가리가 동맹국의 편에 섰지.

1941년 6월 히틀러가 중대 결정을 내렸어. 세계 제국을 건설하기 위해 불가침 조약을 깨고 소련을 공격한 거야. 병사만 300만 명을 투입했어. 2700여 대의 전투기가 공중을 누볐고, 3600여 대의 전차가 땅 위로 돌진했어. 실로 어마어마한 규모였지.

그러나 소련은 역시 정복하기 힘든 나라였어. 나폴레옹이 그랬고, 제1차 세계대전 때도 그랬었어. 모두 초기에는 무서운 기세로 러시아를 몰아붙였지. 그러나 나중에는 거의 모든 병사가 죽고 소수의 군인만이 겨우 빠져나왔었어. 히틀러도 마찬가지였어. 그의 군대는 파죽지세로 소련을 공략해 4개월 만에 수도인 모스크바를 함락시키

기도 했어. 하지만 12월이 되자 추운 날씨와 소련군의 저항에 부닥
쳤어. 결국 독일은 많은 병사들을 잃고 철수할 수밖에 없었단다.

태평양 전쟁과 미국의 참전

독일 군대가 소련에서 고전하고 있을 때였어. 일본은 동남아시아로
진격하기 시작했어.

1941년 7월 일본은 인도차이나반도를 공격했어. 이 지역은 프랑
스 식민지였어. 하지만 프랑스는 독일에 점령당한 상태였지. 그러니
인도차이나반도에 신경 쓸 겨를이 없었어. 그 틈을 노려 일본이 인
도차이나반도를 정복해 버렸어.

이런 일본의 침략 행위를 미국은 아주 싫어했어. 태평양제도에 있
는 미국 식민지까지 일본
이 노렸기 때문이야. 사실
미국은 세계대전을 일으
킨 동맹 세력들을 벌하고
싶었어. 하지만 불간섭주
의 외교정책 때문에 섣불
리 움직이지 않고 있었지.
그 대신 1941년 3월에는
유럽 국가들에 무기를 빌

진주만 · 폭격을 준비하고 있는 일본군 공습을 위해 출격
하기 직전의 모습이다.

려 주는 법안랜드리스 법안을 통과시켰어. 간접적으로 연합군을 지원한 셈이지.

미국은 일본에 대해 "인도차이나반도와 만주에서 철수하라!"라고 경고했어. 일본이 이 경고를 받아들였을까? 아니야.

1941년 12월 7일 오전 7시53분.

일본의 전투기들이 하와이 주에 있는 진주만 상공에 나타났어. 진주만에는 미국 태평양 함대가 있었어. 그래, 일본이 미국을 치기로 한 거야. 이 공격이 바로 진주만 폭격이야. 일본은 선전포고도 없이 미국 태평양 함대를 기습 폭격했어! 2300여 명의 미군이 죽었고 180여 대의 항공기가 폭파됐어. 미국으로서는 실로 엄청난 타격을 입은 셈이야.

미국은 분노했어. 바로 다음 날, 미국이 일본에 선전포고를 했어. 이로써 태평양 전쟁이 본격적으로 시작됐지. 더불어 제2차 세계대전에 미국이 전격 참전하게 됐어. 처음에는 일본이 진주만 폭격의 기세를 몰아붙여 태평양 일대의 나라들을 차례차례 정복해 나갔어. 그러나 1942년부터 일본은 주춤거리기 시작했어. 전열을 가다듬은 미국이 반격에 나섰기 때문이야.

1942년 5월 미국은 오스트레일리아 북동부 산호해에서 일본을 격파했어. 이게 코랄 해전산호해 전투이야. 이 전투의 패배로 일본은 휘청거리기 시작했어. 미국이 그런 일본을 그냥 둘 리 없겠지? 6월에는 하와이 북서쪽 미드웨이 섬 앞바다에서 다시 일본을 격파했어. 바로 미드웨이 해전이지.

미군의 참전은 전쟁의 판세를 크게 흔들었어. 사기가 오른 연합군은 대반격을 시작했고, 독일과 일본은 속수무책으로 당할 수밖에 없었지.

1942년 무렵 독일은 유럽을 넘어 아프리카 북부까지 장악한 상태였어. 천하무적의 독일 기갑사단이 아프리카 북부를 지키고 있으니 연합군은 어떻게 할 도리가 없었던 거야. 이런 상황이 곧 바뀌었어. 그해 11월 미국과 영국 연합군이 이 독일 기갑사단을 꺾고, 아프리카 북부를 되찾았단다.

전쟁, 드디어 끝나다

연합군의 대대적인 반격이 계속됐어. 1943년 1월에는 소련 군대가 스탈린그라드에서 독일 군대를 격파했어.

아프리카와 지중해 일대에서는 연합군과 독일—이탈리아군의 전투가 치열하게 벌어졌어. 그러다가 9월 이탈리아가 무조건 항복을 선언했어. 연합군은 아프리카 북부와 지중해를 완전히 되찾았지.

1944년으로 접어들자 전세는 완전히 연합군으로 기울었어. 6월 미국의 아이젠하워 장군이 이끄는 미국과 영국 연합군이 프랑스 노르망디에 상륙했어. 그 유명한 노르망디 상륙작전이야. 물론 대성공이었지. 연합군은 독일의 군대를 격파하면서 유럽 중심부로 진격했어. 2개월 후인 8월에는 프랑스 파리를 되찾았고, 1945년 새해가 밝

영국의 처칠 · 제2차 세계대전이 끝난 후 환호하는 관중에게 손을 흔들고 있다.

나가사키 원폭 투하 직후 · 원자폭탄이 터지면서 생성된 버섯구름의 모습이 확연히 보인다.

을 때에는 독일 라인 강 유역까지 진격했단다.

1945년 3월 연합군이 독일에 입성했어. 4월에는 소련군이 연합군에 가세해 독일의 동쪽으로 진격하기 시작했지. 규모가 더 커진 연합군은 독일의 수도인 베를린으로 진격했어. 독일 군대는 완전히 패배했단다.

이 무렵 무솔리니가 붙잡혀 처형됐어. 연합군은 점점 다가오고 있었지. 결국 히틀러도 자살을 선택했단다. 5월 7일 마침내 독일은 연합군에게 무조건 항복을 선언했어.

이제 남은 나라는 일본. 미국은 이미 1944년 11월부터 일본 본토를 폭격하고 있었어. 1945년 4월에는 연합군이 일본 오키나와에 상륙했지. 이쯤 되면 포기할 법도 하지만 일본은 끈질기게 저항했어.

미국이 극단적인 해법을 내놓았어. 미국 공군은 8월 6일 히로시마, 9일 나가사키에 원자폭탄을 투하했어. 그 결과는 이미 잘 알고 있지? 8월 15일 일본은 무조건 항복을 선언했어.

일본의 항복으로 마침내 6년에 걸친 제2차 세계대전이 끝났어. 전쟁의 결과는 너무 비참했단다. 수천만 명의 병사와 민간인이 목숨을 잃었고, 나치 독일에 의해 수백만 명의 유대인이 죽었어. 이보다 더 많은 사람들이 부상을 당했고, 전쟁 후유증으로 고생했지.

원자폭탄이 투하된 일본은 그야말로 아수라장이었어. 방사선에 노출된 많은 사람들이 고통을 겪었어. 제2차 세계대전은 정말로 인류 역사상 가장 큰 재앙이었단다.

국제회담 봇물, 그리고 UN 탄생

전쟁이 끝나기 2년 전부터 강대국들은 전쟁 후의 세계를 논의하기 시작했어. 워낙 국제회의가 많았기 때문에 회의 이름과 내용이 헷갈리는 경우가 많아. 간단하게라도 중요한 회의의 이름과 내용은 따로 메모해서 알아 두는 게 좋아.

1943년 11월 미국루스벨트, 영국처칠, 중국장제스의 세 정상이 이집트 카이로에서 회담을 가졌어. 이 카이로회담에서 일본을 응징하고 한국의 독립을 보장하기로 정상들이 합의했단다. 우리나라 문제가 국제사회에서 처음으로 거론된 거야.

얼마 후 이란 테헤란에서 미국, 영국, 소련 정상들이 모였어. 중국이 빠지고 소련이 참석했지? 루스벨트와 처칠, 스탈린이 회담에 나왔어. 이 테헤란회담에서는 연합군의 노르망디 상륙작전을 의결했지.

1945년 2월 테헤란회담의 세 정상이 우크라이나의 얄타에 다시 모였어. 이 얄타회담에서는 소련이 참전할 것을 결의했어. 또 미국과 영국, 프랑스, 소련 등 4개국이 독일을 분할해서 통치하기로 했지.

같은 해 7월 미국^{트루먼}, 영국^{애틀리}, 소련^{스탈린}의 정상회담이 독일 포츠담에서 열렸어. 이 포츠담회담에서는 일본의 항복과 카이로회담에서 의결한 내용을 이행할 것을 결의했단다.

전쟁이 끝난 후인 1945년 12월 미국, 영국, 소련의 외상^{외교부 장관}들이 소련 모스크바에서 모였어. 세 명의 외상이 모였기 때문에 모스크바 삼상회의라고 불리는 이 회담에서는 한국의 신탁통치가 처음 거론됐단다.

제1차 세계대전이 끝나면서 국제연맹이란 기구가 만들어졌었지? 이번에도 국제기구가 만들어졌어. 바로 국제연합^{UN}이야.

국제연합은 총회보다 안전보장이사회가 더 중요한 기구란다. 안전보장이사회는 국제적으로 발생한 전쟁에서 무력을 쓸 수 있는 권한을 가지고 있었어. 이를 뒷받침하기 위해 만들어진 군대가 바로 UN군이야. 안전보장이사회는 여러 개의 비상임이사국이 있지만 실제 권한은 미국, 영국, 프랑스, 소련,

UN 본부 · 안전보장이사회가 국제 분쟁을 조정하는 역할을 하고 있다.

중국 등 5개의 영구상임이사국에 집중돼 있어.

　제2차 세계대전이 끝난 후에도 1차 대전이 끝났을 때와 마찬가지로 전범국가의 식민지를 원래대로 돌려놓았어. 독일과 이탈리아, 일본의 식민지는 모두 독립을 하게 됐지. 1945년 8월 15일 우리 민족이 일본으로부터 독립한 것도 이 조치에 따른 거야.

　그러나 한반도의 경우 남과 북으로 나뉘게 된단다. 모스크바 삼상회의의 결정을 놓고 좌파와 우파가 대립하기 시작했어. 남북 단일정권을 출범시키려는 사람들은 많았지만 각자의 생각과 방향은 달랐어. 그러니 갈등이 끊이지 않았지. 결국 남한과 북한은 완전히 갈라지고, 한반도는 동서냉전이 폭발하는 장소가 된단다. 이에 대해서는 다음 장에서 다시 설명할게.

　제1차 세계대전 후 영토 조정을 했을 때는 연합국의 식민지는 독립시켜 주지 않았지? 그러나 이번에는 연합국의 식민지들도 모두 독립했단다.

　인도는 제2차 세계대전이 터졌을 때 독립을 보장받는 조건으로 다시 연합군으로 참전했어. 영국은 제1차 세계대전 때는 이 약속을 지키지 않았지만 이번에는 지켰어. 인도는 1947년 8월 15일 영국으로부터 완전 독립에 성공했어. 이때 이슬람교를 믿는 파키스탄은 분리 독립을 선언했어. 인도는 1950년 인도 공화국을 수립함으로써 오늘날의 모습이 됐단다. 이 밖에도 오늘날 미얀마로 부르는 버마는 1948년 영국으로부터, 인도네시아는 1949년 네덜란드로부터 독립했어.

독일은 식민지를 잃는 것으로 끝나지 않았어. 미국, 영국, 프랑스, 소련 등 4개의 강대국이 분할 통치하게 된 거야. 수도인 베를린은 네 나라가 공동으로 관리하는 땅이 돼 버렸어. 독일은 이때부터 분단국가로 남아야 했어. 일본은 4개국이 공동 통치를 하기는 했지만 1951년 독립주권국가로 돌아가는 행운을 누렸단다.

공산주의는 악이다
이승만 vs 장제스

대한민국의 초대 대통령 이승만, 타이완 중화민국의 총통 장제스. 두 인물은 닮은 점이 아주 많아. 그중에서 가장 두드러진 것은 공산주의를 극도로 싫어했다는 거야. 조금 과장해서 두 인물 모두 공산주의와의 투쟁에 평생을 바쳤다고 할 수 있지. 이승만은 1904년 미국으로 건너가 공부하다가 일본이 한국을 병합한 후에는 미국과 하와이에서 주로 독립운동을 했어. 얼마나 성과가 컸는지는 미지수야. 이승만은 그때부터 좌익 독립운동가와 사이가 좋지 않았단다. 어쨌든 이승만은 1945년 10월 귀국했어. 미국은 아무래도 오랫동안 미국 생활을 한 이승만이 믿음직했을 거야. 미국은 이승만의 남한 단독정부 계획을 받아들였지. 대한민국의 초대 대통령이 된 이승만은 공산주의자가 한반도에 발도 못 붙이게 했어. 일본에 대항해 독립운동을 할 때도 좌익 독립운동가와 투쟁한 그였으니 오죽하겠어? 6·25전쟁 때도 그랬어. 공산주의가 얼마나 싫었으면 1953년 미국이 휴전하자고 제의했을 때도 반대했단다. 공산주의자들의 씨를 몰아내기 전에는 전쟁을 끝낼 수 없다는 뜻이었지. 이승만은 1960년에 일어난 4.19혁명 때 쫓겨났단다.

장제스도 일본으로 유학 간 뒤 그곳에서 중국혁명동맹회에 가입한 해외파였어. 장제스는 스승인 쑨원이 살아 있을 때는 납작 엎드렸지만, 권력을 잡은 뒤에는 드러내 놓고 공산당과 충돌했어. 제1차 국공합작이 진행되던 1927년 쿠데타로 공산당을 진압했고, 그 후에도 대대적인 공산당 소탕 작전을 벌였지. 심지어 일본이 만주사변을 일으킨 후에도 일본과 싸울 생각은 하지 않고, 공산당 토벌에만 혈안이 됐어. 그 결과 장제스는 마오쩌둥의 인민해방군에게 패한 뒤 타이완으로 도망가 중화민국을 세웠어.

두 인물의 이야기에서 어떤 교훈을 얻을까? 지나치게 한 이념에 빠지면 자신도, 주변의 사람도, 국가도 불행하다는 거?

대륙별스토리

19세기에도 그랬지만 20세기에는 전 세계가 하나의 생물처럼 유기적으로 움직이기 시작했어. 과학이 발달하면서 대륙 간 이동도 자유로워졌지.

1903년 12월 17일, 미국의 라이트 형제가 비행기로 하늘을 나는 데 성공했어. 수백, 수천 번의 실험 끝에 12초 동안 36미터의 거리를 비행했단다. 인간이 동력 비행기를 조종해 하늘을 나는 것은 더 이상 공상이 아니야! 그 넓은 대양도 인간의 이동에 장애가 되지 못하는 거지.

1905년 6월에는 아인슈타인이 특수 상대성 이론을 발표했어. 모든 물질의 움직임은 일정하다는 뉴턴의 물리학이 정면으로 반박됐지. 아인슈타인은 모든 물질은 그때그때 처한 환경에 따라 움직임이 다르다고 주장했어. 현대 과학이 다시 도약한 거야.

1909년 4월 6일에는 미국의 탐험가 로버트 피어리가 북극점을 밟았어. 몇 차례의 실패 끝에 얻은 성공이었어.

인류가 이룩한 성과가 눈이 부실 정도야. 하지만 커버스토리에서 살펴봤던 대로 20세기에 인류는 사상 최악의 전쟁을 맞았어. 그 전쟁의 끝에는 냉전Cold War이 버티고 있었지. 냉전이 해소되자 이번에는 테러의 위협이 현실이 됐어. 이 이야기는 다음 장에서 다룰 거야. 20세기 전반부의 나머지 역사를 마저 살펴볼까?

혼돈으로 시작한 20세기

제국주의 열강의 팽창은 20세기 들어서 더욱 격화됐어. 아시아에서 유일하게 열강의 지위에 오른 일본. 훗날 제2차 세계대전을 일으킨 전범국이지. 하지만 20세기 초까지만 하더라도 서양 열강들은 "그래도 일본은 아직까지 햇병아리 아니야?"라며 무시했단다.

그런 국제적 시선을 깨고 일본이 열강으로 인정받은 사건이 터졌어. 그게 바로 러일전쟁이야^{1904년}. 대포 소리로 20세기의 문을 연 셈이지. 일단 러일전쟁부터, 제1차 세계대전이 끝난 직후까지 중요한 역사를 간추려 볼게.

일본, 러일전쟁 승리하다

러시아는 삼국간섭 이후 일본을 따돌리고 동아시아에서 주도권을 잡았어. 20세기 초반에는 중국 만주로까지 세력을 넓혔지. 러시아의 이런 행동에 가장 위기감을 느낀 유럽 열강을 찾으라면 누구겠니? 그래, 영국이야. 영국은 가장 먼저 중국에 진출해 많은 공을 들였어. 이제 중국을 반식민지로까지 만들어 놓았는데, 러시아가 만주까지 진출했다면 아무래도 신경이 쓰이지 않겠어?

일본은 어땠을까? 당연히 위기감을 느꼈겠지. 일본에게 중국은 다

잡았다 놓친 토끼와 같았어. 러시아, 프랑스, 독일이 삼국간섭을 하면서 끼어들었기 때문이야. 중국 땅을 도로 내놓아야 했던 일본은 삼국간섭에 포함돼 있는 러시아를 못마땅하게 생각하고 있었어. 그런 마당에 러시아가 만주까지 진출한 거야. 러시아가 중국 전체를 삼키지 말라는 법 있니? 일본이 위기감을 느낄 수밖에 없겠지?

영국과 일본은 러시아의 중국 진출을 반대하는 점에서는 입장이 같았어. 두 나라는 '영일동맹'을 체결했어 1902년. 일본이 러시아를 상대로 전쟁을 일으키면 영국이 전적으로 지원하기로 했지. 그 대신 영국은 일본이 조선을 지배하는 걸 묵인하기로 했어.

1904년 2월 9일 일본이 러시아 함대가 정박 중인 뤼순 군항을 기습 공격했어. 러일전쟁이 터진 거야.

러일전쟁은 유럽과 아시아의 열강이 현대식 무기로 무장하고 벌인

랴오둥 반도 상륙 · 뤼순 군항을 공격하기 위해 중국 땅에 상륙하는 일본군의 모습이다.

첫 전면전이었어. 유럽 열강들은 대부분 러시아의 승리를 점쳤어. 일본이 열강의 대열에 진입했다고는 하지만 아직까지는 어린애 수준이라고 본 거지. 러시아도 일본의 침략을 받고 당황하기는 했지만 결코 패할 거라고는 생각하지 않았어.

그러나 결과는 뜻밖이었어. 일본 군대는 만주와 한국에서 벌어진 모든 전투에서 러시아 군대를 대파했어. 첫

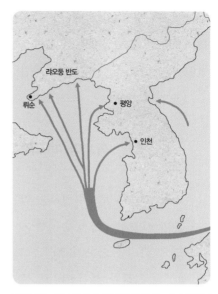

러일전쟁 · 일본의 기습 공격에 러시아는 속수무책이었다.

전투가 시작되고 1년 6개월이 지난 1905년 9월, 러일전쟁이 끝났어. 겉으로는 무승부이지만 실제로는 일본의 승리였지. 전 세계가 경악했어.

독일의 빌헬름 2세 황제는 이 전쟁을 지켜본 뒤 "이제 '황화'를 경계해야 한다"라고 말했다는구나. 황화는 아시아 인종으로부터 비롯되는 위험을 뜻해. 일본을 더 이상 얕봐서는 안 된다는 거지.

일본은 러시아와 미국 포츠머스에서 만나 강화조약을 체결했어. 이 포츠머스조약에 따라 일본은 뤼순과 다롄, 사할린 일부를 얻었지. 또한 남만주에 철도를 만들고 관리할 수 있는 권리도 가져갔어.

더불어 조선에 대한 지배권도 확실하게 거머쥐었지. 우리 민족은 일본의 식민지로 전락했어. 일본은 1910년 대한제국을 완전히 합병해 버렸어. 한반도가 일제강점기로 접어든 거야.

아시아, 제국주의에 저항하다

눈을 돌려 제국주의에 저항하고 있는 아시아 국가들을 살펴볼까?

일본이 러일전쟁에서 승리한 사실은 우리 민족에게는 떨떠름한 뉴스였어. 하지만 다른 아시아 국가들에게는 살짝 위안이 됐다는구나. 일본의 승리를 전체 아시아 관점에서 해석했기 때문이야. 이런 식이지.

"아시아 인종이 유럽 인종보다 열등하다고 누가 말했는가? 러일전쟁에서 일본이 승리하지 않았는가? 일본은 아시아 국가가 아닌가?"

하긴 일본의 직접 지배를 받지 않았으니까 그렇게 해석할 수도 있겠다 싶어. 우리로서는 씁쓸하지만 일본의 승리가 다른 아시아 민족에게 자신감을 줬다는 사실까지 부정할 수는 없겠지. 중국과 인도는 반제국주의 운동을 벌였어. 청나라 민중들은 서양 상품에 대해 불매 운동을 벌였어. 인도에서는 인도국민회의가 주도해 민족주의 운동을 펼쳤어. 인도의 저항을 좀 더 살펴볼까?

러일전쟁이 터지고 몇 달이 지난 시점이었어. 영국 정부는 인도 벵골을 동벵골과 서벵골로 나눈다는 벵골 분할령을 발표했어 1905년. 인도 사람들은 반발했지만 영국은 인도의 오랜 종교 갈등을 끝내기 위해 어쩔 수 없다고 주장했지.

이 무렵 인도에서는 힌두교와 이슬람교도들이 대립하고 있었어. 서벵골에는 힌두교도들이, 동벵골에는 이슬람교도들이 주로 살고 있었지. 이 종교 갈등을 끝내려면 두 지역을 분리해야 한다는 거야. 나름대로 합리적인 것 같지 않니? 사실은 그렇지 않아. 지역과 종교 감정을 교묘하게 이용해 영국에 대한 인도인들의 거부감을 없애려고 했던 거란다. 벵골은 영국에 대한 저항이 가장 강한 지역이었거든.

인도국민회의가 영국에 대한 저항운동을 주도했어. 인도국민회의는 국산품 애용^{스와데시} 운동, 민족자치^{스와라지} 운동, 외국제품 거부^{보이콧} 운동을 활발하게 벌였어. 강한 저항에 부닥치자 영국도 주춤했지. 6년이 지난 1911년, 영국은 마침내 벵골 분할령을 폐지했어. 인도 민중이 승리한 거야!

그러나 이 지역의 종교 갈등은 점점 심해졌어. 결국 제2차 세계대전이 끝나고 얼마 지나지 않은 1947년, 이슬람교도들은 파키스탄으로 독립하고야 말았단다. 1971년에는 파키스탄마저 분열해 동파키스탄이 방글라데시로 독립하게 돼.

인도에서 서쪽으로 가 볼까? 오늘날의 이란 땅이야.

1908년 5월이었어. 이란에서 석유가 펑펑 나오기 시작했어. 중동에서 대규모로 석유가 나온 것은 처음 있는 일이었어. 이란 왕실^{카자르 왕조}이 기뻐했을까? 사실 영국인들이 더 좋아했어. 영국이 석유채굴권을 이란 왕실로부터 구입했기 때문이야. 이란 왕실은 고작 16퍼센

이란 서남부의 아바단(1951년) · 이라크와 인접해 있는 이란의 아바단 섬이다. 1908년 영국인에 의해 석유가 발견된 뒤 중동의 대표적인 석유개발 기지가 됐다.

트의 이익금만 받도록 계약이 돼 있었지.

영국인은 석유회사를 차렸어. 이 회사가 앵글로—페르시아 석유회사야. 오늘날의 영국석유회사가 바로 이 회사가 발전해 만들어진 회사란다.

이후 석유가 중동 지역에서 본격적으로 터져 나오면서 제국주의 열강들이 속속 몰려들었어. 석유 때문에 20세기 이후까지도 중동 지방에선 많은 분쟁이 일어났지. 이 석유가 민중들이 서방 세계에 저항하는 계기가 되기도 했어.

자, 다시 서쪽으로 더 가 볼까? 이번엔 오스만 제국이야.

이란에서 석유가 펑펑 쏟아지고 한 달이 지난 1908년 6월, 오스만 제국에서는 젊은 장교들의 혁명이 일어났어. 혁명은 성공했고, 리더인 엔베르 파샤가 모든 권력을 쥐었지.

엔베르 파샤는 투르크 민족주의자였어. 투르크족의 세계 제국을 건설하겠다는 야망을 품고 있었지. 위험한 발상이었어. 바로 이 야망을 이루기 위해 오스만 제국은 제1차 세계대전 때 독일의 편에서 싸운 거란다.

중국, 왕조시대 끝나다

20세기로 접어든 후 중국에서는 왕정이 무너지고 공화정이 들어섰어.

러일전쟁에서 일본이 러시아를 밀어붙이자 중국의 지식인들은 큰 충격을 받았어. 일본이 그렇게 강한 나라인지 미처 몰랐던 거야. 비로소 일본을 배우려는 지식인들이 나타났어. 그들은 일본으로 유학을 떠났고, 러일전쟁이 끝나기 직전에는 도쿄 한복판에서 중국혁명 동맹회를 만들었어.

중국혁명동맹회의 목표는 청 왕조를 끝장내고 공화국을 세우는 것이었어. 새로 들어설 국가의 이름은 중화민국이라 지었지. 중국혁명동맹회의 첫 주석^{대표}은 쑨원이 맡았어. 또 쑨원이 제시한 민족주의, 민권주의, 민생주의 등 삼민주의를 혁명 이념으로 삼았단다.

쑨원 · 중국 혁명 지도자로 초대 임시총통을 지냈다.

청나라 조정에도 커다란 변화가 생겼어. 그동안 1인자 역할을 하던 서태후와 황제가 1908년 세상을 떠난 거야. 이어 세 살 난 황태자 푸이가 황제에 올랐어. 그가 바로 선통제야. 곧 살펴보겠지만 청나라의 마지막 황제였지.

어린 황제가 뭘 할 수 있을까? 게다가 이즈음 중국에서는 그 어느 때보다 혁명을 원하는 사람들이 많았어. 실제로 얼마 후 사건이 터지고 말았어. 조정이 민영철도를 국가의 것으로 하려는 국유화 조치를 취하자 중국혁명동맹회가 "철도 레일을 지키자!"라고 외치며 보로운동을 시작한 거야. 중국혁명동맹회는 이참에 혁명을 일으켜야 한다며 중국 민중에게 선전했어.

인도의 벵골 분할령이 폐지된 바로 그 해, 중국 우창 지역에서 혁명군이 들고 일어섰어. 바로 신해혁명이야^{1911년}.

우창을 장악한 혁명군은 곧 중화민국 임시정부를 세웠지. 난징을 점령했고, 이듬해 1월에는 정식으로 중화민국 정부를 출범시켰어. 중국에 첫 공화국 정부가 탄생한 거야^{1912년}. 중국으로 돌아온 쑨원이 임시총통에 올랐어.

청 조정은 위안스카이라는 장군에게 임시정부를 없애라고 명령했어. 위안스카이는 즉시 군대를 출동시켰는데, 웬일인지 임시정부를 바로 공격하지는 않았어. 쑨원이 "우리와 손잡고 왕정을 끝내면 대총통 자리를 넘겨주겠다"라고 제안했기 때문이야.

위안스카이는 권력 욕심이 아주 강했어. 청 조정의 장군을 할 바에야 중화민국의 대총통 자리가 더 좋겠지? 위안스카

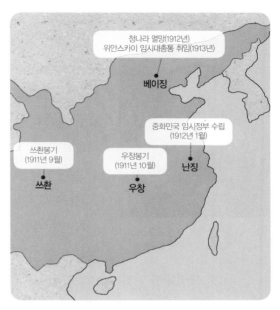

신해혁명과 임시정부 수립 · 중국혁명동맹회의 봉기로 임시정부가 세워졌고 청나라가 멸망했다.

이는 오던 길로 돌아가 청 조정으로 쳐들어갔고, 선통제를 협박해 스스로 물러나게 했어. 이로써 청나라는 300여 년 만에 역사 속으로 사라지고 말았단다.

약속대로 위안스카이가 중화민국 임시대총통에 올랐어. 하지만 바로 공화국이 됐거나 정치적으로 안정을 찾은 건 아니야. 여러 정치 세력이 날뛰는 바람에 더 혼란스러워졌어. 곧 위안스카이를 중심으로 한 공화당, 위안스카이에 반대하는 국민당으로 정리됐어. 위안스카이는 반대파인 국민당을 탄압했고, 쑨원은 다시 망명을 떠나야 했지. 모든 적을 제거한 위안스카이는 1913년 10월 정식 대총통에

취임했어.

중국의 앞날은 순탄할까? 글쎄. 위안스카이가 권력에 대한 욕심이 아주 강했다고 했지? 그는 대총통에 만족하지 못했어. 황제가 되고 싶었지. 그러니 결코 민주적인 통치가 이뤄질 수가 없었어. 혼란의 먹구름이 중국을 잔뜩 뒤덮었단다.

위안스카이 · 선통제를 물러나게 하고 대총통에 취임했다.

제1차 세계대전이 한창이던 1916년, 위안스카이는 황제가 되겠다는 꿈을 이루지 못하고 병으로 세상을 떠났어. 그가 사망하자 군벌 세력들이 날뛰기 시작했어. 그야말로 힘이 곧 법인 시대가 된 거야. 위안스카이가 사망할 때부터 훗날 장제스가 등장해 모든 군벌을 제압하던 1928년까지를 군벌시대1916~1928년라고 부른단다.

대한제국 멸망

중국에서 혁명이 일어나고 공화국이 들어설 즈음 대한제국은 역사 속으로 사라지는 운명을 맞았단다. 일본이 강제로 병합한 거야. 그 과정을 짧게나마 살펴보고 넘어가야겠지? 비극의 역사, 굴욕의 역사라 하더라도 우리는 기억해야 할 의무가 있어. 과거를 잊는 민족에겐 미래가 없으니까!

일본은 러일전쟁을 치르기 직전, 대한제국을 협박해 한일의정서를 체결했어. 이 조약에 따라 일본은 한반도 땅을 제 땅인 것처럼 쓰기 시작했지. 전쟁 수행에 필요한 철도도 건설했어.

러일전쟁이 한창 치러지고 있을 때는 제1차 한일협약을 체결했어 1904년. 이 협약에 따라 대한제국은 일본이 지정한 외교고문과 재정고문을 둬야 했지. 전명운 의사가 암살한 미국인 스티븐스가 이때 임명된 외교고문이었단다. 고문이 하는 일이 뭐겠어? 참견하는 거야. 외교고문은 대한제국의 대외정책에, 재정고문은 대한제국의 경제정책에 깊이 관여하겠다는 뜻이었지.

러일전쟁에서 승리해 기세가 등등해진 일본은 다시 대한제국을 협박해 제2차 한일협약을 체결했어 1905년. 이 조약은 을사조약으로 더 많이 알려져 있어. 일본이 우리의 외교권을 박탈한 조약이야. 일본은 또한 대한제국의 모든 정치에 간섭할 통감을 파견했어. 초대 통감이었던 인물이 안중근 의사에 의해 피살된 이토 히로부미란다.

을사조약이 체결되자 민영환, 조병세 같은 우국지사의 자결이 이어졌어. 고종 황제도 일제의 부당한 침략을 알리겠다고 결심했

고종(왼쪽)과 순종(오른쪽)

지. 고종은 네덜란드 헤이그 만국평화회의에 밀사를 파견했어[1907년]. 하지만 밀사들은 일본의 방해로 회의에 참석하지도 못했단다. 일제는 이 사건의 책임을 지라며 고종 황제를 끌어내리고, 그의 아들 순종을 황제에 앉혔지.

순종도 아버지만큼이나 비극적인 왕이었어. 왕자 시절 어머니의 피살을 목격했고, 아버지가 황제의 자리에서 강제로 끌어내려지는 굴욕도 지켜봐야 했지. 게다가 자신의 대에서 나라가 사라지는 치욕까지….

순종은 황제에 오르자마자 일본의 강요를 못 이겨 제3차 한일협약을 체결했어[1907년]. 이 조약은 한일신협약 또는 정미7조약이라고도 부르는데, 이 협약을 주도한 사람이 바로 매국노 이완용이야. 이 조약에 따라 일본인이 대한제국의 중요한 관직을 모두 차지했어. 대한제국의 군대가 해산됐고 경찰과 사법권까지 모두 일본에게 빼앗겼지. 대한제국이 통째로 일본으로 넘어간 셈이야. 일본은 또 동양척식회사를 설립해 경제 착취를 본격적으로 시작했어.

1910년 8월 29일 일본은 끝내 대한제국을 완전히 흡수 합병했어. 이로써 조선 왕조는 27대 519년 만에 역사 속으로 사라져 버렸고, 일본의 기나긴 식민지 지배를 받기 시작했단다.

중동의 비극, 시작되다

이제 중동 지역으로 가 볼까? 오늘날 중동이 혼란스럽고, 테러가 빈발하는 비극의 땅이 된 이유를 찾아볼 수 있을 거야.

　제1차 세계대전이 터지기 전까지만 해도 세계 최대의 화약고는 발칸반도였어. 그러나 오늘날에는 서아시아, 즉 중동 지역이 최대의 화약고가 됐어. 왜 중동 지역이 화약고가 됐을까? 제1차 세계대전이 시작되던 해, 그 비극의 첫 단추가 끼어졌단다. 그 시작이 맥마흔 선언이야 1915년.

　이해부터 1916년까지 영국의 고등 판무관 헨리 맥마흔이 메카의 태수인 후세인 빈 알리에게 여러 통의 편지를 보냈어. 이 편지는 모두 비밀리에 전달됐지. 편지의 내용을 요약하면 대충 다음과 같아.

　"아랍 민족이 연합군의 일원이 돼 독일 및 오스만 제국과 싸우면 전쟁이 끝난 다음 팔레스타인 지역에 아랍 국가를 세우도록 해 주겠다."

　후세인은 이 약속을 믿었어. 아랍 민족은 독립 국가를 세울 수 있다는 꿈에 부풀어 오스만 제국과 열심히 싸웠지. 전략적으로 중요한 다마스쿠스를 점령하기도 했단다.

　하지만 영국은 딴마음을 품었어. 전쟁이 끝나면 오스만 제국 영토

이스라엘 · 밸푸어 선언을 통해 세워진 나라로서 현재까지도 중동 분쟁의 중심에 서 있는 나라이다.

를 영국과 프랑스, 러시아가 나눠서 관리하기로 한 거야. 아랍 민족에게 독립 국가를 세울 수 있도록 허용하겠다던 팔레스타인은 공동으로 관리하기로 했어. 이 비밀 협정이 사이크스—피코 협정이야1916년. 협정을 체결한 영국 대표가 사이크스, 프랑스 대표가 피코였거든.

아랍 민족이 이 사실을 알았으면 얼마나 화가 났을까? 그런데도 열강들은 전혀 죄책감을 느끼지 않았어. 오히려 더 황당한 이중 약속을 한단다. 영국 외무장관 아서 밸푸어가 유대인 은행가인 로스차일드 경에게 편지를 보냈는데, 놀란 만한 선언이 담겨 있었어.

"유대인들이 전쟁 자금을 지원해 주면 팔레스타인 지역에 유대인 국가를 세울 수 있도록 도와주겠다."

이것이 밸푸어 선언이야1917년. 뭔가 좀 이상하지 않니? 그래. 맥마흔 선언을 완전히 뒤엎은 거야. 사이크스—피코 협정과도 어긋나지.

제1차 세계대전이 중반으로 접어들면서 연합국은 전쟁 자금이 절실했어. 그 돈을 확보하기 위해 돈 많은 유대인을 끌어들이려는 전략이었지. 물론 전쟁 자금을 확보하는 것도 중요한 일이야. 그러나 팔레스타인이란 동일한 지역에 아랍과 유대 민족 모두에게, 나라를 세울 수 있도록 해 주겠다고 약속한 건 분명 사기였어. 중동의 비극은 바로 여기에서부터 시작된 거야.

제2차 세계대전이 끝난 직후 유대인은 이 밸푸어 선언에 따라 팔레스타인에 이스라엘을 건설하게 돼. 아랍 민족은 당연히 크게 반발했어. 이 갈등으로 인해 시작된 게 중동전쟁이야. 이 전쟁에 대해서는 나중에 다시 살펴볼게.

"아프리카여 부활하라!"

19세기 미국. 곳곳에서 백인우월단체 KKK는 흑인에 대한 테러를 자행했어. 흑인들은 범흑인주의Pan Negroism를 외치며 부당한 차별에 맞서 싸웠어.

그로부터 한 세기가 지난 1900년 영국 런던. 전 세계의 흑인 지도자들이 몰려들었어. 백인들의 테러와 차별에 맞서기 위해서였지. 이들은 국적을 넘어 연대하기로 하고, 범아프리카회의를 출범시켰어. 이처럼 흑인들이 국제 조직을 만든 것은 처음이란다.

초창기에는 범아프리카회의를 미국과 중미의 흑인 지도자들이 주도했어. 하지만 제2차 세계대전이 끝날 무렵에는 아프리카의 흑인들이 이 단체와 운동을 주도한단다. 범아프리카회의가 배출한 많은 흑인 지도자들이 훗날 아프리카의 지도자로 부상하게 돼. 그들은 아프리카 부활을 외치며 독립 투쟁을 시작했어. 그 결과 실제로 많은 나라들이 독립을 쟁취했어.

1957년 가나가 독립을 성취한 이후 1963년까지 아프리카 지역의 대부분이 독립을 했어. 이때부터 아프리카의 통일 문제가 범아프리카회의의 핵심 논제가 됐지. 1963년에는 아프리카통일기구가 결성되기도 했어. 하지만 각국의 이해관계에 부딪혀 오늘날 아프리카의 통일은 아직 멀게만 느껴져.

범아프리카회의를 상징하는 로고 · 범아프리카회의는 흑인의 인권과 아프리카의 독립을 위해 세워진 단체이다.

민족자결주의어, 타올라라

제1차 세계대전이 끝날 1919년 무렵 이후부터 살펴볼게. 이 무렵 아
시아 민중들은 희망에 차 있었어. 바로 민족자결주의 때문이야. 식민
지로 전락한 현실을 극복할 수 있을 거라는 믿음. 이 믿음이 희망으
로 자라났던 거지.

하지만 얼마 지나지 않아 민족자결주의에 기대했던 믿음이 산산
조각이 나고 말았어. 민족자결주의가 제1차 세계대전 패전국에만
적용됐기 때문이야. 승전국의 식민지였던 아시아는 아무것도 달라
지지 않았어. 아시아 민중들은 큰 실망에 빠졌지. 그러나 좌절만 하
고 있을 수는 없잖아?

아시아 전역에서 열강들에 대한 저항운동이 격렬하게 일어났단
다. 민족자결주의로 인해 당장 독립을 얻지는 못했지만, 그래도 아시
아 민중의 독립 의지를 불태운 점은 긍정적인 측면인 셈이지.

아시아 민중, 다시 저항하다

민족자결주의가 한반도를 깨웠어. 1919년 3월 1일 한반도에서 3·1운
동이 일어났지. 이 운동에 대해서는 뒤에서 다시 다룰게. 이 3·1운동
이 거대한 중국을 깨웠어. 같은 해 5월 4일 중국 베이징에서 5·4운

동이 일어난 거야. 중국인들이 3·1운동의 영향을 받아 5·4운동을 시작했다는 분석이 많아.

5·4운동은 파리강화회의가 중국의 요구는 무시하고 일본의 요구만 들어준 데서 시작됐어. 중국은 제1차 세계대전에 연합군으로 참전

5·4운동 · 천안문 광장에서 시위하는 학생들과 시민들의 모습이다.

했단다. 전쟁에서 이겼으니 당연히 독일에 빼앗겼던 권리를 모두 되찾을 수 있을 거라고 생각했지. 그러나 결과는 중국의 뜻과는 무관했어. 독일의 이권이 고스란히 일본으로 넘어간 거야. 중국 민중이 5·4운동을 일으킬 법도 하지 않니?

이즈음 인도도 영국의 배신에 분노하고 있었어. 제1차 세계대전이 터지자 영국은 인도가 연합군으로 참전하기를 원했어. 영국은 "참전하면 전쟁이 끝난 후 독립시켜 주겠다"라고 말하며 인도를 설득했어. 인도는 이 약속을 믿고 제1차 세계대전에 연합군의

마하트마 간디 · 영국에 저항하는 인도 민중을 이끈 정신적·정치적 지도자이다.

일원으로 참전했어. 하지만 영국의 약속은 지켜지지 않았어. 인도에 자치권을 주고는 입을 씻어 버린 거야.

이때 간디가 등장했어. 그는 비폭력, 무저항, 불복종주의를 원칙으로 저항운동을 벌였어. 무장투쟁을 주장하는 독립운동가들도 있었지. 네루가 그런 인물이었는데, 인도인들은 간디를 더 지지했고 그의 노선을 따랐어. 간디는 오늘까지도 힌두의 신으로 추앙받고 있단다. 간디와 민중의 투쟁 덕분에 인도는 1935년 확실한 자치권을 영국으로부터 따냈어.

베트남에서도 독립운동이 본격적으로 시작됐어. 오늘날까지도 베트남의 영웅으로 추앙받고 있는 호찌민이 이 독립운동을 주도했지. 호찌민은 1929년 인도차이나 공산당을 조직했어. 이 공산당이 훗날 베트남을 공산국가로 만든 조직이란다.

오스만 제국, 해체되다

제1차 세계대전 이후 가장 큰 변화를 겪은 나라 중 하나가 오스만 제국이야.

오스만 제국의 역사도 참으로 파란만장해. 1876년 급진 개혁파의 쿠데타가 성공해 입헌군주제를 세우는 데까지는 성공했지만 그 뒤로는 결과가 좋지 않았어.

1908년 군부 세력과 강경파 지식인이 중심이 된 청년투르크당이

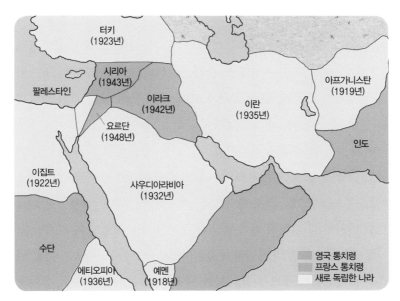

제1차 세계대전 후 서아시아의 분할 · 오스만 제국이 쪼개져 여러 나라가 탄생했다.

쿠데타에 성공해 정권을 장악했어. 청년투르크당의 지도자 엔베르
파샤는 오스만 제국의 부활을 꿈꿨지. 그는 모험을 감행했어. 제1차
세계대전에서 독일과 오스트리아의 편에 선 거야. 전쟁에서 승리하
면 발칸반도를 되찾을 수 있을 거라고 생각한 거지. 그러나 제1차 세
계대전은 동맹국의 패배로 끝이 났고 오스만 제국은 사상 최악의 위
기를 맞았어. 영토가 산산조각이 나게 된 거야.

이미 말한 대로 민족자결주의는 패전국의 식민지에만 적용됐어.
이 이념에 따라 오스만 제국의 영토 가운데 투르크족이 아닌 다른
민족이 사는 곳은 모두 오스만 제국으로부터 떨어져 나갔어.

이집트는 독립했고 이라크, 시리아, 요르단, 팔레스타인 같은 지역은 영국과 프랑스의 위임통치를 받다가 나중에 독립 국가를 건설했지. 레바논과 시리아는 프랑스, 팔레스타인과 요르단 및 이라크는 영국의 지배를 받았어. 이들 국가가 프랑스와 영국으로부터 완전 독립을 얻어 낸 것은 제2차 세계대전이 끝나고 나서야.

이제 오스만 제국은 소아시아 이스탄불 주변의 작은 국가로 추락하고 말았어. 오스만 제국은 정신을 차리고 진정한 개혁을 시작했어. 1922년 오스만 제국은 술탄 제도를 폐지했어. 그다음 해에는 공화국으로 전환했지. 이렇게 해서 탄생한 나라가 바로 오늘날의 터키란다.

팔레스타인을 좀 더 세밀하게 들여다볼까? 영국과 프랑스가 아랍 민족과 유대인 모두에게 독립 국가를 세워 주겠다고 한 곳이야. 이 이중 약속의 부작용이 제1차 세계대전이 끝난 후부터 나타나기 시작했지.

제1차 세계대전이 끝난 다음 팔레스타인 지역은 영국의 신탁통치를 받았어. 영국은 유대인의 손을 들어줬어. 아랍 민족과의 약속을 저버리고 팔레스타인에 유대인을 이주시킨 거야. 배신감을 느낀 아랍인들은 저항운동을 시작했어. 이 투쟁은 제2차 세계대전이 터질 때까지 20년간 계속됐어.

그러나 영국은 개의치 않고 유대인들을 팔레스타인으로 계속 이주시켰어. 이때 독일 나치 정권이 유대인을 심하게 탄압했기 때문에 어쩔 수 없는 일이기도 했어. 유대인들은 살아남기 위해 독일의 힘이 미치지 않는 팔레스타인으로 도피한 거야. 1930년대 중반부터 팔레스타인에 이주하는 유대인의 수가 폭발적으로 늘어났어. 아랍인들은 오랫동안 살아왔던 터전을 빼앗길 위기에 처했어. 1937년 대규모 폭동이 팔레스타인에 일어났어. 이후로 유대인과 아랍인 사이에 민족 분쟁이 심해졌어.

한편 인도 민중이 벵골을 지켜내고 11년이 지난 1922년, 아라비아반도에서 사우디아라비아가 탄생했어. 와하브 운동을 지원했던 사우드 왕조가 이 나라로 발전했다는 사실은 앞에서 살펴봤지?

일본 대지진과 만주국의 수립

제1차 세계대전에 일본도 연합군의 일원으로 참전했어. 그러니 전쟁이 끝난 후 많은 이권을 챙길 수 있었어. 독일이 중국에서 가지고 있던 이권을 가로챈 게 대표적이야. 이 때문에 중국 민중이 반발해 5·4운동을 일으켰다고 했지?

1920년대 이후 일본에서는 극우 민족주의와 군부가 세력을 키웠어. 경제가 악화되니 이런 극단주의자들이 힘을 얻은 거지. 사실 그전까지만 해도 러시아를 견제하기 위해 영국이나 미국 같은 나라들이 일본을 지원했었어. 하지만 중국을 지배하려는 야욕이 드러나면서 국제사회는 일본을 외면하기 시작했어. 그러자 일본은 제2차 세계대전을 일으켰지.

1923년 9월 1일, 일본 간토 지방에 큰 지진이 발생했어. 지진은 3일간 계속됐어. 도쿄와 요코하마의 피해가 가장 컸지. 10만 명이 사망했고, 4만 명 이상이 실종됐어. 어마어마한 자연재해가 발생하면 사람들은 공포에 떨게 돼 있어. 일본 국민들도 마찬가지야. 일본 정부는 사태를 수습하기 위해 계엄령을 선포했어. 뭐, 여기까지야 별 문제가 없었어. 문제는 그다음에 생겼지. 파시스트와 일본 군부가 이렇게 소문을 퍼뜨린 거야.

"조선^{한국} 사람들이 물에 독약을 뿌리고 있다!"

그렇잖아도 겁에 질린 일본인들이야. 파시스트들이 노린 게 바로 이거였어. 정부나 군부에 대한 불만을 한국으로 돌리려는 속셈이었지. 조금만 진실을 파악했더라면 이런 소문이 사실과 다르다는 걸

선통제 · 중국의 마지막 황제로 알려져 있다. 그의 인생은 영화화 되기도 했다.

알 수 있었을 거야. 하지만 일본인들은 정상적인 생각을 하지 못했어. 그래, 그 소문을 사실로 믿은 거야.

예상대로 일본인들은 한국인들을 테러하기 시작했어. 한국인만 보이면 폭력을 휘둘렀고, 살인도 서슴지 않았어. 간토 지진 이후 6000명이 넘는 한국인이 이 테러로 목숨을 잃었다는구나.

일본은 그 후 침략의 야욕을 본격적으로 드러내기 시작했어. 바로 만주사변을 일으킨 거지.

이때 일본은 만주를 점령한 후 그곳에 괴뢰국가를 세웠어. 괴뢰국가는 꼭두각시 역할을 하는 나라란 뜻이야. 그 나라가 만주국이라고 했지?

일본이 이 만주국의 황제로 임명한 인물이 누구인지 아니? 바로 청나라의 마지막 황제였던 선통제 푸이야. 푸이는 청나라가 멸망한 후 일본 공사관으로 피신하는 등 불안한 생활을 해야 했단다. 그러다 결국에는 일본의 뜻대로 움직이는 괴뢰국가의 황제가 됐어. 이 만주국은 제2차 세계대전이 끝나는 1945년에 멸망했어. 그 후 푸이는 한 식물원에서 정원사로 일했다는구나.

미국 자본주의를 주목하라

제1차 세계대전이 끝났지만 전 세계는 여전히 혼란스럽지? 하지만 미국은 달랐어. 유일하게 평화로운 대륙이라고 해도 과언이 아니야.

미국에서는 자본주의가 절정으로 치닫고 있었어. 미국인들은 돈을 펑펑 썼어. 소비시대가 활짝 열린 거야. 그래서 1920년대의 미국을 광란의 시대라고 한단다. 하지만 이미 알고 있듯이 1930년대 들어 이 자본주의가 폭삭 주저앉고 말았어. 대공황이 시작됐잖아? 우선 1920년대의 미국 모습부터 들여다볼까?

1925년 무렵, 미국 포드사가 자동차 대량생산시대를 열었어. 덕분에 미국에서는 1가구 1차량 시대를 맞게 됐지. 1926년에는 기계식

TV까지 발명됐어. 물론 그전에도 TV는 존재했어. 하지만 일반 대중을 상대로 쉽고 편하게 방송할 수 있는 길은 미국이 열었다고 볼 수 있지.

1927년에는 미국 할리우드에서 처음으로 유성영화인 「재즈싱어」를 개봉했어. 이전까지의 영화는 모두 소리가 나오지 않는 무성영화였단다. 영화가 한층 발전한 거지. 게다가 이 무렵에는 최고의 영화배우인 찰리 채플린이 활약하고 있었어. 미국 할리우드가 영화의 중심지로 떠오른 거야.

정말 미국이 달라진 것 같지? 생각해 봐. 백화점에는 먹을 것이며 입을 것이 넘쳐 나. 재즈 음악이 선풍적인 인기를 끌었고, 곳곳에는 댄스장이 성황을 이뤘어. 프로야구는 미국인들의 국민 스포츠로 자리 잡았어. 곳곳에 인구 100만 명을 넘어서는 대도시가 만들어졌지.

뭐, 이렇게 자본주의가 고삐 풀린 것처럼 무한정 성장하다 보니 부작용이 생긴 건 사실이야. 그게 바로 공황이지. 하지만 미국이 세계

포드 자동차 모델 T · 최초로 대량 생산한 차량으로, 1920년대 미국의 도로는 이 차로 메워졌다고 해도 과언이 아니다.

재즈 플로어 쇼 · 당대 최고 인기 음악인 재즈를 바탕으로 연출된 플로어 쇼로, 1920년대 미국의 분위기를 단적으로 보여 준다.

최고의 자본주의 국가가 됐다는 데 이의를 제기할 사람은 없었어.

1929년 미국대공황이 시작됐어. 공황은 전 세계로 확산됐고, 결국 세계경제가 곤두박질쳤어. 대공황이 제2차 세계대전이 터지는 원인이 됐다는 건 이미 살펴봤지? 그렇다면 공황의 발원지였던 미국은 어떻게 이 위기를 극복했을까? 바로 뉴딜 정책이야.

공황이 한창이던 1932년, 미국의 32대 대통령에 프랭클린 루스벨트가 당선됐어. 그는 미국을 통째로 개혁해야 한다며 뉴딜 정책을 공약으로 내세웠었어. 이 공약에 따라 본격적으로 뉴딜 정책이 실시됐단다1933년.

뉴딜 정책은 크게 3단계로 진행됐어. 1단계는 무너진 경제 살리기였고, 2단계는 살려 놓은 경제 부흥시키기였어. 마지막 3단계는 이 성과를 바탕으로 미국 전체를 개혁하는 것이었어. 루스벨트는 이 뉴딜 정책을 추진하면서 20여 개의 법을 만들어 개혁을 진두지휘했단다.

우선 은행을 비롯한 금융계부터 개혁했어. 부실한 은행을 모두 정리하고, 튼튼한 은행을 지원했지. 실직자와 노인을 위한 연금제도를 도입했고, 노동조합의 권리를 보장하는 법도 만들었어.

가장 두드러진 것은 일자리를 늘리기 위해 대규모 공공사업을 많이 벌였다는 점이야. 공공사업이 많아지면 실직자가 줄어든다고 판단한 거지. 댐이나 도로 같은 사회간접시설에 정부가 돈을 투자했어. 곳곳에서 공공사업이 벌어졌단다.

자, 이제 결과를 봐야 해. 미국 경제가 확 살아났을까? 루스벨트는 뉴딜 정책 덕분에 1936년 치러진 대통령 선거에서 다시 승리했어. 루스벨트의 지지자들은 "뉴딜 정책이 성공했으니 국민이 다시 대통령으로 뽑은 거 아니냐?"라고 말했지. 하지만 모든 전문가들이 이런 판단에 동의하는 건 아니야. 미국은 1930년대 후반으로 가면서 다시 경제 위기를 맞았단다. 실직자가 1000만 명을 넘어설 정도였어.

그렇다면 미국은 이 위기를 어떻게 넘겼을까? 많은 전문가들이 "제2차 세계대전 덕분이다!"라고 분석하고 있어. 세계대전이 터지면서 무기 등을 생산하는 군수산업이 다시 살아났고, 그 덕분에 미국 경제도 살아났다는 거야. 어느 쪽이 사실일까? 글쎄, 역사만이 알 수 있겠지?

"섬유 혁명!"

대공황으로 경제가 추락했
을 때 또 하나의 획기적인 발
명품이 미국에서 탄생했어.
바로 나일론이야. 이 나일론
이 대중화하면서 사람들은
섬유 혁명을 경험했단다.
1935년이었어. 미국 듀폰사
가 석탄의 부산물인 벤젠으
로부터 인공 섬유를 만들어
냈어. 이 인공 섬유가 폴리
아마이드인데, 듀폰사는 나

듀폰사의 스타킹 광고 · 나일론의 초기 슬로건은 '합성
섬유로 만든 새로운 실크'였다.

일론이란 이름을 붙였어. 나일론은 거미줄보다 가늘었고, 양털보다 가벼웠어. 그
렇지만 천연섬유보다 훨씬 강하고 질겼어. 탄력성도 아주 높았지.
이런 장점 때문에 나일론은 처음에는 낙하산이나 텐트와 같은 군용 장비에 주로
사용됐어. 그러다가 일상 생활용품에도 쓰이기 시작했는데, 첫 제품이 바로 여성
용 스타킹이었어. 나일론 스타킹은 1940년 5월 처음 선보였는데, 곧 많은 여성들
이 줄지어 살 정도로 백화점의 최고 인기 상품이 됐단다.

공산국가의 탄생과 확대

제1차 세계대전이 끝나기 1년 전으로 다시 돌아가 볼까? 러시아에서 큰 사건이 일어났어. 공산주의 혁명이 성공한 거야! 그동안 인류는 제정, 왕정, 공화정 같은 여러 정치체제를 경험했어. 이 혁명이 성공함으로써 인류는 또 하나의 새로운 정치제제를 만나게 된 거야.

　오늘날 중국, 베트남과 같은 몇몇 국가에서만 사회주의가 남아 있어. 나머지 사회주의 국가들은 모두 자본주의로 전환했지. 사회주의가 남아 있는 나라들도 내부를 들여다보면 이미 자본주의 요소가 많이 자리 잡고 있어. 맞아, 사회주의는 사실 완전히 실패한 거야. 그러나 이때는 그러지 않았어. 노동자와 농민 같은 힘없는 민중이 나라의 주인이 될 수 있다는 건 정말 놀라운 일이었지.

　공산주의 국가가 등장했다는 것은 그만큼 세계가 혼란스러웠다는 뜻이기도 해. 당시를 떠올려 봐. 극단적인 민족주의에 제국주의가 판을 쳤어. 그 후로는 파시즘과 나치즘이 득세했지. 20세기의 시작이 얼마나 혼란스러웠는지 알겠지?

　민족주의, 제국주의, 파시즘, 나치즘에 대해서는 모두 살펴봤어. 여기서는 공산주의에 대해 집중적으로 살펴볼게.

첫 공산주의 국가 탄생

러시아에서 공산혁명이 성공한 해는 1917년이야. 하지만 혁명의 분
위기가 시작된 것은 그로부터 10년도 훨씬 전인 1905년이었어. 우
선 이때의 러시아 상황부터 알아 둬야 해.

1905년 1월. 러시아 상트페테르부르크에서 노동자들이 시위를 벌
였어. 이때 러시아는 일본과 러일전쟁을 벌이고 있었어. 많은 젊은이
들이 전쟁터로 끌려갔어. 전쟁에 모든 물자가 동원되느라 식량도 바
닥이 난 상태였지.

노동자들은 입에 풀칠이라도 할 수 있게 임금을 올려 달라고 요구

「1905년에 일어난 피의 일요일 사건」· 폴란드의 화가 보이치치 코사크가 피의 일요일 사건을 묘사한
그림이다.

하는 시위를 벌였어. 이어 시위대가 차르^{황제}가 있는 궁으로 행진을 했지. 그러자 정부군이 막아섰어. 시위대는 진압하지 말아 달라고 부탁했어. 하지만 정부군은 총과 대포로 맞섰어. 500명이 넘는 사람이 목숨을 잃었지. 이 사건이 피의 일요일이야.

이 사건 이후 반정부주의자들이 크게 늘어났어. 그들은 입헌군주제를 요구하며 저항했어. 하지만 당시 러시아의 차르 니콜라이 2세는 그 요구를 들어줄 생각이 없었어. 모든 시위를 무자비하게 진압했지. 시위대는 프랑스의 파리코뮌과 비슷한 소비에트를 만들고 더욱 강력하게 투쟁했어.

빈곤에 허덕이는 노동자와 빈민들이 더 늘어났어. 제1차 세계대전이 터진 다음부터는 부상당해 돌아온 군인들로 도시가 북적거렸어. 빈민이 도시를 가득 메웠지만 차르와 귀족들은 아무런 신경을 쓰지

2월혁명에서 연설하는 레닌 · 레닌은 세계 최초로 공산정권을 탄생시켰다.

않았어. 종기가 심하게 곪으면 터지
기 마련이야. 러시아가 딱 그랬어.

1917년 2월. 상트페테르부르크에
서 식량 배급을 하던 도중 폭동이 일
어났어. 그동안 참고 참았던 분노가
마침내 터진 거야. 시위대를 진압해야
할 군인들마저 폭동에 참여했어. 노동
자와 군인이 주도한 이 폭동을 2월혁
명이라고 한단다.

소비에트 연방의 국장 · 공산주의 국가를
상징하는 낫과 망치가 중심에 놓여 있다.

민중의 힘은 강했어. 니콜라이 2세가 결국 물러난 거야! 이어 러시아
에 첫 자유주의 정부가 들어섰어. 오랜 투쟁 끝에 민중이 승리를 거뒀어!

차르와 귀족들의 감시가 사라졌으니 공산주의자들도 활동할 수
있게 됐어. 해외에 망명 중이던 공산주의자들이 속속 러시아로 돌아
왔어. 그런 사람들 가운데 유독 눈에 띄는 인물이 있었어. 바로 블라
디미르 레닌이야.

레닌은 과격파 공산주의자^{볼셰비키}들을 지휘했어. 볼셰비키는 곧 온
건파 공산주의자^{멘셰비키}를 누르고 공산주의 그룹을 장악했어. 일반
민중도 레닌을 지지했지. 레닌은 연설을 무척 잘했어. 많은 민중들이
"모든 권력을 소비에트에 집중시켜야 한다!"라고 주장하는 레닌의
연설을 듣고 난 후 그를 지지하기 시작했어. 소비에트는 민중이 참
여한 정치조직을 가리키는 거야.

반면 자유주의 정부의 개혁은 실패했어. 러시아가 별로 달라지지

않은 거야. 레닌은 "제국주의 전쟁인 제1차 세계대전에 왜 러시아 민중이 희생당해야 하느냐?"라고 하며 전쟁에서 손을 떼야 한다고 주장했어. 자유주의 정부는 "국제세계와의 약속이니 그럴 수 없다"라고 맞섰어. 전쟁에 질린 민중들이야. 어느 쪽을 지지하겠니?

때가 왔다! 레닌은 자유주의 정부를 무너뜨리기로 결심했어. 같은 해 10월 6일, 레닌과 볼셰비키가 다시 혁명을 일으켰어. 목표는 자유주의 정부 타도! 그래, 공산국가를 건설하기 위한 혁명이었어. 이게 10월혁명이야.

혁명은 성공했어. 레닌은 자유주의 정부를 몰아내고 소비에트 정부를 세웠어. 세계 역사상 처음으로 공산정권이 러시아에 탄생한 거야.

그러나 공산정권에 대한 저항도 만만치 않았어. 기득권을 잃은 귀족과 자유주의 세력들은 군대를 만들어 공산정권의 소비에트 군대와 싸웠어. 공산정권은 눈도 깜짝하지 않았어. 오히려 프랑스혁명 때 공화파가 루이 16세를 처형했던 것처럼 러시아 제정의 상징인 니콜라이 2세와 황족들을 모조리 처형해 버렸어. 우두머리를 제거해 절대 과거로 돌아갈 수 없다는 뜻을 분명히 밝힌 거야.

이 사건을 계기로 영국, 프랑스, 미국 같은 서구 강대국들이 소비에트 정부를 견제하기 시작했어. 러시아 공산혁명이 혹시라도 자기들 나라에도 영향을 미칠까 봐 걱정이 된 거야.

강대국들은 소비에트에 대항하는 저항군을 계속 지원했어. 그러나 소비에트 군대가 더 강했어. 소비에트 군대는 1920년 크림반도의 전투에서 저항군을 완전히 진압해 버렸어. 이제 러시아 전체가 공산사회가 된 거지.

모든 반발을 진압한 후 소비에트 정부는 모스크바에서 제1차 소비에트 대회를 열었어. 이때 러시아 말고도 우크라이나, 벨로루시, 자카프카지예 세 지역의 소비에트가 연방 참여를 결정했어. 바로 소비에트연방공화국, 즉 소련USSR이 출범한 거야1922년.

공산국가, 처음부터 위기

공산주의자들은 개인이 사유재산을 갖는 것을 금지하고 모든 백성이 골고루 나눠 가지는 사회를 꿈꿨어. 최초의 공산 국가인 소련이 과연 그랬을까?

레닌은 공산정권을 세운 뒤 지주에게서 모든 토지를 몰수했어. 그 땅은 골고루 농민들에게 배분됐지. 집도 공짜로 나눠 줬어. 옷과 음식 같은 생활필수품도 정부에서 배급해 줬지. 모든 국민은 의무교육을 받았어. 얼핏 보면 공산주의 이념이 정말로 실현된 것 같아. 농민을 포함해 민중들은 공산정권을 지지했어. 지지율을 측정했다면 80퍼센트는 되지 않았을까? 그러나 이런 개혁들은 지속되지 않았어. 공산주의 이론대로 세상이 돌아가지 않았거든. 소련의 현실은 너무 어두웠고, 공산주의도 곧 밑바닥을 드러냈단다.

공산정권은 체제를 유지하기 위해 반대파를 철저히 억압했어. 공산주의를 비판하지 못하도록 언론의 자유를 빼앗았어. 공산주의에

소련 강제 노동수용소 · 노동수용소의 생활을 그려 낸 노트의 일부이다.

반대하는 정치를 하지 못하도록 공산당 이외의 정당은 모두 금지했지. 그래도 마음이 놓이지 않았는지 공산정권은 비밀경찰을 동원해 반대자들을 제거했어. 강제 노동수용소로 보내기도 했지. 겉으로 보이는 평등을 얻기 위해 모든 자유를 빼앗은 꼴이야. 이런 공포 정치는 지금껏 없었을 거야.

　모든 물품은 배급제라고 했지? 열심히 일하나 대충대충 일하나, 많이 일하나 적게 일하나 배급량은 같았어. 당연히 노동자들은 대충대충 일했어. 생산성이 떨어질 수밖에 없겠지?

　소련 정부는 어쩔 수 없이 자본주의 경제 요소를 받아들이기로 했어. 그래야 일을 할 테니까 말이야. 1921년 소련은 작은 규모의 상업 활동을 허용했어. 그 밖에도 경제 규제를 풀었지. 이 정책을 신경제정책ᴺᴱᴾ이라고 불러. 신경제정책은 1928년까지 계속됐어. 그러나 경제는 살아나지 않았지. 레닌의 뒤를 이어 공산당 서기장이 된 스탈린은 경제가 성장할 기반부터 만들어야 한다고 생각했어. 그는 제1차 5개년 경제개발 정책을 시작했어. 국가가 나서서 중공업을 집중적으로 육성한 거야.

소련은 발전하는 것처럼 보였어. 그러나 안을 들여다보면 여전히 민중의 살림살이는 나아지지 않았어. 지나치게 중공업만 육성했기 때문이야. 생활필수품을 만드는 경공업에 소홀했기 때문에 국민의 생활수준이 떨어진 거지.

스탈린은 농업의 생산성을 높이기 위해 집단농장을 운영했어. 농민의 토지를 모두 국가가 가져갔고, 농민들은 한곳에 모여 살면서 농사를 지어야 했지. 그러나 생각해 봐. 농민들은 그전까지만 해도 자유로이 홀로 농사를 지었어. 갑자기 땅을 내놓고 집단농장으로 들어가라고 하니 누가 반기겠어? 당연히 반발할 수밖에! 그러나 스탈린은 눈 하나 깜짝하지 않았어. 인민들은 독재자 밑에서 더욱 궁핍한 생활을 해야 했단다.

중국에서도 공산주의 득세

소련에서 신경제정책을 추진하기 시작한 1921년, 중국에서도 공산당이 창립됐어. 중국 공산당은 소련의 볼셰비키처럼 강력하지 못했어. 중국 공산당은 우파^{국민당}와 협력하는 전술을 택했지.

이즈음 일본은 중국을 삼키겠다는 야망을 드러내기 시작했어. 쑨원의 지휘하에 있던 중국 국민당은 일본과 싸우려면 이념을 넘어야 한다고 생각했어. 함께 반일 투쟁을 벌여야 일본을 물리칠 수 있다고 판단한 거야. 국민당 지도부는 공산당원들도 국민당에 가입할 수 있도록 허락했어.

공산당은 만세를 부르고 싶었을 거야. 이때 코민테른^{인터내셔널}은 공산주의 혁명을 이루기 위한 방식으로 통일전선전술을 채택했어. 먼저 우파와 연합해 제국주의 세력을 몰아내는 데 전념하고, 그다음에는 우파를 몰아내자는 게 통일전선전술이야. 국민당에서 이 전술을 모르고 있었을까? 그건 아니야. 국민당 지도자 쑨원도 이 전술을 잘 알고 있었대. 그런데도 공산당원을 받아 준 것은 이념보다는 민족이 먼저라고 생각했기 때문이야.

처음에는 쑨원이 희망했던 대로 잘 돌아가는 것 같았어. 국민당에 가입한 공산당원들은 큰 문제를 일으키지 않았어. 공산당과 국민당은 한 몸처럼 움직였지. 1924년부터 시작된 국민당과 공산당의 이 연합 작전을 제1차 국공합작이라고 부른단다.

그러나 보수 우파를 대표하는 장제스는 공산당이 너무 싫었어. 국공합작 3년 만에 장제스는 공산당원을 추방하고 국민당 사람만으로 정부를 수립했어. 공산당은 장제스의 군대를 피해 지하로 숨어야 했지. 장제스는 이참에 공산당의 씨를 말리겠다며 대대적인 공산당원 토벌작전을 벌였어. 1931년 일본이 만주사변을 일으켰지? 하지만 장제스에게는 일본보다 공산당이 더 큰 적이었어. 그러니 공산당부터 없애려고 한 거야.

이때 공산당의 최고지도자는 마오쩌둥이었어. 그는 장제스 군대를 피하기만 할 게 아니라 이 기회를 역이용해 중국 전역을 돌며 민중을 끌어들이자는 생각을 했어. 이렇게 해서 시작된 게 중국 공산당 역사상 가장 유명한 사건인 대장정이란다[1934년]. 대장정을 하면서 중국 공산당은 민중을 아군으로 만들었을 뿐 아니라 당 내부의 분란도 모두 해결했어. 대장정을 마칠 즈음 마오쩌둥은 공산당의 일인자가 됐지.

이즈음 일본에 대한 중국 민중의 적개심은 아주 컸어. 마오쩌둥은 바로 그 점을 노렸어. 대장정을 하던 도중 "국민당과의 내전을 중지

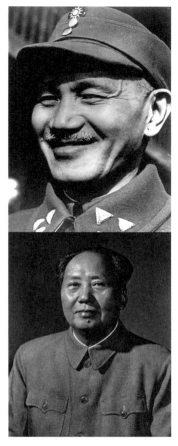

장제스(위), **마오쩌둥**(아래) · 장제스는 중국 국민당의 지도자이다. 마오쩌둥은 대장정을 통해 중국 공산당의 일인자로 도약했다.

하고 서로 협력해 일본에 맞서 싸워야 한다"라는 성명을 발표했지. 이 성명은 중국 민중에게 큰 감동으로 다가섰어. 중국 민중은 장제스 군대가 일본과 싸우려 하지 않고 일본 군대와 잘 싸우고 있는 공

산당만 없애려 한다고 생각했어. 이렇게 됐으니 장제스에겐 다른 선택이 없었어. 결국에는 마오쩌둥의 제안을 받아들였어. 이렇게 해서 공산당과 국민당이 다시 협력하게 됐어. 양쪽은 일본과의 전쟁에 공동으로 대응하기 위해 제2차 국공합작을 출범시켰단다^{1937년}.

일본은 중국을 전격적으로 침략했어. 중일전쟁이 터진 거야. 그러나 국공합작군도 과거처럼 아주 약하지는 않았어. 쉽게 중국을 정복할 거라고 생각했던 일본은 뜻대로 되지 않자 죄 없는 민중을 학살했어. 난징을 점령한 일본 군대는 그곳에 살고 있는 20만 명의 민간인을 모두 죽여 버렸단다. 히틀러의 유대인 학살에 버금가는 이 사건이 난징대학살이라고 했지?

일본 군대와 국공합작군은 팽팽하게 대치했어. 전쟁은 곧 소강상태로 접어들었어. 마오쩌둥은 다시 공산당 세력을 키우기 시작했지. 장제스도 공산당과 다시 싸울 준비를 했어. 공동의 적인 일본과의 싸움이 주춤하니까 또다시 내분이 벌어진 거야. 양쪽의 갈등은 점점 커졌고, 결국 1941년 10월 전투가 시작됐어. 장제스 군대가 마오쩌둥 군대를 습격해 7000여 명의 군인을 사살한 거야. 이쯤 되면 동맹이 필요 없겠지? 제2차 국공합작은 깨지고 말았어. 양쪽은 다시 내전에 돌입했단다.

제2차 세계대전이 터지자 중국은 연합군의 일원으로 참전했어. 이때 연합국은 장제스의 국민당 정부를 정통으로 인정했지. 장제스는 미국과 같은 강대국의 군사원조를 받았어. 힘이 강했겠지? 그러나 그는 최후의 승자가 되지 못했단다. 이에 대해서는 나중에 다시 살펴볼게.

조국에 헌신하다
쑨원 vs 김구

중국에서 가장 존경받는 민족주의자는 누구일까? 아마 쑨원이라는 데 이견이 없을 거야. 그렇다면 한국에서 가장 존경받는 민족주의자는? 이 역시 김구 선생이라는 데 별 이견이 없어. 두 민족지도자는 평생을 조국에 헌신했어. 그 밖에 두 민족지도자의 삶을 비교해 볼까?

김구

두 민족지도자 모두 핍박을 피해 망명을 했어. 쑨원은 일본으로 건너가 중국혁명동맹회를 만들었고, 김구는 상하이로 건너가 대한민국임시정부 조직을 만들었지. 쑨원은 삼민주의를 제창하며 중화민국의 임시 총통을 역임했어. 김구는 동학농민운동에 적극 참여했고, 의병 활동을 했으며, 제2차 세계대전이 끝나기 직전에는 대한민국임시정부의 주석으로서 광복군 부대의 국내 진격을 준비했지.

쑨원

두 민족지도자 모두 꿈을 이뤘어. 쑨원은 중국에 공화국 정부가 들어서는 것을 지켜봤고, 김구 선생은 독립의 꿈을 이뤘거든.

아 참, 두 지도자의 공통점이 또 하나 있어. 바로 대한민국 정부로부터 각각 1962년과 1968년에 훈장을 받았다는 거야. 민족지도자 김구야 당연하지만 쑨원이 왜 대한민국 훈장을 받았느냐고? 쑨원이 대한민국 임시정부를 지원했기 때문이란다. 흥미롭지?

일제 식민통치와 우리 민족의 저항

1910년 대한제국의 국권이 일본으로 넘어간 경술국치 이후 일제는 무단통치를 했어. 헌병경찰을 동원해 무자비하게 한국 민중을 탄압했지. 그러다가 3·1운동 이후 일종의 회유통치인 문화통치로 전환했어. 하지만 만주사변이 터진 이후 일제는 다시 초기의 살벌한 식민통치로 돌아갔어. 이를 민족말살통치라고 하지.

이미 말했던 대로 어두운 역사 또한 우리의 역사야. 과거를 모르고서 어떻게 미래를 논하겠어? 그런 의미에서 일제 강점기의 역사를 간략하게나마 짚고 넘어갈까 해.

3·1운동과 임시정부 수립

1910년대 무단통치 시절, 일제는 무자비했어. 한국인에 대해 언론, 출판, 집회, 결사의 자유를 모두 빼앗았고, 말을 듣지 않으면 태형을 가했지. 매질을 했다는 이야기야.

일제는 또 한국 경제를 제멋대로 흔들었어. 토지조사사업을 벌여 땅을 빼앗았고, 회사령을 공포해 우리의 민족 산업이 발전할 토대를 없애 버렸어. 조선교육령을 만들어 한국인들은 기술교육만 받도록 제한했지. 학교 선생님은 허리에 칼을 차고 수업을 했어.

동양척식주식회사 경성 본사 · 한반도 경제수탈의 본산이었다.

이렇게 무시무시한 환경에서 독립운동이 잘 이뤄질 수 없겠지? 많은 독립운동가들이 만주와 연해주 등지로 망명을 떠났단다.

해외의 독립운동가들에게 민족자결주의 이념은 정말 매력적이었어. 중국, 일본 등에서 잇달아 독립선언이 터져 나왔지. 국내 민족지도자들도 한 음식점에서 독립선언을 하기로 결정했어.

1919년 3월 1일 오후 2시. 민족지도자와 별도로 학생들이 중심이 돼 탑골공원에서 독립선언이 울려 퍼졌어. 이어 도로에서 만세 시위를 벌였지. 이게 곧 전국적으로 확산됐어. 맞아, 이 운동이 3·1운동이야.

3·1운동은 약 2개월간 계속됐어. 멀리 만주와 미국에서도 만세운동이 일어났지. 일본은 혼쭐이 났어. 결국 통치 방식을 무단통치에서 문화통치로 바꿨단다. 한국인의 언론, 출판, 집회, 결사의 자유를

허용하고, 헌병경찰 제도도 보통경찰 제도로 전환하겠다는 거야. 뭐, 이 와중에도 국내 쌀을 일본에 반출하는 산미증식계획을 강행했던 걸 보면 문화통치도 허울뿐이란 사실을 알 수 있겠지? 사실 이런 정책들은 국내 지도자들을 회유하기 위한 수단이었단다.

그래도 무단통치 시절보다는 좀 부드러워진 것 같아. 덕분에 국내에서 각종 실력양성운동이 일어날 수 있었단다. 대표적인 것이 우리 것을 쓰자는 물산장려운동과 우리의 손으로 민족 대학을 만들자는 민립대학 설립운동이야^{1923년}.

중국 상하이에 대한민국임시정부가 들어선 것은 이 시점에 꼭 기억해 둬야 할 역사야. 3·1운동이 실패로 돌아간 후 독립운동가들은 우리 민족의 정부가 있어야 한다는 점을 깨달았어. 국내외 여러 곳에서 임시정부가 세워졌지. 이 모든 정부를 통합한 것이 바로 대한민국임시정부였단다.

대한민국임시정부는 입법부^{의정원} 행정부^{국무원}, 사법부^{법원} 등 삼권분립 이념을 적용한 우리나라 첫 민주정부야. 하지만 처음에는 큰 성과를 내지 못했단다. 일제의 탄압이 워낙 심했던 게 가장 큰 이유였어. 임시정부 내부의 노선 싸움이 치열했던 것도 또 다른 원인이야. 임시정부는 1930년대 들어서야 제대로 된 역할을 하기 시작한단다.

독립 투쟁은 빛났다

3·1운동이 실패하면서 독립운동가들은 무장투쟁의 필요성을 절감했어. 1919년 이후 만주 전역에서 대한독립군, 북로군정서, 서로군정서 등 수많은 무장투쟁 단체가 만들어졌단다.

1920년 우리 독립군이 봉오동 전투와 청산리 전투에서 잇달아 대승을 거뒀어. 일본은 간도에 사는 한국인들에게 분풀이를 했어. 무려 3만 여 명의 한국인을 학살한 거야. 이 악랄한 사건이 간도참변이지.

독립군은 일제의 탄압을 피해 만주를 넘어 소련과의 접경지대로 이동했어. 그곳에서 모든 독립군을 통합한 대한독립군단을 창설했지. 그들은 이어 소련의 자유시에 짐을 풀었어. 처음에 소련의 소비

김좌진 · 북로군정서의 사령관으로 청산리 전투를 승리로 이끈 대표적인 독립운동가이다.

에트 정부는 우리 독립군을 반겼단다. 하지만 곧 일제의 협박을 못 이기고 독립군을 핍박했어. 결국 소련과 우리 독립군 사이에 총격전이 벌어졌지. 이 사건을 자유시 참변이라고 해. 정말 독립군의 행보가 고단하지?

만주에서 출범한 비밀결사 의열단의 투쟁도 알아 둬야 해. 의열단은 폭력을 통해 독립을 얻겠다는 점을 분명히 했어. 일제 식민통치 건물에 잇달아 폭탄을 투척했지. 1924년에는 일본 도쿄에 있는 왕의 궁에도 폭탄을 던졌단다. 안타깝게 대부분은 실패했어.

1930년대 들어 만주에서의 무장투쟁이 아주 힘들어졌어. 만주사변 이후 만주에 일본의 괴뢰정부가 들어섰기 때문이야. 게다가 중일전쟁 이후에는 중국 본토에서도 독립군의 활동이 어려워졌어. 하지만 독립군은 목숨을 걸고 투쟁했어.

대한민국임시정부 산하 기관인 한인애국단의 활약은 아주 유명해. 이봉창은 도쿄로 건너가 일왕에게 폭탄을 던졌어. 성공하진 못했지만 큰 파장을 불러일으켰지. 그의 뒤를 이어 윤봉길은 상하이 사변 승전 기념식장에서 폭탄을 던져 일본 고위 인사들을 살해했어. 당시 중국의 지도자 장제스는 "4억 중국인이 못 해낸 일을 한국인 한 명이 해냈다"라며 극찬을 아끼지 않았단다.

윤봉길 · 절명사를 가슴에 붙인 채 손엔 자신이 투척할 폭탄을 들고 태극기 앞에서 찍은 사진이다.

　1920년대 국내에서도 커다란 사건이 터졌어. 바로 광주학생항일운동이야[1929년]. 광주에서 시작된 항일운동이 전국적으로 확산됐지. 이 운동을 뒤에서 지원한 단체가 신간회야. 신간회는 민족주의와 사회주의가 힘을 합친 거족적 독립운동단체였단다. 마치 중국의 국공합작을 보는 느낌이지?

　1940년대 들어 제2차 세계대전의 전세가 불리해지자 일제는 전쟁에 광분했어. 한반도를 전쟁기지로 만들었고, 국가 총동원령을 내렸지. 한국인들을 공장이나 탄광 같은 데 끌고 간 강제징용, 전쟁터로 젊은이들을 끌고 간 강제징병은 물론, 여성들을 군대 위안부로 끌고 가기도 했어. 물자가 부족해지자 집안의 냄비며 수저 같은 것을 모두 공출해갔지.

　대한민국임시정부는 한국광복군을 창설한 뒤 국내 진격을 준비했어. 몇몇 무장투쟁 단체들이 광복군에 합류하기도 했지. 광복군은 연합군 자격으로 인도와 미얀마에서 일본과 싸우기도 했어.

　1945년 8월 15일. 원자폭탄이 투하된 뒤 일제가 항복을 선언했어. 광복군은 국내에 진격할 기회도 얻지 못했어. 이렇게 우리 민족의 해방은 외국에 의해 이루어졌단다. 무척 아쉬운 대목이야.

소녀의 몸으로…
유관순 vs 잔 다르크

1919년에 일어난 3·1운동은 단지 3월 1일 하루에만 일어난 것은 아니야. 몇 달간 한반도가 항일 만세 시위로 들썩거렸지.

유관순은 3·1운동이 터질 무렵 이화학당에 다니던 학생이었어. 친구들과 함께 연일 만세 시위를 벌였지. 휴교령이 떨어지자 유관순은 고향인 충남 천안으로 내려갔어. 그녀는 그곳에서 만세 시위를 주도했어. 4월 1일 아우내 장터에서 군중에게 태극기를 나눠 주고 만세 운동을 지휘한 거야. 곧 일본 헌병대가 출동했고, 유관순은 감옥에 갇혔어. 일본은 어린 소녀를 잔인하게 고문했어. 결국 유관순은 고문을 이기지 못하고 1920년 18세의 꽃다운 나이에 세상을 떠났지.

약 500년을 거슬러 프랑스로 가 볼까? 1429년이었어. 프랑스의 한 시골마을에 사는 잔 다르크에게 프랑스를 구하라는 신의 메시지가 전달됐어. 당시 백년전쟁이 거의 끝나가고 있었어. 마지막 남은 오를레앙 성만 함락되면 프랑스의 패배가 확실해지는 상황이었지. 잔 다르크는 즉각 전쟁터로 달려갔고, 사기가 오른 프랑스군은 전세를 뒤집었어. 그러나 잔 다르크는 매국노 부르고뉴파에 사로잡혀 영국에 넘겨졌고, 마녀 재판을 받은 뒤 화형에 처해졌어. 1431년 잔 다르크도 19세의 나이에 목숨을 잃었단다.

나라가 절체절명의 위기에 놓였을 때 두 소녀는 앞장서 적과 싸웠어. 모진 고문을 받다가 꽃다운 나이에 세상을 떠났다는 점도 똑같아. 후세 사람들은 두 소녀 영웅을 기리고 있어. 유관순은 이제 한국인 모두에게 누나가 됐고, 대한민국 정부는 그녀에게 건국장을 추서했지. 잔 다르크 또한 사후에 가톨릭의 성녀라는 칭호를 받았단다.

제18장

근대의 형성에서 현대까지

냉전과
화합

1950~2010년 전후

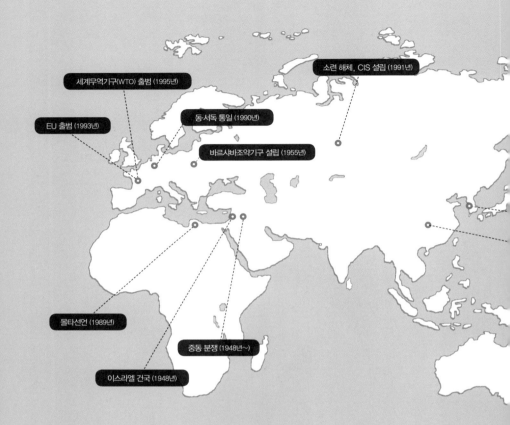

소련 해체, CIS 설립 (1991년)

세계무역기구(WTO) 출범 (1995년)

EU 출범 (1993년)

동서독 통일 (1990년)

바르샤바조약기구 설립 (1955년)

몰타선언 (1989년)

중동 분쟁 (1948년~)

이스라엘 건국 (1948년)

두 번의 세계대전은 전 세계를 폐허로 만들어 버렸어. 그래도 인류는 포기하지 않았어. 세계를 재건하기 위해 모두 노력했지. 그 결과 다시 세계는 발전하기 시작했어. 더 이상 세계대전이 발생하지 않도록 인류는 조심, 또 조심했어. 그러나 모든 전쟁이 끝난 건 아니야. 중세에는 종교전쟁이 많았고, 근대에는 시민혁명이 많았지? 제국주의 전쟁이 그 뒤를 이었고, 20세기 들어서는 세계대전이 있었어. 20세기 후반부에는 지금까지와 다른 새로운 전쟁이 벌어졌어. 자유민주주의자본주의와 사회

아폴로 달 착륙 (1969년), 게놈 해독 (2000년)

닉슨 독트린 (1969년)

911테러 (2001년)

한국전쟁 (1950년)

북대서양조약 기구 설립 (1949년)

문화대혁명 (1966년~1976년), 톈안먼 사태 (1989년)

쿠바 핵미사일 위기 (1962년)

주의가 대립한 거야. 바로 동서냉전이지.
한반도의 6·25전쟁은 바로 이 동서냉전 때문에 터진 거라고 볼 수 있어.민족 갈등
으로 인한 분쟁도 새로이 시작됐어. 오늘날 세계의 화약고라 불리는 중동 지방에서
현재까지도 계속되고 있는 아랍민족주의와 유대인의 전쟁이 바로 그것이야. 이 중
동전쟁은 점차 테러로 바뀌기 시작했어. 인류는 20세기 끝자락에 왔는데도 대립하
고 있어. 20세기 중후반의 역사를 시작해 볼까?

제2차 세계대전이 끝나고 미국은 자유민주주의 진영을 대표하는 나라가 됐어. 미국은 유일하게 전쟁 피해를 보지 않은 국가였단다. 게다가 자본주의가 급속도로 발전해 막대한 자본을 가지고 있었지. 1947년 미국의 트루먼 대통령은 세계경제를 재건하기 위해 유럽 나라들에 자금을 지원하겠다고 선언했어. 이게 바로 트루먼 독트린이야. 이어 미국의 국무장관 조지 마셜은 총 130억 달러를 유럽에 투자하겠다는 마셜플랜을 발표했지. 이듬해 4월 미국 의회가 이 플랜을 승인했어.

전쟁 피해 복구를 도와주겠다는데 마다할 나라가 있을까? 하지만 동유럽 국가들은 미국의 원조를 받을 수 없었어. 경제 후진국인 그 나라들은 이 돈이 절실하게 필요했을 텐데, 왜 그랬을까? 바로 소련의 엄포 때문이었지.

소련은 공산주의 진영의 대표 국가였어. 동유럽 국가들은 소련의 위성국가, 즉 부하였지. 소련은 그리스까지 공산국가로 만들려고 했어. 미국은 소련의 영향력이 더 커질까 봐 이를 막기 위해 전쟁 피해를 돕기로 한 거였단다.

이 갈등이 냉전Cold War의 시작이었어. 이념 갈등은 갈수록 커졌지. 자유진영은 미국, 공산진영은 소련을 중심으로 자기들끼리 똘똘 뭉쳐 서로 싸웠어.

새로운 갈등, 동서냉전

베를린 장벽과 중국 공산화

미국과 소련은 독일에서도 충돌했어. 이때 독일은 동독과 서독으로 나뉘어 있었단다. 서독은 미국이, 동독은 소련이 신탁통치하고 있었지. 미국은 동독을 빼고 서독에서만 통화개혁을 실시해 버렸어. 동독과 서독이 서로 다른 화폐를 쓰게 됐어. 경제가 완전히 분리된 거지. 쉽게 말해 동독과 서독은 다른 나라가 된 거야.

소련은 보복에 나섰어. 이때 베를린은 동독 영토 안에 있었지만 독일의 수도라는 점 때문에 서베를린과 동베를린으로 나눠 미국과 소련이 각각 관리하고 있었단다. 1948년 소련은 베를린을 외부로부터 차단했어. 이 베를린 봉쇄에 이어 1961년에는 서베를린 주변에 긴 베를린 장벽까지 만들었지. 서베를린의 주민들은 동독 안에 갇힌 꼴

베를린 장벽 건설 · 장벽의 건설은 동서냉전의 대표적인 상징이었다.

이 된 거야.

자유진영과 공산진영은 사사건건 대립했어. 얼마 후에는 자기들만의 연합 군사조직까지 만들었단다. 미국, 영국, 프랑스, 캐나다 등 자유진영의 12개 국가는 1949년 4월 미국 워싱턴에서 소련의 군사 위협에 대응하기 위한 북대서양조약기구NATO를 출범시켰어. 공산진영도 이에 질세라 1955년 5월 폴란드 바르샤바에서 모여 북대서양조약기구에 대항하기 위한 바르샤바조약기구WTO를 만들었지.

이런 와중에 중국에도 공산정권이 들어섰어. 이제 영토만 놓고 보면 전 세계의 25퍼센트가 공산주의의 땅이 된 거지.

1949년 10월 마오쩌둥은 베이징에서 중화인민공화국의 수립을 선포했어. 소련에 이어 또다시 거대한 공산주의 국가가 탄생한 거야. 소련은 단 두 차례의 혁명을 통해 공산주의 국가를 건설했지만 중국은 공산주의 정권이 들어설 때까지 아주 오랜 시간이 걸렸어. 이미 그 역사는 살펴봤지?

제2차 세계대전이 계속되는 동안 민심은 국민당보다 공산당에 더 기울어 있었어. 공산당의 항일투쟁이 국민에게 강한 인상을 남겼기 때문이야. 국민당의 장제스는 군사력만 믿고 오만하기 짝이 없었지. 바로 이 점 때문에 국민당이 무너진 거란다.

제2차 세계대전이 끝난 후 장제스와 마오쩌둥은 전쟁을 끝내기로 협정을 맺었어. 그러나 장제스는 공산당이 너무 싫었어. 장제스는 협정을 어겼고, 반공을 국민당의 이념으로 채택했어. 바로 공산당의 거점을 총공격했단다. 중국에서 내전이 다시 시작된 거야.

1947년 후반까지는 군사력이 앞선 장제스가 유리했어. 그러나 앞에서 말했던 대로 민심은 공산당으로 더 기울고 있었어. 민심은 천심이라 했던가? 상황이 바뀌기 시작했

중국 공산정권의 확대 · 티베트는 오늘날까지도 독립 투쟁을 벌이고 있다.

어. 공산당 군대가 국민당 군대를 이기기 시작한 거야.

마오쩌둥은 그전까지 홍군이라 부르던 군대를 인민해방군으로 개편했어. 이어 대대적인 반격을 시작했어. 인민해방군은 1949년 1월 베이징을 점령한 다음 중국 남부까지 계속 진군했어. 인민해방군은 가는 곳마다 도시들을 점령했어. 마침내 10월 1일 인민해방군은 모든 도시를 점령했어. 중화인민공화국이 탄생한 거야.

중국이 공산국가가 되면서 냉전 체제는 더욱 단단해졌어. 소련과 미국이 나눠 신탁통치하는 한반도가 위험해졌지. 제1차 세계대전 때 화약고가 발칸반도였다면 이제 한반도로 화약고가 옮겨진 거야. 중국, 소련, 미국이 한반도 땅을 사이에 두고 서로 마주 보는 상황이었으니 그럴 수밖에 없었어. 결국 전쟁이 터지고 말았어. 바로 한국전쟁이야.

냉전의 폭발, 한국전쟁

냉전이 마침내 한반도에서 폭발하고 말았어. 한국전쟁, 즉 6·25전쟁이 터진 거야 1950년.

한국전쟁은 세계의 모든 국가들이 자유진영과 공산진영으로 나뉘어 벌인 작은 세계전쟁이었어. 국제연합은 남한을 돕기 위해 군대를 파견했고, 소련과 중국은 북한을 돕기 위해 군대를 보냈어. 한반도 땅 안에서만 터진 전쟁이지만 동서진영의 강대국들이 힘을 겨룬 전

피난 떠나는 사람들의 행렬 · 전쟁의 발발로 인해 많은 사람이 남쪽으로 피난을 떠났다.

쟁이었다고 볼 수 있는 거야.

1950년 6월 25일 북한은 선전포고도 없이 38선을 넘어 남침했어. 그전에도 군사분계선 주변에서 작은 충돌이 있기는 했어. 하지만 남한 정부는 전쟁이 터질 거라고 꿈에도 생각하지 못했지. 남한은 제대로 된 전차 한 대 없을 정도로 군사력이 약했다는구나. 당연히 밀릴 수밖에 없겠지?

남한 정부는 대전으로 급히 피난을 떠났어. 정부는 북한군이 따라오지 못하도록 한강의 다리를 폭파해 버렸어. 이 때문에 많은 서울 시민들이 피난을 떠나지 못했다는구나. 이 작전은 두고두고 욕을 먹었지.

북한군은 전쟁 3일 만에 서울을 점령했어. 곧바로 한반도의 남쪽으로 진격했지. 남한 정부는 대전에서 이리, 목포, 부산까지 도망갔어. 7월 9일에는 대구까지 밀려갔지.

UN 안전보장이사회가 남한을 돕기로 결의했어. 미국을 비롯해

인천상륙작전 · 이 작전의 성공으로 서울을 되찾았다.

16개 나라에서 한국에 군대를 파견했지. 미국 더글러스 맥아더 장군이 이끄는 군대는 낙동강을 최후의 마지노선으로 삼고 북한군과 맞섰어.

UN군과 한국군은 북한군을 다시 북쪽으로 밀어내기 시작했어. UN군과 한국군은 9월 15일 인천상륙작전에 성공했지. 9월 28일 서울을 되찾았고 10월에는 압록강, 11월에는 두만강까지 진격했어. 북진통일이 이뤄지려는 순간이었어. 그러나 12월 중국이 전쟁에 뛰어들면서 북진통일의 꿈은 사라졌어. 한반도 전체가 자유진영이 된다면 중국으로서도 부담이 되겠지. 중국이 전쟁에 뛰어든 이유야.

엄청나게 많은 중국 병사들이 징과 꽹과리를 치며 달려들었어. 인해전술이란 말이 여기에서 나왔지. 우리 군대는 철수할 수밖에 없었어. 중국과 북한 연합군은 1951년 1월 4일 다시 서울을 점령했어. 1·4후퇴란 말 들어 봤지? 그게 바로 이 사건을 말하는 거야.

우리 군대는 전열을 가다듬고 반격에 나섰어. 두 달 만에 서울을 되찾았지. 이때부터 양쪽 군대가 오르락내리락하면서 장기전으로 돌입했어. 이해 7월, 전쟁을 끝내기 위한 정전회담이 시작됐어. 이 협상은 무려 2년을 끌었단다. 1953년 7월 27일에 가서야 마침내 협상이 타결됐어. 3년 1개월간 계속된 6·25전쟁이 비로소 끝난 거야.

전쟁이 훑고 간 한반도는 처참했어. 국토는 완전 폐허로 변해 버렸고, 공장을 비롯한 사회 시설의 절반 정도가 파괴됐지. 200만 명이 목숨을 잃었다는구나.

핵전쟁 위협 대두되다

미국과 소련의 갈등이 자칫 핵전쟁으로 비화할 뻔한 적도 있단다.

한국전쟁이 끝나고 6년이 지난 1959년, 중미 쿠바에 카스트로의 혁명정부가 들어섰어. 카스트로는 "쿠바는 사회주의 국가다"라고 선포한 뒤 미국과 국교를 끊어 버렸어. 미국은 그런 카스트로가 괘씸했어. 그를 몰아내려고 은밀하게 첩보 활동을 벌였지. 카스트로는 겁을 먹기는커녕 미국을 더 약 오르게 했어. 소련과 손을 잡아 버린 거야.

1962년 9월 카스트로는 소련으로부터 무기를 원조받기로 했어. 소련제 미사일을 수입한 거야. 그러나 소련은 이 사실을 부인했지. 미

국이 증거를 찾기 시
작했어. 마침내 10월
미국은 중거리탄도미
사일 발사대가 건설되
고 있는 쿠바의 현장
을 공중 촬영하는 데
성공했어. 증거를 잡은
거야.

피델 카스트로와 체 게바라 쿠바 · 혁명정부 수립과 사회주의 국가로의 변화를 이끈 두 주역이다.

미국은 반격에 나섰어. 존 F. 케네디 대통령은 전 세계 자유진영에 "소련이 핵 공격이 가능한 미사일 기지를 쿠바에 만들고 있다. 자유진영이 핵 공격에 노출됐다"라고 말했어. 이어 소련제 미사일이 쿠바에 수입되지 못하도록 쿠바의 해상을 봉쇄해 버렸지. 케네디 대통령은 소련에 대해서도 쿠바에 배치한 미사일을 철거하라고 요구했어. 소련은 미국이 쿠바를 침공하지 않겠다는 약속을 하라고 맞받아쳤어. 소련은 쿠바 앞바다로 함대를 보냈어. 미국과 소련 사이에 핵전쟁이 터질 수도 있는 긴박한 순간이었지.

다행히 양국이 서로의 제안을 받아들이기로 합의했어. 소련은 쿠바에 설치된 미사일을 제거하기로 약속했고, 쿠바로 향하던 함대를 다시 불러들였어. 미국은 쿠바의 해상 봉쇄를 풀었지.

이 위기는 3개월간 진행됐어. 그 시간 동안 전 세계는 꽁꽁 얼어붙었단다. 제3차 세계대전이 일어날까 봐 두려워서였고, 그 전쟁이 핵전쟁이 될 것임을 알았기에 더욱 무서웠던 거야. 핵전쟁의 위협을 처음 느낀 세계는 비로소 핵이 얼마나 무서운지를 깨닫게 됐어. 이때부터 여러 나라들이 참여해 핵을 제한하고 규제할 방법을 찾기 시작했어. 훗날 핵실험금지조약, 핵확산금지조약은 이렇게 해서 만들어진 거란다.

오만한 미국의 패배, 베트남전쟁

쿠바의 핵미사일 위기가 터지기 1년 전인 1961년, 미국의 케네디 대통령은 베트남의 공산화를 막기 위해 미군을 파견했어. 냉전 때문에 또 하나의 전쟁이 터진 거야. 바로 베트남전쟁이지. 이 전쟁의 원인부터 살펴볼까?

일본이 패망할 즈음 베트남은 무척 어수선했어. 우리나라도 해방된 후 몇 년간 아주 혼란했지? 베트남도 그랬던 거야. 이 틈을 타서 공산주의자 호찌민이 1945년 8월 혁명을 일으켰어. 그는 수도 하노이를 점령하고 공산정부를 세웠어.

이때만 해도 베트남은 프랑스가 지배하고 있었단다. 1946년 공산정부는 프랑스와의 전쟁에 돌입했어. 미국은 이때 직접적으로 전쟁에 개입하지는 않았어. 그러나 중국이 베트남 공산정부를 지원하자 미국도 프랑스를 지원했단다. 간접적으로는 개입한 셈이지.

이즈음 아시아 민중들은 제국주의도 싫어했지만 부패한 정부에 대해서도 치를 떨었어. 중국에서 우파의 국민당 정부가 무너진 걸 보면 짐작할 수 있겠지? 베트남도 사정이 비슷했나 봐. 베트남 민중도 공산정부를 지지했던 거야.

1954년 5월 프랑스는 전쟁에서 패한 뒤 베트남에서 철수했어. 그러나 베트남이 새로운 국가를 건설하지는 못했어. 북위 17도를 경계로 북부는 소련과 중국이, 남부는 미국이 지원하는 정부가 들어선 거야.

1955년 남부에서는 자유진영의 베트남공화국이 들어섰어. 베트남공화국의 첫 대통령인 디엠은 북베트남과 동시에 총선거를 하자는 제안을 거절했어. 디엠 대통령은 이어 공산당을 대대적으로 탄압하기 시작했지. 남베트남의 공산주의자들은 북베트남 정부의 지원을 받으면서 게릴라 활동을 시작했어. 여기까지만 보면 해방 후 우

베트남전쟁 · 베트남의 통일 과정에서 일어난 이념 대립으로 주변 국가들이 다수 참전해 국제적인 전쟁으로 비화했다.

리나라의 역사와 너무
비슷하지 않니?

그다음부터는 우
리 역사와 많이 달라.
1961년 미국의 케네
디 대통령은 미군을
베트남에 파견했어.
그대로 두면 베트남
남쪽까지 공산화될 거
라고 판단했던 거야.
베트남의 내전이 국제

냉전에 의한 한국과 베트남 분할 · 현재 한국은 이념 때문에 민족이 분단된 유일한 나라이다.

전으로 커진 셈이지. 그러나 미국이 개입해도 남베트남의 혼란은 사
라지지 않았어. 1963년 11월에는 디엠 대통령마저 암살됐고, 남베
트남의 군인들이 속속 북부의 공산정권에 투항하기 시작했단다.

1968년은 미국으로서는 정말 힘든 시기였을 거야. 새해가 시작되
자마자 사이공 시내에 있는 미국 대사관이 게릴라 공격을 받은 거
야. 수많은 사상자가 나왔어. 미국은 베트남전쟁에서 발을 빼야 할지
심각한 고민에 빠졌어. 이해 11월 미국 대통령에 당선된 닉슨은 한
때 베트남에서의 철수를 고려했어. 그러나 곧 입장을 바꿔 남베트남
을 사수하겠다고 발표했어.

전쟁은 계속됐고, 군사력만 믿고 베트남에 뛰어든 미국은 점점 난
처해졌어. 베트남 민중은 미국의 이야기에 귀를 기울이기는커녕 오

히려 공산주의자에게 훨씬 우호적이었지. 전쟁은 인근 캄보디아와 라오스까지 확대됐어. 이 지역은 나중에 베트남이 공산주의 국가로 바뀐 후 모두 공산주의 국가가 된단다. 자유진영의 큰형님인 미국의 치욕이라고 할 수 있겠지?

1975년 북베트남은 남베트남을 대대적으로 공격하기 시작했어. 4월 30일 마침내 사이공_{지금의 호찌민}이 북베트남 군대에 함락됐어. 북베트남의 승리로 끝난 거야.

30년 만에 베트남전쟁은 끝났지만 미국의 타격은 컸어. 아주 작은 나라에 불과한 북베트남을 이기지 못했을 뿐 아니라 그 일대까지 고스란히 공산주의 세력에 넘겨줬으니 그럴 만도 하지. 미국 내 정치도 어수선했어. 닉슨 대통령의 워터게이트 사건까지 터졌거든. 자기 나라의 혼란도 정비하지 못하면서 세계 질서를 바로잡겠다는 것은 어쩌면 오만일 거야. 바로 그 오만이 베트남전쟁에서 미국이 패배한 원인이란다.

화해 무드 감돌다

6·25전쟁이 끝나고 2년이 지났어. 1955년 좌우이념에서 모두 벗어나 독립적인 세력을 만든 나라들이 생겨났지. 선진국의 대열에 들지 못한 제3세계 국가들이 바로 그들이야. 바로 이해, 아시아와 아프리카 신생 독립국들이 모여 반둥회의를 갖고 평화 10대 원칙을 발표했

단다. 이 나라들은 강대국이 벌이고 있는 동서냉전을 반대하며 중립주의와 평화주의를 선언했어. 우리나라는 미국의 영향을 많이 받는, 미국의 우방 국가였기 때문에 동참하지 못했지.

반둥회의의 파장은 컸어. 비록 힘이 없는 제3세계라고는 하지만 똘똘 뭉치니 위력을 발휘한 거야. 냉전 체제가 점점 강해지고 있었지만 제3세계는 그 어느 쪽에도 속하지 않고 독립적으로 움직였어. 직접적이지는 않았지만 간접적으로는 냉전 체제에 금이 가는 역할을 한 거야.

1960년대 들어 자유진영 내에서 미국의 주도에 반발하는 사건이 생겼단다. 프랑스가 미국이 주도하는 핵정책을 따를 수 없다며 북대서양조약기구를 탈퇴한 거야.

공산진영에서도 비슷한 일이 벌어졌어. 중국과 소련이 우수리 강 유역이 서로 자기 땅이라며 전투를 벌인 거야. 신장웨이우얼자치구 일대에서 또다시 두 나라 군대가 싸우기도 했지. 이 중—소 국경분쟁은 그 후 수십 년간이나 계속됐어. 두 나라는 같은 사회주의 국가이면서도 큰형님 자리를 놓고 갈등을 벌였단다.

냉전 체제가 무너지는 소리가 들리니? 1960년대 후반부터 동서진영이 화해하는 분위기가 많이 만들어졌어. 이 화해무드를 데탕트^{완화}라고 불러. 냉전 체제가 완화됐다는 이야기야.

베트남전쟁 막바지에 미국 닉슨 대통령은 "앞으로 아시아에서 발생한 전쟁에 미국은 참전하지 않겠다!"라고 선언했어. 바로 닉슨독트린이야^{1969년}. 미국 내부에서도 베트남전쟁에 참전한 건 잘못된 결

닉슨 대통령 · 미국의 37대 대통령으로 닉슨 독트린을 발표해 냉전을 종식시키는 데 큰 역할을 했다.

정이었다는 비판이 많았어. 이 전쟁에서 미국은 얻은 게 단 하나도 없었고, 오히려 명예만 실추됐다는 거야.

이 닉슨독트린은 중국과 미국이 화해할 수 있는 여건을 만들어 줬어. 3년 뒤인 1972년, 닉슨 대통령은 마침내 공산진영의 대표격인 소련과 중국의 수도, 모스크바와 베이징을 연이어 방문했지.

미국의 화해 제스처에 소련도 화답했어. 닉슨 독트린이 발표된 이듬해인 1970년, 소련이 서독과 불가침협정을 체결한 거야. 닉슨 대통령이 모스크바와 베이징을 방문한 해에는 동독과 서독이 서로 침략하지 않기로 맹세한 기본 조약에 서명했지. 동서독은 1년 뒤 동시에 UN에 가입했단다.

그러나 이 데탕트가 한순간에 얼어붙기도 했어. 1979년 소련이 아프가니스탄을 침공하면서 다시 미국과 소련 사이에 팽팽한 긴장이 감돌기 시작한 거야.

냉전 체제의 종식

소련의 아프가니스탄 침공 사건은 자유진영에 배신처럼 여겨졌어.

화해무드가 물씬 풍기고 있는데 갑자기 찬물을 끼얹은 꼴이었거든. 데탕트 이후에 찾아온 이 같은 갈등을 신 냉전이라고 한단다.

다행히 신 냉전은 얼마 지나지 않아 끝났어. 1980년대부터 다시 화해무드가 찾아온 거야. 이때부터를 신 데탕트 시대라고 한단다. 신 데탕트는 냉전 체제가 사실상 끝이 났다는 뜻이야. 소련의 탁월한 지도자 미하일 고르바초프의 공헌이 컸단다.

고르바초프 서기장 · 소련 최초의 대통령으로 닉슨과 함께 냉전 체제 종식에 힘썼다.

고르바초프는 1985년 3월 공산당 서기장에 선출된 다음 곧바로 페레스트로이카^{개혁}와 글라스노스트^{개방}를 추진했어. 부시 미국 대통령과 만나 역사적인 몰타선언에 합의하기도 했지. 이 선언에서 두 나라는 군비를 축소하고 협력을 강화하기로 했어. 다시 말해 냉전 체제를 끝내기로 한 거야^{1989년}.

1990년 3월 고르바초프는 소련 최초로 대통령에 선출됐어. 그 후 고르바초프의 개혁은 더욱 빠르게 진행됐지. 바로 이듬해에 그는 마르크스와 레닌주의를 포기하는 내용의 새 공산당 강령을 만들었어. 정말 엄청난 사건이었단다. 공산당이 마르크스와 레닌을 포기하겠다는 게 무슨 뜻이겠니? 이름은 공산당이지만 실제로는 공산주의를 거부한다는 이야기야!

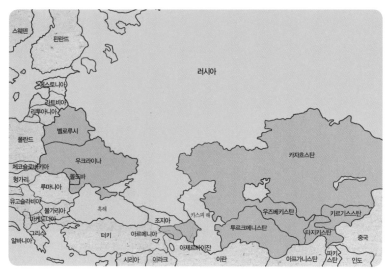

소련 붕괴 후 생긴 독립국가들 · 러시아를 포함한 11개 국가들은 옐친의 주도 하에 독립국가연합(CIS)를 건설했다.

　당연히 기존 공산당 세력들이 크게 반발했어. 그들은 쿠데타를 일으켰어. 온 세계가 소련을 주목했어. 공산당이 권력을 잡느냐 고르바초프가 공산당을 물리치느냐에 따라 세계의 역사가 달라지기 때문이야. 결과는 고르바초프의 승리였어. 쿠데타를 제압한 거야. 고르바초프는 공산당을 해체해 버렸어.

　고르바초프의 뒤를 이은 옐친 대통령은 더욱 강력한 개혁을 추진했어. 공산당을 없앤 것만으로는 성에 차지 않았어. 그는 결국 소련 자체를 해체해 버렸어! 그 대신 발트 3국과 조지아를 뺀 구소련 내 11개 공화국과 함께 독립국가연합^{CIS}을 결성했지^{1991년}.

　소련이 민주화되고 해체되는 동안 동유럽도 비슷한 과정을 밟았단

장벽의 붕괴를 기뻐하는 독일인들 · 1989년 11월 10일에 이루어진 베를린 장벽의 붕괴는 냉전 종식의 상징과도 같은 일이었다.

다. 동유럽의 국가들이 소련의 위성국가였으니까 당연한 결과겠지?

1989년에는 폴란드와 헝가리가 대통령제를 도입하며 소련에서 벗어났어. 폴란드에서는 전국 파업을 주도했던 바웬사란 인물이 초대 자유주의 대통령에 당선됐지. 헝가리에서는 처음으로 공산당이 아닌 다른 정당들도 정치를 할 수 있도록 다당제가 도입됐어. 유고슬라비아는 신유고 연방으로 다시 태어났고, 체코슬로바키아는 체코와 슬로바키아로 분리됐어.

무엇보다 세계를 놀랍게 만든 것은 영원히 분단국가로 남을 줄 알았던 독일의 통일이었어. 베를린 장벽이 무너진 데 이어, 이듬해 동독이 서독에 흡수되는 방식으로 통일이 이뤄진 거야^{1989년}.

공산진영이 모두 무너지면서 바르샤바조약기구도 1991년 해체 됐어. 북대서양조약기구만 남았지? 공산진영이 없어졌으니 이 기구 의 역할도 바뀌었단다. 그전까지는 공산진영에 대항하는 군사동맹 의 성격이 강했지만 이제는 서양 국가들의 정치 협력체 역할을 하 고 있어. 바르샤바조약기구의 일원이었던 폴란드, 체코, 헝가리는 1999년, 루마니아, 슬로바키아는 2004년 북대서양조약기구에 가입 했어. 현재는 유럽의 거의 모든 나라들이 이 기구의 멤버가 돼 있단다.

'중국의 개혁과 개방

중국은 소련보다 훨씬 폐쇄적이었고, 인민에 대한 탄압도 더 심했어. 개혁주의자들은 모두 숙청을 당했단다. 그렇다고 해서 중국이 개혁 과 개방에 완전히 눈을 감은 것은 아니었어. 물론 많은 혼란이 있었 지만….

마오쩌둥이 공산정권을 세운 이후의 사정은 소련과 크게 다르지 않았어. 생산성이 떨어져 바닥에 머물던 경제는 자연재해까지 겹치 는 바람에 최악의 상황에 이르렀어. 힘들어 죽겠는데 나쁜 일은 계 속 터졌어. 중—소 분쟁까지 생긴 거야. 소련은 중국에 대한 경제 원 조를 모두 중단해 버렸고, 중국의 경제 사정은 더욱 악화됐지.

공산당 지도부 안에서도 개혁을 주장하는 인물이 나타났어. 대표 적인 인물이 덩샤오핑이란다. 덩샤오핑은 권력을 잡은 다음 마오쩌둥의 순수 사회주의 노선을 비판했어. 그는 경제를 통제만 하면 중국이 발전할 수 없다고 생각했어. 결과만 좋다면 경제에 대한 규제를 풀어야 한다고 주장했지. 검은 고양이든 흰 고양이든 쥐만 잡으면 된다는 흑묘백묘론이 이때 나온 거란다.

마오쩌둥은 공산주의가 정착되려면 중국의 전통문화를 없애야 한다고 생각했어. 1966년 그는 중국 전통문화를 손보기 위해 문화대혁명을 시작했지. 10여 년간 진행된 문화대혁명은 사실 서슬 퍼런 공포정치에 불과했어. 많은 지식인들이 누명을 쓰고 죽어 갔지. 이 사건으로 중국의 개혁은 허상이라는 사실이 드러났어. 공산주의 체제는 여전히 한 발짝도 발전하지 못한 거야.

그로부터 23년이 지난 1989년, 민중들은 다시 개혁을 요구하며 시위를 벌였어. 그러나 덩샤오핑은 그들을 무자비하게 진압했단다. 이 사건을 톈안먼 사건이라고 부르지.

그래도 덩샤오핑 통치기에 미국, 일본과 국교를 정상화하고 자본주의 체제를 어느 정도 받아들인 것은 성과로 볼 수 있어. 중국의 개

베이징의 톈안먼 · 자금성으로 들어가는 입구이자, 중국 근현대사에 있어 중요한 정치적 사건들이 일어난 역사의 중심이다.

혁은 덩샤오핑의 뒤를 이은 장쩌민이 본격적으로 추진했어. 그러나 아직까지 중국은 사회주의 체제를 완전히 포기하지는 않았단다. 그래서 사회주의도 아니고 자본주의도 아닌 이상한 형태를 보여 주고 있어. 이런 체제를 국가자본주의라고 불러야 할까?

국제연맹은 망했지만
국제연합은 지속되는 까닭

제1차 세계대전이 끝난 후 미국의 윌슨 대통령의 제안으로 국제연맹이 만들어 졌어. 그러나 국제연맹은 제 기능을 수행 하지 못하고 사라졌지. 왜 그럴까?

세계 평화를 상징하는 국제연합의 로고

국제연맹에는 미국조차도 빠져 있었어. 미국 의회가 "굳이 유럽의 문제를 미국 에서 떠맡아야 할 이유가 없기 때문에 빠 지자"라고 했기 때문이야. 또 다른 강대 국인 러시아는 공산주의 국가라는 이유 때문에 끼워 주지도 않았어. 차 떼고 포까지 떼면 제대로 장기를 둘 수 있을까? 결 국 국제연맹은 국제기구 역할을 전혀 수행하지 못해 제2차 세계대전이 일어나는 것을 멍하니 바라볼 수밖에 없었어.

반면 제2차 세계대전 이후 생긴 국제연합UN은 달랐어. 일단 본부부터 최고의 강 대국인 미국의 심장부, 뉴욕에 세워졌지. 미국을 비롯해 영국, 프랑스, 소련, 중국 등 이른바 5대 강대국이 모두 핵심멤버, 즉 안전보장이사회의 상임이사국으로 선 정됐어. 강대국이 모두 참여했기 때문에 국제연합은 명실상부한 국제기구로서의 역할을 할 수 있게 된 것이지. 물론 그 후 냉전 체제가 이어지면서 국가 간 이익이 엇갈려 국제연합도 상당 기간 표류하게 됐어.

제2차 세계대전이 끝난 후 세계는 확 달라졌어. 비로소 현대로 접어들었지. 오늘날 우리가 일상적으로 쓰는 컴퓨터가 1946년 미국에서 발명됐어. 이 컴퓨터의 이름은 에니악이야. 처음에는 군사적 목적으로 만들어졌지. 컴퓨터 무게는 약 30톤. 가정용으로는 도저히 쓸 수 없었겠지?

그로부터 많은 시간이 흘렀어. 2000년 1월 1일 0시. 전 세계는 새 밀레니엄천년을 축하하는 불꽃축제를 보며 환호했어. 다시는 세계대전의 악몽이 되풀이되지 않기를, 이념 대립으로 동족끼리 전쟁을 벌이는 일이 없기를, 민족 대립으로 학살극이 연출되지 않기를 빌었지. 그러나 여전히 세계 곳곳에서 전쟁이 계속되고 있고, 테러로 수많은 목숨이 사라져 가고 있어.

2008년 중반, 미국에서 시작된 금융 위기가 전 세계로 확산됐어. 중동 지역의 혼란은 좀처럼 해결되지 않고 있지. 테러는 전 세계를 공포에 떨게 하고 있어.

하지만 어두운 측면만 있는 것은 아니야. 과학의 발달로 인류의 수명은 머지않아 100세 이상 늘어날 것으로 예상되고 있어. 각종 난치병의 치료법도 곧 개발될 것이란 희망적인 관측도 많지. 앞으로 우리 인류는 어떤 길을 걷게 될까? 이 질문을 자신에게 던져 봐. 그게 이 역사 여행의 최종 목적지란다.

중동, 세계의 화약고가 되다

20세기 후반부에는 전쟁과 테러가 난무하는 화약고가 꽤 여러 곳 있었어.

영국연방에서 독립하려는 북아일랜드공화국군^{IRA}의 테러는 세계를 놀라게 했었지. 그러나 이 테러는 대부분 영국 영토 안에서만 이뤄졌어. 에스파냐의 바스크 분리주의자도 비슷한 경우야. 북한 공작원에 의한 대한항공 여객기 폭파 사건도 이런 테러 가운데 하나지. 그러나 이 모든 사건들은 전 세계를 초긴장하게 하지는 않았어. 세계인들이 가장 근심 어린 시선으로 바라보고 있는 곳은 바로 중동이란다.

팔레스타인 영토에 독립 국가를 건설한 이스라엘은 아랍 민족에게 땅을 내줄 생각이 없었어. 아랍 민족도 오랫동안 살던 땅을 빼앗겼으니 분노를 삭일 수 없었겠지. 결국 여러 차례에 걸쳐 전쟁이 터졌어. 이 전쟁이 바로 중동전쟁이란다.

이스라엘의 건국과 중동전쟁

제2차 세계대전이 끝난 다음 국제연합에서 유대인과 아랍인의 분쟁을 조정했어. 두 가지 방안이 나왔지. 첫째는 두 민족이 팔레스타인

팔레스타인 난민 · 제1차 중동전쟁으로 인해 많은 아랍인이 팔레스타인을 떠나야 했다.

을 함께 쓰자는 연방 안이었어. 둘째는 지중해 연안은 유대인에게 주고 사막 지대는 아랍인에게 주는 분할안이었지. 지중해 연안이 훨씬 비옥하고 살기가 좋겠지? 유대인들은 분할 안을 지지했어. 유대인들은 미국을 상대로 치열한 로비를 했고, 그 결과 1947년 11월 UN총회에서 분할 안이 통과됐단다.

유대인들은 미국과 영국의 지원을 받으며 나라를 세우는 작업에 돌입했어. 그러나 아랍인들은 UN총회의 결의를 받아들일 수 없었어. 아랍인들이 서양, 특히 미국을 싫어하게 된 게 이때부터란다.

유대인들은 1948년 이스라엘을 건국했어. 두 민족 사이의 갈등은 불을 보듯 뻔해. 정말로 이스라엘이 건국되고 이틀이 지난 5월 16일, 이집트, 시리아, 레바논, 이라크, 요르단 등 아랍 5개국 연합 군대가 이스라엘을 공격했어. 이게 제1차 중동전쟁이야. 냉전이 끝나기 무섭게 민족 간, 인종 간 갈등이 전쟁으로 번진 셈이지. 세계 평화는 아직도 멀었나 봐.

이 전쟁에서 처음에는 아랍 세력이 우세했어. 하지만 미국의 지원을 받은 이스라엘이 곧 반격에 나서며 전세는 역전됐지. 이듬해 휴전 협정이 체결됐는데, 이스라엘의 완벽한 승리였어. 이스라엘은 영토를 더 넓혔단다. 100만여 명의 아랍인들은 살 곳을 잃어버렸어. 이스라엘은 이 아랍인들을 심하게 박해했어. 저항하는 아랍인들은 모두 죽여 버렸단다. 오죽하면 이때의 대량학살을 제2의 나치 학살이라고 불렀겠어? 이스라엘 정부의 테러를 피하기 위해 아랍인들이 무더기로 탈출했어. 팔레스타인 난민은 이들을 두고 하는 말이야.

약 5년이 흘렀어. 한반도에서는 6·25전쟁이 벌어지고 있었지. 바로 그해 이집트에서 나세르란 인물이 혁명을 일으켜 왕정을 무너뜨렸단다^{1952년}. 이집트가 공화국으로 바뀐 거야.

나세르는 강력한 민족주의자였어. 1956년 대통령에 취임한 뒤에는 수에즈 운하를 국유화해 버렸단다. 수에즈 운하의 소유권을 둘러싸고 영국과 프랑스가 감 놔라 배 놔라 하면서 간섭을 했었지? 나세르 대통령은 두 나라로부터 수에즈 운하를 되찾으려 한 거야. 수에즈 운하는 경제적으로 아주 중요했거든.

바로 여기에 반발해 프랑스와 영국이 이스라엘과 연합해 이집트의 시나이반도를 공격했어. 이게 제2차 중동전쟁이야.

이 전쟁은 19세기의 제국주의 전쟁을 떠오르게

이스라엘의 폭격기 · 이스라엘의 폭격기는 제3차 중동전쟁에서 큰 역할을 했다.

해. 이스라엘이야 아랍인들과의 갈등 때문에 전쟁에 참여했다 쳐도 프랑스와 영국이 이집트를 공격할 명분은 없었거든. 아직도 제국주의가 성행하던 19세기라고 착각했던 걸까? 당연히 국제적인 비난이 쏟아졌어. UN은 이집트에서 철수하라고 권고했지. 결국 이듬해 3월 세 나라는 점령지에서 군대를 철수시켰어. 이렇게 해서 제2차 중동전쟁도 끝이 났어.

게릴라전으로 비화하다

제2차 중동전쟁이 끝난 직후부터 아랍인들은 전면전보다 게릴라전으로 투쟁 방향을 바꿨어. 아랍 게릴라들은 주로 시리아에서 활동했지. 1966년 시리아에 들어선 바트당 정권이 게릴라 활동을 전폭 지원했거든. 제2차 전쟁의 패배를 곱씹고 있던 이집트 나세르 대통령도 여기에 동참했어. 그는 요르단과 군사동맹을 맺고 이스라엘과 인접한 티란 해협을 폐쇄해 버렸어. 이스라엘을 압박하려는 계산이었지.

이스라엘도 정면으로 맞섰어. 1967년 6월 이스라엘 공군기들이 아랍 게릴라의 주요 거점인 시리아, 요르단, 이집트를 동시에 기습적으로 폭격했어. 워낙 신속하게 공격이 이뤄졌기 때문에 아랍 국가들은 어떻게 해야 할지 몰라 쩔쩔맸지. 이스라엘은 단 6일 만에 이집트 시나이반도를 점령했어. 이 때문에 제3차 중동전쟁을 6일 전쟁이라

캠프데이비드 협정(1978년) · 이집트와 이스라엘 간에 맺어진 단독 평화협정. 왼쪽부터 순서대로 이집트 대통령 사다트, 미국 대통령 카터, 이스라엘 수상 베긴이다. 협정은 1979년 최종 체결됐다.

고도 부른단다.

이 전쟁에서 이스라엘은 요르단 강의 서안지구와 가자지구, 골란고원을 얻어 현재의 모습이 됐어. 이스라엘은 시나이반도까지 차지했었지만 1982년에 이집트에 돌려줬어. 아랍 국가들은 이스라엘에 분노했지만 UN의 중재로 전쟁은 이쯤에서 끝났단다.

지긋지긋한 전쟁은 그 후로도 계속됐어. 이집트 나세르 대통령의 뒤를 이은 사다트 대통령이 요르단과 함께 1973년 10월 이스라엘을 다시 기습 공격했어. 아랍 국가들로 구성된 석유수출국기구OPEC는 이집트를 지원하려는 목적으로 서방세계에 석유를 수출하지 않겠다고 결의했지. 이 사건은 전 세계의 경제를 흔들어 놓았어. 바로 제1차 석유파동이야. 이때 우리나라도 휘청거렸었지. 이 제4차 중동전쟁도 UN의 중재로 끝났고 1974년 1월에는 UN군이 중동지역에 파견됐어. 이제 중동전쟁은 더 이상 터지지 않았어.

1977년 11월 이집트의 사다트 대통령이 이스라엘을 방문했고, 화

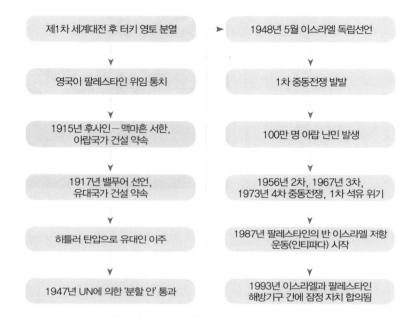

제1차 세계대전 후 터키 영토 분열	1948년 5월 이스라엘 독립선언
영국이 팔레스타인 위임 통치	1차 중동전쟁 발발
1915년 후사인－맥마흔 서한, 아랍국가 건설 약속	100만 명 아랍 난민 발생
1917년 밸푸어 선언, 유대국가 건설 약속	1956년 2차, 1967년 3차, 1973년 4차 중동전쟁, 1차 석유 위기
히틀러 탄압으로 유대인 이주	1987년 팔레스타인의 반 이스라엘 저항 운동(인티파다) 시작
1947년 UN에 의한 '분할 안' 통과	1993년 이스라엘과 팔레스타인 해방기구 간에 잠정 자치 합의됨

제1차 세계대전 후 서아시아의 변화

답으로 이스라엘의 베긴 총리가 이집트를 방문하면서 극적으로 화해가 이뤄지기도 했지. 미국의 카터 대통령이 개입해 1979년에는 두 나라 사이에 평화조약이 체결되기도 했어. 바로 이 조약에 따라 이스라엘이 시나이반도를 이집트에 돌려준 거야. 그 보답으로 이집트는 이스라엘을 하나의 독립국가로 인정했단다.

이제 중동에 평화가 찾아온 것일까? 천만의 말씀! 아랍 국가들은 이집트를 배신자라고 불렀어. 빼앗긴 땅을 찾을 길이 없게 되자 팔레스타인해방기구PLO는 투쟁을 더욱 강화했어. 테러와 폭력이 난무

했지. 이집트도 폭력의 소용돌이에 휩싸이게 됐어. 1981년 10월 사다트 대통령이 피살된 것만 봐도 중동이 어떤 상황이었는지 짐작하겠지?

이스라엘은 아랍 게릴라를 토벌하겠다며 1982년 6월 레바논을 침공하기까지 했어. 전쟁이란 이름이 붙지만 않았지, 여전히 전쟁이 계속되고 있던 거야. 1992년에는 미국이 중동문제에 개입했어. 마치 전쟁게임을 보듯 TV에 생중계된 이 전쟁이 바로 걸프전쟁이야. 이듬해 9월 팔레스타인해방기구와 이스라엘이 상호 협력하고 승인하기로 약속하는 모습이 전 세계인들에게 TV 화면으로 중계됐지만 아직도 평화는 먼 것처럼 느껴져.

테러와의 전쟁

2001년 9월 11일이었어. 미국 뉴욕 한복판에 있는 세계무역센터, 일명 쌍둥이 빌딩을 민간 여객기 두 대가 잇달아 들이받았어. 1시간 30여 분만에 빌딩 두 채가 완전히 무너졌지. 현장은 아수라장으로 변했어. 최소 2800명에서 3500명이 죽거나 실종됐지.

이 사건은 9·11테러라는 이름으로 알려져 있어. 이슬람 극단주의 그룹인 알카에다 테러리스트가 여객기를 납치해 일으킨 자살 테러였지. 이때 또 다른 여객기는 미 국방성펜타곤으로 돌진했어. 이 테러로 건물 안에 있던 125명이 사망하거나 실종됐지.

이 테러는 전 세계를 경악시켰어. 국제 세계는 일제히 이슬람 극단주의자들을 비난했어. 사실 이 사건이 터지기 6개월 전에도 아프가니스탄의 이슬람 탈레반 정권이 세계문화유산인 바미안 석불을 로켓포로 폭파시킨 것에 대해 비난의 여론이 높았단다. 탈레반은 이 불상이 이슬람교를 모독한다며 만행을 저질렀어. 하지만 그 만행으로 무고한 시민이 희생되지는 않았잖아? 그러니 9·11테러와는 비교가 되지 않지.

미국은 즉각 테러와의 전쟁을 선포했어. 주 타깃은 이라크와 아프가니스탄이었지. 두 나라가 알카에다와 같은 테러 단체를 지원하고 있다는 거야.

2001년 미국은 먼저 아프가니스탄을 공격해 탈레반 정권을 끌어내렸어. 2003년에는 이라크에 대한 폭격을 시작했지. 미국은 이 전쟁을 통해 독재자 후세인을 끌어내리고 새 정부를 출범시켰단다.

9·11테러 · 이 테러로 90여 개국 3000여 명이 넘는 사람들이 사망했다.

이제 중동의 말썽꾼들을 모두 없앤 걸까? 평화가 찾아왔을까? 아니야, 테러는 갈수록 잔인해지고 있어. 나라와 장소를 가리지 않고 있지. 영국 런던에서는 지하철과 버스에서 폭탄 테러가 발생했어. 인도네시아 발리에서는 해변에 있는 나이트클럽에서 폭탄이 터졌지. 마라톤 경기를 하는 미국 보스턴에서도 폭탄 테러가 발생했어.

이라크와 아프가니스탄에서는 아직도 정부군과 반정부군이 치열하게 싸우고 있어. 같은 이슬람에 같은 민족인데도 종파가 다르고, 친미냐 아니냐를 놓고 전쟁을 벌이고 있지.

이스라엘과 아랍 민족 사이의 갈등도 다시 도졌어. 폭격과 학살이 또다시 등장했지. 정녕 중동 지역의 평화는 먼 이야기일까?

아랍의 봄

2010년 12월 튀니지에서 민주화 운동이 본격화했어. 일반적으로 중동에는 서아시아뿐 아니라 이슬람교를 믿는 아프리카 북부 지역까지 포함한단다. 북아프리카에 있는 튀니지 또한 중동의 일부분으로 볼 수 있지.

튀니지에서는 20년 넘게 독재가 이어지고 있었어. 관리들은 부패했지. 마침 한 젊은이가 자살한 것을 계기로 그동안 숨죽였던 민주화 요구가 터져 나왔어. 이 시위는 2011년까지 이어졌지. 결국 독재자가 무릎을 꿇었어. 사우디아라비아로 도망간 거야. 민중의 승리!

이 튀니지의 민주화 시위를 재스민 혁명이라고 한단다. 튀니지에 재스민 꽃이 많아서 이런 이름이 붙었어.

재스민 혁명은 곧 이웃 나라로도 확산됐어. 먼저 이집트에서 민주화 봉기가 일어났단다. 독재자와 정부는 외부와 소통하지 못하도록 인터넷과 전화선을 모두 끊었어. 하지만 민중의 투쟁 앞에서는 어쩔 수가 없었어. 결국 2011년 2월 이집트에서도 독재자가 물러났지.

며칠 후, 이번엔 리비아에서 시위가 일어났어. 무려 42년간 독재를 한 무아마르 카다피를 타도하려는 민주화 시위였지. 이 시위는 다른 나라와 달리 내전 수준으로 커졌단다. 정부군과 반정부군이 전투를 벌였고 6000명이 넘는 시민이 희생됐어. 사태가 커지자 국제 사회가 반정부군을 지원하고 나섰어. 미국, 영국, 프랑스 전투기가 리비아의 주요 시설을 폭격했어. 반정부군은 수도인 트리폴리까지 진격했고, 결국에는 독재자 카다피를 사살했단다.

현재도 중동 지역에서는 낡은 세력과 민주 세력의 대결이 진행되고 있어. 이 모든 민주화 운동을 일컬어 아랍의 봄이라고 부른단다.

이집트 민주화 봉기 · 이집트의 수도 카이로의 중심가 타흐리르 광장에서 20만 명이 시위에 참여했다.

신이 선택한 민족이라고?

'선민사상'이란 자신들이 신으로 부터 선택받은 민족이라 생각하는 사상을 말해. 유대인들은 기원전 1300년 이전부터 스스로를 '여호와의 자식들'이라 불렀어. 그 때문에 가나안의 땅 팔레스타인을 폭력적으로 차지해도 죄책감을 느끼지 않았지. 신의 구원을 믿었기 때문에 이후 다른 민족의 박해도 견뎌 냈어.

독일의 아우슈비츠 수용소 · 히틀러에 의해 수많은 유대인이 죽어 간, 선민사상이 가장 극단적으로 발현된 곳이다.

제2차 세계대전 당시 독일은 유대인을 멸종시킬 계획을 세웠어. 이 또한 선민의식에서 나온 야만적인 행동이었어. 히틀러는 아리아인이 지구 상에서 유일하게 선택된 민족이라고 생각했거든. 당연히 유대인의 선민의식과 충돌할 수밖에 없었어. 그는 제2차 세계대전이 끝날 무렵 유대인들을 아우슈비츠 수용소로 몰아넣어 집단 학살했단다.

유대인은 1948년 팔레스타인에 이스라엘을 건국하게 돼. 그런데 이번에는 유대인이 아랍인들을 집단 학살했어. 이 학살도 선민의식에서 비롯됐다고 볼 수 있지.

선민사상의 충돌은 이처럼 그 어떤 충돌보다 파괴적이고 처참한 결과로 이어지게 돼. 그들은 자신들이 더 우월하다고 생각하기 때문에 상대편을 용인할 수 없는 것이지. 때로 역사는 무자비한 것 같아.

경제블록과 글로벌시대

1993년 유럽연합EU이 출범했어. 유럽의 여러 국가들이 무려 40년 이상 통합 작업을 벌인 끝에 나온 작품이야. EU의 전체 인구는 5억 명이 넘어. 회원국의 국내총생산GDP을 모두 합치면 17조 달러나 되지. 유럽 전체가 하나의 경제블록이 된 거야. 1995년에는 또 하나의 강력한 국제 경제기구가 탄생했어. 바로 세계무역기구WTO야. WTO 는 국가 간 무역을 할 때, 규제를 없애 세계무역을 더욱 활발하게 만들자는 목적에서 만들어졌어.

경제블록이냐, 경제자유화냐. 21세기인 지금, 전 세계 경제계는 이 논쟁에 빠져 있단다.

경제블록시대

제1차 세계대전 후에 유럽의 나라들은 "우리, 뭉치자!"라고 외쳤어. 경제블록을 만들자는 이야기였지. 경제블록은 여러 나라들이 만든 공동의 경제권을 가리키는 말이야. 경제블록에 들어 있는 국가들은 자기들끼리 서로 혜택을 주지만, 외부의 국가들에게는 그 혜택을 주지 않아. 쉽게 말해, 자기들끼리 똘똘 뭉치는 거야.

최초의 경제블록은 동서냉전 체제가 구축될 무렵 시작됐어. 서양

국가들은 거의 모두가 자유진영과 공산진영으로 나뉘어 자신의 진영 내부에서만 무역을 했단다. 이념적 색채가 경제적 색채보다 더 강했기에 엄밀하게 말하면 경제블록이라고 말할 수는 없지만 경제블록의 성격을 띤 것은 분명한 사실이지.

유로화 · EU에서 공동으로 사용하고 있는 통화이다.

본격적인 블록경제는 냉전 체제가 무너지고 공산진영 국가들이 다른 나라들과 블록을 구축하면서 시작됐어. 처음에는 경제보다는 정치적 성격이 강했단다. 한 지역에 모여 있는 여러 나라들이 공동으로 안보 망을 구축하

EU 본부 · 벨기에의 수도 브뤼셀에 위치해 있다.

는 식이었지. 예를 들면 오스트레일리아, 뉴질랜드, 미국이 체결한 태평양안전보장조약PSP이나 동남아시아조약기구가 그런 경우야.

경제의 중요성이 커지면서 본격적으로 대륙별로 경제협력기구들이 만들어지기 시작했어. 우리나라가 포함돼 있는 아시아태평양경제협력체APEC를 비롯해 유럽연합EU, 북미자유무역협정NAFTA, 아세안자유무역지대AFTA가 대표적이지.

특히 EU는 다른 경제블록과 차원이 달라. NAFTA, AFTA 같은 블록은 경제적 목적을 위해 체결한 경제협약이야. FTA자유무역협정에 가입한 국가들 사이에 맺는 쌍방협정이지. 우리나라도 미국이나 EU와 FTA를 체결했어. 그 과정에서 진통도 있었지만 어쨌든 경제블록을 만든 셈이야. 하지만 EU는 달라. 가입 국가들이 하나의 국가처럼 움직이는 형태란다. 조금 과장하자면 신성로마 제국의 영방 형태와 비슷하지.

EU가 어느 날 갑자기 만들어진 건 아냐. 1967년 결성된 유럽공동체EC가 그 시작이었지. EC는 원래 경제협력보다는 정치와 군사협력 때문에 만들어진 기구였어. 태평양안전조약기구나 동남아시아조약기구와 비슷한 거야. 그러나 EC에 소속된 국가들은 미국의 거대한 힘에 맞서려면 유럽 국가들이 하나로 뭉쳐야 한다는 사실을 깨달았어. 그 결과 정치적으로도 하나의 유럽이 되기 위해 EU로 재탄생한 거야1991년 12월.

EU가 탄생했지만 여기에 가입된 나라들은 자기 나라의 화폐를 그대로 썼어. 그러다가 이마저도 통합해 버렸단다. 1999년 EU는 회원

국가들이 자기 나라의 화폐 대신 유로화를 쓰기로 합의했어. 요즘에는 영국이나 몇몇 나라가 여전히 자기 나라 화폐를 더 많이 쓰지만 대부분의 나라에서는 유로화를 쓰고 있지. 물론 아직 유럽의 모든 국가들이 EU에 가입된 상태는 아니야. 그러나 머지않아 모든 유럽이 하나의 국가가 될 날이 올 거라는 관측이 많단다.

무역 자유화 움직임

경제블록은 당사자 국가들에는 유리하지만 나머지 국가들에는 오히려 불리할 수도 있어. 게다가 자기들끼리만 무역을 하면 전 세계 경제가 되살아난다는 보장도 없지.

제2차 세계대전은 제1차 세계대전보다 더 파괴적이었지? 세계경제를 살리기 위해서는 유럽이나 미국을 가리지 않고 모두가 힘을 합쳐야 했어. 경제 문제를 다루는 여러 국제기구가 생겨났지. 세계은행IBRD과 국제통화기금IMF이 대표적이야.

세계은행은 낮은 이자율로 돈을 빌려줘 전쟁 피해를 복구하고 경제발전을 이루도록 도와주는 일을 하는 기구야. 국제통화기금은 무역 적자가 너무 큰 탓에 자기 나라는 물론 세계경제까지 불안하게 만들 수 있는 국가들을 지원하는 기구지. 우리나라도 1997년 말 IMF의 도움을 받았었다는 사실은 알고 있을 거야. 그때를 외환위기라고 부른단다.

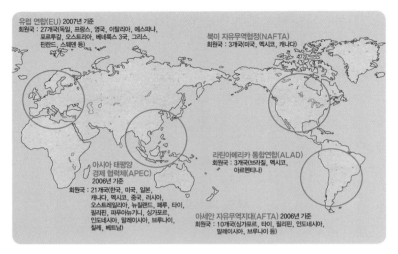

세계경제블록 지도 · 국가 간 자유무역협정을 체결하는 경우가 늘고 있어 경제블록은 더욱 늘어날 전망이다.

1947년 관세 및 무역에 관한 일반협정GATT이 출범했어. 원활한 국제 무역에 방해가 되는 요소들을 제거하자는 게 이 GATT의 취지였어. 세계은행이나 국제통화기금과 성격이 좀 다르지? 그래, 이 GATT은 글로벌 무역 자유화의 첫 단추를 끼운 협정이라고 할 수 있단다. 이 협정은 자유무역이 더 쉽게 이뤄지도록 국가 간의 무역 방식이나 관세 같은 세금에 대해 구체적으로 정해 놓았어. 이 협정을 처음 통과시킬 때 23개 나라가 서명했어.

하지만 곧 국제 무역의 품목이 많이 달라졌어. 1980년대로 접어들면서 GATT가 제정되던 1940년대에 없던 물품들, 이를테면 서비스나 지적재산권에 대한 조항이 필요했어. 또한 선진국이 개발도상국을 일방적으로 짓누르는 식의 무역을 제재할 수단도 필요했지. 1986년

우루과이에서 논의가 시작됐어. 긴 협상이 1993년 끝이 났어. 그리고 2년 후, 마침내 세계무역기구가 출범한 거야. 현재 전 세계 160여 개국이 이 기구의 회원으로 가입해 있단다.

WTO는 국가 간의 경제 분쟁에 대해 판결을 내리는 재판소 역할도 하고 있어. 이 과정에서 힘 있는 선진국의 입장만 대변하는 것 아니냐는 비판도 나오고 있지. WTO의 활동 자체를 반대하는 사람들도 많단다. 참고로 알아 두렴.

월스트리트를 점령하라!

2008년 9월 미국의 투자은행 리먼 브러더스가 파산했어. 이 회사는 미국 내에서 서열 4위에 이르는 대형 금융회사였단다. 자산규모만 6000억 달러가 넘어. 우리 돈으로 환산하면 700조 원 정도야.

이 사건이 전 세계에 악영향을 미쳤어. 유럽 경제까지 휘청거렸지. 그리스는 국가 파산을 선언하기도 했고, 이탈리아와 에스파냐도 아슬아슬 위기를 넘겼어. 2010년 무렵이 되면 어느 정도 경제 위기가 무마됐지.

하지만 이 사태를 통해 금융자본주의가 타락했다는 비판이 커졌어. 미국 정부가 리먼 브러더스 사태 이후 금융회사 등을 살리기 위해 국민 혈세로 만든 천문학적 규모의 구제금융을 월 가에 투입했으나, 월 가 금융회사들은 200억 달러를 보너스로 나눠 갖는 등 돈 잔치를 벌였거든.

2011년 7월부터 뉴욕 월스트리트에서 부도덕한 금융 자본가를 규탄하는 젊은이들의 시위가 시작됐지. 이 시위는 곧 전 세계로 확산됐어. 무려 80개국 이상에서 "Occupy the Wall Street월스트리트를 점령하라!"를 외치며 시위가 벌어졌단다. 물론 우리나라를 포함해서 말이야.

월스트리트를
점령한 시위자들

인류의 미래

이제 세계 역사 탐험의 대장정을 마칠 시간이야. 수천, 수만 년의 역사를 두 권의 책으로 모두 이해한다는 것은 사실상 불가능하지. 우리는 이제 동양과 서양, 한국 등 모든 세계의 역사 흐름만을 겨우 이해했을 뿐이란다. 물론 이 흐름을 이해하는 것만으로도 큰 성과라고 볼 수 있지.

이제 미래를 생각할 때야. 앞으로의 세계는 어떻게 바뀔까? 갈등? 평화? 공존? 안타깝게도 지구 곳곳에는 갈등의 요소들이 너무 많단다. 평화와 공존으로 가기 위해서는 이 갈등을 잘 해결하는 지혜가 필요해. 그러기 위해서 꼭 짚어 봐야 할 것을 요약해 보는 것도 도움이 될 거야.

과학과 생명의 경계는?

20세기에 접어들면서 비행기가 발명되고 세계가 명실상부한 하나가 됐다고 설명했었지? 20세기 후반부에는 과학의 영역이 지구를 넘어 우주로까지 확대됐어. 1969년 미국의 아폴로 11호가 달에 착륙한 거야. 이후 우주에 대한 인간의 호기심은 더욱 증폭됐어. 멀리 토성을 탐사하는 우주선이 발사되기도 했지.

우주과학만 발달한 게 아니야. 20세기 후반부, 물리학이 발달하며 세계는 핵의 시대로 돌입했어. 20세기 초반에 아인슈타인이 상대성 원리를 발견했다는 사실은 이미 알고 있지? 그 후 하이젠베르크가 양자역학을 제시하면서 원자력을 본격적으로 활용하기 시작했단다.

원자력은 점점 고갈돼 가는 화석연료를 대신할 수 있는 청정에너지로 각광받고 있어. 그러나 원자력이 무기로 사용될 때는 인류의 생존을 위협할 수도 있어. 1945년 일본에 떨어진 두 개의 원자폭탄은 수십만 명의 목숨을 앗아 갔을 뿐 아니라 현재까지도 그 부작용이 이어지고 있어. 1986년 소련 체르노빌 원자력 발전소에서 방사능 누출사고가 터졌는데, 그 부작용도 현재까지 이어지고 있단다.

생물과학도 놀라운 속도로 발전하고 있어. 페스트^{흑사병}를 하늘의 저주라고 원망했고, 병에 걸리면 너무나 쉽게 목숨을 잃었던 때가 있었어. 그러나 지금은 의료기술이 무척 발달해 인류의 수명이 120세까지 연장될 거라는 전망도 나오고 있지. 인류의 수명이 연장되면 식량 걱정이 생기겠지? 과학자들은 2000년대 이후 유전학을 도입한 유전 농법으로 식량 고갈 문제에 대처하고 있단다. 다만 유전자 조작에 대한 일반인들의 거부감이 큰 상태라 아직 대중화되려면 시간이 좀 더 필요할 거야.

생명과학자들은 신의 영역에 도전하기도 했어. 1997년 영국에서 처음으로 살아 있는 동물에게서 추출한 체세포로 포유동물을 복제하는 데 성공한 거야. 이 복제 양 돌리의 탄생으로 포유류에 속하는 인간을 복제할 수 있는 가능성이 무척 높아졌지.

이제 인간에 대해서 우리는 모든 것을 알게 됐어. 2000년 인간의 유전자 정보인 게놈 지도가 미국에서 완성됐거든. 이 게놈 지도를 완전히 해독하게 된다면 우리는 그 사람의 성격과 앞으로 걸리게 될 병 같은 것을 예측할 수 있게 돼.

복제양 돌리 · 돌리의 성공으로 인해 성장한 포유류는 복제할 수 없다는 상식이 깨졌다.

　20세기 후반에 들어 등장한 또 하나의 놀라운 과학의 산물이 있지. 바로 컴퓨터와 인터넷이야. 조그만 모니터를 통해 우리는 지구 반대편에서 벌어지고 있는 사건을 지금 당장 알 수 있게 됐어. 과거에는 소수의 전문가들만 가진 정보를 누구나 얻을 수 있지. 정말 풍요로운 세상 아니니? 불과 100년 전, 아니 50년 전만 해도 꿈도 꿀 수 없었던 일들이 현실이 된 거야.

　그러나 이런 과학의 발전에 따라 사람들의 우려와 공포심 또한 커지고 있어. 무엇보다 전쟁에 대한 공포가 그 어느 때보다 커졌어. 만약 세계대전이 다시 터진다면 과거처럼 총과 대포로 싸우지 않을 거라는 것쯤은 누구나 알고 있어. 강대국은 모두 핵무기를 가지고 있고, 파키스탄 같은 개발도상국들도 강대국과 맞서겠다며 핵무기를 가지고 있지. 만약 전쟁이 터진다면 버튼 하나로 대륙의 모든 생명을 앗아 갈 수 있는 핵전쟁으로 발전할 가능성이 매우 커.

생물의 복제에 대해서도 논란이 많아. 좋은 목적으로만 쓰인다면 유전공학과 생물과학을 식량난의 해결에 이용할 수 있을 거야. 쌀알갱이를 현재보다 10배로 키우고, 식용 소고기 생산을 위해 많은 소를 대량 복제할 수도 있겠지? 물론 이 과정에서도 신중해야겠지만 말이야.

그러나 일부 과학자들은 이 복제기술을 인간에게도 적용하려고 해 논란을 빚고 있어. 물론 긍정적인 측면도 있어. 난치병 치료에 이 복제기술을 활용하면 손상된 장기를 대체할 수 있는 또 다른 장기를 만들 수 있을 거야. 그러나 인간 자체를 복제하려는 시도까지 나오고 있는 것은 분명 문제야. 인간이 인간을 의도적으로 만들고 없애는 지경까지 이르면 그야말로 인간성이란 것이 모두 사라져 버리지 않겠니?

지구를 살리자

환경 문제도 우리가 풀어야 할 숙제야. 이미 북극의 빙산이 녹기 시작하고 있단다. 온실가스로 인해 지구 대기층은 파괴되고 있어. 무분별하게 자연을 파괴하는 개발도 늘어나고 있지. 자연은 점점 더 황폐해지고 있지. 이러다가 환경의 재앙을 피할 수 없을 거야. 자연과 공존할 수 있는 방법이 뭔지 심각하게 고민할 시점이지.

실제로 지구 온난화 현상은 갈수록 심각해지고 있어. 석탄이나 석유 같은 화석연료나 프레온 가스를 많이 사용하면 지구 기온이 올라가게 돼. 이런 상황이 계속되면 대기 온도가 올라갈 테고, 빙하가 녹을 거야. 해수면이 상승할 테고, 지대가 낮은 땅은 물속에 잠기겠지. 이미 최근 100년 사이에 해수면이 23센티미터 올라갔다는구나. 심각한 상황이지?

위기에 대처하기 위해서는 지혜를 모아야 해. 어떻게? 우선 에너지 사용부터 줄여야지. 또한 대기 온도를 높이지 않는 청정에너지도 개발해야 할 거야. 나무를 많이 심는 것도 꼭 필요해. 나무가 이산화탄소를 흡수하기 때문이야. 안타까운 것은, 지구에 숲이 사라지고 사막이 늘고 있다는 점이야. 가령 지구 최대의 밀림 지대인 아마존의

사하라 사막 사하라 사막이 넓어지는 것처럼 사막화 현상은 현재 전지구적으로 벌어지고 있는 일이다.

크기는 줄고 있고, 최대의 사막인 사하라 사막은 점점 넓어지고 있단다.

지구와 인간은 공존해야 해. 자연을 건드리면 그 대가는 정말로 혹독하지. 최근 들어 늘어나고 있는 자연재해는 인간의 자연 파괴와 무관하지 않을 거야.

2000년 이후만 해도 전 세계적으로 초대형 지진이 잇달았어. 2008년 5월 중국 쓰촨 성에서 발생한 지진 때는 사망자만 7만 명이었어. 2010년 1월 아이티에서 발생한 지진 때는 22만 명 이상이 목숨을 잃었지.

지진의 여파로 발생하는 쓰나미 피해도 커. 리히터 규모 9를 넘는 강진이 2004년 12월 인도네시아 수마트라 섬 해저에서 발생했어. 이 지진의 여파로 초대형 쓰나미가 발생했지. 이 쓰나미로 인도양 일대의 여러 나라가 초토화됐어. 무려 23만 명이 목숨을 잃었단다. 대재난인 셈이야.

쓰나미는 지진해일이란 뜻이야. 해저에서 지진 또는 화산 폭발이 발생하면 물기둥이 하늘 높이 치솟으며 거대한 파도가 만들어진단다. 이 쓰나미가 마을을 덮치면 거의 살아남는 게 없어.

2011년 3월에는 일본 동북부 지방에서 쓰나미가 발생했어. 최대 높이 37미터에 이르는 초대형 쓰나미에 최대 4만 명 이상이 사망했단다.

태풍 피해도 여전히 커. 심지어 선진국이라는 미국도 이 태풍 피해를 피하지 못하고 있단다. 2005년 미국 남동부를 허리케인 카트리나가 강타했어. 이 사건으로 2500명이 넘는 주민이 사망하거나 실종됐단다.

인권을 지키고 분쟁을 억제하자

냉전 체제가 무너진 뒤에도 선진국과 후진국의 빈부 격차는 좁혀지지 않고 있어. 세계 인구 60억 중 12억 명은 굶주림의 고통에서 벗어나지 못하고 있단다. 하루에 한 끼도 먹지 못하는 아이들이 늘어나고 있지.

특히 아프리카의 상황은 아주 심각해. 아프리카 전체 인구는 10억 명 정도야. 이 중 절반인 5억 명이 하루 1달러가 안 되는 돈으로 살아

보스턴 마라톤 대회 폭탄 테러 · 2013년 미국 보스턴에서 일어난 마라톤 대회 테러 사건이다.

가고 있고, 다시 이 중 3억 명은 하루 한 끼도 먹지 못하고 있지. 게다가 매일 수백 명이 굶어 죽고 있어.

후진국에서는 내전도 너무 자주 일어나고 있어. 아프리카와 아시아 일부 지역, 중동 지역이 대표적이야. 서로 종교나 인종, 민족이 다른 게 내전을 벌이는 이유지. 더욱이 문제가 되는 것은 이런 전쟁에 소년, 소녀까지 동원한다는 거야. 세계적으로 20만 명 이상의 소년, 소녀 병사가 있는 것으로 추정되고 있단다.

여러 나라가 영토 분쟁을 벌이는 경우도 많아. 현재 전 세계적으로 터지고 있는 굵직한 영토 분쟁만 60여 건이 된단다.

이미 앞에서 지적했지만 테러를 막는 것도 힘겨운 숙제야. 이미 중동 지역을 여행하다 이슬람 과격테러단체에 붙잡혀 목숨을 잃는 민간인이 많아졌어. 아무런 죄가 없는 일반 대중을 노리는 무차별 폭탄 테러도 늘어나고 있지.

지금까지의 전쟁은 군대가 싸우는 것이었어. 하지만 이런 테러는 대중을 타깃으로 하고 있기 때문에 더 큰 문제야. 현대식 무기와 핵무기를 더 많이 보유하기 위해 군비경쟁을 하는 국가들도 여전히 많아. 여전히 군사적 위협이 남아 있는 거지. 과거 냉전 체제보다는 덜하지만 군비축소는 모든 나라들이 협력해 해결해야 할 문제란다.

자본주의경제가 고도로 발달함에 따라 거품이 꺼질지 모른다는 두려움도 커지고 있어. 2008년 미국에서 시작된 금융 위기가 전 세계로 확산되면서 1930년대 세계대공황이 다시 발생할지도 모른다는 경고가 나왔지?

경제블록에 대한 우려도 커지고 있어. WTO가 공정한 세계 무역 질서를 만들 수 있을까 걱정을 하는 사람들도 많아. 선진국이 일방적으로 개발도상국에 불공정 무역을 강요할 가능성이 분명 있거든. 자본주의 경제와 블록 경제의 체질을 개선하는 작업도 필요한 시점이야. 그러지 않으면 어떤 큰 위기가 닥칠지 모르거든.

마지막으로, 우리 민족의 경우 분단을 극복하고 통일국가를 이뤄야 하는 역사적 사명이 남아 있어. 이제 한반도는 세계에서 거의 유일한 분단국가야. 비록 20세기를 분단국가로 끝맺음했지만 21세기가 끝나기 전에 통일을 꼭 이뤄 내야 하겠지? 우리의 힘을 모두 모아야 할 때야.

영웅이 필요 없는 시대를 위하여

영웅 이야기는 흥미진진하기 때문에 많은 사람들이 즐겨 읽는 소재야. 왜 그럴까? 이유는 간단해. 영웅은 사회가 혼란해야 등장하기 때문이지. 격동의 시대이니 당연히 이야기가 많을 수밖에 없는 거야.

사회가 혼란스러워지면 민중은 영웅을 원해. 강력한 지도자가 나타나 어려운 현실을 확 바꿔 주기를 원하는 심리 때문인데, 이런 심리를 악용해 독재자가 나타나기도 하지. 히틀러가 대표적인 사례야.

공산혁명을 성공시킨 레닌도 이런 의미에서 영웅이지. 그는 전쟁과 압제에 시달리던 민중에게 완벽한 평등사회라는 희망을 제시했어. 물론 이 혁명은 훗날 실패로 판명 났지만 말이야.

나폴레옹은 프랑스혁명 이후 극도의 혼란에 빠져든 프랑스의 빛이었어. 좀 더 과거로 거슬러 올라가면 카이사르는 분열과 타락의 늪에서 허덕이는 로마를 구한 영웅이었어. 알렉산드로스는 추락하는 그리스의 혼란을 수습하고 마케도니아를 세계 제국으로 키운 영웅이었지.

중국도 마찬가지야. 진시황제는 550여 년간 분열돼 있던 춘추전국시대의 혼란을 끝낸 민중의 구세주였어. 진나라가 몰락하자 싸움을 벌인 항우와 유방 또한 영웅으로 기억되고 있지. 우리나라의 경우에도 신라 말 궁예와 견훤 등이 어지러운 사회를 틈타 천하통일의 꿈을 키웠어.

영웅의 이야기는 항상 흥미진진해. 그러나 영웅이 등장하지 않는 것이 민중에게는 더 좋을 것 같아. 영웅이 없다는 것은 그만큼 사회가 안정됐다는 뜻이 되니까 말이야. 영웅이 필요 없는 사회. 우리가 바라야 하는 이상향이 아닐까?

사진 자료 제공처 및 출처

셔터스톡 26, 31, 47, 52, 100, 159, 171, 180, 181, 201, 204, 205, 243, 256, 287, 319, 324, 377, 432, 449, 523, 533

연합포토 25, 67, 191, 388, 423, 480, 481, 493, 494, 505, 520, 528

66p(오른쪽) 국립중앙박물관 ; 66p(왼쪽) 문화재청 ; 109p ⓒFleeql9 ; 127p 육군박물관 ; 140p ⓒElliott Brown ; 177p ⓒSodacan ; 190p ⓒEggmoon ; 406p ⓒPaul ; 460 ⓒAleksey ; 518p ⓒ7mike5000 ; 523p ⓒGérard Colombat ; 528p ⓒDavid Shankbone ; 531p ⓒSteven Walling ; 535p ⓒDave Bowman ; 120p Denver Art Museum ; 150p Barnard College Library ; 372p National Museum of American(왼쪽) ; 296p Science Museum London ; 334p 長崎歷史文化博物館

외우지 않고 통째로 이해하는

통 세계사 2

초판 1쇄 발행 2009년 06월 26일
초판 9쇄 발행 2014년 09월 15일

개정판　1쇄 발행 2015년 09월 10일
개정판　8쇄 발행 2021년 07월 16일
개정 2판 1쇄 발행 2023년 09월 21일
개정 2판 2쇄 발행 2024년 02월 05일

지은이 김상훈
펴낸이 김선식

부사장 김은영
콘텐츠사업본부장 임보윤
책임편집 강대건　책임마케터 배한진
콘텐츠사업8팀장 전두현
콘텐츠사업8팀 김상영, 강대건, 김민경
마케팅본부장 권장규　마케팅2팀 이고은, 배한진, 양지환　채널 2팀 권오권
미디어홍보본부장 정명찬
브랜드관리팀 안지혜, 오수미, 김은지, 이소영
뉴미디어팀 김민정, 이지은, 홍수경, 서가을, 문윤정, 이예주
크리에이티브팀 임유나, 박지수, 변승주, 김화정, 장세진, 박장미, 박주현
지식교양팀 이수인, 염아라, 석찬미, 김혜원, 백지은
편집관리팀 조세현, 백설희　저작권팀 한승빈, 이슬, 윤제희
재무관리팀 하미선, 윤이경, 김재경, 이보람, 임혜정
인사총무팀 강미숙, 김혜진, 지석배, 황종원
제작관리팀 이소현, 김소영, 김진경, 최완규, 이지우, 박예찬
물류관리팀 김형기, 김선민, 주정훈, 김선진, 한유현, 전태연, 양문현, 이민운
외부스태프 디자인 어나더페이퍼

펴낸곳 다산북스　출판등록 2005년 12월 23일 제313-2005-00277호
주소 경기도 파주시 회동길 490 다산북스 파주사옥 3층
대표전화 02-704-1724　팩스 02-703-2219　이메일 dasanbooks@dasanbooks.com
홈페이지 www.dasanbooks.com　블로그 blog.naver.com/dasan_books
종이 아이피피　인쇄 북토리　제본 다온바인텍　후가공 제이오엘엔피

ISBN 979-11-306-4631-2 (04900)
　　　979-11-306-4626-8 (세트)

다산북스(DASANBOOKS)는 독자 여러분의 책에 관한 아이디어와 원고 투고를 기쁜 마음으로 기다리고 있습니다. 책 출간을 원하는 아이디어가 있으신 분은 다산북스 홈페이지 '투고원고'란으로 간단한 개요와 취지, 연락처 등을 보내주세요. 머뭇거리지 말고 문을 두드리세요.